प्रसाद के नाटकों का शास्त्रीय अध्ययन

प्रसाद के नाटकों का शास्त्रीय अध्ययन

जगन्नाथ प्रसाद शर्मा

वाणी प्रकाशन

प्रकाशन के उत्कृष्टतम 61 वर्ष

सजिल्द पहला संस्करण : 1997
सजिल्द दूसरा संस्करण : 2012
सजिल्द तीसरा संस्करण : 2017
सजिल्द चौथा संस्करण : 2024

vaniprakashan.com

वाणी प्रकाशन
4695, 21-ए, दरियागंज, नयी दिल्ली-110 002
फ़ोन : +91 11 23273167, 23275710

शाखाएँ
अशोक राजपथ, पटना-800 004, बिहार
कॉफ़ी हाउस कैम्पस, महात्मा गांधी मार्ग, इलाहाबाद-211 001, उत्तर प्रदेश
महात्मा गांधी अन्तरराष्ट्रीय हिन्दी विश्वविद्यालय, वर्धा-442 001, महाराष्ट्र

sales@vaniprakashan.in
vaniprakashan@gmail.com

PRASAD KE NATAKON KA SHASTRIYA ADHYAYAN
by Jagannath Prasad Sharma

ISBN : 978-81-7055-520-9
Criticism

मूल्य : ₹ 495

आर. टेक ऑफ़सेट प्रिंटर्स, दिल्ली-110 032 में मुद्रित

वाणी प्रकाशन का लोगो मक़बूल फ़िदा हुसेन की कूची से

प्रसाद के नाटकों
का
शास्त्रीय अध्ययन

आमुख

'प्रसाद' के अधिकांश रूपक ऐतिहासिक हैं, अतएव बहुत दिनों से आवश्यकता इस बात की दिखाई पड़ रही थी कि उन नाटकों के वस्तु-विस्तार में आए हुए पात्रों और घटनाओं के मूल स्रोतों का ऐसा परिचय दिया जाय कि इतिहास के साथ उनकी संगति समझने में कोई अड़चन न हो। साधारणतः उपलब्ध इतिहास-ग्रंथ इस विषय में पर्याप्त नहीं हैं, क्योंकि वे प्रायः मुख्य व्यक्तियों से संबद्ध मुख्य कार्य-व्यापार और वस्तु-स्थिति का ही उल्लेख करते हैं। नाटककार ने वस्तु-संविधान और चरित्र-चित्रण में इतिहास-सम्मत सूक्ष्मातिसूक्ष्म घटनाओं का भी उपयोग किया है। और ऐसी प्रासंगिक घटनाओं एवं परिस्थितियों का विवरण किसी एक ही इतिहास-ग्रंथ में पाना प्रायः संभव नहीं। ऐसी अवस्था में यदि कोई उनकी कृतियों का पूर्ण आस्वादन करना चाहे तो उसके लिए इतिहास के अगाध सागर में बिखरी सामग्री का समुद्धार और उसका प्रामाणिक ज्ञान अपेक्षित होगा। इस प्रबंध में मुख्य रूप से प्रयास तीन विषयों की ओर गया है। प्रथम चेष्टा तो इस बात की हुई है कि प्रमुख रूपकों की नाटकीय वस्तु में अन्वित ऐतिहासिक अंशों का सुसंबद्ध उल्लेख उपस्थित किया जाय। जहाँ तक हो सका है, प्रबंध का यह अंश प्रमाण-सम्मत बनाया गया है—अवश्य ही इस विषय में ऐतिहासिक मतभेद की जटिलता से पृथक् रहना उचित समझा गया है।

नाट्य-रचना का भारतीय विधान पूर्ण एवं संपन्न है। उसके सार्वकालिक तथा सार्वजनिक सिद्धांत आज भी भारतवर्ष में मान्य और उपादेय हैं। भले ही कीथ*

1. "The Writers of the Classical Drama accept without question the forms imposed upon them by authority although that authority rests on no logical or psychological basis, but represent merely generalization, often hasty, from a limited number of plays."-p. 352.
2. "There is doubtless pedantry in the theory of sentiment: the choice of eight emotions, the subordination to them of transitory states, the enumeration of determinants and consequents, are largely deminated by empiricism, and not explained or justified."-p. 326.
3. "But the definitions and the classifications are without substantial interest or value."-p. 300.
4. "The classification of elements of the plot is perhaps superfluous besides the junctures."-p. 299.
5. "I have no doubt that the value and depth of the Indian theory of poeties have failed to receive recognition, simply because in the original sources what is important and valueless are presented in almost inextricable confusion preface."-The Sanskrit Drama in its Origin, Development, Theory and Practice by A. Berriedale Keith (1921)

प्रभृति पश्चिमी विद्वान् आत्मदैन्यानुभूतिमूलक उद्गार निकालते और मीन-मेष करते रहे, भारत आज भी आदर्श-प्रिय तथा सूक्ष्म विवेचना का निपुण प्रेमी बना है। 'प्रसाद' के नाटकों में प्राचीन विधान का अभिनव दर्शन बहुत खुलकर होता है। इसी विषय का प्रतिपादन प्रस्तुत रचना का दूसरा प्रयास है। प्रसंग पर यह दिखाने की चेष्टा की गई है कि इन रूपकों में नवग्राहिता भी पर्याप्त मात्रा में है। सक्रियता के साथ व्यक्तिवैचित्र्य और शोक-समुन्मेष के साथ कार्योत्साह का अनुबंध भी उनमें मिलता है। यह अनुबंध विशेषतः व्यक्तिगत चारित्र्य और संविधानक के प्रसारगामी स्वरूप में स्फुटित दिखाई पड़ता है। प्राचीन संस्कृत नाटकों में इन्हीं विषयों का अभाव डॉ. कीथ को विशेष खटका है। इस नव-योजना की सहायता से 'प्रसाद' ने भारतीय आत्मा को सुरक्षित रखा है।

'प्रसाद' की व्याख्या, तीसरा विषय है, जिसका प्रयास प्रस्तुत रचना में किया गया है। यह व्याख्या बुद्धि-पक्ष और हृदय-पक्ष दोनों की है। जहाँ तक हो सका है, नाटककार की भावुकता तथा विचारधारा का समन्वय दिखाया गया है और उसकी बहुमुखी प्रतिभा का प्रकाशन हुआ है।

प्रस्तुत रचना में जहाँ अंग का पूर्णतया अनुसंधान किया गया है, वहीं अनंग-कथन से बचने की पूरी चेष्टा की गई है। इष्ट-सीमा का निर्धारण कड़ाई से किया गया है और आनुषंगिक विषयों पर कुछ नहीं लिखा गया। 'स्कंदगुप्त' की तारतमिक तुलना में राखालदास बैनर्जी के 'करुणा' उपन्यास पर लिखा जा सकता था, 'चंद्रगुप्त' के साथ द्विजेंद्रलाल राय के 'चंद्रगुप्त' अथवा विशाखदत्त के 'मुद्राराक्षस' के साम्यासाम्य का विचार किया जा सकता था, पर ऐसे प्रलोभनों में पड़ने से प्रतिपाद्य की एकनिष्ठता के बिगड़ने का भय था। इसी प्रकार 'प्रसाद' का जीवनवृत्त, हिन्दी में नाट्य-रचना और उसके इतिहास में 'प्रसाद' का स्थान आदि विषय भी हैं। ऐसे आनुषंगिक विषयों पर अभी तक कोई नवीन उपलब्धि भी नहीं विदित हुई है जिसका उल्लेख करने के लिए मैं आकृष्ट होता।

स्थलनिर्देश की आवश्यकता प्रधानतः ऐतिहासिक विवेचना के संबंध में समझी गई है, अतएव वहाँ उसका पूरा उल्लेख किया गया है। इसके अतिरिक्त यदि प्रसंगतः कहीं पारिभाषिक शब्द आया है तो पाद-टिप्पणी में उसके मूल-स्थल का निर्देश कर दिया गया है। लेखधारा में रूपकों के जो अनेक उद्धरण समाविष्ट हुए हैं, उनके स्थलों का उल्लेख अनावश्यक समझकर नहीं किया गया है। नाटक-रचना का काल-क्रम आरंभ में ही दे दिया गया है। विवेचना के प्रवाह में काल-क्रम को ध्यान में रखकर रचनानुगुण-वर्गीकरण आवश्यक समझा गया है।

औरंगाबाद, काशी

—जगन्नाथ प्रसाद शर्मा

13-9-1943

विषय-सूची

एकांकी रूपक

परीक्षा-काल

यों तो नाटक-रचना का प्रयास 'प्रसाद' जी ने अपने बीसवें वर्ष के पूर्व ही आरंभ कर दिया था, परंतु वह केवल परीक्षा-काल था। उस समय जो उन्होंने चार एकांकी रूपक लिखे उनसे उनका अभिप्राय केवल इतना ही विचार करना था कि स्थिर होकर कौन ढंग पकड़ना है। इसी उद्देश्य से 'सज्जन', 'प्रायश्चित्त', 'कल्याणी-परिणय' और 'करुणालय' लिखे गए।

सज्जन और प्रायश्चित्त

'सज्जन' का कथानक महाभारत के अंश-विशेष पर आश्रित है। कुटिल राजनीति की सफलता के उन्नत और चाटुकार मित्रों के विषाक्त परामर्श से उत्साहित होकर दुर्योधन अपने उदार-चित्त और सज्जन भाई पांडवों को वन में भी शांतिपूर्वक कालक्षेप करते नहीं देख सकता। उत्सव मनाने के विचार से वह उस वन में आता है जहाँ वनवास करते हुए पांडव अनेक आपत्तियों का नित्य सामना कर रहे हैं। उत्सव समाप्त हो चुकने पर मृगया खेलने की मंत्रणा होती है। गंधर्व चित्रसेन उस वन का रक्षक है। वह नम्रतापूर्वक दुर्योधन से निवेदन करता है कि यह मृगया-वन नहीं है। दुर्योधन अपने वैभव के बल पर गंधर्वराज की आज्ञा नहीं मानता। फलस्वरूप दोनों में युद्ध होता है और दुर्योधन अपने मित्रों के साथ बंदी होता है। उसी वन के दूसरे भाग में स्थित पांडव दल को जब इस घटना की सूचना मिलती है तो धर्मराज युधिष्ठिर उसी समय वीरवर अर्जुन को आज्ञा देते हैं कि तुरंत जाकर अपने बाहुबल से दुर्योधन को छुड़ा लाएँ। अर्जुन आज्ञापालन के विचार से जाकर चित्रसेन की सेना से युद्ध करते हैं। युद्ध करते समय जब चित्रसेन अपने पूर्वपरिचित मित्र को पहचानता है तो युद्ध रोककर उसी के साथ युधिष्ठिर के समीप आता है और दुर्योधनादि को बंधनमुक्त कर देता है। दुर्योधन युधिष्ठिर की ऐसी देवोपम उदारता देखकर लज्जित होता है।

'प्रायश्चित्त' का कथानक इतिहास की एक किंवदंती का आश्रय लेकर खड़ा है। प्रतिकार एवं द्वेषबुद्धि से प्रेरित होकर जयचंद में दुर्भावनाएँ उत्पन्न होती हैं। परिणामस्वरूप वह अपने जामाता पृथ्वीराज पर चढ़ाई करता है और युद्ध में उसे मारकर पाशविक प्रसन्नता से नाचने लगता है। उसी समय आकाशवाणी के रूप में उसे दुष्ट कृत्यों के लिए भर्त्सना मिलती है। उस भर्त्सना को सुनकर और इस रक्तपात की विभीषिका के मूल में अपने को पाकर उसके हृदय में पश्चात्ताप उत्पन्न होता है। निर्जन तथा शून्य अंतरिक्ष के कोने से उसे अपनी प्रिय पुत्री संयोगिता की मूर्ति झाँकती हुई दिखाई पड़ती है। सहसा प्रायश्चित्त की वह भावना स्थायी रूप धारण करती है और अर्धविक्षिप्त अवस्था में ही वह रणभूमि से लौटता है। उसी समय मुहम्मद गोरी उस पर चढ़ाई करता है और वह सैन्य-नियंत्रण का सारा दायित्व अपने पुत्र तथा मंत्री पर छोड़, स्वयं राजकीय कार्यों से तटस्थ होकर गंगा में धँसकर प्राण-विसर्जन करता है।

वास्तव में इन एकांकी रूपकों में न तो कथानक की ही कोई विशेषता है, न चरित्र-चित्रण की। प्रसिद्ध घटनाओं का इनमें नाटकीय रूप में उल्लेख मात्र है। कथांश का क्षेत्र इतना संकुचित है कि उसके नियंत्रण एवं संविधान में लेखक को कितनी कुशलता दिखानी पड़ी है, इसका ज्ञान ही नहीं हो पाता। लेखक का उद्देश्य केवल उन घटनाओं का वर्णन है; अतएव पात्रों के चरित्र के विषय में वह मूक है। घटनाक्रम को देखने से पात्रों के चरित्र का आभास भर मिलता है और लघु सीमा में उतने से अधिक संभव भी नहीं है। 'सज्जन' में 'इत ते ये पाहन हनैं, उत तें वे फल देत' का ही उदाहरण है। एक ओर दुराग्रही, उच्छृंखलता का स्वरूप, अहंकार में चूर्ण और संतोषी भ्राताओं से आंतरिक द्वेष रखनेवाला दुर्वृत्त दुर्योधन है और दूसरी ओर सज्जनता के अवतार, मनुष्य की दुर्भावनाओं एवं पशुताओं से सर्वथा मुक्त शुद्ध बुद्धि के धर्मराज युधिष्ठिर हैं। एक पाप में और दूसरा पुण्य में अनुरक्त है। एक ओर उग्र स्वभाव की विद्वेष-ज्वाला है और दूसरी ओर शीतलता का सागर। दुर्योधन ने नीचता पर कमर कसी है और युधिष्ठिर साधुवृत्ति का परित्याग पाप मानते हैं। अंत में आकर लेखक ने 'सत्यमेव जयते' का ही प्रतिपादन किया है। इस प्रकार के राम-रावण के समान द्वंद्व से हम इतने अधिक परिचित हैं कि उसमें कोई विशेष आकर्षण नहीं रह गया।

चरित्र-चित्रण की यही अवस्था 'प्रायश्चित्त' में भी है। उसमें तो केवल एक ही व्यक्ति है जो अपनी दुर्वृत्ति और द्वेष स्वभाव से प्रेरित होकर घातक घटनाओं के कर्दम में जा गिरता है। प्रतिकार की भावना इतनी उग्र होती है कि मनुष्य को विक्षिप्त कर देती है। उसे अपनी हानि और लाभ तक नहीं दिखाई पड़ता। आवेश का ऐसा भयानक भूत सवार होता है कि वह स्वयं अपने हाथों अपने पैर में कुल्हाड़ी मार लेता है। जयचंद की यही अवस्था दिखाई गई है। द्वेष-बुद्धि और प्रतिकार-भाव

ने उसे अभिभूत कर लिया है। इसलिए उसे अपना-पराया कुछ नहीं सूझता। अपने जामाता की मृत्यु एवं प्रिय पुत्री के वैधव्य का कारण वह स्वयं बन जाता है। पहले तो राक्षसभाव जागरित होकर उसे पशु बना देता है, उसके शांत होने पर और बात सुझाई जाने पर पीछे उसमें साधुभाव जगता है। उस साधुवृत्ति की चेतना परिस्थितियों के कारण निर्बल प्रमाणित होती है, क्योंकि उसे सत्कर्म की ओर प्रवृत्त नहीं करती। उसके मन में प्रायश्चित्त की भावना उत्पन्न होती है, परंतु उस भावना में कायरता और विवशता का विचित्र सम्मेलन है। वह प्रायश्चित्त की वेदी पर अपने जीवन को चढ़ा देता है, परंतु अपने में कर्मण्यता, बल, पौरुष और उत्साह का रूप नहीं स्थापित कर सकता। वह इतना निर्बल और अशक्त हो जाता है कि उसमें अपने दायित्व तक का विचार नहीं रह जाता और आक्रमण की आशंकापूर्ण परिस्थिति में भी युद्धस्थल की कठोरता से त्रस्त कायर सैनिक की भाँति, कर्मक्षेत्र से भागकर गंगा में धँसकर प्राण त्याग देता है।

चरित्र-चित्रण एवं कथानक संबंधी कोई विशिष्टता न रहने पर भी इन आरंभिक रूपकों में कुछ ऐसी विशेषताएँ हैं, जिनका उल्लेख इस स्थल पर आवश्यक प्रतीत होता है। उन विशेषताओं का प्रभाव लेखक की परवर्ती रचना-शैली पर दिखाई पड़ता है। लेखक ने दोनों रूपकों में दो विभिन्न परिपाटियों का प्रयोग किया है। 'सज्जन' में प्राचीन शैली का रूप मिलता है। आरंभ में नांदी-पाठ और सूत्रधार-नटी का विनियोग किया गया है। अंत में लेखक ने मंगलकामना के रूप में प्रशस्ति-वाक्य की भी योजना की है। हरिश्चंद्र काल तक इस प्रणाली का निर्वाह भली भाँति हुआ है। परीक्षा-रूप में 'प्रसाद' ने भी उसे अपनाया, परंतु परवर्ती रचनाओं में आरंभ और समाप्ति की यह शैली नहीं रखी गई। इसके अतिरिक्त गद्यात्मक कथोपकथन के साथ-साथ पद्यात्मक संवादों की जैसी अव्यावहारिक तथा कृत्रिम योजना उस समय के पारसी ढंग पर लिखे गए साधारण नाटकों में दिखाई पड़ती है उसका अनुसरण—परीक्षा के विचार से इस रूपक में 'प्रसाद' ने भी किया है। कथोपकथन की यह शैली कितनी अस्वाभाविक है इसका अनुभव उन्होंने थोड़े ही में कर लिया। परवर्ती रचनाओं में क्रमशः इस परिपाटी का प्रयोग कम होता गया है। यों तो कुछ-कुछ ऐसे रूप इधर तक के नाटकों में प्राप्त होते हैं, परंतु वे नहीं के बराबर हैं। कथोपकथन की इस प्रणाली का उपयोग यदि सीमाबद्ध हो और स्थान-विशेष पर उस रूप में किया जाय जिस रूप में सिद्धांत की उक्तियों का प्रयोग हम लोग अपनी व्यावहारिक बातचीत में करते हैं तो कोई हानि नहीं। इस एकांकी रूपक में पद्यात्मक कथोपकथन की भरमार है। पद्यों की भाषा ब्रज है, परंतु यह ब्रजभाषा अपने में नवीन भावभंगी का समावेश करती दिखाई पड़ती है।

'प्रायश्चित्त' में 'सज्जन' की शैली का सर्वथा विपर्यय पाया जाता है। एक शैली की परीक्षा करने के उपरांत लेखक ने इसमें दूसरा ढंग पकड़ा है। इसमें

नांदी-पाठ और सूत्रधार द्वारा नाटक का आरंभ नहीं किया गया। अंत में प्रशस्ति द्वारा समाप्ति भी नहीं रखी गई। इस प्रकार उस प्राचीन परिपाटी का विसर्जन किया गया है जिसका यथोचित निर्वाह 'सज्जन' में किया गया था। इस रूपक में पद्यात्मक संवादों का भी सर्वथा अभाव है। इस कारण संभव है, कुछ लोगों को कथानक रूखा दिखाई पड़े, परंतु स्वाभाविकता के विचार से यह ढंग व्यावहारिक मालूम पड़ता है। इसमें आकाशवाणी का जो विशेष आयोजन है, उसकी कोई आवश्यकता न थी। इस रूपक की प्रधान विषेशता यह है, कि पात्रों की सामाजिक स्थिति का विचार कर लेखक ने उनके अनुरूप भाषा का प्रयोग किया है। यह प्रयोग भी केवल परीक्षा के विचार से किया गया है, क्योंकि भविष्य में इसका प्रयोग नहीं है।

कल्याणी-परिणय

इस एकांकी रूपक का मूल आधार वह ऐतिहासिक तथ्य है जिसके अनुसार नंदकुल के उच्छेदक चंद्रगुप्त मौर्य ने अपने पराक्रम से सिल्यूकस जैसे वीर विजेता को परास्त कर उसकी पुत्री के साथ विवाह-संबंध स्थापित किया था। यों तो इसमें नाटकीय अवतारणा केवल आंशिक ही है, परंतु इतना तो स्पष्ट प्रतीत होता है कि पीछे का लिखा हुआ नाटक 'चंद्रगुप्त' इसी का परिवर्धित एवं पूर्ण रूप है। केवल घटना और चरित्रांकन में ही यह संबंध नहीं दिखाई देता अपितु दोनों की भाषा एवं पदावली तक मिलती-जुलती है। इस एकांकी के प्रमुख पात्र चाणक्य, चंद्रगुप्त, कार्नेलिया और सिल्यूकस हैं। दो घटनाओं के बीच में रखकर इनके चरित्रों की मूल वृत्तियों का आभास दिया गया है।

चाणक्य इस उधेड़-बुन में लगा दिखाई पड़ता है कि किस प्रकार चंद्रगुप्त की ऐसी सहायता करूँ कि वह विदेशी सिल्यूकस को परास्त करे और फिर इन दोनों का कुछ ऐसा संबंध स्थापित हो जिससे मैत्री-भाव सर्वदा के लिए दृढ़ हो जाय। चंद्रगुप्त भी अपने प्रतिपक्षी को नीचा दिखाने में तत्पर दिखाई पड़ता है। इस प्रकार नायक का लक्ष्य विजय-प्राप्ति है। फल रूप में विजय के साथ-साथ चंद्रगुप्त को एक प्रेमिका और जीवन-संगिनी भी मिल जाती है। इस एकांकी में श्रृंगार से पुष्ट वीर रस की ही झलक मिलती है। रचना का नामकरण भी परिणाम को देखकर ही किया गया है। चंद्रगुप्त का प्रधान व्यापार सिल्यूकस-विजय है; और उसकी समाप्ति परिणय से होती है, अतएव नामकरण उचित ही हुआ है।

कथानक में केवल एक ही प्रधान घटना है। आरंभ में कौटिल्य अपने नाम की सार्थकता का विचार करता हुआ अपने गुप्तचरों के द्वारा अपने भावी कार्य-व्यापार का संयोजन करता दिखाई देता है। दूसरे दृश्य में चंद्रगुप्त मृगया में

दिखाई पड़ी सुंदरियों का उल्लेख करते हुए उनके प्रति अपना आकर्षण प्रकट करता है और अचानक शत्रुओं के आक्रमण की सूचना पाकर अपने सेनापति चंडविक्रम को आदेश देता है कि वह ग्रीक सेना पर प्रत्याक्रमण की व्यवस्था करे। आगे चलकर कथा के क्रम में कार्नेलिया प्रथम दर्शन के आधार पर ही चंद्रगुप्त से प्रेम प्रकट करती है और सिल्यूकस भी पराजय के अपमान का अनुभव करता है। इसी समय सीरिया पर एंटिगोनस की चढ़ाई की सूचना से त्रस्त होकर वह संधि-प्रस्ताव को स्वीकार कर लेता है। परिणामतः सिल्यूकस की पुत्री कार्नेलिया का विवाह चंद्रगुप्त के साथ होता है और चंद्रगुप्त अपने श्वसुर की सहायता के लिए अपने सेनापति चंडविक्रम को नियुक्त करता है।

रूपकोचित वस्तु-विन्यास इस रचना में नहीं दिखाई पड़ता। दौड़ भी थोड़ी है और उसमें ऐसा सीधापन है कि वस्तु-विकास का ज्ञान नहीं हो पाता। एक ओर से चलकर, एक साँस में, कथा अंत तक चली जाती है। यही कारण है कि इसमें नाटकत्व नहीं मिल पाता। यहाँ चरित्र-चित्रण का भी विशेष अवसर नहीं मिला है।

चाणक्य की बुद्धिकुशलता, दूरदर्शिता और निर्लिप्त कर्मयोग की झलक स्थान-स्थान पर मिल जाती है। साम्राज्य के प्रतिनिधि-रूप चंद्रगुप्त के लिए वह आद्यंत मंगल-योजना में लगा दिखाई पड़ता है। चंद्रगुप्त युद्धकुशल, वीर और व्यवहारपटु है। मैत्री और विरोध दोनों में उदार है। अपने लक्ष्य की प्राप्ति में सदैव तत्पर रहता है। सिल्यूकस भी वीर प्रकृति का है। अपनी पराजय से अपमान का अनुभव करता है। समय और अवसर का विचार करके अधिक लाभ की बात शीघ्र ही सोच लेता है।

इस एकांकी की रचना-पद्धति में दो विशेषताएँ दिखाई पड़ती हैं। आरंभ में नांदी-पाठ और अंत की प्रशस्ति में भारतीय मंगल-विधान की झलक है। संवादों में सर्वत्र पद्य का प्रयोग किया गया है। यह प्रवृत्ति 'प्रसाद' में स्थिर नहीं रह सकी। धीरे-धीरे इसकी कमी होती गई है और अंत में इसका सर्वथा त्याग हो गया है। इसके अतिरिक्त गानों का विनियोग भी प्रसंगानुकूल एवं साभिप्राय हुआ है।

करुणालय

'करुणालय' दृश्यकाव्य गीतिनाट्य के ढंग पर लिखा गया है। सर्वप्रथम इसका प्रकाशन 'इंदु' (चतुर्थ कला, प्रथम खंड, द्वितीय किरण, माघ, 1969) में हुआ और उसके उपरांत 'चित्राधार' संग्रह में यह संकलित हुआ। इसमें वाक्य-रचना के अनुसार विरामचिह्न दिए गए हैं और तुकांतहीन मात्रिक छंद में इसकी रचना हुई है। इसके पूर्व हिंदी में इस प्रकार की रचना नहीं दिखाई पड़ी थी। नवीन प्रयोग के अभिप्राय

से ही लेखक ने यह ढंग पकड़ा था। इसमें ख्यात पौराणिक वृत्त का आधार लेकर नाटकीय पद्धति पर दृश्यों का विभाजन किया गया है और वस्तु का आरोह-अवरोह भी उसी क्रम से रखा गया है।

इस एकांकी में पाँच दृश्य हैं। प्रथम दृश्य में अयोध्यापति हरिश्चंद्र अपने सेनापति ज्योतिष्मान के साथ नौका-विहार करते दिखाई पड़ते हैं। वहीं आकाशवाणी होती है, जिसके द्वारा उन्हें स्मरण दिलाया जाता है कि उन्होंने अपने राजकुमार की बलि चढ़ाने की प्रतिज्ञा अभी तक पूरी नहीं की। इस पर शीघ्र ही प्रतिज्ञापालन का वचन देते हुए हरिश्चंद्र वहाँ से लौट पड़ते हैं। द्वितीय दृश्य वनप्रांत का है, जिसमें घूमता-फिरता राजकुमार रोहित अपने मन में विचार करता है कि पिता की ओर से मिली मरने की निरर्थक आज्ञा कहाँ तक मान्य हो सकती है। इसी प्रकार जीवन-संबंधी अनेक तर्क-वितर्क के उपरांत वह निश्चय करता है कि राजधानी से भागकर अनंत प्रकृति के किसी छोर पर चला जाय। प्रकृति भी नेपथ्य से उसके इस निश्चय का समर्थन करती है। तृतीय दृश्य में ऋषि अजीगर्त अपनी दरिद्रता तथा दैन्य पर दुःख प्रकट कर रहे हैं। उसी समय रोहित उनके सम्मुख प्रकट होता है। वह अजीगर्त से निवेदन करता है कि यदि आप अपना एक पुत्र मुझे नरमेध के लिए सौंप दें तो मैं आपको बदले में सौ गौयें दूँ। अंत में ऋषि अपने मँझले पुत्र शुनःशेप को दे देते हैं। चतुर्थ दृश्य में पहले तो राजकुमार रोहित और महाराज हरिश्चंद्र में वाद-विवाद चलता है, परंतु वसिष्ठजी आकर राजकुमार के भागने का समर्थन करते हैं और यज्ञ-आयोजन का आदेश देते हैं, जिसमें शुनःशेप की बलि दी जाने को है। अंतिम दृश्य में महाराज हरिश्चंद्र और रोहित उपस्थित हैं; होता-रूप में महर्षि वसिष्ठ बैठे हैं, शुनःशेप यूप से बँधा है और शक्ति उसका वध करने के लिए बढ़ता है, परंतु करुणा से विचलित होकर रुक जाता है। इस पर स्वयं अजीगर्त इस क्रूर कर्म के लिए उद्यत होते हैं और शुनःशेप प्रार्थना करता है। सहसा आकाश में गर्जन होता है। साथ ही विश्वामित्र अपने पुत्रों के साथ यज्ञ-मंडप में प्रवेश करके बलि को रोकते हैं। उसी समय झपटती हुई एक राजकीय दासी भी वहीं पहुँचती है, जो वस्तुतः विश्वामित्र की पत्नी है। उसी का पुत्र शुनःशेप था। सब बातें प्रकट होने पर सुव्रता दासी कर्म से मुक्त की जाती है और उस घोर नरबलि का प्रश्न भी समाप्त हो जाता है। सब ईश्वर की प्रार्थना और उनसे कल्याण-कामना करते हैं। इस प्रकार संसार की मंगल-भावना से यह एकांकी-रचना समाप्त होती है।

इस कृति से तत्कालीन देश-काल का यह परिचय मिलता है कि धर्मभावना और प्रतिज्ञापालन में लोग दृढ़ होते थे। उस समय यज्ञों में नरबलि तक विहित थी। धर्म-शासन में भी कहीं-कहीं दरिद्रता का आधिपत्य ऐसा प्रबल हो जाता था कि पुत्रों को बेचकर जीवननिर्वाह की व्यवस्था करनी पड़ती थी। इसके अतिरिक्त

सिद्धांत की बातें भी प्रकट होती हैं। जहाँ एक ओर शुनःशेप जैसा पितृभक्त आँख बंद करके अपने माता-पिता की आज्ञा के पालन में ही अपने जीवन का उत्सर्ग करने को सन्नद्ध दिखाई पड़ता है वहीं दूसरी ओर रोहित-सा राजकुमार पितृ-आज्ञा के औचित्य पर तर्क-वितर्क करके अपना स्वतंत्र मत स्थापित करता है और उसी के अनुसार आचरण करता मिलता है। इन बातों से चरित्र-विषयक विशेषताएँ भी यथाक्रम लक्षित हुई हैं। एक प्रकार से इस रचना में नाटकीय अंश की न्यूनता और कहानी-तत्त्व की ही प्रधानता है। इसे कथोपकथन के द्वारा पद्य में लिखी हुई कहानी समझना चाहिए।

राज्यश्री

आरंभकाल

एकांकी रूपकों में छोटे-छोटे घटना-क्रमों को लेकर लेखक ने अभ्यास आरंभ किया था। उनमें उसने दो भिन्न-भिन्न रचना-पद्धतियों का प्रयोग कर देखा और कुछ मत स्थिर किए। अब वह समय आया कि वह उन स्थिर विचारों का प्रयोग अधिक व्यापक घटनाओं को लेकर करे। इस अभिप्राय से इस काल में दो नाटक लिखे गए—'राज्यश्री' एवं 'विशाख'। इन दोनों के रूप-रंग तथा आकार-प्रकार में समानता है। घटना-क्रम के विकास एवं संघटन, चरित्रांकन की प्रभावोत्पादकता इत्यादि की दृष्टि से भी दोनों में एकरूपता है। यह बात दूसरी है कि सूक्ष्म विवेचन करने पर दोनों में स्पष्ट अंतर भी दिखाई पड़ता है। पुस्तक के रूप में दोनों के दो-दो संस्करण हो चुके हैं। 'विशाख' के द्वितीय संस्करण में तो कोई ऐसा विशेष परिवर्तन नहीं मिलता, परंतु 'राज्यश्री' के दोनों संस्करणों में आकाश-पाताल का अंतर दिखाई देता है। प्रथम संस्करण का रूप देखकर तो यह स्पष्ट ज्ञात होता है कि 'सज्जन' और 'प्रायश्चित्त' का ही लेखक बढ़कर इस रूप में दिखाई पड़ रहा है, परंतु द्वितीय आवृत्ति में प्रौढ़ 'प्रसाद' की पूरी झलक दिखाई पड़ती है। लेखक के रचना-कौशल के क्रमिक विकास का यदि अध्ययन करना अभिप्रेत है तो प्रथम संस्करण ही विशेष महत्त्व का प्रमाणित होगा, क्योंकि उस संस्करण में लक्षित होनेवाली उसकी दुर्बलताओं में उसके रचना-कौशल का प्रकृत रूप दिखाई पड़ता है।

इतिहास

थानेश्वर के अधिपति परमभट्टारक महाराजाधिराज प्रभाकरवर्धन की मृत्यु के उपरांत उनका ज्येष्ठ पुत्र राज्यवर्धन सिंहासन पर बैठा। उसी समय दूसरी ओर उसकी बहन राज्यश्री पर आपत्ति आई। राज्यश्री के पति कान्यकुब्जाधीश मौखरी ग्रहवर्मा की हत्या करके मालव के शासक देवगुप्त[1] ने उसको बंदी बनाया। उसके पैरों में बेड़ी

1. राजानो युधि दुष्टवाजिन इव श्रीदेवगुप्तादयः।
   कृत्वा तेन कशाप्रहारविमुखाः सर्वे समं संयताः।।
   —एपिग्राफिका इंडिका, प्र. पृ. 72,74 एवं चतु. पृ. 210।

डाल दी गई[1]। यह सूचना मिलते ही अपने भाई हर्षवर्धन[2] को अन्य राजाओं और हस्तिसेना के साथ संभवतः इसलिए पीछे छोड़कर कि आवश्यकता होने पर हूण-विद्रोह का सामना करे, राज्यवर्धन स्वयं अपनी बहन की सहायता करने गया। अपने सेनापति भंडि[3] को आज्ञा दी कि सहस्र अश्वारोहियों के साथ उसके पीछे-पीछे आए।

राज्यवर्धन ने बड़ी सरलता से मालव-सेना का विध्वंस कर दिया, परंतु स्वयं एक कुचक्र में पड़ गया। अधीनता और मैत्री स्थापित करने का विचार प्रकट करते हुए गौड़ाधिप शशांक (नरेंद्रगुप्त[4]) ने अपनी पुत्री का विवाह राज्यवर्धन से करने का मंतव्य प्रकट किया। ऐसा प्रलोभन देकर वह राज्यवर्धन से एकांत में मिला और उसकी हत्या कर दी[5]।

इस प्रकार मौखरी और वर्धन-वंशों पर दुःख का पहाड़ ही टूट पड़ा। कन्नौज पर शशांक का अधिकार हो गया। इसके साथ ही अपने प्रतिपक्षी सेनापति भंडि का ध्यान परिवर्तित करने के अभिप्राय से शशांक ने विधवा राज्यश्री को नगर के कारागार से मुक्त कर दिया[6]। अपने भाई की हत्या का समाचार पाते ही हर्षवर्धन ने शासन-भार अपने ऊपर लिया। इस समय उसके सम्मुख दो समस्याएँ थीं, अपने भाई के हत्यारे को दंड देना और विधवा बहन की खोज करना। अतएव वह विशाल

---

1. हर्षचरित कावेल और थामस का अंग्रेजी-अनुवाद, सन् 1897 ई., पृ. 173।
2. 'हर्ष' नाम का उल्लेख शिलालेख और मधुवन एवं बाँसखेरा ताम्रपत्रों में हुआ है। अपशाद के शिलालेख और हर्षचरित में 'हर्षदेव' लिखा मिलता है। सोनपत की ताम्र-मुद्रा में पूरा नाम हर्षवर्धन प्राप्त होता है। —डॉ. आर. एस. त्रिपाठी : हिस्ट्री आव कन्नौज, पृ. 61 (फुटनोट)।
3. भंडि महारानी यशोमति (प्रभाकरवर्धन की पत्नी) के भाई का पुत्र था। उसने राजकुमारों के साथ ही शिक्षा पाई थी। वह अवस्था में राज्यवर्धन और हर्षवर्धन से कुछ बड़ा था।
   (क) वही, पृ. 64 (फु.)
   (ख) वि. ए. स्मिथ : द अर्ली हिस्ट्री आव इंडिया, पृ. 350।
4. (क) चीनी यात्री हूनच्वंग ने इसे शशांक लिखा है—वाल्टर्स प्र. पृ. 343।
   (ख) हर्षचरित की केवल एक प्रति में इसका नाम नरेंद्रगुप्त लिखा मिलता है। —एपिग्राफिका इंडिका, प्र. पृ. 70।
5. तस्मात च हेंलानिर्जितमालवानीकमपि गौडाधिपेन मिथयोपचारोपचितविश्वासं मुक्तशस्त्रं एकाकिनं निश्रब्धं स्वभवन एवं भ्रातरं व्यापादितमश्रौषींत।—हर्ष, कलकत्ता-संस्करण, पृ 436।
6. हिस्ट्री आव् कन्नौज, पृ. 67।

वाहिनी साथ लेकर चल पड़ा। मार्ग में उसे सेनापति भंडि मिल गया। भंडि ने उसे सूचना दी कि राज्यश्री कारावास से मुक्त होकर विंध्य पर्वत की ओर चली गई है। इस समाचार को पाकर हर्ष बड़ा दुखी हुआ। नरेंद्रगुप्त से युद्ध करने की बात उसने स्थगित कर दी। अपनी संपूर्ण सेना को गंगाकूल पर रुकने का आदेश देकर उसने कुछ साथियों को साथ लिया और शीघ्रता से राज्यश्री की खोज में तत्पर हो गया। विंध्यवन के गंभीर तल में प्रवेश करते ही संयोग से उसकी भेंट स्वर्गीय ग्रहवर्मा के बाल-सहचर बौद्ध साधक दिवाकरमित्र से हो गई। इसी बौद्ध मित्र की सहायता से राज्यश्री मिली।

जिस समय हर्ष राज्यश्री के समीप पहुँचा उस समय वह चिता जलाकर उसमें कूदने जा रही थी। हर्ष ने इस अनर्थ को रोका और उससे तुरंत लौटने का प्रस्ताव किया। राज्यश्री अपने असामयिक दुःख की विषमता से इतनी त्रस्त थी कि उसने काषाय लेने का अपना मंतव्य प्रकट किया। इस पर हर्षवर्धन ने उसे आश्वासन देते हुए वचन दिया कि अपने कार्य-व्यापारों को पूर्णतया संपादित कर लेने पर हम दोनों साथ ही काषाय धारण करेंगे[1]। इसके उपरांत जब राज्यश्री को साथ लेकर हर्ष लौटा तब तक नरेंद्रगुप्त कन्नौज छोड़कर भाग चुका था। कन्नौज में आकर कुछ दिनों तक तो हर्ष अपनी बहन के साथ[2] शासन की व्यवस्था करता रहा, परंतु कालांतर में थानेश्वर और कन्नौज दोनों का अधिपति बन बैठा।

राज्यश्री असाधारण योग्यता की महिला थी। बौद्धों की समितिया संप्रदाय के सिद्धांतों की पंडिता थी। उसका उद्धार करने के उपरांत हर्षवर्धन संपूर्ण भारतवर्ष को अपने एकछत्र शासन में लेने की चेष्टा में लगा। अपनी सुदृढ़ सेना की सहायता से उसने पाँच ही वर्षों में सारे उत्तरी भारत को अपने राज्य के अंतर्गत कर लिया; परंतु एक ओर उसे अपनी हार स्वीकार करनी पड़ी। दक्षिण में चालुक्यवंशीय पुलकेशिन ने अपने संपूर्ण शक्ति-बल से नर्मदा के भागों का ऐसा सुदृढ़ प्रतिरोध किया कि हर्ष की सेना को किसी प्रकार प्रवेश न मिल सका और वह विवश होकर पराजय लेकर लौटा। इसके उपरांत उसने नर्मदा ही को अपने साम्राज्य की सीमा मान ली[3]। हर्ष के शासन-विधान की बड़ी प्रशंसा वर्णित है। उस काल में शिक्षा और कलाकौशल की वृद्धि थी। न्याय और प्रांतीय शासन की व्यवस्था ठीक थी। यों तो विकट अपराध होते नहीं दिखाई देते थे, परन्तु स्थल और जल मार्ग की सुरक्षा नहीं थी। कई बार चीनी यात्री हूनच्वंग को चोरों और लुटेरों ने घेरा और

---

1. हर्ष चरित्र, सी. टी. पृ. 256।
2. वी. ए. स्मिथ : द अर्ली हिस्ट्री आव् इंडिया, च. संस्क, पृ. 351।
3. वही, पृ. 252-54।

पकड़ा था[1]। साथ ही धार्मिक स्थिति भी विरोधमयी थी। राजपक्ष से तो पर्याप्त उदारता दिखाई जाती थी; परंतु समय-समय पर बौद्ध और वैदिक धर्मानुयायियों में संघर्ष चलता ही रहता था। कभी-कभी यह संघर्ष हिंसात्मक हो उठता था। इसी विरोध के परिणामस्वरूप एक बार चीनी यात्री के जीवन की आशंका हो उठी थी और उपद्रवियों के कारण हर्ष को कड़े आदेश घोषित करने पड़े थे[2]।

हर्ष के शासन-काल में कन्नौज की धर्म-सभा का उल्लेख आवश्यक है। जिस समय विजय के संबंध में हर्ष बंगाल में था उस समय हूनच्वंग से वहीं मिला और आग्रहपूर्वक उसे कन्नौज ले आया। यहाँ आने पर उसने एक महती धर्मसभा का आयोजन किया। इस सभा में विभिन्न देशों के नरेशों के अतिरिक्त सहस्रों बौद्ध, जैन और कट्टर ब्राह्मण भी योग देने आए। बड़े समारोह के साथ सफलतापूर्वक कार्य समाप्त होने ही को था कि एक आश्चर्यजनक घटना हो गई। इसी कार्य के लिए बनाए गए प्रमुख विहार में सहसा आग लग गई और उसका अधिकांश भाग नष्ट हो गया। जिस समय सम्राट् उसकी देखभाल के लिए नीचे उतर रहा था, उसी समय छुरा लेकर उसकी हत्या करने के लिए एक व्यक्ति ने उस पर आक्रमण किया; परंतु वह अपराधी पकड़ लिया गया। पीछे उसने स्वीकार किया कि मैं कुछ ऐसे लोगों की प्रेरणा से इस कार्य में तत्पर हुआ था जो बौद्ध-धर्म के इस सम्मान-विस्तार से क्रुद्ध थे[3]।

उस काल की द्वितीय उल्लेखनीय विभूति थी प्रयाग का महादान महोत्सव—महामोक्ष परिषद। प्रत्येक पाँच वर्षों के उपरांत यह महोत्सव मनाया जाता था। इसमें लाखों बौद्ध, जैन, धर्मसुधारक, ब्राह्मण, दरिद्र और अनाथ एकत्र होकर दान-ग्रहण करते थे और उत्सव में संपूर्ण राजवर्ग उपस्थित रहता था। सैकड़ों स्थान ऐसे बनवाए जाते थे जहाँ दान की वस्तुएँ (रत्न-वस्त्रादि) भरी रहती थीं। पहले दिन बुद्ध, दूसरे दिन आदित्यदेव और तीसरे दिन ईश्वरदेव (शिव) की महान् पूजा होती थी। इसके उपरांत महादान आरंभ होता था, जो भिन्न-भिन्न वर्गवालों को क्रम से महीनों तक वितरित होता रहता था। चुने हुए लोगों में से एक-एक को शत सुवर्णखंड, एक मोती, सूती वस्त्र और साथ में विभिन्न प्रकार के पेय, मांस, पुष्प तथा सुगंधित द्रव्य दिए जाते थे। इसके उपरांत अनेक नरेशों से मिली उपहार की वस्तुओं तक को सम्राट् बाँट देता था। जिस वर्ष हर्ष अपने साथ चीनी यात्री

1. (क) वी. ए. स्मिथ : द अर्ली हिस्ट्री आव् इंडिया, च. संस्क, पृ. 355।
   (ख) डॉ. आर. एस. त्रिपाठी : हिस्ट्री आव् कन्नौज, पृ. 145।
2. (क) वी. ए. स्मिथ : द अर्ली हिस्ट्री आव् इंडिया, पृ. 361।
   (ख) डॉ. आर. एस. त्रिपाठी : हिस्ट्री आव् कन्नौज, पृ. 154।
3. (क) वी. ए. स्मिथ : द अर्ली हिस्ट्री आव् इंडिया, पृ. 362-63।
   (ख) डॉ. आर. एस. त्रिपाठी : हिस्ट्री आव् कन्नौज, पृ. 155।

को ले गया था उस वर्ष तो अंत में स्थिति यहाँ तक बढ़ी कि उसने अपनी बहन राज्यश्री से एक पुराना आभूषण माँगकर धारण किया और तब बुद्ध की पूजा में योग दे सका[1]।

राज्यश्री

इस नाटक में प्रधान व्यक्ति राज्यश्री है। इसको समस्त घटनाचक्र का केंद्र कहना चाहिए। ग्रंथ में जिन व्यापक विप्लवों का उल्लेख है उन सबके मूल में यही राज्यश्री है। सबकी दृष्टि उसी ओर है। वही एक रूप-शिखा है, जिस पर सभी पतंग गिरकर भस्मसात होते हैं। सभी घटनाएँ उसी पर आश्रित हैं। ग्रहवर्मा उसी के लिए कहता है—

सब से यह आनंद बड़ा है प्रियतमे,
तुम-सा निर्मल कुसुम भी मिला है हमें।

उसी सौंदर्य-राशि को देखकर मालवराज देवगुप्त भी आकर्षित हुआ है। उसकी दृष्टि में राज्यश्री वास्तव में 'विश्व-राज्यश्री' है। मालवराज के सम्मुख केवल एक ही प्रश्न है—'क्या वह मुझे न मिलेगी।' इस प्रश्न का उत्तर भी उसे तुरंत मिलता है। मृगतृष्णा तुरंत उत्तर-रूप में कहती है—'अवश्य मिलेगी।' इसी मृगतृष्णा के पीछे पड़ा वह अनेक अनर्थ करता है तथा इसको समय-समय पर स्वतः स्वीकार करता है—'राज्यश्री! राज्यश्री!! देवगुप्त यह सब तेरे लिए कर रहा है।' उद्देश्यसिद्धि के मार्ग में जो बाधाएँ पड़ती हैं उनका सामना वह छल-कपट से अपनी शक्ति भर करता जाता है। वह निश्चयपूर्वक समझ चुका है कि मुझे इष्ट-प्राप्ति उस सयम तक नहीं हो सकती, जब तक कान्यकुब्जाधिपति जीवित रहेंगे। यही कारण है कि अपनी सारी शक्तियों को वह उसी ओर प्रेरित करता है और अंत में उसे इस कार्य में सफलता मिलती है। उसने राज्यश्री के पति ग्रहवर्मा को छल से मार डाला और कन्नौज ले लिया। अंत में चलकर उसके दुराग्रह, पाशविक कर्म एवं रण-दौर्मद का परिणाम अनुकूल नहीं प्रमाणित होता। सत् और असत् का युद्ध अधिक समय नहीं चलता। संभव है कि असत् अपना उग्ररूप दिखाकर कुछ क्षणों के लिए संसार को भले ही भयभीत कर दे, परंतु कालांतर में उसका पतन और विनाश अवश्यंभावी है। यही अवस्था असत्-पक्ष लेकर चलनेवाले मालवराज की भी हुई है। इसी मोहमाया में पड़ा हुआ वह अंत में राज्यवर्धन द्वारा बंदी बनाया जाता है और उसकी अभीप्सा तथा उसके प्रयत्न आदि सभी नष्ट हो जाते हैं।

---

1. (क) वी. ए. स्मिथ : द अर्ली हिस्ट्री आव् इंडिया, पृ. 363-65।
(ख) डॉ. आर. एस. त्रिपाठी, हिस्ट्री आव् कन्नौज, पृ. 157-61।
(ग) सैमुअल बील : लाइफ आव् युवान च्वांग, पृ. 187।

यही स्थिति हमें भिक्षु विकटघोष की भी दिखाई देती है। वह भी उसी प्रकार के रोग से ग्रस्त है। राज्यश्री के रूप की ज्वाला और आलोकमय रमणीयता ने उस दीन भिक्षु को भयानक डाकू बना डाला है। ग्रहवर्मा की मृत्यु के पश्चात् वह स्वीकार करता है—'हाय! राज्यश्री! तेरे रूप की ज्वाला अभी तक मेरे हृदय जला रही है। संसार का कर्मक्षेत्र मुझे न दिखाई पड़ता यदि तेरा आलोकमय रूप नेत्रों के सामने न आता। तुम्हीं तो इस दीन भिक्षु को भयानक डाकू बना देने का कारण हो। इस समय भी हम राज्यश्री को न प्राप्त कर सके तो व्यर्थ ही लुटेरा बनने का पाप सर पर लिया।' इसी इष्ट-साधन के विचार से वह राज्यवर्धन की सेना में भरती होता है। उसने निश्चय कर लिया है कि इस प्रकार से उसे अपनी अभिलाषा पूर्ण करने में सरलता होगी। जिस समय देवगुप्त और राज्यवर्धन में युद्ध होता है उसी समय वह कारावास में पहुँचता है और बंदिनी राजयश्री को बंधनमुक्त करता है। अपने को राज्यवर्धन द्वारा भेजा हुआ दूत बताकर उसका विश्वासपात्र बनता है। आपदाओं से त्रस्त राज्यश्री को अपना-पराया कुछ नहीं सूझता और वह उसके साथ निर्जन वन की ओर भागती है। यहाँ पहुँचकर विकटघोष अपना कुत्सित मंतव्य प्रकट करता है, जिस पर कातर होकर राज्यश्री अनेक कारुणिक शब्द कहती है। उसके आर्त शब्दों को उसी स्थान पर खड़ा परिव्राजक महात्मा दिवाकरमित्र सुनता है और अबला की मर्यादा-रक्षा में प्रवृत्त होता है। उसके सत् उपदेशों को सुनकर पापी विकटघोष की सोई हुई चेतना जाग्रत होती है और वह अपनी पाप-वासना के लिए प्रायश्चित्त करना स्वीकार करता है।

कथानक

यह प्रथम अवसर है जब लेखक को विस्तृत घटना-क्रम लेकर निश्चित सिद्धांतों पर संघटित करना पड़ता है। इसके पूर्व के एकांकी रूपकों में घटनाओं के विकास-क्रम का तर्क-संगत निर्वाह नहीं करना पड़ा था। उनमें केवल स्फुट रूप में कुछ दृश्यों का विवरण मात्र दिया गया था। इस नाटक में राज्यश्री के जीवन का बड़ा अंश लिया गया है। यह अंश घटनाओं से पूर्ण है और एक-एक घटना महत्त्वपूर्ण है। लेखक के लिए घटना-क्रम के ऐसे व्यापक क्षेत्र की व्यवस्था करने का यह प्रथम अवसर है। इस आरंभिक काल में वस्तुविन्यास की कितनी शक्ति लेखक में मिलती है इसका विचार आवश्यक है।

राज्यश्री के प्रथम संस्करण में तीन अंक हैं, जो मार्मिक स्थलों पर समाप्त होते हैं। प्रत्येक अंक की अपनी विशेषता है। वृद्धि-क्रम की दृष्टि से भी घटनाओं का विभाजन अच्छा हुआ है। प्रथम अंक में मौखरी ग्रहवर्मा और मालवराज देवगुप्त का विरोध है। राज्यश्री को प्राप्त करने के विचार से देवगुप्त अनेक प्रकार की

चेष्टाएँ करता है और अंत में ग्रहवर्मा को मारकर उसे बंदिनी बना लेता है। यहाँ पर प्रथम अंक समाप्त होता है। दूसरे अंक में इसी घटना के प्रतिकार का रूप दिखाया जाता है। मालवराज की उच्छृंखलता के कारण उत्तेजित होकर कर्तव्यशील स्थाण्वीश्वर सम्राट् राज्यवर्धन उसका विरोध करता है। इस विरोध का फल यह होता है कि दोनों में युद्ध होता है, देवगुप्त बंदी बनाया जाता है और उसकी दुष्टताओं का अंत होता है। तृतीय अंक का भी अधिक अंश विरोध में ही समाप्त होता है। राज्यवर्धन की हत्या का कारण नरेंद्र ही है, ऐसा निश्चय हो जाने पर राज्यवर्धन के सैनिक स्कंदगुप्त ने उसकी भी हत्या कर डाली। दूसरी ओर हर्षवर्धन अन्य प्रांतों पर विजय प्राप्त करता हुआ आकर अपनी बहन राज्यश्री से बौद्ध-संघ में मिलता है; उससे निवेदन करता है कि भिक्षुणी का बाना छोड़कर वह पुनः राजरानी बने। राज्यश्री इसका विरोध करती है। इसी स्थल पर नाटक की समाप्ति होती है। नाटक का आरंभ विरोध से हुआ और अंत तक विरोध ही विरोध चलता रहा। विरोध ही इस रूपक का व्यापक भाव है।

राज्यश्री के इस संस्करण में प्राचीन रीति के अनुसार नांदी-पाठ है। अंत में प्रशस्ति-वाक्य भी है। यों तो नाटक के प्रथम अंक के प्रथम दृश्य में ग्रहवर्मा की बातचीत में पद्यात्मक कथोपकथन की वही परिपाटी प्राप्त होती है जो 'सज्जन' में दिखाई पड़ती है; परंतु ऐसा केवल यही एक स्थल है। अन्य स्थानों पर इसका संकोच ही दिखाई पड़ता है। इन पद्यात्मक अंशों की भाषा पूर्वकाल के अनुसार ब्रज नहीं वरन शुद्ध खड़ी बोली है। पद्य एवं गद्य दोनों की अभिव्यंजना शैली व्यावहारिक और सीधी-सादी है। कथन की उस शैली के केवल सूक्ष्म छींटे यत्र-तत्र प्राप्त होते हैं जो शैली आगे चलकर प्रौढ़ काल में विकसित हुई है। नाटक के इस संस्करण को विचारपूर्वक देखने से यह स्पष्ट ज्ञात होता है कि अभी लेखक में रचना-कौशल के विचार से बड़ी कमी है। वह व्यापक घटना-क्षेत्र के संघटन तथा शासन में असफल दिखाई पड़ता है। समस्त नाटकीय व्यापार में आपत्तियों की एक आँधी-सी चलती है। इस आँधी में लेखक की अप्रौढ़ रचना-चातुरी अपने बल पर नहीं खड़ी रहती। उसने शीघ्रता से समस्त घटनावली को क्रम से तीन भागों में विभक्त कर तीन अंकों में स्थित कर दिया है। इसके उपरांत उन मार्मिक स्थलों तक चढ़ने के लिए साधारण, अनगढ़, बेमेल दृश्यों की कृत्रिम सीढ़ियाँ बना ली गई हैं। ये दृश्य छोटे-छोटे, कहीं तो एक ही पृष्ठ के हैं। दो-तीन मिलकर इस योग्य होते हैं कि घटना के प्रवाह को आगे बढ़ाएँ। इस काल की रचना-चातुरी में इस प्रकार की दुर्बलताएँ और भयाकुल स्वभाव नितांत प्रकृत ज्ञात होता है।

राज्यश्री का चरित्र

राज्यश्री नाटक घटना-प्रधान है। यही कारण है कि इसमें चरित्रगत विशेषताएँ नहीं मिलतीं। क्रिया का वेग इतना अधिक है कि पात्रों के अंतर्जगत् तक पहुँचने और उनकी आंतरिक वृत्तियों के समझने का समय ही नहीं मिल पाता। भयंकर झंझावात से जैसे वृक्षावली त्रस्त दिखाई पड़ती है उसी प्रकार घटनाओं की आँधी में पात्रों का व्यक्तित्व उड़ता फिरता है। पात्रों के शील वैचित्र्य को पूर्णतया स्फुट बनाने के लिए स्थितियों में जिस उतार-चढ़ाव की आवश्यकता होती है उसका इस रूपक में प्रायः अभाव-सा है। केवल राज्यश्री की चरित्र-संबंधी विशेषताओं का उल्लेख एक क्रम से हुआ है, अन्यथा अन्य पात्रों के चरित्र की यदा-कदा झलक भर मिलती है। राज्यश्री को हम तीन अवस्थाओं में देखते हैं, परंतु किसी अवस्था में अनेक चरित्र एवं स्वभाव का संतोषप्रद ज्ञान नहीं होता। प्रथम अवस्था उसके दांपत्य-जीवन से संबंध रखती है। उसमें वह पतिपरायणा, स्नेहशीला और विचारवती पत्नी के रूप में दिखाई पड़ती है। भावी आशंकाओं के कारण पति को उद्विग्न देखकर प्रबोध देती और उसके मानसिक कष्ट को निर्मूल प्रमाणित करने की सतर्क चेष्टा करती है; परंतु विवाद में असफल होकर स्त्री-सुलभ शालीनता का आश्रय ग्रहण कर लेती है और अंत में स्पष्ट रूप से स्वीकार करती है—'प्रभो! फिर आत्मबल कोई वस्तु नहीं है। मैं आप से विवाद नहीं करना चाहती। पर यह मेरा निवेदन है कि आप अपने हृदय को प्रसन्न कीजिए।' आगे चलकर पति की इच्छा में संतोष मानकर कहती है—'जैसी प्रभु की इच्छा।' पति की अनुपस्थिति में प्रतिक्षण उसी की ओर ध्यान लगाए रहती है। पूजा-पाठ और अर्चना-वंदना के समय भी उस ध्यान में बाधा नहीं पड़ती। इसी अवस्था में उसका एक स्वरूप और भी दिखाई देता है। उस स्वरूप में धर्म-भाव से उद्दीप्त उत्साह, त्याग एवं युद्ध के प्रति निर्भयता का स्वाभाविक सम्मिश्रण प्राप्त होता है। जिस प्रिय पति में उसका इतना अनुराग है कि आँख की ओट होते ही संदेश के लिए उत्कंठित हो उठती है, उसी के विरुद्ध युद्ध की आशंका का समाचार सुनकर तनिक भी विचलित नहीं होती। उस समय उसमें भारतीय वीर ललनाओं के समान क्षात्रतेज उत्पन्न हो जाता है। वह सच्ची क्षत्राणी है। क्षत्राणियाँ अपने वीर पतियों को युद्ध में सम्मिलित होने के लिए उदारतापूर्वक उत्साहित करती हैं। राज्यश्री भी उन्हीं की भाँति राज्य की मंगल-भावना से प्रेरित होकर अपने प्रेम और सुख का बलिदान करती है। युद्ध की आशंका का समाचार पढ़कर वह प्रसन्नतापूर्वक उसका स्वागत करती है। दूत को कहने में संकोच करते देखकर कहने के लिए बाध्य करती है और उत्तर पाकर कहती है—'दूत! इसी को कहने में तुम विलंब करते थे। क्षत्राणी के लिए इससे बढ़कर शुभ समाचार और क्या होगा कि उसका पति युद्ध के लिए सन्नद्ध हो रहा है।'

राज्यश्री के चरित्र की दूसरी अवस्था उस समय प्रारंभ होती है जब वह मंदिर में पूजन के उपरांत अपने प्राणनाथ की विजय-कामना करती है और वहाँ अट्टहास होता है। उस अट्टहास के साथ ही भय एवं भावी अनिष्ट की आशंका के कारण वह मूर्च्छित हो जाती है। इस घटना के अनंतर वह कुछ काल तक विक्षिप्त रहती है। उसके स्त्री-सुलभ कोमल और भावुक हृदय में भय तो पैठ जाता है; पर इस अवस्था में भी उसका पति-प्रेम अक्षुण्ण दिखाई पड़ता है। अचेतन अवस्था में भी जब वह प्रलाप करती है तो महामंगल से अपने प्राणनाथ का जय चाहती है। उसके हृदय-पटल पर पति की जिस मंगल-कामना ने घर कर लिया है उसे मूर्च्छा भी दूर नहीं कर सकती। इसी अवस्था में आगे चलकर उसके दुर्ग पर देवगुप्त आक्रमण करता है। शत्रु दुर्ग में घुस आए। इसकी सूचना पाते ही उस विक्षप्तावस्था में भी उसमें अपूर्व वीर-भावना जागृत होती है। मंत्री की तलवार ले लेती है और जब विजयी सैनिकों को साथ लिए देवगुप्त सम्मुख आता है तब वह वीर क्षत्राणी निर्भय होकर उस पर खड्ग चलाती है। ऐसी दयनीय तथा कारुणिक अवस्था में उसका कर्तव्य-ज्ञान विशेष प्रभावोत्पादक ज्ञात होता है।

तीसरी अवस्था में राज्यश्री उस समय दिखाई पड़ती है जब विक्षिप्ति समाप्त होती है और वह पुनः सज्ञान हो जाती है। विक्षिप्ति दूर होते ही उसे अपनी यथार्थ स्थिति का बोध होता है। बंदीगृह में पड़ी-पड़ी जब वह विकटघोष के द्वारा राज्यवर्धन का संदेश पाती है, उस समय संसार के व्यावहारिक ज्ञान से शून्य सरल स्वभाव की साधारण बालिका के समान उस संदेश पर विश्वास कर लेती है और विकटघोष के द्वारा बंदीगृह से मुक्त होकर उसी के साथ भागती है। उस समय उसके हृदय में भ्रातृ-स्नेह उमड़ उठता है। आगे चलकर जब उसे ज्ञात होता है कि विकटघोष ने दुर्भावना से प्रेरित होकर उसे छुड़ाया है तो उसके दुःखित हृदय को एक और ठेस लगती है जिससे उसके अंतरतल में सोया निर्वेद उत्पन्न होता है। बौद्ध भिक्षु दिवाकरमित्र को सम्मुख देखते ही उसको अपनी आपद अवस्था से मुक्त होने का स्वरूप समझ में आ जाता है। उसी भिक्षु की सहायता से मुक्ति पाकर उसी दिन वह बौद्ध-संघ में चली जाती है। संघ के जीवन से संतुष्ट हो संसार के प्रति वह विरक्ति ग्रहण करती है। जिस समय उसका भाई हर्षवर्धन उस संघ में आता है और उससे भिक्षुणी रूप के त्याग करने के लिए निवेदन करता है उस समय वह कहती है—'फिर अब किस सुख की आशा पर राजरानी का वेश इस क्षणिक संसार में धारण करूँ' और विश्वबंधुत्व के भाव से प्रेरित होकर वह इच्छा करती है कि समस्त उत्तरापथ को विजित कर सम्राट् हर्ष ने जो धन ऐश्वर्य एकत्र किया है वह सब भूखों और कंगालों को बाँट दिया जाय। हर्षवर्धन तुरंत इस इच्छा की पूर्ति करता है। इस स्थल पर पहुँचकर वह संसार की मंगल-कामना में प्रवृत्त दिखाई देती है।

राज्यश्री का नवीन संस्करण

'राज्यश्री' के परिवर्तित और परिवर्धित रूप को देखकर यह कहा जा सकता है कि इसका प्रथम संस्करण बाल-रचना थी। यों तो लेखक स्वयं स्वीकार करता है कि उस समय यह अपूर्ण-सा था, परंतु यह केवल अपूर्ण ही न था, इस अपूर्णता के कारण उसमें नीरसता और सूखापन, कथोपकथन की निर्बलता, कथानक-सौष्ठव का अभाव और चरित्रों का अविकसित रूप भी दिखाई पड़ता है। प्रथम संस्करण की न्यूनताओं एवं दुर्बलताओं को लेखक ने स्वयं समझ लिया—यह स्पष्ट ज्ञात होता है, क्योंकि उसने द्वितीय संस्करण में उनका पूर्ण संशोधन किया है। नाटक का ढाँचा तो उसी प्रकार का बना रहता है, घटनाक्रम के मूल में वस्तुतः कोई उलट-फेर नहीं किया गया; परंतु उस अपूर्णता और नीरसता के हटाने की चेष्टा अनेक प्रकार से की गई दिखाई देती है। कथानक के विभाजन का क्रम इसमें भी पूर्ववत् ही है। अंत में एक अंक और बढ़ाया गया है। बीच-बीच में अवसर और आवश्यकता के अनुसार कुछ दृश्य भी जोड़े गए हैं। हूनच्वंग, पुलकेशिन और सुरमा के योग के कारण वस्तु नवीन-सी दिखाई देती है। इसमें प्रथम दो तो इतिहास के प्रसिद्ध व्यक्ति हैं, परंतु तीसरा पात्र कल्पित है। इन नवीन पात्रों के योग से चरित्र के विकास में बड़ी सरलता एवं प्रकृतत्व उत्पन्न हो गया है। प्रथम संस्करण में जो नरेंद्रगुप्त का वध दिखाया गया है और जो इतिहास के विरुद्ध प्रमाणित होता है, उसका परिहार भी इस आवृत्ति में कर दिया गया है। इसके अतिरिक्त इस संस्करण के कथोपकथनों के बीच-बीच में जो छूट दिखाई देती है उसकी भी पूर्ति बड़ी कुशलता से कर दी गई है। थोड़े में यों कहा जा सकता है कि 'राज्यश्री' के परिवर्तित और परिवर्धित संस्करण में नाटककार की रचना-शक्ति का प्रौढ़ रूप दिखाई पड़ता है।

चतुर्थ अंक की असार अतिरिक्तता

कथानक के विभाजन तथा विस्तार में यत्र-तत्र कुछ नव दृश्यों की वृद्धि के अतिरिक्त इस संस्करण में जो चतुर्थ अंक का नवीन आयोजन किया गया है, नाटकीय सौंदर्य के विचार से, उसका विशेष महत्त्व नहीं है। इस अंक में तीन प्रसिद्ध बातों का उल्लेख है—हर्षवर्धन के प्राण लेने की चेष्टा, कान्यकुब्ज और प्रयाग के दानमहोत्सव का वर्णन तथा हूनच्वंग का परिचय। हर्षकालीन इतिहास में चीनी यात्री हुन च्वंग का महत्त्व अवश्य मिलता है; परंतु नाटक में घटनाओं का विवरण नहीं वरन उन घटनाओं के मूल में मनुष्य की बाह्य एवं आंतरिक वृत्तियों के विश्लेषण और सक्रियता के रूप का स्पष्टीकरण होता है। इस नाटक में राज्यश्री का ही चरित्र प्रधान है और वास्तव में हून च्वंग की घटनाओं अथवा उसके मूल में धर्म-समन्वय

की भावना का संबंध राज्यश्री के व्यक्तित्व से नहीं है; अतएव चीनी यात्री के कारण यदि इस अंक का विस्तार हुआ है तो व्यर्थ है। उसके अतिरिक्त अन्य दो बातों के विषय में स्वयं लेखक स्वीकार करता है कि यह सब दानमहोत्सव की प्रेरणा राज्यश्री की थी और हर्ष की हत्या की चेष्टा भी जो विफल हुई उसके भी मूल में राज्यश्री के कोमल स्वभाव की प्रेरणा थी। साथ ही राज्यश्री की देवोपम उदारता का जो पोषण किया गया है—अपने भाई और पति के हत्यारों को जो उसने क्षमा-दान दिया है—वह भी राज्यश्री की समष्टि-हित-साधना अथवा लोकमंगल की भावना का व्यापक स्वरूप मात्र है, जो अनावश्यक एवं गौण विषय है। वास्तव में राज्यश्री की उदार भावना का उच्चतम रूप तृतीय अंक की समाप्ति के साथ ही स्थिर हो जाता है। 'स्त्रियों के पवित्र कर्तव्य को करती हुई इस क्षणभंगुर संसार से बिदाई लूँ। सतीधर्म का पालन करूँ'—वह ऐसा निश्चय कर लेती है। कर्तव्य, ज्ञान और सद्धर्म की प्रेरणा से वह अपने अंतिम सुख का विधान स्थिर करती है, इस विधान में परिवर्तन हो जाता है। उसका यह रूप देखकर हर्ष कहता है—'आर्य! मुझे भी काषाय वस्त्र दीजिए'। इतना सुनते ही राज्यश्री के मस्तिष्क में एक प्रकार का झटका लगता है और वह चिता से हट जाती है। और कहती है—'ऐसा नहीं होगा, मैं तुम्हारे लिए जीवित रहूँगी। मेरे अकेले भाई—चलो हम लोग दूसरे के सुखदुःख में हाथ बटाए। जहाँ तक हो सके लोक-सेवा करके अंत में काषाय हम दोनों साथ ही लेंगे।' समष्टि के लिए व्यक्ति-भाव का इस प्रकार सर्वथा त्याग ही उसमें देवतुल्य उदारता का आरोप करता है। उसके अंतिम सुख का त्याग ही उसके चरित्र का उत्कर्ष है इसके उपरांत प्रेरक भाव के स्पष्टीकरण के विचार से उदाहरण और प्रमाण दे-देकर प्रधान भावना का विस्तार दिखाना निरर्थक-सा प्रतीत होता है। आगे जो कार्य दिखाए गए हैं उनका संकेत मात्र यथेष्ट था।

रचना-पद्धति

नवीन संस्करण में अन्य नवीनताओं के साथ-साथ नांदी-पाठ की अनुपस्थिति भी विचारणीय है। प्रथमावृत्ति में नाटक का आरंभ नांदी-पाठ से होता है और अंत में एक प्रशस्ति-गान है, परंतु इसमें गान को तो रहने दिया गया है पर नांदी-पाठ निकाल दिया गया है। इस प्रकार शास्त्रीय पद्धति के निर्वाह की ओर से लेखक की अरुचि दिखाई पड़ती है। इसके अतिरिक्त जिस समय हून च्वंग की बलि दी जाने लगती है और वह प्रार्थना करता है उस समय अकस्मात् आँधी के साथ अंधकार फैलता है। सब चिल्लाने लगते हैं—'दस्युपति! उस भिक्षु को छोड़ दो। उसी के कारण यह विपत्ति है, छोड़ो उसे (प्रार्थना करते हुए हून च्वंग को सब धक्का देकर निकाल देते हैं)' इस ढंग की आधिदैविक घटना का विनियोग प्रथम

संस्करण में नहीं है, परंतु ऐसा रूप पहले एक बार और दिखाई पड़ चुका है। 'प्रायश्चित्त' के पूरे एक दृश्य में आकाशवाणी ही आकाशवाणी है। अच्छा हुआ लेखक ने यह बुरी लत नहीं पकड़ी। इससे रस-परिपाक में बड़ा व्याघात पड़ता है और प्रभावोत्पत्ति में अस्वाभाविकता उत्पन्न होती है। अभिव्यंजना की शैली का स्वरूप भी दोनों आवृत्तियों में भिन्न-भिन्न है। प्रथम संस्करण में विषय का प्रतिपादन तथा इतिवृत्ति के कथन में सीधापन दिखाई देता है। अलंकार-विधान में अधिक काल्पनिकता नहीं है। जहाँ कहीं कल्पना का प्रयोग हुआ भी है वहाँ वह बड़ा व्यावहारिक है। इस आवृत्ति में यत्र-तत्र अधिक कोमल एवं काव्यात्मक अभिव्यंजना-शैली का स्वरूप बढ़ता दिखाई देता है—'चंद्रिका के मुख पर कुहरे का अवगुंठन नहीं! स्वच्छ अनंत में देवताओं के दीप झलमला रहे हैं'। इस पद्धति की व्यंजना नाटक के इस संस्करण से ही प्राप्त होने लगती है। भविष्य में इस प्रकार के कथन की उत्तरोत्तर वृद्धि ही होती गई है; काव्यात्मकता का क्षेत्र अधिक विस्तृत होता गया।

चरित्र-चित्रण

इस नाटक के प्रथम संस्करण में कथानक के संकोच के साथ-साथ पात्रों के चरित्र-चित्रण में भी संकोच रह गया था। चरित्र के अविकसित और अस्थिर होने के कारण वे स्थूल यंत्रों के समान हाथ-पैर हिलाते दिखाई पड़ते थे। इस आवृत्ति में कथानक के विस्तार के साथ-साथ पात्रों के चरित्र में भी व्यक्तिवैचित्र्य दिखाई पड़ता है। यों तो राज्यश्री को छोड़कर अन्य किसी व्यक्ति का चरित्र-विकास दिखाने का अवसर नहीं मिला; फिर भी उनके जीवन और कार्यों का जितना अंश सम्मुख आता है उतने ही से उनके चरित्र का स्वरूप लक्षित हो जाता है।

हर्षवर्धन

उत्तरापथेश्वर भारत-सम्राट् हर्षवर्धन प्रथम बार रेवातट की युद्धभूमि पर दिखाई पड़ता है। वह वीर चालुक्य से संधि का प्रार्थी है; युद्ध नहीं करेगा—इसलिए नहीं कि उसकी राजवाहिनी पुलकेशिन के अश्वारोहियों से त्रस्त हो चुकी है। अथवा पराजय की कोई संभावना सूचित हो रही है, वरन इसलिए कि चर द्वारा उसको संदेश मिला है कि उसी विंध्य-पाद में उसकी अनाथ दुखिया बहन राज्यश्री है। राज्यश्री की स्मृति के साथ ही उसकी घोर दयनीय परिस्थितियों का भी उसे स्मरण हो आता है। यह स्मृति करुणाजन्य होने के कारण हर्ष के हृदय को अभिभूत कर लेती है; उसमें दया, करुणा तथा अहिंसा के उन भावों की दृढ़ स्थापना करती है जिनके

वशवर्ती होकर उसके जीवन का भविष्य संचालित होता है। उसी भाव की प्रेरणा से वह युद्ध को प्राणनाश का स्वरूप समझने लगता है और उसमें युद्ध के प्रति विरक्ति-भावना जागृत होती है। इस समय तक जो युद्ध उसे करना पड़ा है वह विवश होकर ही; स्वभाव से उसमें रण का प्रेम नहीं है जिससे उत्साहित होकर वह शक्ति-प्रदर्शन तथा उच्छृंखल स्वार्थ-लिप्सा के विचार से युद्ध करता है। वह अकारण दूसरों की भूमि हड़पनेवाला दस्यु नहीं है। इस समय उसकी भावुकता इतनी सजग है कि उसमें सारी देव-वृत्तियाँ सक्रिय दिखाई पड़ती हैं। कर्तव्य-ज्ञान ने उसमें संतोष की वृत्ति उत्पन्न कर दी है। उसी वृत्ति का प्रभाव है कि वह इस प्रकार कहता है—'यदि इतने ही मनुष्यों को मैं सुखी कर सकूँ--राजधर्म का पालन कर सकूँ तो कृत-कृत्य हो जाऊँगा'। वह महावीर और उदार महापुरुष है। अपने विख्यात प्रतिस्पर्धी पुलकेशिन के वीरोन्माद और उत्साह का आदर करता है।

हर्ष में श्रेष्ठ वृत्तियों के स्फुरण के साथ ही साथ मनुष्योचित भावुकता एवं फल-प्राप्ति की कामना भी दिखाई देती है। वह प्रतिहिंसा से प्रेरित होकर लाखों प्राणियों का संहार—इतना रक्तपात—करता है, किसी अभिप्राय विशेष से। उसके अनेक अन्य कार्य-व्यापार भी किसी कामना से होते हैं—वह दिखा देना चाहता है कि 'कान्यकुब्ज के सिंहासन पर वर्धनवंश की एक बालिका ऊर्जस्वित शासन कर सकती है'। जब मनुष्य की अभिलाषा और आशा के विरुद्ध फल घटित होता है तो उसका सारा उत्साह नष्ट हो जाता है, सक्रियता का सर्वथा अभाव प्रतीत होने लगता है और संसार की असारता सम्मुख खड़ी दिखाई देती है। वह स्वयं स्वीकार करता है—'सब गर्व, सारी वीरता, अनंत विभव, अपार ऐश्वर्य, हृदय की एक चोट से —संसार की एक ठोकर से निस्सार लगने लगा'। जिस राज्यश्री के लिए वह सब कुछ करता है उसी को सती-धर्म-पालन में सन्नद्ध देखकर—अपनी केंद्रीभूत आशाओं और कामनाओं के स्वरूप को भस्मसात होते देखकर—उसको इतना क्षोभ और इतनी विरक्ति होती है कि तुरंत दिवाकरमित्र से कहता है कि 'आर्य! मुझे भी काषाय दीजिए'। परंतु 'मैं तुम्हारे लिए जीवित रहूँगी'।—ऐसा वचन-दान राज्यश्री से पाकर वह पुनः लहलहा उठता है। मानव-बुद्धि स्वभावतः स्वार्थमयी और चंचल होती है। अपने को सफल पाकर हर्ष प्रसन्न हो जाता है और पूर्ण उत्साह के साथ पुनः कर्म की ओर प्रवृत्त होता है। वह राज्यश्री से कहता है—'चलो पराक्रम से जो संपत्ति, शस्त्र-बल से जो ऐश्वर्य मैंने छीन लिया है उसे पानेवालों को दे दूँ; हम राजा होकर कंगाल बनने का अभ्यास करें'।

एक नहीं अनेक स्थलों पर उसका मनुष्योचित रूप ही दिखाई पड़ता है, उसमें करुणा तथा उदारता का इतना विस्तार अभी नहीं हुआ है कि अपने सगे भाई राज्यवर्धन के हत्यारे को भी क्षमा प्रदान करे। वह स्पष्ट कहता है कि 'मेरा हृदय नहीं क्षमा करेगा, मैं अशक्त हूँ'। इसी प्रकार उस समय भी वह क्रोधयुक्त दिखाई

पड़ता है जिस समय महाश्रवण पर भयानक आक्रमण होने का समाचार मिलता है। इस व्यावहारिक जीवन में करुणा और दया का सीमारहित तथा व्यापक प्रसार नीचता का योग पाकर उच्छृंखलता एवं प्रमाद का कारण बन जाता है। बुद्धि उसी के नियंत्रण के लिए राजशक्ति तथा दंडविधान का आश्रय लेती है। 'धर्म में भी यह उपद्रव' देखकर हर्ष क्षुब्ध हो उठता है। उसे सब स्थानों पर क्षमा की एक सीमा दिखाई देती है। समाज में व्यवस्था और मर्यादा को स्थिर रखने के विचार से उसे यह आवश्यक ज्ञात होता है कि राजशक्ति की कठोरता का भी उपयोग करे। दौवारिक को तुरंत आज्ञा देता है कि 'जाओ डौंडी पिटवा दो कि यदि महाश्रवण का एक रोम भी छू गया तो समस्त विरोधियों को जीवित जलना पड़ेगा'। इस कठोर आज्ञा के भीतर राजशक्ति का मद-प्रदर्शन उतना नहीं है जितनी मर्यादा-रक्षा की भावना। शुद्ध मानव-व्यवहार का आदर्श यही भावना है।

हर्षवर्धन भारत का यशस्वी सम्राट्, उदार, वीर, अहिंसावादी धार्मिक और कर्तव्यशील है। उसके विचार तथा धर्म में सुंदर सामंजस्य मिलता है। उसके वध की चेष्टा ही उसके जीवन की अंतिम और महत्त्वपूर्ण घटना है जिसके कारण हर्ष में विरक्ति, त्याग एवं कर्तव्यपरायणता नवीन रूप में जागृत हुई है। हत्या की चेष्टा के मूल में उसको धन का लोभ दिखाई देता है। नीचता के उस उच्छृंखल रूप को देखकर धन, ऐश्वर्य और शक्ति की ओर से उसे विरक्ति पैदा होती है। उसी विरक्ति से प्रेरित होकर वह सब मणि-रत्न दान करता हुआ अपना सर्वस्व उतारकर दान कर देता है और काषाय धारण करता है। कारण का स्वयं स्पष्ट उल्लेख करता है—'क्यों, मेरी इसी विभूति और प्रतिपत्ति के लिए हत्या की जा रही थी न ? मैं आज सबसे अलग हो रहा हूँ, यदि कोई शत्रु मेरा प्राण-दान चाहे, तो वह भी दे सकता हूँ।' विरक्ति, त्याग और उदारता का इतना उग्र रूप रहने में भी राज्यश्री के सेवा-व्रत का स्मरण दिलाते ही उसमें लोक-सेवा का भाव पुनः चेतन हो उठता है और वह सर्वसम्मति से प्रेरित होकर मुकुट और राजदंड ग्रहण करता है। इस ग्रहण में भी त्याग की सात्विकता मिश्रित है।

शांतिदेव

ऐहिक सुख से तटस्थ होना ही संन्यास है। जब तक मनुष्य के हृदय में सांसारिक आनंद के उपभोग की अभिलाषा वर्तमान रहती है, जब तक वह आशा-निराशा, सुख-दुःख, ऐश्वर्य-अभिलाषा इत्यादि के संघर्ष में पड़ा रहता है तब तक अनेक प्रकार के सांसारिक प्रलोभन एवं आसक्ति का मायाजाल उसे भयभीत करता रहता है। वास्तव में जब तक उसकी वृत्तियाँ संन्यस्त नहीं हो जातीं, तब तक संन्यास, प्रव्रज्या, विरक्ति तथा निर्वेद की उपासना निरर्थक है। शांतिदेव बलात् बौद्ध संघ में भेज

दिया गया है। उसमें प्रव्रज्या की योग्यता नहीं है। वह धार्मिक मर्यादा का निर्वाह करने में सर्वथा असमर्थ है। उसमें सांसारिक मोह-माया, आशा-अभिलाषा और महत्त्वाकांक्षा का राक्षस पूर्ण रूप से सक्रिय है। वह अभी भाग्य की परीक्षा लेना चाहता है। सौंदर्य, विभव, शक्ति एवं सम्मान की कामना उसमें अभी वर्तमान है। असमय की यही प्रव्रज्या साहस तथा विरोध की भावना उत्पन्न करती है। 'संसार उसकी उपेक्षा करता है, उसकी अभिलाषाओं की कलिका को कुचल डालना चाहता है।' यह देखकर उसके हृदय में घोर असंतोष उत्पन्न होता है। अपने विषय में वह निश्चय कर लेता है कि उसे केवल अपने 'भाग्य का भरोसा है'।

प्रथम अंक में उसके जीवन का उद्देश्य निश्चित रहता है। किसी प्रकार उलटा-सीधा उपदेश देकर सुरमा से पिंड छुड़ाता है। सुरमा में वह अपनी अभिलाषा का केवल एक अंश पाता है, अतएव स्थिर रूप में उसके प्रेम के प्रस्ताव को न तो स्वीकार करता है और न अस्वीकार; यों ही उसे बातों में फँसाए रखना चाहता है—'उतावली न हो सुरमा ! अभिलाषा के लिए इतना चंचल न होना चाहिए।' इस प्रकार का सूखा ज्ञानोपदेश देकर आगे बढ़ता है। अपने भाग्य की परीक्षा लेने के अभिप्राय से राज्यश्री के सम्मुख याचक रूप में उपस्थित होता है। वहाँ भी अतुल रूपराशि एवं अपरिमित धन-वितरण का विधान देखकर सापेक्ष रूप में केवल अपनी क्षुद्रता का विचार करता है—'विश्व में इतनी विभूति है और मैं अत्यंत ऊँचाई की ओर देखता हुआ केवल उलट जाता हूँ चढ़ने को कौन कहे।' अपनी दरिद्र कल्पना से परे 'इतना सौंदर्य, विभव और शक्ति एकत्र' पाकर वह अवाक् रह जाता है। क्षोभ तथा आत्मश्लाघा उसे दान भी नहीं लेने देती।

असफलता के कठोर आघात से व्यथित होकर वह पुनः सुरमा के उपवन में लौट आता है और विचार करता है—'सुरमा ! जीवन की पहली चिनगारी वह भी किधर बुझ गई। धधक उठी एक ज्वाला राज्यश्री ! मूर्ख ! निश्चित नहीं कर पाता कि सुरमा या राज्यश्री। उसके जलते हुए ग्रह-पिंड के भ्रमण का कौन केंद्र है।' उस मूर्ख प्रवंचक को महत्त्वाकांक्षा ने अंधा बना दिया है। उसकी बुद्धि, विवेक से सर्वथा शून्य है। वह वर्तमान से असंतुष्ट है, परंतु भविष्य की रूपरेखा के भी निश्चित करने में अशक्त है। अपने भिक्षु-जीवन के विषय में तो निर्णय कर लेता है—'नहीं, संघ मेरे लिए नहीं है'। फिर विचार करता है—'अब यहीं कुटी में रहूँगा, तो क्या मैं तपस्वी होऊँगा। नहीं, अच्छा जो नियति करावे।' इस प्रकार के अस्थिर बुद्धि के मनुष्य का जीवन और भविष्य कितना अंधकारपूर्ण तथा समाज के लिए कितना घातक हो सकता है इसी का चित्रण विकटघोष के रूप में हुआ है।

आकस्मिक रूप में उसकी भेंट दो डाकुओं से हो जाती है। उनको भी अपने ही पथ का पथिक समझ कर विकटघोष उनके साथ हो लेता है और राज्यश्री को उड़ा ले जाने में सन्नद्ध होता है। अपनी कार्यप्रणाली का भावी क्रम स्थिर कर

लेने पर वह अपने साथियों को लिए हुए सेनापति भंडि के समीप आता है और कहता है—'हम लोग साहसिक हैं, परंतु अब चारित्र्य और वीरतापूर्वक जीवन व्यतीत करना चाहते हैं। देवगुप्त हमारा चिरशत्रु है, उससे प्रतिशोध लेना हमारा अभीष्ट है।' इस असत्य भाषण के अतिरिक्त वह प्रलोभन भी देता है—'मैं आपका उपकार करूँगा, विजय में उपयोगी सिद्ध हो सकूँगा। मुझे कान्यकुब्ज-दुर्ग के गुप्त-मार्ग विदित हैं, उनके द्वारा सुगमता से आपको विजय मिल सकती है।' इस प्रकार अपनी माया एवं प्रवंचना का जाल बिछाता है और पंचनदगुल्म में सम्मिलित हो जाता है। समय आने पर कान्यकुब्ज के बंदीगृह में पहुँचता है। उसका अभीष्ट तो था बंदीगृह से राज्यश्री को मुक्त करना; उसे अपने अधिकार में लेकर उड़ जाना, परंतु मार्ग में सुरमा के मिल जाने से उसका विचार उस ओर भी आकृष्ट होता है। सुरमा का स्वरूप और आचरण समझकर वह यह दृढ़ निश्चय कर लेता है कि उसके साथ जीवन में यदि चल सकती है तो सुरमा ही। यही कारण है कि उस कुसमय में भी वह सुरमा को नहीं छोड़ सकता। वह सुरमा के सम्मुख स्पष्ट स्वीकार करता है कि 'तुम चाहे कितनी भी कुटिलता ग्रहण करो पर मैं तुम्हें...।'

विकटघोष के चरित्र-चित्रण में लेखक अत्यंत सजग दिखाई देता है। उसने बड़ी मार्मिकता से उसके पतन का चित्र खड़ा किया है। उसके जीवन की गति में किस कारण और किस समय कैसे परिवर्तन उत्पन्न हुए हैं इसका क्रमिक विवरण लेखक ने उपस्थित किया है। प्रत्येक अंक में उसका एक नवीन स्वरूप दिखाई पड़ता है। तृतीय अंक के आरंभ में जब राज्यश्री को उसके दूसरे दस्यु साथी ले भागते हैं तब उसके जीवन का प्रवाह एक बार फिर रुकता है; वह विचार करता है कि 'इस प्रकार चलने में भी असफलता ही हाथ लगी।' इन असफलताओं का सामना करते-करते वह व्यथित हो उठता है। उसने विचार कर रखा था कि राज्यश्री का सुंदर स्वरूप अपने अधिकार में आ जाएगा और उसके कारण अपार विभव प्राप्त होगा; परंतु यह कठोर कामना अपूर्ण ही रह जाती है। हाँ, इस घटना-क्रम से अंधकार में सुरमा की प्राप्ति ने—क्षीण ही सही—एक प्रकाश-रेखा झलका दी। उसने इतने ही को यथेष्ट समझा—वह साहसिक है न ! सुरमा के हृदय में जो निर्बल स्त्री-सुलभ आशंका एवं अविश्वास का एक कारण—राज्यश्री—खटकती थी उसके विषय में विकटघोष ने स्पष्ट स्वीकार कर लिया—'पर उसकी प्यास तुम्हीं ने जगा दी थी। मैं विचार करता था कि किधर बढ़ूँ। रूप और विभव दोनों के प्रभाव ने मुझे अभिभूत तो कर दिया था, किंतु मैं तुम्हें भूला नहीं, सुरमा !'

विकटघोष ने इस प्रकार अपने जीवन की दो आकांक्षाओं—रूप और विभव—में से एक की प्राप्ति स्थिर कर ली। अब दूसरी की सिद्धि के लिए प्रयत्नशील होता है और तुरंत अपना भावी मार्ग निश्चित कर लेता है। संसार द्वारा सर्वथा उपेक्षित होकर वह अब अपने सुधार से निराश हो चुका है; परंतु हृदय में कामना

की बहिया का रौद्र रूप उसे कल नहीं लेने देता। वह किसी भी बात को सोचता है तो बड़ी तीव्रता से। संसार ने जो उसकी घोर उपेक्षा की है उसके प्रतिकार के लिए वह सन्नद्ध है। उसने भी दृढ़ कर लिया है कि 'संसार ने हम लोगों की ओर आँख उठाकर नहीं देखा और देखेगा भी नहीं, तब उसकी उपेक्षा ही करूँगा। यदि कुछ ऐसा कर सकूँ कि वह मुझे देखे, मेरी खोज करे, तब तो सही।' अभी तक उसे समाज के बंधनों का भय है। संसार एक कठोर आलोचक है, यह वह समझता है, इसलिए अपनी असाधु-वृत्तियों को स्वतंत्र रूप से प्रकट नहीं होने देता; परंतु जब उसे निश्चय हो जाता है कि उसके इस नियंत्रण का भी कोई स्पष्ट महत्त्व नहीं है, तब अपनी राक्षसी लीलाओं एवं पाशविक कृत्यों द्वारा ही समाज और संसार को भय-त्रस्त करना वह अपना अभीष्ट बना लेता है। अब शील-संकोच का डर उसे भयभीत नहीं कर सकता। साथ ही यह भी स्थिर हो जाता है कि पतन की ओर यहाँ तक बढ़ आने पर लौटना असंभव है। मनुष्य के आंतरिक भावावेश की आभा बाह्य रूप में तुरंत प्रतिबिंबित हो उठती है यही कारण है कि नरेंद्रगुप्त को उसके ललाट पर रक्त और हत्या का स्पष्ट उल्लेख आभासित हो जाता है।

परिस्थिति एवं घटनाओं के घात-प्रतिघात के कारण विकटघोष मनुष्य-कोटि से गिर जाता है। उसके कार्यों में विवेक की वह झलक नहीं मिलती जो मनुष्य में मिलनी चाहिए। उसके लिए जीवन बड़ा कठोर बन जाता है। वह तो स्पष्ट स्वीकार करता है—'सच बात तो यह है कि मुझे अपने सुख के लिए सब कुछ करना अभीष्ट है।' उसके अभीष्ट-साधन में संसार किसी प्रकार का योग नहीं देता, उसके लिए किसी के हृदय में किसी प्रकार की शुभकामना नहीं है, इसलिए उसका दृढ़ विश्वास है कि 'मेरे लिए तो सभी शत्रु हैं।'

जिस मनुष्य में न तो चरित्र तथा मनोबल होता है और न संस्कृति ही का अवलंब रहता है, वह यदि पतन की ओर कुछ आगे बढ़ जाता है तो फिर उसके उद्धार की शीघ्र कोई संभावना नहीं दिखाई पड़ती। तृतीय अंक के अंत में विकटघोष भयंकर धन-लोलुप तथा हत्यारा बन जाता है। वह एक हत्या कर चुका है। उसका समाज-भय मर चुका है। अब उसे हत्या करने में थोड़ा भी संकोच नहीं होता। वह हत्या तथा रक्त की अरुणिमा में मनोरंजन एवं लालित्य देखता है। उसको राज्यवर्धन की हत्या का स्मरण बड़ा उत्साहवर्द्धक मालूम पड़ता है। वह स्वयं स्वीकार करता है—'अब तो मैं रक्त देखकर कितना प्रसन्न होता हूँ।' मनुष्य में जब इस प्रकार की पाशव वृत्तियाँ पूर्ण रूप से जागृत हो जाती हैं तब वह शांति और धर्म की उपेक्षा ही नहीं करता वरन उसका घोर शत्रु बन बैठता है। धर्म और शांति का नाम सुनते ही वह क्रोधातुर हो उठता है और कठोर आलोचक बनकर कहता है—'मूर्ख ! शांति को मैंने देखा है, दरिद्रों के भीख माँगने में। मैं उस शांति को धिक्कार देता हूँ। धर्म को मैंने खोजा—जीर्ण पत्रों में, पंडितों के कूट तर्क में उसे बिलखते पाया। मुझे उसकी आवश्यकता नहीं।'

सुरमा

सुरमा पुष्पलावी मात्र है। महाराज ग्रहवर्मा के राजमंदिर में वह नित्य अपनी पुष्प-रचना लेकर आती है। वहाँ अपार विभव एवं विलास की तुलना में अपने निरीह और महत्त्वहीन जीवन को देखते-देखते वह व्याकुल हो उठी है। ऐहिक सुख के इंद्रधनुष का अतिरंजित स्वरूप देखकर इसकी प्राप्ति की स्वाभाविक कामना उसके हृदय में उत्पन्न होती है। अपने साधारण जीवन से वह असंतुष्ट है और उसको विश्वास है कि इसमें अवश्य सुधार होगा। उसने शांतिदेव को प्रलोभन के रूप में विश्वास दिलाया है कि 'मैं आजीवन किसी राजा की विलास-मालिका बनती रहूँ ऐसा मेरा अदृष्ट कहे तो भी मैं मान लेने में असमर्थ हूँ।'

प्रेम-पक्ष में भी सुरमा की वही गति है जो एक विवेकहीन स्त्री की होनी चाहिए। उसकी महत्त्वाकांक्षा, आतुरता और चंचलता ने उसके जीवन को उच्छृंखल बना दिया है। अपनी क्षणिक अभिलाषाओं की पूर्ति के विचार से वह बवंडर की भाँति कभी इधर कभी उधर भ्रमित होती है। पूर्ण यौवन के मद से वह विह्वल है। अतृप्त वासना ने उसे इतना अधिक चंचल बना दिया है कि अब वह एक क्षण भी ठहरना नहीं चाहती। सम्मुख परिचित शांतिदेव को पाती है। उसको अपने अनुकूल बनाने की चेष्टा करती है और अपने प्रणय का प्रलोभन देती है। अपना हृदय उसके सम्मुख खोलकर रखती है–'मेरी प्राणों की भूख, आँखों की प्यास तुम न मिटाओगे'। इतना स्पष्ट और सीधा प्रस्ताव उसके हृदय की आतुरता का व्यंजक है। शांतिदेव उसकी चंचलता को तुरंत लक्षित कर लेता है। वहाँ अपने उद्देश्य को सिद्ध होते न देखकर वह तुरंत दूसरी ओर दृष्टि फेरती है।

दूसरी ओर उसे मालव-नरेश देवगुप्त दिखाई पड़ता है। वह आचरण-भ्रष्ट, कामुक और प्रवंचक है। सुरमा का स्वरूप-सौंदर्य तथा भरा हुआ यौवन उसे आकृष्ट करता है। आचरण और स्वभाव में दोनों एक ही हैं, अतएव आकर्षण एवं सम्मोहन का प्रभाव दोनों पक्षों में एक-सा पड़ता है। देवगुप्त सुरमा का परिचय प्राप्त कर उसके उपवन में कुछ दिन ठहरने की अभिलाषा प्रकट करता है। स्त्रीत्व की साधारण मर्यादा के अनुसार कृत्रिम संकोच प्रकट करते हुए सुरमा कहती तो है–'मैं अकेली इस उपवन में रहती हूँ, आप एक विदेशी'–परंतु उसके कुशल और स्निग्ध वार्तालाप के पाश की ओर अपने को धीरे-धीरे बढ़ाती भी चलती है। देवगुप्त उसकी वृत्तियों को ठीक से समझता चलता है। वह इस प्रकार के व्यवहार में पटु है। किस प्रकार सुरमा क्रम से उसकी ओर खिंचती आती है उसको भी वह देखता चलता है। एक वृक्ष के नीचे वह बैठ जाता है; सुरमा माला बनाती हुई उसे कनखियों से देखती जाती है। उसकी यह मुद्रा देखकर देवगुप्त और उत्साहित होता है और कहता है–'अरे तुम्हारा बाल-व्यंजन भी बन गया, कितना सुंदर है। उन कोमल हाथों को

चूम लेने का मन करता है जिन्होंने इसे बनाया है'। इस पर सुरमा मन में प्रमुदित होकर उसे और अधिक उत्साहित करती है। आंतरिक प्रसन्नता और सफलता के आवेग को दबाकर हँसती हुई ऊपरी रोष प्रकट करती है—'आप तो बड़े धृष्ट हैं।' इसके उपरांत अपनी पुष्प-रचना लेकर इठलाती हुई जाती है। यहाँ पर लेखक ने सुरमा का जैसा आचरण और स्वरूप खड़ा किया है उसमें बड़ी स्वाभाविकता है। उसके कार्यों, वचनों एवं आंगिक चेष्टाओं से उसकी आभ्यंतरिक वृत्तियों का स्पष्ट प्रकाशन होता है। पतित आचरण की विवेकहीन साधारण कोटि की स्त्री क्षणिक लालसाओं की पूर्ति के लिए अनुकूल परिस्थिति पाते ही कितनी उच्छृंखल एवं तरल हो सकती है इसका प्रमाण, लेखक ने सुरमा का स्वरूप सम्मुख रखकर बड़ी मार्मिकता से दिया है।

इस प्रकार कुछ काल तक अबाध रूप में दोनों के जीवन का प्रवाह चलता है। इस काल में एक-दूसरे को समझने की चेष्टा करते हैं और अपनी ओर अधिकाधिक आकर्षित करने का प्रयत्न करते हैं। समय-समय पर सुरमा अपनी दरिद्रता तथा वर्तमान जीवन के प्रति घोर असंतोष प्रकट करती चलती है। जीवन के प्रति असंतोष प्रकट करने के मूल में परिस्थिति का केवल वास्तविक ज्ञान कराना ही अभिप्रेत नहीं है वरन् देवगुप्त की अनुकंपा प्राप्त करना ही प्रधान उद्देश्य है। इधर देवगुप्त स्वयं सहानुभूति-प्रदर्शन में सचेष्ट है और एक भी अवसर हाथ से जाने नहीं देता। सुरमा को भी आश्चर्य होता है और वह देवगुप्त से कहती है—'क्यों, इतनी सहानुभूति तो आज तक किसी ने मेरे साथ नहीं दिखलाई।' उसके अभी तक के रूप-व्यापार और विचारों को देखकर देवगुप्त उसके विषय में दो बातें स्थिर करता है—'कितनी भावनामयी यह युवती है और अवश्य इसके हृदय में महत्त्व की आकांक्षा है'। सुरमा की यथार्थता का स्पष्ट ज्ञान प्राप्त कर लेने पर देवगुप्त ने अपना वास्तविक परिचय उसे दिया है। सुरमा की आंतरिक वृत्तियों से परिचित होकर उसने समझ लिया कि वह ऐहिक सुख के लिए लालायित है, जीवन में आमोद-प्रमोद चाहती है। ऐश्वर्य-विभव मिलने पर वह सब कुछ करने को तत्पर हो सकती है ! जब उसने इस मूल को पकड़ लिया तब निःसंकोच रूप में अपना रहस्य प्रकट करता है—'सुरमा ! मैं श्रेष्ठी नहीं हूँ। आज मैं तुम्हें अपना अभिन्न समझकर अपना रहस्य कहता हूँ। मैं मालव-नरेश देवगुप्त हूँ।' इस प्रकार अपना वास्तविक परिचय देकर वह सुरमा को अवाक् कर देता है। फिर विचार करने के लिए बिना अवसर दिए ही तुरंत उसके सम्मुख अपना मंतव्य स्पष्ट शब्दों में रखता है—'चलोगी मेरे साथ'। इस पर परिस्थिति की दासी सुरमा का विवेकहीन हृदय उत्सुक हो उठता है—'इतना बड़ा सौभाग्य।' इस स्थल पर लेखक ने सुरमा के हृदय की एक सुंदर झलक दी है। ऐसी उद्वेगजनक परिस्थिति में भी वह अपने पूर्वपरिचित प्रेमी शांति भिक्षु को नहीं भूल सकी। उसकी स्मृति ने सुरमा को विकट परिस्थिति

में डाल दिया, परंतु अब वह आशापूर्ण भविष्य के लिए, प्रत्यक्ष-प्राप्त वर्तमान सुख का त्याग करने में असमर्थ है।

फिर क्या ! 'यौवन, स्वास्थ्य और सौंदर्य की छलकती हुई प्याली' देवगुप्त के विलास-भवन में पहुँचती है और वहाँ का वैभव देखकर कुछ दिनों के लिए तो वह चमत्कृत रहती है—'मैं कहाँ हूँ। यह उज्जवल भविष्य कहाँ छिपा था और यह सुंदर वर्तमान, इंद्रजाल तो नहीं है।' वस्तुतः उसके लिए यह जीवन एक इंद्रजाल ही प्रमाणित होता है। युद्ध की कठोर ध्वनि सुनते ही वह विलासी कायर देवगुप्त उसके बाहुपाश को छुड़ाकर भाग जाता है और वह फिर एक बार विकटघोष का पल्ला पकड़ती है। उसी के साथ दस्यु-मंडली की रानी बनी, नाना प्रकार के कुचक्रों में पड़ी दिखाई देती है। जब उसका पुराना प्रेमी विकटघोष नीचता की सीमा से भी आगे निकल जाता है तो वह हृदय-प्रवण रमणी ऊब उठती है और परिवर्तन (सुधार) चाहने लगती है—'मैं कहाँ चल रही हूँ··· नाचते हुए स्थिर जीवन में एक आंदोलन उत्पन्न कर देना, नहीं यह कृत्रिम है, यह नहीं चलेगा। राज्यश्री को देखती हूँ, तब मुझे अपना स्थान सूचित होता है, पता चलता है कि मैं कहाँ हूँ।' जब यह तारतमिक बुद्धि उत्पन्न हो गई तो सुधार में विलंब नहीं होता। वह दंड की भीख माँगती राज्यश्री के पास चली जाती है और काषाय स्वीकार कर लेती है। इस पात्र में लेखक ने उतार-चढ़ाव खूब दिखाया है। चरित्र की दुर्बलताएँ मनुष्य को कितना नाच नचा सकती हैं इसका चित्रण सुरमा में अच्छा हुआ है।

अन्य पात्र

अन्य पात्रों के जीवन की कुछ रेखाएँ भर सम्मुख आई हैं और उसी प्रकार उनके चरित्र की झलक भर मिल सकी है। देवगुप्त कामुक, कुचक्री और कायर स्वभाव का व्यक्ति है। ग्रहवर्मा अचल और शांत प्रकृति का धीर व्यक्ति है, सुशासक और प्रेमी पति है। राज्यवर्धन पराक्रमी, वीर, कर्त्तव्यशील और बड़ी लाग का पुरुष है। उसमें आत्मविश्वास और उदारता का अच्छा मिश्रण दिखाई देता है। नरेंद्रगुप्त स्वार्थी, विलासी, व्यवहार-पटु, कुचक्री और नीच प्रकृति का मनुष्य है। उसकी क्षुद्रता, कुमंत्रणाओं और हत्या तक बढ़ सकती है। उसका सच्चे विश्वासघाती के रूप में चित्रण हुआ है। पुलकेशिन का व्यक्तित्व एक ही झलक में मिल गया है। उसकी वाणी और कर्म में सच्चे वीर की भाँति उत्साह और उदारता है।

इस नाटक का वस्तु-विन्यास साधारण, चरित्रांकन एकांगी और अविकसित रह गया है। इसका कारण बहुत ही स्पष्ट है। पुरानी इमारत का सुधार बहुत पुष्ट नहीं होता। नींव से ही जो अपुष्ट है उसकी बाहरी तड़क-भड़क से कहाँ तक काम चल सकता है।

अजातशत्रु

इतिहास

बुद्ध (567 ई. पू.-480 ई. पू.) के जीवन-काल में भारत के उत्तराखंड में अनेक गणतंत्रों और महाजनपदों की स्थापना हो चुकी थी। इनमें प्रमुख राज्य चार थे—मगध, कोसल, वत्स और अवंती। इनमें भी मगध प्रधान था। इसके शासकों ने तत्कालीन इतिहास में बड़ा महत्त्वपूर्ण स्थान प्राप्त किया था[1]। उस काल के इतिहास का परिचय प्राप्त करने में उस समय प्रचलित विभिन्न धर्मों की मतविधायिनी कृतियाँ एवं साहित्य विशेष रूप से सहायक होते हैं। इसी कारण प्रायः सभी इतिहास-लेखक इन्हीं के आधार पर चलते दिखाई पड़ते हैं। इन मत-मतांतरों के झगड़े और खींच-तान के कारण एक ही घटना और व्यक्ति के विषय में अनेक रूपों में उल्लेख मिलता है। अतएव कहीं-कहीं सत्य-निर्धारण में बड़ी अड़चन होती है। इतना ही नहीं, व्यक्तियों के नामकरण में भी भिन्नता दिखाई पड़ती है। बौद्ध, जैन और पुराण एक ही व्यक्ति को भिन्न-भिन्न नामों से पुकारते हैं। जैसे—अजातशत्रु के लिए कुणिक शब्द का भी व्यवहार हुआ है और बिंबसार के लिए विंध्यसेन और श्रेणिक नाम भी मिलते हैं।

बुद्ध के समय में शिशनाक[2] वंशीय बिंबसार मगध का शासक था। उस समय मगध की राजधानी राजगह अथवा राजगृह थी। बिंबसार शक्तिशाली और सुदृढ़ शासक था। अपनी शक्ति और राज्य-विस्तार के विचार से उसने अनेक राजाओं की कन्याओं से विवाह किया था। उसकी प्रमुख रानियों में प्रसेनजित की भगिनी कोशलदेवी और लिच्छवी वंश के राजा चेटक की पुत्री छलना और मद्र (मध्य पंजाब) की कुमारी क्षेमा[3] थीं। यों तो अजातशत्रु की माता के नाम और

---

1. डी. आर.भंडारकर : लेक्चर्स आन द एंशियंट हिस्ट्री आव् इंडिया (डिलिवर्ड इन फरवरी, 1918) पब्लिश्ड बाई द कलकत्ता युनिवर्सिटी, 1919, पृ. 57।
2. मत्स्य और वायु पुराणों में इस शब्द का शुद्ध उच्चारण यही दिया है : (पारजिटर जे. आर. ए. एस., 1915), पृ. 146।
3. लेक्चर्स आन द एंशियंट हिस्ट्री आव् इंडिया, पृ. 73-74।

वंश के विषय में भी बड़ा मतभेद मिलता है[1], परंतु अधिकांश विद्वान[2] और जैन-ग्रंथ यही मानते हैं कि वह वैशाली की राजकुमारी छलना का ही पुत्र था। निकायों में भी उसे वैदेही-पुत्र नाम से इंगित किया गया है

तिब्बत के दलुवा (Dulva) में उसकी माता का नाम वासवी लिखा मिलता है[3]। इस प्रकार बिंबसार ने अनेक राज्यों से वैवाहिक संबंध स्थापित किया था और कुछ राज्यों से मैत्री जोड़ ली थी। मित्रता के परिणामस्वरूप ही उसने जीवक को—जो तक्षशिला से आयुर्वेद की शिक्षा पूर्ण करके आया था और जिसे उसने अपना राजवैद्य नियुक्त किया था—अवंतिराज महासेन चंडप्रद्योत की चिकित्सा करने के लिए भेजा था। शासन-प्रबंध और योग्य मंत्रियों की व्यवस्था से उसके राज्य का अच्छा संगठन हुआ था[4]। स्वयं बौद्ध होते हुए[5] और बुद्ध के प्रति मैत्रीपूर्ण सम्मान दिखाते हुए भी धार्मिक विषयों में अन्य संप्रदायों के प्रति वह सदैव उदार था। यहाँ तक कि 'उत्तराध्ययनसूत्र' प्रभृति जैन-लेखों में उसे महावीर और उनके धर्म का प्रेमी माना गया है[6]।

बिंबसार के अंतिम काल और उसके प्रति अजातशत्रु के कठोर व्यवहार के विषय में भी मतभेद दिखाई देता है। अपने पिता के जीवन-काल में ही अजात शत्रु चंपा[7] का शासन करता था। देवदत्त बुद्ध का बड़ा भारी शत्रु था और बिंबसार को बौद्धधर्म का संरक्षक मानता था। उसने अजातशत्रु को अपने इद्धि-चमत्कारों से मुग्ध करके अपना ब्रह्मास्त्र बनाया था। एक ओर तो उसे अपने पिता को मारकर शासन-भार पूर्णतया अपने हाथ में लेने का आदेश दिया और दूसरी ओर स्वयं स्वतंत्र संघ का निर्माता बनकर अनेक उपायों से बुद्ध को मारने का यत्न करने लगा; परंतु वह सभी अवसरों पर विफल रहा। एक बार अस्वस्थावस्था में जब वह बुद्ध की

---

1. हेमचंद्र राय चौधरी : पोलिटिकल हिस्ट्री आव् एंशियंट इंडिया, पृ. 137-8।
2. (क) लेक्चर्स आन द एंशियंट हिस्ट्री आव् इंडिया, पृ. 77।
   (ख) वी. ए. स्मिथ : द अर्ली हिस्ट्री आव् इंडिया, चतु. सं, पृ. 33।
   (ग) जे. एन. समाद्दार : द ग्लोरीज आव् मगध द्वि. सं., पृ. 18।
3. (क) वी. ए. स्मिथ : द अर्ली हिस्ट्री आव् इंडिया, पृ. 37 (फुटनोट)।
   (ख) डिक्शनरी आव् पाली प्रापर नेम्स वाल्यूम 1, पृ. 34।
4. (क) एच. राय चौधरी : लेक्चर्स आन द एंशियंट हिस्ट्री आव् इंडिया, पृ. 136।
   (ख) डिक्शनरी आव् पाली प्रापर नेम्स वाल्यूम 1, पृ. 957।
5. वही : वाल्यूम 2, पृ. 285।
6. आर. एस. त्रिपाठी : हिस्ट्री आव् एंशियंट इंडिया, पृ. 94।
7. चंपा—प्राचीन अंगदेश (वर्तमान भागलपुर और संभवतः मुंगेर जिले) की राजधानी थी।
   (क) द अर्ली हिस्ट्री आव् इंडिया, पृ. 32।
   (ख) हिस्ट्री आव् एंशियंट इंडिया, पृ. 94।

ओर जा रहा था तो जेतवन के एक जलाशय में जलपान के लिए उतरा और वहीं, पृथ्वी में धँसकर विलीन हो गया[1]। अजातशत्रु ने उसी के मत में आकर अपने पिता की हत्या करने की चेष्टा की, परंतु उसे स्वयं शासन-भार त्याग करते देखकर बंदी-गृह में डाल दिया और निराहार रखकर मृत्यु की अवस्था तक पहुँचा दिया। जिस दिन उसे पुत्र उत्पन्न हुआ और स्वयं पुत्र-स्नेह का अनुभव हुआ उस दिन वह दौड़कर पिता के समीप गया, परंतु तब तक तो बिंबसार की अंतिम घड़ी आ चुकी थी[2]। इस प्रकार बिंबसार का अंत बड़ा दुःखद और क्रूरता-व्यंजक था। इस घटना की अतिशयता स्मिथ साहब ठीक नहीं मानते,[3] परंतु रिजडेविडस और गेजर प्रभृति विद्वान् इसी निर्णय पर पहुँचते हैं। साथ ही इनके मत का समर्थन प्राचीन एवं स्वतंत्र जैन लेखक भी करते हैं[4]। बिंबसार की मृत्यु के उपरांत उसी के शोक में उसकी पत्नी कोशलदेवी का भी देहांत हो गया था।

कोसल-नरेश प्रसेनजित ने विरोध-रूप में काशी की आय पर पुनः नियंत्रण कर लिया था और इस प्रकार जो एक लक्ष्य की आय का उपभोग मगध राज्य किया करता था उससे अजातशत्रु वंचित हो गया। इस पर मगध और कोसल का युद्ध छिड़ गया। कभी विजय इस पक्ष में रही और कभी उस पक्ष में, अंत में प्रसेनजित को सफलता प्राप्त हुई और अजातशत्रु बंदी रूप में कोसल लाया गया, परंतु यह विरोध अधिक समय तक नहीं टिका। कोसल-नरेश ने अपनी पुत्री बाजिराकुमारी का विवाह अजातशत्रु के साथ कर दिया और दहेज-रूप में पुनः काशी-प्रांत और उसकी संपूर्ण आय उसे दे दी[5]। कोसल के अतिरिक्त अजातशत्रु ने संपूर्ण वैशाली प्रांत पर भी सफलतापूर्वक विजय प्राप्त की थी और सारे तिरहुत को अपने राज्य के अंतर्गत कर लिया था। इस युद्ध में मल्लों ने लिच्छवियों की सहायता की थी। अतएव उनके साथ इनका भी पराभव हुआ। इस प्रकार अजातशत्रु ने कोसल के कुछ अंश, संपूर्ण वैशाली और मल्लों पर विजय प्राप्त की थी।[6]

एक बात प्रायः सभी इतिहास-लेखक सामान्य रूप से स्वीकार करते हैं। मगध का बिंबसार, कोसल का प्रसेनजित, अवंती का चंडप्रद्योत महासेन और कौशांबी

---

1. डिक्शनरी आव् पाली प्रापर नेम्स, वाल्यूम 1, पृ. 1108-10।
2. दिग्घनिकाय, सामञ्जफलसुत्त की टिप्पणी, अट्ठकथा, पृ. 16 (महाबोधि सभा, सारनाथ द्वारा प्रकाशित), सन 1936।
3. द अर्ली हिस्ट्री आव् इंडिया, पृ. 33।
4. हेमचंद्रराय चौधरी : पोलिटिकल हिस्ट्री आव् इंडिया (1932), पृ. 139।
5. (क) डी. आर. भंडारकर : लेक्चर्स आन द एंशियंट हिस्ट्री आव् इंडिया (1919) पृ. 76-77।

   (ख) जातक वाल्यूम 2, पृ. 237, 403 एंड वाल्यूम 4, पृ. 342।
6. डी. आर भंडारकर : लेक्चर्स आन द एंशियंट हिस्ट्री आव् इंडिया (1919), पृ. 78-69।

का उदयन, ये चारों यशस्वी शासक बुद्ध के ही समकालीन थे। किसी न किसी रूप में इनका और बुद्ध का संबंध तत्कालीन साहित्य, इतिहास और धार्मिक ग्रंथों में समान ढंग से वर्णित हुआ है। राजनीतिक संबंध के अतिरिक्त इन चारों शासकों में कौटुंबिक संबंध भी स्थापित था। और ये मित्र थे। किसी कारण विशेष से कभी-कभी इनमें विरोध उत्पन्न हो जाता था परंतु फिर शीघ्र ही उस विरोध का शमन भी किसी सुंदर ढंग से हो जाता था।

बिंबसार और बुद्ध का घनिष्ठ मित्र एवं समकालीन प्रसेनजित काशी तथा कोसल का अधिपति था[1]। भद्दसाल जातक के अनुसार शाक्य देश भी उसी के प्रभुत्व के अंतर्गत था[2]। शाक्य लोगों ने षड्यंत्र करके अपने यहाँ की एक नीचकुलोत्पन्ना कुमारी बासभाखत्तिया[3] से कोसल-नरेश का विवाह कर दिया। इसी महादेवी[4] का पुत्र विडुड्डुभ अथवा विरुद्धक था जो प्रसेनजित के उपरांत कोसल का शासक बना। कालांतर में जब इस कुमार को अपने मातृ-पक्ष की हीनता का ज्ञान हुआ और शाक्यों की दुर्मति का पता चला तब वह बड़ा कुपित हुआ। शासन-भार अपने हाथों में लेकर उसने शाक्यों से भरपूर बैर चुकाया—बड़ी निर्दयता एवं क्रूरता से उनका नाश किया[5]। प्रसेनजित को जब अपनी महादेवी के कुलशील का पता चला तब उसे और उसके पुत्र को उसने अपदस्थ कर दिया था, परंतु अंत में बुद्ध के आदेश से पुनः उन्हें वही पद प्राप्त हो गया था। इसी प्रसंग में बुद्ध ने कष्टहारिक जातक का उपदेश किया था। विरुद्धक ने अपने पिता के विरुद्ध विप्लव भी किया था। इस विषय में प्रधान सेनापति दीघकारायण—दीर्घकारायण—ने उसकी बड़ी सहायता की थी। यह दीघकारायण अपने चाचा[6] बंधुल मल्ल के स्थान पर नियुक्त हुआ था। यह बंधुल कुशीनारा के मल्ल सामंत का राजकुमार था। इसकी मित्रता प्रसेनजित के साथ उस समय हुई थी जब दोनों तक्षशिला में विद्यार्थी-जीवन व्यतीत कर रहे थे। पीछे बंधुल श्रावस्ती में जाकर रहने लगा क्योंकि प्रसेनजित ने उसे अपना सेनापति बना लिया था। वह दुर्जेय वीर और तेजस्वी था। उसकी पत्नी का नाम मल्लिका था, जो बुद्ध की परम भक्त थी। एक बार गर्भावस्था में उसने वैशाली[7] के कमल-सरोवर का जल पीने की इच्छा प्रकट की। वैशाली

---

1. मज्झिमनिकाय (पाली टेक्स्ट सोसायटी), वाल्यूम 2, पृ. 111।
2. भद्दसाल जातक 4, पृ. 144।
3. 'प्रसाद' ने इसी का काल्पनिक नाम शक्तिमती रखा है।
4. अंगुत्तरनिकाय (पाली टेक्स्ट सोसायटी), वाल्यूम 3, पृ. 57।
5. धम्मपद अट्ठकथा (पाली टेक्स्ट सोसायटी), वाल्यूम 1, पृ. 339, जातक वाल्यूम 1, पृ. 133, वाल्यूम 4, पृ. 144।
6. 'प्रसाद' के अनुसार मामा।
7. पता नहीं 'प्रसाद' ने इस स्थल को 'पावा' किस आधार पर लिखा है।

के लिच्छवी राजकुमार इस सरोवर की पवित्रता का संरक्षण बड़ी कठोरता से किया करते थे, क्योंकि इसका जल केवल राज्याभिषेक में ही ग्रहण किया जाता था। इसकी रक्षा में अनेक वीर नियुक्त रहते थे। पत्नी की दोहद-इच्छा पूर्ण करने के लिए बंधुल स्वयं चला और उस सरोवर के रक्षकों को परास्त कर उसने मल्लिका को जलपान कराया। वहाँ से लौटते समय बंधुल और लिच्छवियों में युद्ध हुआ, जिसमें ऐसी सफाई से बंधुल ने बाण चलाये कि विरोधी वीर दो-दो खंड हो गए, परंतु उन्हें अपनी इस स्थिति का पता तब चला जब उन्होंने कमरबंद खोली[1]।

प्रसेनजित बंधुल की योग्यता और यश से भयभीत रहता था। दुष्ट मंत्रियों के परामर्श में पड़कर उसने बंधुल और उसके पुत्रों को आज्ञा दी कि वे सीमाप्रांत के विप्लव को दबाने जाएँ। इसी के साथ गुप्त आज्ञा भी प्रचारित की कि वे मार्ग में ही किसी प्रकार मार डाले जाएँ। राजाज्ञानुसार वे मार डाले गए। यह सूचना मल्लिका के पास उस समय पहुँची जब वह बुद्ध[2] और सरिपुत्र प्रभृति को उनके मुख्य शिष्यों के साथ भोजन करा रही थी। सूचना-पत्र पढ़कर अपने वस्त्र में छिपाकर वह फिर अपने कार्य में लग गई। भोजन के उपरांत जब उपस्थित वर्ग को सब बातें ज्ञात हुईं तो उसके धैर्य तथा शांति की मुक्तकंठ से प्रशंसा हुई। अपने अपकार करनेवाले के प्रति भी उसमें उग्र विद्वेष नहीं दिखाई पड़ा। प्रसेनजित को जब यह प्रसंग ज्ञात हुआ तो उसे बड़ा पश्चात्ताप हुआ और उसने प्रायश्चित्त रूप में उससे बड़ी क्षमा-याचना की और बंधुल के भतीजे (भांजे) दीर्घकारायण को सेनापति नियुक्त किया। प्रसेनजित को मल्लिका ने तो क्षमा कर दिया परंतु दीर्घकारायण ने इसका घातक प्रतिकार किया था। अवसर पाकर प्रसेनजित के विरुद्ध उसने विरुद्धक को अपनी चातुरी और शक्ति से सिंहासन पर बैठाया। पीछे इसी दुःख को लेकर प्रसेनजित मरा भी[3]।

वत्सराज उदयन की राजधानी कौशांबी थी। वत्स तत्कालीन इतिहास के प्रमुख राज्यों में था। उदयन के जन्म और जीवन से संबंध रखनेवाली अनेक काव्य-कथाएँ मिलती हैं। सोमदेव-रचित 'कथा-सरित्सागर' (ग्यारहवीं शताब्दी)—भास के दोनों नाटक 'स्वप्नवासवदत्ता' और 'प्रतिज्ञायौगंधरायण', श्रीहर्ष की 'रत्नावली' एवं 'प्रियदर्शिका' इत्यादि साहित्यिक कृतियों में उसका अनेक प्रकार से उल्लेख मिलता है। इतिहास-लेखकों ने भी इन्हीं आधारों को अपनाया है। काव्यात्मकता को छोड़कर इतना तो स्पष्ट ही है कि उदयन प्रमुख शासक था और वैवाहिक नीति के बल

1. डिक्शनरी आव् पाली प्रापर नेम्स, वाल्यूम 2, पृ. 266-67।
2. पपंच सूदनी, मज्झिमनिकाय कमेंट्री अलुबिहार सिरीज, कोलंबो वाल्यूम 2, पृ. 753।
3. (क) धम्मपद अट्ठकथा, वाल्यूम 1, पृ. 228, 349-56, जातक वाल्यूम 4, पृ. 148।
(ख) आर. एस. त्रिपाठी : हिस्ट्री आव् एंशियंट इंडिया, पृ. 92।

से अवंती, मगध एवं अंग राज्यों से संबद्ध था[1]। इसकी तीन रानियों का विशेष उल्लेख है—अवंती नरेश चंडप्रद्योत अथवा चंड महासेन की पुत्री वासुलदत्ता अथवा वासवदत्ता, बौद्धग्रंथों में कथित श्यामावती अथवा पुराण और काव्यग्रंथों में उल्लिखित मगध-शासक दर्शक (अजातशत्रु)[2] की बहन पद्मावती एवं मागंधीय ब्राह्मण की कुमारी मागंधी।

मागंधी के पिता ने उसके विवाह का प्रस्ताव बुद्ध से किया था, परंतु उन्होंने तिरस्कारपूर्वक अस्वीकृत कर दिया था। इसीलिए मागंधी के मन में बुद्ध के प्रति निरादर था। पद्मावती मागंधी होने के नाते बुद्ध की भक्त थी। वत्सराज स्वयं धर्मप्रिय न था, परंतु किसी धर्म का विरोध न करता था। बुद्ध के नाते मागंधी पद्मावती से भी विरोध मानती थी और उसे अपमानित करने की चेष्टा में लगी रहती थी। ऐसे अनेक उपघातों का उल्लेख मिलता है। उदयन के वाद्ययंत्र में सर्प छिपाकर रखने का अभिप्राय यह था कि सहसा प्रकट होने पर उदयन के हृदय में यह विश्वास होगा कि पद्मावती उसके जीवन पर घात करना चाहती है। उदयन जब वाद्ययंत्र अपने पास रखकर सोया और उसमें से वह सर्प निकला उस समय उसे इसका अवश्य विश्वास हो गया। इस पर वह पद्मावती पर बड़ा कुपित हुआ और उसकी छाती में पूरी शक्ति से एक कठोर बाण मारा, परंतु पद्मावती के सत्यबल के कारण वह बाण विफल हो गया।

उदयन को भी उसकी पवित्रता का निश्चय हो गया। इसी प्रकार मागंधी यह आक्षेप किया करती थी कि पद्मावती अपने निवास-स्थान में लुक-छिपकर बुद्ध को आते-जाते देखा करती है। इस पर उदयन ने उस स्थान के सभी गवाक्ष बंद करा दिए थे। जब सब भाँति मागंधी हार गई तो अंत में उसने अपने चाचा के योग से षड्यंत्र करके पद्मावती के गृह में आग लगवा दी। जब सत्य का पता चला तो उदयन उस पर अत्यंत कुपित हुआ[3]।

बुद्ध के धर्म और समय से संबंध रखनेवालों में तीन व्यक्तियों का नाम विशेष रूप में लिया जाता है। आनंद उसी दिन उत्पन्न हुआ था जिस दिन बुद्ध। वह शुद्धोदन के भाई अमितोदन का पुत्र था। अतएव बुद्ध का चचेरा भाई और बड़ा ही प्रिय शिष्य था। उसका सद्धर्म में अटूट विश्वास था। पीछे चलकर बुद्ध की वृद्धावस्था में वही उनका प्रधान साथी और सेवक बना था। संपूर्ण धर्म में नाना प्रकार की प्रमुखता उसे प्राप्त थी। वह बुद्ध का सच्चा भाष्यकार और धर्मप्रचारक[4]

---

1. आर. एस. त्रिपाठी : हिस्ट्री आव् एंशियंट इंडिया, पृ. 90।
2. डी. आर. भंडारकर : लेक्चर्स आन द एंशियंट हिस्ट्री आव् इंडिया (1919), सेकेंड लेक्चर।
3. डिक्शनरी आव् पाली प्रापर नेम्स, वाल्यूम 2, पृ. 596।
4. वही : वाल्यूम 2, पृ. 249।

था। उसका अभिन्न मित्र और बुद्ध का मुख्य शिष्य सारिपुत्र थेर था। उसका व्यक्तिगत नाम उपतिस्स था, जो उसके मूल निवासस्थान के आधार पर था। उसके पिता वणगंत ब्राह्मण थे और उसकी माता का नाम रूपसारी था। बुद्ध ने अपने शिष्यों में स्वयं ही उसे सर्वश्रेष्ठ पद दिया था और अपने बाद उसी की मर्यादा स्थापित की थी। उसकी अलौकिक बुद्धि और ज्ञान में पूर्वजन्म के सुंदर कर्मों का लोकोत्तर संस्कार[1] था। सारिपुत्र के उपरांत द्वितीय प्रमुख स्थान महामोग्गलायन थेर का था, जिसका जन्म राजगृह के समीप कोलित ग्राम में हुआ था। इसकी माता मोग्गली ब्राह्मणी थी तथा पिता उस ग्राम का मुखिया था। मोग्गलायन एवं सारिपुत्र के कुटंबों में कई पीढ़ियों से घनिष्ठ मैत्री चली आ रही थी। इसीलिए इन दोनों बौद्ध शिष्यों में भी अभिन्नता थी। वय में ये दोनों बुद्ध से ज्येष्ठ थे। मोग्गलायन में इद्धि-शक्ति की विशिष्टता थी और बुद्धि के क्षेत्र में भी सारिपुत्र को छोड़कर वह सर्वश्रेष्ठ था[2]।

बौद्धग्रंथों में अंबपाली—अंबपालिका—का प्रायः वर्णन आता है[3]। तत्कालीन समाज-क्षेत्र में वेश्याओं के वर्ग और व्यवसाय का सम्मान होता था। काशी की वारविलासिनी सामावती का उल्लेख भी उसी रूप में मिलता है[4]। यह अंबपाली वैशाली के राज्योद्यान में सहसा अवतरित हुई और सौंदर्य की प्रतिमा के रूप में विकसित हुई। आगे चलकर इसका संबंध केवल सामंतों तक ही परिमित नहीं रहा वरन् इसके संरक्षक और प्रेमी रूप में सम्राट् बिंबसार तक का उल्लेख प्राप्त है[5]। विशेष रूप में यह वैशाली के राजकुमारों की प्रेमिका बनी रही। अंत में बुद्ध के द्वारा सद्धर्म में दीक्षित हुई थी। बुद्ध को वैशाली के समीप कोटिग्राम में आया सुनकर यह अपनी परिचारिकाओं के साथ स्वयं वहाँ गई थी और भगवान् को भोजन के लिए निमंत्रित कर आई थी। दूसरे दिन बुद्ध उसके यहाँ गए और भोजन किया था। उसी बिदाई में इसने अपना उद्यान अंबपालिवन संघ को समर्पित कर दिया था। अंत में इसने अर्हत पद प्राप्त किया था।

---

1. वही : वाल्यूम 2, पृ. 108।
2. डिक्शनरी आव् पाली प्रापर नेम्स, वाल्यूम 2, पृ. 541।
3. (क) सुमंगल वितासिनी पाली टेक्स्ट, वाल्यूम 11, पृ. 545।
   (ख) विनयपिटक अल्डनबर्ज वाल्यूम 1, पृ. 231-33।
   (ग) दिग्घनिकाय पाली टेक्स्ट सोसायटी वाल्यूम 11, पृ. 94-96।
   (घ) थेरीगाथा कमेंट्री पाली टेक्स्ट सोसायटी पृ. 206-7, 242-70
4. देखिए कणवेर जातक।
5. थेरीगाथा, प्रथम भाग, पृ. 146।

प्रथम संस्करण

'राज्यश्री' एवं 'विशाख' के प्रथम और अन्य संस्करणों में बड़ा अंतर हो गया है। यह अंतर कुछ तो सिद्धांत-संबंधी है और कुछ चरित्रांकन-संबंधी। 'अजातशत्रु' के भी प्रथम और अन्य संस्करणों में अंतर अवश्य है, परंतु चरित्र-चित्रण में कोई विशेष परिवर्तन नहीं दिखाई पड़ता। केवल कथोपकथन ही यत्र-तत्र बढ़ा-घटा दिए गए हैं—वे भी भाव और उक्ति के स्पष्टीकरण के ही निमित्त। कहीं-कहीं तो ऐसा भी हुआ है कि प्रथम संस्करण में कथोपकथन के बीच जो पद्यांश आ गए थे उनको हटा देने के कारण अन्य संस्करणों में कुछ अंश बढ़ाने पड़े हैं। इसलिए साधारणतः देखने में तो अंतर दिखाई देता है, परंतु यह अंतर न तो सिद्धांत-संबंधी है न चरित्र और कथानक-संबंधी। 'राज्यश्री' की आलोचना में कहा जा चुका है कि आरंभ में कथोपकथनों के बीच में पद्यांशों के प्रयोग की एक विशेष प्रवृत्ति 'प्रसाद' में थी। इसी विचार से इस नाटक के भी प्रथम संस्करण के आरंभिक अंश के कथोपकथनों में प्रायः पद्यांशों का प्रयोग हुआ है। अतएव जैसे 'राज्यश्री' के परिवर्धित संस्करण से पद्यांश पृथक् कर दिए गए हैं उसी प्रकार 'अजातशत्रु' से भी। इसके अतिरिक्त कहीं-कहीं गाने भी घटा-बढ़ा अथवा परिवर्तित कर दिए गए हैं। ऐसा करने से कोई विशेष अंतर नहीं होने पाया।

ऐतिहासिक आधार

'प्रसाद' जी के कथानकों का आधार प्रायः इतिहास ही रहता है, यों तो यथावसर ऐतिहासिक सत्व की रुक्षता बचाने के लिए उन्होंने कल्पना और भावुकता का आश्रय लिया है; परंतु इस नाटक में काल्पनिक भावुकता की ऐतिहासिक परंपरा स्थापित करने की पूर्ण चेष्टा की है। इस नाटक के प्रधान पात्र बुद्धदेव, बिंबसार, अजातशत्रु, प्रसेनजित, उदयन प्रभृति तो इतिहास-सिद्ध पात्र हैं ही; इनके अतिरिक्त वासवी, पद्मावती, विरुद्धक, शक्तिमती, छलना, देवदत्त, मागंधी, मल्लिका, बंधुल इत्यादि भी जातकों तथा अन्य प्रामाणिक ग्रंथों द्वारा अनुमोदित हैं। इन्हीं पात्रों की भाँति कथा-विस्तार एवं घटनाक्रम की व्यवस्था भी इतिहास ही के आधार पर है[1]। यह दूसरी बात है कि लेखक ने इधर-उधर फैली और बिखरी सामग्री की क्रम-स्थापना के लिए स्वच्छंदता का उपयोग किया है और विभिन्न ऐतिहासिक घटनाओं के अवकाशों की पूर्ति एवं संबंध की प्रतिष्ठा में अपनी प्रतिभा एवं कल्पना से काम लिया है। इसके लिए लेखक स्वतंत्र है। वस्तु-स्थिति-योजना और घटनासूत्र की व्यवस्था उसे स्वयं कर लेनी चाहिए। ऐसे ही स्थलों पर 'प्रसाद' जी की प्रबंध चातुरी

---

1. देखिए 'अजातशत्रु' नाटक के आरंभ में दिया हुआ कथा-प्रसंग।

दिखाई पड़ती है।

बिंबसार-अजात, प्रसेनजित-विरुद्धक, बुद्ध-देवदत्त, उदयन-पद्मावती इत्यादि का विरोध इतिहास-सम्मत है। इन विरोधों के कारणों और परिणामों का उल्लेख विभिन्न जातकों और ग्रंथों में भिन्न-भिन्न प्रकार से किया गया है। अतएव लेखक ने भी नाटकीय आवश्यकताओं के अनुकूल इनका उपयोग और कथन किया है। इन परिणामों में भी लेखक के अनुमान-विधान की सार्थकता सर्वत्र लक्षित होती है। इसी अनुमान-विधान के आधार पर लेखक ने कई घटनाओं अथवा उनके कारणों को स्थिति के अनुकूल बना लिया है—जैसे बिंबसार का राज्याधिकारत्याग, विरुद्धक और अजात की गुटबंदी, बंधुल की हत्या, मागंधी-श्यामा-आम्रपाली का एकीकरण इत्यादि। यों तो मागंधी और आम्रपाली के लिए पृथक्-पृथक् रूप में इतिहास ही प्रमाण है परंतु दोनों का एकीकरण अनुमान और कल्पना-जन्य ही है। इस बात को लेखक ने भी स्वीकार किया है—'चरित्र का विकास और कौतुक बढ़ाना ही' एकीकरण का उद्देश्य है।

कथानक

संपूर्ण कथानक तीन अंकों में विभाजित हुआ है। नाटक में संधियों का स्पष्ट रूप नहीं मिलता। भारतीय नाट्यशास्त्र के अनुसार संधियों का विवेचन इस नाटक में उतना अच्छा नहीं होगा, क्योंकि, पूरा नाटक विरोधमूलक है। विरोध से ही आरंभ होता है, विरोध का ही विस्तार दिखाया गया है और अंत में विरोध की समाप्ति तथा शमन है। अंतर्द्वंद्व और बहिर्द्वंद्व से सारा नाटक भरा है। प्रधान घटनास्थल तीन हैं—मगध, कोसल, और कौशांबी। जो विरोधाग्नि मगध में प्रज्वलित हुई उसकी प्रचंडता कोसल में दिखाई पड़ी और उसकी लपट कौशांबी तक पहुँची है।

पारिवारिक कलह से ऊबकर, पुत्र की उद्दंडता देखकर और अपनी छोटी रानी छलना की अधिकार-लोलुपता तथा कुमंत्रणा का विचार कर सम्राट् बिंबसार जीवन से उदासीन रहते हैं। यह विरक्ति पहले तो अंतर्मुखी ही बनी रही परंतु छलना का अधिकारपूर्ण आग्रह—'आपको कुणिक के युवराज्याभिषेक की घोषणा आज ही करनी पड़ेगी' तथा भगवान् बुद्ध का शांत आदेश—'तुम आज ही अजातशत्रु को युवराज बना दो और इस भीषण भोग से विश्राम लो'—उनके अंतर्द्वंद्व को व्यवहार-क्षेत्र में ला खड़ा करता है। संपूर्ण शासन-सूत्र अजात के हाथ में सौंपकर वे तटस्थ हो जाते हैं। इसी समय छलना के व्यवहार से दुखी होकर वासवी अपने पीहर (कोसल) चली जाती है। छलना और देवदत्त की मंत्रणा से अजात राज्य करने लगता है।

सुदत्त जब मगध का यह समाचार लेकर कोसल-नरेश प्रसेनजित के पास पहुँचता है तो सारी सभा में इसी घटना को लेकर विवाद उठता है। युवराज विरुद्धक ने अजात के पक्ष का समर्थन और उसके कार्यों का प्रतिपादन किया। प्रसेनजित ने इसमें उसकी हार्दिक दुरभिसंधि की आंशका की और अत्यधिक क्रोधावेश में घोषणा की कि 'विरुद्धक युवराज पद से तथा उसकी माता शक्तिमती राजमहिषी पद से वंचित की जाती है'। इस घटना के अनंतर अपनी माता की प्रेरणा से विरुद्धक ने अपने पिता से विरोध करने की ठानी और राज्य के बाहर हो गया।

उधर कौशांबी में एक दूसरे ही प्रकार की अशांति उत्पन्न हुई है। मागंधी के षड्यंत्र में पड़कर उदयन पद्मावती के विरुद्ध हो गए हैं। इस षड्यंत्र का भेद खुलने पर मागंधी वहाँ से भागकर काशी आई और कायापलट कर वारविलासिनी बन बैठी। इस प्रकार हम देखते हैं कि संपूर्ण प्रथम अंक विरोधात्मक प्रयत्नों और क्रियावेग से आपूर्ण है। इसके उपरांत पूरे द्वितीय अंक में इसी विरोध का विस्तार और चरमसीमा दिखाई पड़ती है। अजातशत्रु और विरुद्धक एक ओर संगठित हुए और प्रसेनजित तथा उदयन दूसरी ओर। इस प्रकार दोनों दल सुसज्जित होकर दृढ़चित्त से युद्ध के लिए तत्पर होते हैं। इस स्थल पर विरोध-विस्तार की चरमसीमा माननी चाहिए और यहीं द्वितीय अंक की समाप्ति है। तृतीय अंक में इस व्यापक विरोध का शमन है। प्रत्येक विरोधी दल अहंकार तथा पापपूर्ण तुच्छ मनोवृत्ति की निस्सारता पर पश्चात्ताप प्रकट करता है और अपनी भूल को सुधारने की चेष्टा करता है।

कार्य की अवस्थाएँ

कार्य की अवस्थाओं के विषय में भारतीय एवं पाश्चात्य नाट्य-शास्त्र के आचार्यों के विचार प्रायः मिलते हैं। दोनों ने कथानक के पाँच भाग किए हैं। दोनों ने अपने-अपने उद्देश्य के अनुसार पाँच चढ़ाव-उतार के स्थल निर्दिष्ट किए हैं। पाश्चात्य नाटकीय रचना के लिए विरोध ही मूल भाव होता है। अतएव उन्होंने कथानक की पाँच भूमिकाएँ—आरंभ, विकास, चरमसीमा, निगति और परिसमाप्ति मानी हैं। पर भारतीय प्राचीन नाटक केवल धर्म, अर्थ और काम की सिद्धि के लिए रचे, खेले और देखे जाते हैं। उनमें सुखकारी फल का लाभ ही प्रधान कार्य रहता है। इसीलिए उसमें कार्य की चार अवस्थाओं—आरंभ, प्रयत्न, प्राप्त्याशा, नियताप्ति के उपरांत पाँचवीं फलागम या फल-प्राप्ति रखी गई है।

प्रस्तुत नाटक में कार्य की अवस्थाओं का विचार यदि पाश्चात्य रीति के अनुसार करें तो प्रथम अंक में विरोध का आरंभ और उसके विभिन्न कारणों का वर्णन है। संपूर्ण द्वितीय अंक में विरोध का विस्तार है। अंक की समाप्ति में विरोध

व्यापक बनकर पूर्ण हो जाता है। सब विरोधी दल एक में मिलकर पुष्ट और उद्योगशील बन जाते हैं। विरोध की चरमसीमा आ जाती है। उपरांत निगति का अभाव है। विस्तार के उपरांत विरोध का क्रमिक ह्रास तथा संकोच न दिखाकर सहसा समाप्ति एवं शमन वर्णित है। तृतीय अंक में विरोध की शांति दिखाकर विरोध का परिहार किया गया है। यह नाटक विरोधमूलक है। इसीलिए इसकी अवस्थाएँ भारतीय सिद्धांत के अनुसार न होकर पाश्चात्य नाट्यशास्त्र के अधिक अनुकूल दिखाई पड़ती हैं। यहाँ विरोध से आरंभ होने के कारण विस्तार की आवश्यकता पड़ती है। यहाँ फलागम लक्ष्य है। अतएव द्वितीय अंक में इसी फल की प्राप्ति का यत्न दिखाया जाता है। इस रूपक में यत्न का रूप अत्यंत क्षीण दिखाई पड़ता है। इसमें कार्य की अवस्थाओं का विभाजन भारतीय रीति पर न कर पाश्चात्य रीति के अनुसार ही करना अधिक समीचीन होगा। यदि संपूर्ण बाह्य एवं आंतरिक विरोधों का शमन ही मानव-जीवन का परम उद्देश्य मान लें तब तो यह आवश्यक हो जाएगा कि विरोध का आरंभ, विस्तार इत्यादि वर्णित करके शांति में ही उसका पर्यवसान दिखाएँ।

चरित्र-चित्रण

चरित्रांकन के विचार से पात्रों के दो वर्ग बनाए जा सकते हैं, एक देव वर्ग दूसरा राक्षस वर्ग। मनुष्य में सुंदर-असुंदर, उदात्त-हीन और उदार-संकुचित सभी प्रकार की वृत्तियाँ पाई जाती हैं। कहीं उसका देव रूप प्रकट होता है, कहीं दुष्ट। तारतम्य के आधार पर इसी द्वंद्व का प्रदर्शन चरित्र-चित्रण में होता है। मन, वचन, कर्म से कौन महत् है और कौन पतित इसका विवरण चरित्रांकन में मिलता है। इस चित्रण में यथार्थता तथा प्रकृतत्व का विचार ही सौंदर्य और आकर्षण की सृष्टि कर सकता है। यथार्थता तथा प्रकृतत्व का विचार बुद्धि एवं हृदय के समन्वय में प्राप्त होता है; अतएव यदि विवेक और भावुकता का उचित मात्रा में उपयोग हो तो पात्रों का चरित्र-विकास बड़ा ही प्रभावशाली बनाया जा सकता है।

प्रस्तुत नाटक में भी 'प्रसाद' ने पात्रों के दो वर्ग स्थापित कर लिए हैं। कुछ पात्र ऐसे हैं जो अपने जागृत विवेक, मनोबल, उदारता और चरित्र की निर्मलता के कारण मनुष्यता की समभूमि से ऊपर उठे दिखाई पड़ते हैं। ये परिस्थिति के प्रभाव से परे ही नहीं रहते हैं, प्रत्युत अपने व्यक्तित्व और आचरण की निर्मलता द्वारा दुष्टों को भी घात-प्रतिघात के गर्त में से निकालकर पावन मानव-भूमि पर ला खड़ा करते हैं। दूसरे ऐसे होते हैं जो सर्वथा पराधीन होते हैं और परिस्थिति एवं कुसंस्कार से विवश होकर अधोमुख बन जाते हैं। अंत में पवित्र व्यक्तियों

के आचरण और व्यवहार से प्रभावित होकर इनका उद्धार होता है।

विदूषक

'प्रसाद' के नाटकों में विदूषकों के हास्य-विनोद की मात्रा न्यून है। पारसी ढंग पर लिखे गए नाटकों के अभिनय देखकर साधारण बुद्धि के सभी सामान्य सामाजिक इस न्यूनता को बड़ा भारी अभाव मानते हैं। वस्तुतः बात यह है कि लेखक अपनी रचनाओं की गंभीर परिस्थिति में हास्य-विनोद का अधिक स्फुरण अप्राकृतिक मानता है; उसे इसमें रस-विरोध दिखाई पड़ता है जहाँ क्रियाशीलता और मनोवैज्ञानिक चरित्र-चित्रण का विस्तार अधिक हो वहाँ हल्के हँसोड़पन को स्थान नहीं मिल सकता, क्योंकि यह सुंदर, बहुमूल्य साड़ी में लगी हुई थिगड़ी-सा ज्ञात होता है। 'विशाख' के प्रथम संस्करण की भूमिका में लेखक ने इस विषय में अपने विचार प्रकट किए हैं। लेखक के ये विचार और सिद्धांत विचारणीय हैं। यदि वह चाहता तो वसंतक के अतिरिक्त अन्य शासकों के दो और विदूषकों को रखकर हास्य का अधिक विस्तार कर सकता था; परंतु 'भिन्नरुचिर्हि लोके'।

महाराज उदयन का विदूषक वसंतक ही इस नाटक में हास्य का उत्पादक है। मगध का राजवैद्य और राजा का साथी उसके हास्य-विनोद का आधार है। प्रत्येक अंक में एक दृश्य वसंतक के लिए रखा गया है। विदूषकों के प्रयोग का उद्देश्य अत्यंत महत्त्वपूर्ण है। राजपरिवार का समीपवर्ती और स्नहेभाजन होने के कारण उसे यथासमय ऐसे अनेक असवर प्राप्त होते हैं जिनमें वह स्वच्छंदतापूर्वक राजपरिवार के संबंध की विभिन्न घटनाओं, परिस्थितियों एवं मनोवृत्तियों की आलोचना करता है और साथ ही समय-समय पर प्रधान कथा के प्रवाह का क्रम ठीक करता है साथ ही अपने हास्य-विनोद और व्यंग्यों द्वारा ऐसे प्रसंगों की अप्रत्यक्ष अथवा प्रत्यक्ष रूप में सूचना देता जाता है, जो प्रधान प्रवाह में नहीं आ सकते। कहीं-कहीं पूर्ववर्ती एवं परवर्ती घटनाओं का उल्लेख भी कर देता है। इन सभी उद्देश्यों की पूर्ति के निमित्त ही 'प्रसाद' ने इस विदूषक का प्रयोग किया है। कहने का तात्पर्य यह है कि विदूषक का रूप प्रधान कथा से भिन्न न होकर उसी में घुला-मिला चलता है। इसी में उसकी सुंदरता और प्रकृतत्व रहता है। नाटक के रस और भाव से पृथक् यदि उसकी स्थिति होती है तो वह निरर्थक और उद्देश्यहीन हो जाता है।

प्रथम अंक के छठे दृश्य में जो वसंतक का प्रवेश कराया गया है वह सर्वथा साभिप्राय है। वह जीवक को संबोधित करके अपने राजपरिवार के अंतःपुर की वास्तविक परिस्थिति का ज्ञान कराता है। पाँचवें दृश्य में वर्णित उदयन और मागंधी के वार्तालाप और छठे दृश्य के आरंभ में की गई जीवक की जिज्ञासा—'सुना है

कि कई दिन से पद्‌मावती के मंदिर में उदयन जाते ही नहीं और व्यवहारों से कुछ असंतुष्ट दिखाई पड़ते हैं '–का उत्तर वही देता है। ' महाराज ने एक नई दरिद्र कन्या से विवाह कर लिया है, मिथ्याविहार करते-करते उन्हें बुद्धि का अजीर्ण हो गया है। महादेवी, वासवदत्ता और पद्‌मावती जीर्ण हो गई हैं। तब कैसे मेल हो '। वह निर्भय होकर महाराज उदयन तथा मगध नरेश की व्यंग्यात्मक आलोचना भी करता चलता है–'अजी, अजीर्ण है अजीर्ण ! मिथ्या आहार से पेट का अजीर्ण होता है और मिथ्या विहार से बुद्धि का। उसमें तो गुरुजनों का ही अनुकरण है। श्वसुर ने दो ब्याह किए तो दामाद ने तीन। कुछ उन्नति ही रही '। इसके अतिरिक्त इसी दृश्य के आरंभ में जीवक की घबड़ाहट की शांति के लिए आगामी घटनाओं का पूर्वाभास भी प्रकट करता है। जीवक से मिलने का यही प्रधान उद्देश्य था–' बड़ी रानी वासवदत्ता पद्‌मावती को सहोदरा भगिनी की तरह प्यार करती हैं। उनका कोई अनिष्ट नहीं होने पावेगा। उन्होंने ही मुझको भेजा है।'

इसके उपरांत द्वितीय अंक के नवें दृश्य में फिर वसंतक दिखाई पड़ता है। उसका साथी वहाँ भी वही जीवक है। इस दृश्य में कोई विशेषता नहीं है। इन दोनों के कथोपकथन में राजा के समीपवर्ती और सहचर जीवक की ही आलोचना है–' यदि ये समीपस्थ सहचर चाहें तो शासन में अनेक सुधार कर सकते हैं; परंतु सुख, स्वार्थ-साधन में लिप्त रहकर ये लोग केवल राजा का मुख देखकर परामर्श दिया करते हैं। अप्रसन्नता की आशंका से सदैव हाँ-में-हाँ मिलाया करते हैं और इसी प्रकार अपना पेट पालते हैं।' इस दृश्य की सार्थकता केवल उस अंश में है जहाँ पर वसंतक ने आगामी परिस्थिति की सूचना दी है–' पद्‌मावती ने कहा है कि आर्य जीवक से कह देना कि अजात का कोई अनिष्ट न होने पावेगा, केवल शिक्षा के लिए ही यह आयोजन है और माताजी से विनती से कह देंगे कि पद्‌मावती शीघ्र उनका दर्शन करेगी।'

तीसरे अंक के छठे दृश्य में धारा से छूटे हुए कथांश को स्पष्ट करने के लिए विदूषक का प्रयोग हुआ है। देवदत्त की मृत्यु, विरुद्धक के पुनः युवराज बनाए जाने और मगधराज के कोसल की राजकुमारी के विवाह की सूचना दोनों नागरिकों के वार्तालाप द्वारा मिल गई है। इसके अतिरिक्त वसंतक का प्रवेश केवल मागंधी के नवीन परिचय के लिए हुआ है–' फटी हुई बाँसुली भी कहीं बजती है। एक कहावत है कि–रहे मोची के मोची–कहाँ साधारण ग्राम्यबाला ! हो गई थी राजरानी ! मैं देख आया वही मागंधी ही तो है। अब आम की बारी लेकर बेचा करती है और लड़कों के ढेले खाया करती है।'

अंतर्द्वंद्व

जैसे सामाजिक जीवन में द्वंद्व-संघर्ष, विरोध, युद्ध इत्यादि में प्रकट होता है उसी प्रकार हृदय-क्षेत्र में भी दो विरोधमयी प्रवृत्तियों के कारण द्वंद्व चलता है। सत्-असत्, पाप-पुण्य, न्याय-अन्याय, राग-विराग इत्यादि से युक्त होकर जब दो भाव एक साथ उत्पन्न होते हैं तो मनुष्य विचार के आधार पर नहीं निर्णय कर पाता कि किस पक्ष को स्वीकार करे अथवा किसका त्याग करे। ऐसी स्थिति में उसके भीतर 'हाँ-नहीं' में खींच-तान चलती रहती है। यही अंतर्द्वंद्व कहलाता है। यह स्थिति कहीं तो चरित्र की दुर्बलता के कारण उत्पन्न होती है, कहीं परिस्थिति की गहनता से। कुछ भी हो, है यह विचार-दौर्बल्य ही। जिस मनुष्य की निर्णय-शक्ति पूर्ण प्रबुद्ध नहीं होती उसी पर इसका विशेष प्रभाव दिखाई पड़ता है। नाटक में इस स्थिति-वैषम्य के योग से बड़े-बड़े अनूठे चरित्रवाले पात्र खड़े होते हैं। पाश्चात्य नाटककार इसकी बड़ी सराहना करते हैं और उस नाटक का बड़ा महत्त्व मानते हैं जिसमें अंतर्द्वंद्व से पीड़ित मानव का अच्छा चित्रण मिलता है। इस स्थल पर यह कहना आवश्यक है कि यों तो इस प्रकार की सृष्टि सभी साहित्यों में दिखाई पड़ती है, परंतु इसकी ओर जो विशेष रुचि दिखाई जाने लगी है वह आधुनिक काल की देन है। पाश्चात्य देशों में जहाँ चित्रांकन के प्रवाह में व्यक्ति-वैचित्र्य की ओर विशेषं दृष्टि लगी रहती है वहाँ इसके चित्रण का कौशल भी दिखाई पड़ता है और नाटक में इसका अधिक उपयोग होता है। प्राचीन भारतीय नाटकों में इस शैली के वैलक्षण्यपूर्ण-चरित्रों का प्रयोग कम हुआ है। पाश्चात्य प्रणाली का प्रभाव इधर भारतीय लेखकों पर दिखाई पड़ता है। 'प्रसाद' के पात्र भी इस उलझन में पड़ गए हैं। 'अजातशत्रु' के बिंबसार और वासवी में इसका अच्छा स्वरूप दिखाई पड़ता है।

बिंबसार और वासवी

बिंबसार और वासवी शांत, धीर, दृढ़, उदार और त्यागशील पात्र हैं। महात्मा गौतम बुद्ध का प्रभाव इन दोनों पर समान दिखाई पड़ता है। बिंबसार का महत्तम त्याग वासवी की अनुमति और गौतम की प्रेरणा से ही हो सका है। इतनी बड़ी राज्य-विभूति को छोड़कर भी बिंबसार में अधिकार से वंचित होने का दुःख नहीं है, क्योंकि वह पुत्र की आध्यात्मिकता उपयोगिता भी मानता है—'संसार में त्याग, तितिक्षा या विराग होने के लिए यह पहला और सहज साधन है। पुत्र को समस्त अधिकार देकर और वीतराग हो जाने से, असंतोष नहीं रह जाता; क्योंकि अपनी ही आत्मा का भोग उसे भी समझता है। वासवी ऐसी पतिव्रता और संतोषी

स्त्री का योग इस विषय में बिंबसार के लिए विशेष कल्याणकारी सिद्ध हुआ है। राज्यसुख और अधिकार की लिप्सा उसे रंचमात्र भी कर्तव्य-विमुख नहीं बना सकी। छलना की दुष्ट एवं कटु वाणी से भी उसकी शांति विचलित नहीं होती। बुद्ध का परामर्श पाते ही वह पति से एक कदम आगे दिखाई पड़ती है। पति को आगे बढ़ने के लिए उत्साहित करती है—'भगवन् ! हम लोगों को तो एक छोटा-सा उपवन पर्याप्त है। मैं वहीं नाथ के साथ रहकर सेवा कर सकूँगी। इस प्रकार पति की त्याग-तितिक्षा में वह सदैव साथ देती रहती है। बिंबसार की त्याग-तितिक्षा अकर्मण्य ही रह जाती है; परंतु वासवी इन्हीं के बल पर अपने विरोधी अजातशत्रु और छलना के उद्धार और कल्याण के मार्ग में बहुत आगे बढ़ती है। इस प्रकार उसमें कर्म शीलता भी देखने को मिल जाती है।'

इन दोनों पात्रों में राग-विराग का अंतर्द्वंद्व प्रकृत रूप में दिखाई पड़ता है। बिंबसार से जब बुद्ध ने राज्य-त्याग की बात कही और उसे समझाया कि एक अधिकारी व्यक्ति को यह बोझ सौंपकर वह पृथक् हो जाय तो उसने उत्तर दिया—'योग्यता होनी चाहिए महाराज ! यह बड़ा गुरुतर कार्य है।' इस उत्तर से जहाँ एक ओर त्याग की तत्परता ध्वनित हो रही है वहीं टालने का एक बहाना-सा मालूम पड़ता है, जिससे राज्याधिकार की आकांक्षा प्रकट होती है। बुद्ध और वासवी के सम्मुख तो वह विराग प्रकट करता है, परंतु राग भी पिंड नहीं छोड़ रहा है। यह रूप आगे चलकर प्रथम अंक के चतुर्थ दृश्य में और भी स्पष्ट हो जाता है। राज्याधिकार से वंचित होने का तो दुःख उसे नहीं है फिर भी कुणीक के व्यवहार से उसे अपना अधिकार का ध्यान हो आता है और याचकों को लौट जाते देखकर उसे वेदना होती है। इससे प्रकट होता है कि अभी तक उसके भीतर संपन्न स्थिति का मोह घर किए ही है। वासवी भी जो केवल एक उपवन से ही संतुष्ट होनेवाली थी, यहाँ आते-आते अधिकार लिप्सा से संयुक्त दिखाई पड़ती है—' जो आपका है वही न राज्य का है, उसी का न अधिकारी कुणीक है और जो कुछ मेरे पीहर से मिला है उसे जब तक मैं न छोड़ूँ तब तक तो मेरा ही है। काशी का राज्य मुझे मेरे पिता ने आँचल में दिया है, उसकी आय आपके हाथ में आनी चाहिए और मगध-साम्राज्य की एक कौड़ी भी आप न छुएँ। नाथ ! मैं ऐसा द्वेष से नहीं कहती हूँ, किंतु केवल आपका मान बचाने के लिए।' अभी तक उसमें अधिकार-प्रेम और सम्मान-रक्षा का भाव दब नहीं सका है। बिंबसार के कहने पर—'नहीं ! जीवक ! मुझे किसी की सहायता की आवश्यकता नहीं। अब वह राष्ट्रीय झगड़ा मुझे नहीं रुचता'—वासवी अपने विचारों को अधिक स्पष्ट रूप से कहती है—'तब भी आपको भिक्षावृत्ति नहीं करनी होगी। अभी हम लोगों में वह त्याग, मानापमान रहित अपूर्व स्थिति नहीं आ सकेगी। फिर, जो शत्रु से अधिक घृणित व्यवहार करना चाहता हो, उसको भिक्षावृत्ति पर अवलंबन करने को हृदय नहीं कहता।' इस पर

बिंबसार भी स्वीकार कर लेता है–'जैसी तुम लोगों की इच्छा।' इन उद्धरणों से राग-विराग का द्वंद्व स्पष्ट हो जाता है। दोनों पात्र हाँ-नहीं की उलझन में पड़े दिखाई पड़ते हैं, अतएव शुद्ध वीतराग नहीं माने जा सकते। अवश्य ही ये लोग राज्य-कामना से बहुत दूर हट आए हैं, परंतु निर्लिप्त तटस्थता के लिए जिस मानापमान और द्वेषाद्वेष-भाव से विरक्ति होने की आवश्यकता होती है और वह अपने शुद्ध रूप में नहीं आ सकी है। यही मध्य स्थिति इन पात्रों को सजीव बनाए हुए है।

बिंबसार और वासवी का यही द्वंद्वात्मक रूप अंत तक चलता है। वस्तुस्थिति से प्रेरित वैराग्य को दृढ़तापूर्वक स्वीकार किए हुए, अपनी विरोधमूलक प्रवृत्तियों पर कठोर निग्रह करके पत्नी-पति अपना तर्क-वितर्क-भरा जीवन वहन कर रहे हैं। इसके बीच में यदि कोई आकर अजातशत्रु अथवा राज्य का प्रसंग छेड़ता भी है तो वे जिज्ञासा भाव से सुनकर भी निर्लिप्त बनने का उद्योग करते हैं। छलना से सुनकर कि कोसल और मगध में युद्ध का उपद्रव हो रहा है, अजात भी उसमें गया है, साम्राज्य भर में आतंक है–बिंबसार के मुख से जो शब्द निकलते हैं वे उसके अंतर्द्वंद्व को अच्छी तरह समझा देते हैं। उसने एक साँस में दोनों पक्षों की बात कह दी है–' युद्ध में क्या हुआ (मुँह फिराकर) अथवा मुझे क्या ', फल जानने की उत्सुकता और इन प्रपंचों से तटस्थता दोनों बातें यहीं खुल जाती हैं। इसी प्रसंग में छलना, बिंबसार और वासवी में जो व्यंग्यप्रधान संवाद होता है उसके प्रवाह में छलना की कटूक्ति सुनकर बिंबसार एक स्थान पर उग्र हो उठता है, जिससे उसकी यथार्थ मनःस्थिति प्रकट होती है–'(खड़े होकर) छलना ! मैंने राजदंड छोड़ दिया है किंतु मनुष्यता ने अभी मुझे नहीं परित्याग किया है। सहन की भी सीमा होती है। अधम नारी ! चली जा। तुझे लज्जा नहीं, बर्बर लिच्छवी-रक्त !' ऐसे अवसरों पर वासवी अधिक संयत और सहनशील दिखाई पड़ती है, उसका नारी-गौरव गिरने नहीं पाता। अजातशत्रु के बंदी होने का समाचार मिलते ही वह ममत्व से द्रवित हो उठती है। वात्सल्य और पत्नी-कर्तव्य के चक्र में पड़कर भी, अवसर विशेष के विचार से, बिंबसार की सेवा का भार छलना पर छोड़कर आप कोसल पहुँचती है और अजात को बंदी-रूप में देखकर विचलित हो जाती है–'न, न भाई ! खोल दो। इसे मैं इस तरह देखकर बात नहीं कर सकती हूँ। मेरा बच्चा कुणीक...' इस ममत्ववाणी में उसका मातृत्व झलक रहा है। इसके उपरांत तीसरे अंक के आठवें दृश्य में उसका संतोषपूर्ण अधिकार-गर्व दिखाई पड़ता है–(छलना से) 'चल, चल, तुझे पति भी दिला दूँ और बच्चा भी। यहाँ बैठकर मुझसे लड़ मत कंगालिन।' आगे के दृश्य में वह ऐसा करा भी देती है। बिंबसार का भी सारा विषाद वात्सल्य में परिणत हो जाता है। अजातशत्रु और छलना को आकर चरणों पर गिरते और वासवी को उनकी वकालत करते पाकर बिंबसार में परिवर्तन आ जाता है। वह स्वीकार करता है–'मैं मनुष्य हूँ और इन मायाविनी स्त्रियों के हाथ का खिलौना

हूँ...उठो वत्स अजात ! जो पिता है वह क्या कभी भी पुत्र को क्षमा—केवल क्षमा—माँगने पर भी नहीं देगा। तुम्हारे लिए यह कोष सदैव खुला है। उठो छलना, तुम भी।'

अजातशत्रु

चरित्रांकन के विचार से अजातशत्रु का आरंभ बड़ा प्राकृतिक है। नाटक का आरंभ उसके अधिकारपूर्ण स्वर से होता है—'क्यों रे लुब्धक ! आज तू मृगशावक नहीं लाया। मेरा चित्रक अब किससे खेलेगा '। अधिकार का सहवर्ती दंड-विधान भी उसमें कठोर रूप का है—' हाँ—तो फिर मैं तुम्हारी चमड़ी उधेड़ता हूँ। समुद्र ! ला तो मेरा कोड़ा '। अधिकार का संगी मानापमान विचार भी उसमें प्रत्यक्ष है, ' तो इस प्रकार तुम पद्मावती ! उसे मेरा अपमान करना सिखाती हो...फिर तुमने मेरी आज्ञा क्यों भंग होने दी। क्या दूसरे अनुचर इसी प्रकार मेरी आज्ञा का तिरस्कार करने का साहस न करेंगे '। इन उद्धरणों से उसमें अधिकार-दर्प, शासन की क्रूरता, पदसम्मान को लेकर उच्छृंखलता और दुःशीलता प्रकट हो रही है। यही दुर्गुण उसके चरित्र-विकास की मूल भित्ति हैं। इसके उपरांत तो फिर वह द्वितीय अंक के आरंभ में हमारे सामने शासक-रूप में आता है। उस समय उसमें पूर्ववर्ती दुर्गुणों की पूरी वृद्धि हुई दिखाई पड़ती है—'प्रजा भी ऐसा कहने का साहस कर सकती है। चींटी भी पंख लगाकर बाज के साथ उड़ना चाहती है। राजकर मैं न दूँगा ! यह बात जिस जिह्वा से निकली, बात के साथ ही वह भी क्यों न निकाल ली गई। काशी का दंडनायक कौन मूर्ख है ! तुमने उसी समय उसे बंदी क्यों नहीं किया ?' इस कथन में उसकी आवेशपूर्ण उग्रता दिखाई देती है। आरंभ में जिस अधिकारपूर्ण स्वर को हम सुन चुके हैं उसी का यह विकास है। अपने अधिकार और शासन में किसी को अड़ते देखकर वह क्षुब्ध हो उठता है। विरोध सहन करने की क्षमता ही उसमें नहीं है और न विचार कर सकने की शांत योग्यता ही है।

देवदत्त के साथ अजातशत्रु महामान्य परिषद के सभ्यगण से जिस युक्तिपूर्ण ढंग से बातचीत करता है और उन्हें अपने अनुकूल बनाने की चेष्टा करता है उससे उसकी व्यवहार-पटुता का पूरा बोध हो जाता है। परिषद को वह जिस प्रकार उत्तेजित करके अपने पक्ष में लाता है और देवदत्त को परिषद का प्रधान बनाता है उससे उसमें सभा-चातुरी और मन की स्थिति को परखने की पूरी-पूरी शक्ति प्रकट होती हैं। सातवें दृश्य तक पहुँचकर क्रोध से फुँफकारता हुआ सर्प जैसे मदारी की बीन के सामने विनत वदन हो जाता है उसी प्रकार वह भी मल्लिका के माधुर्यपूर्ण व्यक्तित्व से प्रभावित होकर शांत हो जाता है—'क्षमा हो देवि ! मैं जाता हूँ अब कोसल पर आक्रमण नहीं करूँगा। इच्छा थी कि इसी समय इस दुर्बल राष्ट्र को

हस्तगत करूँ, किंतु नहीं, अब लौट जाता हूँ'। परंतु वह लौटकर भी लौट नहीं पाता। अपनी माता की प्रेरणा से पुनः युद्ध में आता है और प्रसेनजित के द्वारा बंदी बनाया जाता है। बंदीगृह में वासवी की महत्त्वपूर्ण वाणी से उसमें परिवर्तन उत्पन्न होता है। फिर तो सर्वत्र ही क्षमा-याचना करता है। प्रेम के क्षेत्र में वह सच्चे प्रेमी के रूप में दिखाई पड़ता है। बाजिरा से कारायण का प्रेम-निवेदन सुनकर आत्मविश्वास और गर्व से भरे वीर की भाँति वह ललकार उठता है—'काराय ! यदि तुम्हें अपने बाहुबल पर भरोसा है तो मैं तुमको द्वंद्वयुद्ध के लिए आह्वान करता हूँ।'

विरुद्धक

विरुद्धक अजातशत्रु से अधिक चारित्र्य-पूर्ण है। पिता से अनादृत और तिरस्कृत होकर अधिकारच्युत किया जाता है। असहाय और निरावलंब होने से उसमें विरोधमूलक दृढ़ता उत्पन्न हो जाती है। इस स्थिति से प्रेरित और अपनी माता द्वारा उत्साहित किए जाने पर वह एक क्रूर निश्चय पर पहुँचता है—'आज से प्रतिशोध लेना मेरा कर्तव्य और जीवन का लक्ष्य होगा। माँ ! मैं प्रतिज्ञा करता हूँ कि तेरे अपमान के मूल कारण इन शाक्यों का एक बार अवश्य संहार करूँगा और उनके रक्त में नहाकर इस कोसल के सिंहासन पर बैठकर तेरी वंदना करूँगा।' इस उद्धरण से उसकी मातृभक्ति, दृढ़निश्चय और प्रतिशोध-भावना की क्रूरता स्पष्ट लक्षित हो रही है। 'अपमान सहकर, चाहे पिता का ही सिंहासन क्यों न हो ' उसे रुचिकर नहीं है। वह अपनी धुन का पक्का साहसिक हो जाता है और अपने बाहुबल से 'अधिकार एवं स्वत्व' प्राप्त करना चाहता है। शैलेंद्र डाकू बनकर काशी की जनता में आतंक फैलाता है। उसमें व्यवहार की पूरी कुशलता दिखाई पड़ती है। पहले तो बंधुल को अपने दल में मिलाने का उद्योग करता है। वहाँ असफल होने पर अजातशत्रु को अपना लक्ष्य बनाता है। बिना किसी शक्ति के अभीप्सित उद्देश्य की पूर्ति संभव नहीं है, इसको वह अच्छी तरह जानता है। कुछ देर के लिए वह अवश्य ही श्यामा के आलस्य-पूर्ण सौंदर्य की तृष्णा में पड़ गया है; परंतु शीघ्र ही सजग हो उठता है—' मैं स्वयं भूल गया हूँ कि मैं कौन था, मेरा उद्देश्य क्या था...यह प्रेम दिखाकर मेरी स्वतंत्रता हरण कर रही है। अब नहीं, इस गर्त में अब नहीं गिरूँगा। कर्मपक्ष के कोमल और मनोहर कंटकों को कठोरता से, निर्दयता से हटाना ही पड़ेगा।' इसी निश्चय के अनुसार श्यामा का गला घोंटता है। उसके शिथिल हो जाने पर उसके आभूषण उतार लेता है और उसके घर में भी जो कुछ है उसे उठा ले जाता है; क्योंकि उसको धन की आवश्यकता है। उसके इस क्रूर आचरण से इष्ट-साधन की दृढ़ता ही प्रकट होती है। उसे 'अभी' प्रतिशोध लेना है—दावाग्नि

सा बढ़कर फैलना है, उसमें चाहे सुकुमार तृण-कुसुम हो अथवा विशाल शालवृक्ष, सब भस्म होंगे। अजातशत्रु को अपने अनुकूल बनाता है। युद्ध की मंत्रणा करता है और खड्ग लेकर शपथ करता है कि कौशांबी की सेना पर मैं आक्रमण करूँगा···जब मैं पदच्युत और अपमानित व्यक्ति हूँ तब मुझे अधिकार है कि सैनिक कार्य में किसी का भी पक्ष ग्रहण कर सकूँ, क्योंकि यही क्षत्रिय की धर्मसम्मत आजीविका है। ' हाँ, पिता से मैं स्वयं नहीं लड़ूँगा।' इस स्थल पर उसकी विवेक-बुद्धि भली-भाँति झलक उठती है। इसके उपरांत तो तीसरे अंक के तीसरे दृश्य में वह मल्लिका के सम्मुख अपनी वैयक्तिक हार स्वीकार करके क्षमा का प्रार्थी बन जाता है। इस प्रकार उसमें स्वावलंबन, दृढ़ता, उद्योग, वीरता, विवेक आदि अनेक पुरुषोचित गुण और धर्म दिखाई पड़ते हैं।

अन्य पुरुष पात्र

कारायण और बंधुल वीर सैनिक हैं। बंधुल में युद्ध-शौर्य के साथ सच्चाई है। कहीं भी वह प्रलोभन और कुचक्र में पड़ा नहीं दिखाई पड़ता, परंतु कारायण में प्रबल प्रतिहिंसा का भाव है। वह कुचक्र भी रच सकता है, परंतु राष्ट्र का विरोध करते देखकर विरुद्धक का साथ नहीं देता। उसका विरोध केवल प्रसेनजित से है। क्योंकि वह उसके मामा की हत्या का कारण है। शक्तिमती को उचित मार्ग पर लाने की चेष्टा करता है। प्रसेनजित प्राचीन रूढ़ियों का उपासक और कुशल शासक है। असहनशील और उग्र स्वभाव के कारण बंधुल की हत्या की सलाह देता है और विरुद्धक को अपना विरोधी बना लेता है। उसमें पिता का मृदुल हृदय भी है, जिससे वह क्षमाशील और पाप-स्वीकृति में उदार है। बुद्धदेव आदर्श पुरुष-देवता हैं। उनका विरोधी देवदत्त कुटिल, कुचक्री और व्यवहार-कुशल व्यक्ति है।

मल्लिका

मल्लिका अपने जीवन से सर्वथा संतुष्ट, पतिपरायण, आदर्श रमणी है। उसे अपने पति की वीरता पर अनन्य विश्वास है—' वे तलवार की धार हैं, अग्नि की भयानक ज्वाला हैं और वीरता के वरेण्य दूत हैं। मुझे विश्वास है कि सम्मुख युद्ध में शक भी उनके प्रचंड आघातों को रोकने में असमर्थ हैं।' उसमें पत्नी-मर्यादा का भव्य रूप दिखाई पड़ता है। पति की अनन्य अनुरागिणी होकर भी वह अपने कर्त्तव्य और दायित्व से विमुख नहीं होती। पति को अनुराग और सुहाग की वस्तु मानकर भी उसका स्वतंत्र अस्तित्व स्वीकार करती है। उसकी कर्त्तव्य-भावना कितनी निर्मल

है–' महान् हृदय को केवल विलास की मदिरा पिलाकर मोह लेना ही स्त्री का कर्त्तव्य नहीं है।' जहाँ उसे अपने व्यक्तिगत कर्त्तव्य का इतना ज्ञान है वहीं दूसरे को भी कर्त्तव्यच्युत नहीं देख सकती। जब महामाया ने उसके पति के जीवन के प्रति आशंका प्रकट करके उसे भयभीत करना चाहा तो उसने निर्भीक और दृढ़ होकर उत्तर दिया है–' रानी ! बस करो। मैं प्राणनाथ को अपने कर्त्तव्य से च्युत नहीं करा सकती और उनसे लौट आने का अनुरोध नहीं कर सकती। सेनापति का राजभक्त कुटुंब कभी विद्रोही नहीं होगा और राजा की आज्ञा से वह प्राण दे देना अपना धर्म समझेगा जब तक कि स्वयं राजा राष्ट्र का द्रोही न प्रमाणित हो जाय।' वह नारी कर्त्तव्य-पालन, पतिभक्ति, और मर्यादा का आदर्श रूप है। ' उसे केवल स्त्री-सुलभ सौजन्य और संवेदना तथा कर्त्तव्य और धैर्य की शिक्षा मिली है।' इसी को अपने जीवन का उसने लक्ष्य बना रखा है।

वैधव्य-दुःख–जो ' नारी-जाति के लिए कठोर अभिशाप है '–को मल्लिका ने जिस अगाध धैर्य के साथ स्वीकार किया है उससे उसकी कष्ट-सहिष्णुता का ज्ञान किया जा सकता है। ऐसी कठोर स्थिति में भी कर्त्तव्य की उपेक्षा वह नहीं करती–'आतिथ्य परम धर्म है। मैं भी नारी हूँ। नारी के हृदय में जो हाहाकार होता है, वह मैं अनुभव कर रही हूँ, शरीर की धमनियाँ खिंचने लगती हैं। जी रो उठता है, तब भी कर्त्तव्य करना ही होगा '। कलेजे पर पत्थर रखकर वह शांतिसमन्वित श्रद्धा से अपने निमंत्रित सारिपुत्र प्रभृति को भोजन कराती है। उस समय उसका चरित्र 'धैर्य का, कर्त्तव्य का स्वयं आदर्श है'। उसके हृदय में उस समय भी अखंड शांति है। यह जानकर भी कि उसके पति की हत्या का कारण कौन है उसके 'मुखमंडल पर तो ईर्ष्या और प्रतिहिंसा का चिह्न भी नहीं दिखाई पड़ता'। वह ऐसी भूमिका में पहुँच जाती है जहाँ उसे शुद्ध सात्विकता प्राप्त होती है। उसकी अगाध वेदना से करुणा का मंगल रूप प्रकट होता है। फिर तो जिसके हृदय में विश्वमैत्री के द्वारा करुणा का उद्रेक हुआ है, उसे अपकार का स्मरण क्या कभी अपने कर्त्तव्य से विचलित कर सकता है। इसी आधार पर मल्लिका अपने प्रमुख अपघातियों तक की सेवा और रक्षा करती है। उनसे किसी प्रकार का विरोध नहीं मानती। अपने आचरण की शुद्धता से वह सब आततायियों को प्रभावित करके उन्हें शांति, सौजन्य और मर्यादा का पाठ पढ़ाती है। मल्लिका त्याग, उदारता, सेवा, करुणा, मर्यादा और कर्त्तव्य की प्रतिमा है–बुद्ध के ज्ञान की जीती-जागती व्यवहार प्रतिमा है।

मागंधी

रूपगर्विता मागंधी अपने ढंग की निराली नारी है। एक बार जो बुद्ध के द्वारा वह तिरस्कृत होती है तो संपूर्ण जीवन भर वात्याचक्र की भाँति नीचे से ऊपर और

ऊपर से नीचे मँडराती दिखाई पड़ती है। उदयन के राजप्रासाद में उसे ' रूप का गौरव तो मिलता है, परंतु दरिद्र कन्या होने के अपमान से दुखी ' है। वहाँ भी मानसिक उद्वेग है, इस पर वह निश्चय करती है—'दिखला दूँगी कि स्त्रियाँ क्या कर सकती हैं।' इसी दिखलाने में उसे कई घाटों का पानी पीना पड़ता है। ' सुंदरी स्त्रियाँ भी संसार में अपना अस्तित्व रखती हैं ' इसी दंभ को लेकर वह आगे बढ़ती चलती है। पद्मावती के विरुद्ध षड्यंत्र रचती है, परंतु अंत में प्रासाद छोड़कर भागना पड़ता है। कुचक्र रचने में उसका अच्छा प्रवेश है। प्रासाद से निकलने पर फिर तो काशी की प्रसिद्ध वारविलासिनी श्यामा के रूप में ही उसका दर्शन होता है। वहाँ एक भयंकर रात्रि में वह अपनी ' अतृप्त वासना ' लेकर शैलेंद्र डाकू से मिलने जाती है और अपने प्रेम-नाट्य से उसे मुग्ध कर लेती है। उस रूप में उसकी वासना की प्रबलता और व्यवहार रूप में निर्भीकता अच्छी तरह प्रकट होती है। शैलेंद्र के प्रति प्रेम में वह स्थिर बनी रहती है; उसे बंदीगृह से छुड़ाने का उसने जैसा कौशलपूर्ण उद्योग किया है वही इस बात का प्रमाण है। परंतु शैलेंद्र के क्रूर व्यवहार से वह अत्यंत दुखी हो उठती है। जिससे वह इतना प्रेम करती है वही उसका गला घोंट देता है और वह मरते-मरते बचती है। बुद्ध की तत्परता से वह पुनः जी उठती है। इस घटना का उस पर यह प्रभाव पड़ता है कि अब वह अपने कलंकी जीवन से विरक्त हो उठती है और मल्लिका की शांतिदायिनी छाया में विश्राम लेती है।

अपने जीवन का सिंहावलोकन उसने स्वयं किया है—' वाह री नियति ! कैसे-कैसे दृश्य देखने में आए ! कभी बैलों को चारा देते-देते हाथ नहीं थकते थे, कभी अपने हाथ से जल का पात्र तक उठाकर पीने से संकोच होता था, कभी शील का बोझ एक पैर भी महल के बाहर चलने में रोकता था और कभी निर्लज्ज गणिका का आमोद मनोनीत हुआ। इस बुद्धिमत्ता का कहीं ठिकाना है। वास्तविक रूप के परिवर्तन की इच्छा मुझे इतनी विषमता में ले आई है।' जिस समय बुद्ध उसके सम्मुख आते हैं उनसे अपने जीवन की सारी व्यथा निवेदित करके अपना बचा-बचाया आम्र-कानन भी उन्हीं को अर्पित कर देती है।

छलना और शक्तिमती

राजलिप्सा, अधिकार-सुख और महत्त्वाकांक्षा के लिए लालायित छलना और शक्तिमती ऐसी स्त्रियाँ हैं जो अपने अभीष्ट-साधन में विवेक का स्पर्श नहीं होने देतीं। प्रथम की 'धमनियों में लिच्छवी रक्त बड़ी तीव्रता से दौड़ रहा है' और वह अपने पुत्र को निरंतर क्रूर और दुर्मद बनाने में ही निरत दिखाई पड़ती है, द्वितीय दासी की पुत्री होकर भी राजरानी बनी है, हठ से ही उसने इस पद को ग्रहण किया है। इसके अतिरिक्त वह अपने पुत्र को महत्त्वाकांक्षा के प्रदीप्त अग्निकुंड में

कूदने के लिए पुरुषार्थ करने का उपदेश देती है। दोनों राजसिंहासन पर बैठे हुए अपने पुत्रों से अपनी वंदना कराना चाहती हैं। दोनों के पुत्र अपनी माताओं से उपदिष्ट होकर उद्दंडता और उच्छृंखलता ग्रहण करते हैं—युद्धप्रिय बनते हैं, घायल और पराजित होते हैं। अंत में पुत्रों के विषम स्थिति में पड़ने के कारण दोनों में चिंताजनक वात्सल्य जगता है जो उनके आचरण परिवर्तन का कारण बनता है। छलना और शक्तिमती का प्रायः एक-सा चरित्र, आचरण और परिणाम दिखाया गया है।

नाटक का नायक और नामकरण

इस नाटक में अजातशत्रु के न तो कार्य-व्यापारों की प्रधानता दिखाई पड़ती है और न उसके व्यक्तित्व का कोई व्यापक प्रभाव ही चित्रित है। उसका अपना कोई चारित्र्य भी नहीं है। वह केवल देवदत्त और छलना का क्रीड़ा-कौतुक है। सदैव दूसरों की सहायता के बल पर हिलता-डुलता दिखाई पड़ता है। मल्लिका ने उपदेश दिया तो निश्चय कर लेता है कि कोसल पर आक्रमण नहीं करेगा। छलना और देवदत्त ने डाँटा-डपटा या समझाया तो पुनः युद्ध में तत्पर हो जाता है। वासवी का सौम्य व्यवहार देखकर तुरंत द्रवित और नमित हो जाता है। उसका अपना न तो कोई विवेक-बल है और न व्यक्तित्व। उससे अधिक व्यक्तित्व तो विरुद्धक में है। सारा कथानक अजात की ही दुर्बलताओं से भरा है। उसमें भारतीय नायक के कोई गुण स्फुट नहीं हैं। नाटक में जैसा चारित्र्य और प्रभाव मल्लिका और प्रकारांतर से गौतम बुद्ध का वर्णित है उसके आधार पर नाटक का नामकरण 'मल्लिका देवी' अथवा 'गौतम बुद्ध' होना चाहिए न कि 'अजातशत्रु '—इस सतर्क जिज्ञासा और प्रश्न का उत्तर आवश्यक है।

लेखक ने नाटक का 'अजातशत्रु ' नाम रखकर अपना मंतव्य प्रकट कर दिया है। इतिहास का प्रधान पुरुष वही है, नाटक के संपूर्ण कार्य-व्यापारों का मूल उद्‍गमस्थल और केंद्र वही है और फल का उपभोक्ता भी वही है। कोसल और कौशांबी की स्थिति अजात के कार्यों से प्रभावित है। उसी के कारण प्रसेनजित और विरुद्धक में विरोधभाव उठ खड़ा हुआ है तथा मगध-कोसल का संग्राम होता है। इस प्रकार संपूर्ण संघर्ष के मूल में अजातशत्रु है। मल्लिका और बुद्धदेव तो केवल 'शांतम् पापम् ' करते हैं। नाटक का प्राण जो क्रिया-व्यापार है, वह तो उसी के व्यक्तित्व पर आश्रित है। इसके अतिरिक्त वही अपने लक्ष्य की प्राप्ति भी करता है। सारा विप्लव मगध राज्याधिकार के लिए ही है। इसलिए उसे अधिकृत करनेवाला अजातशत्रु ही अधिकारी या नेता है। भारतीय दृष्टि से केवल घटनाओं को अभीप्सित परिणाम की ओर अपने व्यक्तित्व या कार्यकलाप से नयन करनेवाला

ही नायक नहीं होता। इन घटनाओं का चक्र जिसके निमित्त परिवर्तित होता है अथवा जो उसके फल का भोक्ता होता है वही नायक होता है। इस आधार पर नाटक का नामकरण सर्वथा उपयुक्त एंव समीचीन है, भले ही नायक में उसके भारतीय धर्मों का पूर्णरूप स्फुट न हुआ हो।

रस-विचार

रस-विचार इस नाटक में जैसे कार्य की अवस्थाएँ और अन्य अवयव दोषपूर्ण हैं उसी प्रकार समष्टिप्रभाव और रस की निष्पत्ति भी शुद्ध नहीं है। जब वस्तुविन्यास का एक भी अवयव दुर्बल हो जाता है तो प्रायः अन्य सभी अवयव अशक्त हो जाते हैं। लेखक के निर्णय के अनुसार नाटक का नायक अजातशत्रु है और उसका लक्ष्य है—राज्यप्राप्ति। वह राज्यप्राप्ति तब तक निरापद नहीं समझी जा सकती जब तक शुद्ध अंतःकरण से बिंबसार आशीर्वाद नहीं देता। अतएव अजातशत्रु की फलप्राप्ति का विरोधी बिंबसार है, भले ही वह विरक्त होकर उसे राज्याधिकार सौंप चुका है। अजात उस फल को प्राप्त करने का उद्योग बड़े उत्साह के साथ करता है। नाटक का अधिकांश इसी उत्साह के प्रसार में लग गया है और सामाजिक उस उत्साह का रसास्वादन करते हैं। अतएव नाटक में वीररस की ही प्रधानता दिखाई पड़ती है।

आश्रय अजातशत्रु है जिसका सारा प्रयत्न उत्साहपूर्ण है। उत्साह ही नाटक का स्थायीभाव है। बिंबसार के कारण यह उत्साह खड़ा होता है—बिंबसार आलंबन है। आलंबन की चेष्टाएँ, जैसे-काशी का उपद्रव, उद्दीपन का काम करती हैं। अजातशत्रु जो युद्ध-संबंधी तैयारी करता है, परिषद में देवदत्त को प्रधान बनाता है, बिंबसार और वासवी को पहरे में रखता है, वह सब अनुभाव के अंतर्गत है। गर्व, उद्वेग इत्यादि संचारी हैं। इस प्रकार वीररस के संपूर्ण अवयवों का संयोग होता है और द्वितीय अंक की समाप्ति तक वह पूर्ण हो जाता है। जो विस्तार तृतीय अंक में है उसके कारण द्वितीय अंक तक का समष्टिप्रभाव दूर पड़ जाता है और सारी दौड़ निरर्थक सी ज्ञात होने लगती है। यहाँ वीररस की निष्पत्ति में विरोध आ जाता है। अंतस्थल में वीररस की समष्टि का कोई प्रभाव ही नहीं रह जाता। अतः रस की निष्पत्ति का स्वरूप अस्फुट ही रह जाता है।

तृतीय अंक में शांतरस की प्रधानता दिखाई पड़ती है जिसका संबंध बिंबसार के जीवन से है। निर्वेद स्थायी का धारणकर्ता-आश्रय बिंबसार ही हो सकता है, अजातशत्रु, जो सांसारिक कुचक्रों और हीनता का प्रतिनिधि है इस निर्वेद का आलंबन है; विरुद्धक और प्रसेनजित का प्रसंग और छलना की कटूक्तियाँ उद्दीपन का काम करती हैं; बिंबसार के विरक्ति-सूचक संवाद अनुभाव हैं; दुःख, कुतूहल,

निर्वेद इत्यादि संचारी हैं। इस प्रकार शांतरस के सब अवयवों के रहते हुए भी उसकी निष्पत्ति नहीं मानी जा सकती; क्योंकि प्रथम तो बिंबसार सबको क्षमा करते हुए रागी दिखाई देता है और इस प्रकार संतोषपूर्ण प्रसन्नता से विरक्ति और निर्वेद का भाव ही समाप्त हो जाता है, दूसरे वह नायक नहीं है; अतएव सामाजिकों का वह आलंबन नहीं हो सकता। तीसरे भारतीय नाट्यशास्त्र नाटकों में आठ ही रस मानता है। शांत को नाट्यरस माना ही नहीं गया; क्योंकि उसका साधारणीकरण संभव नहीं सिद्ध होता। उक्त तर्कों के आधार पर यह स्वीकार करना पड़ता है कि रस के विचार से यह रचना सफल नहीं कहीं जा सकती। रचना के अन्य अवयवों की भाँति यह अवयव भी अस्फुट ही रह गया है।

स्कंदगुप्त

इतिहास

चंद्रगुप्त (द्वितीय) विक्रमादित्य द्वारा शासित विस्तृत साम्राज्य के उत्तराधिकारी कुमारगुप्त (प्रथम) का शासनकाल ईस्वी सन् 415 के पूर्व आरंभ हो चुका था। इस बात का प्रमाण वहन करनेवाला स्तंभलेख[1] भिलसद से प्राप्त हुआ है। समुद्रगुप्त और विक्रमादित्य ऐसे वीर शासक उसके पूर्वज थे। उनके द्वारा विजित और सुदृढ़ रूप से नियंत्रित साम्राज्य का अधिकारी कुमारगुप्त हुआ। ऐसी अवस्था में उसे न तो किसी विशेष प्रकार की नवीन व्यवस्थाप्रणाली स्थापित करनी पड़ी और न अन्य कोई राजनीतिक उद्यम प्रकट करने का अवसर मिला। चारों ओर शांति विराज रही थी। प्रजा सुखी और संपन्न थी। यही कारण है कि उस समय कलाकौशल एवं साहित्य, धर्म इत्यादि की विशेष श्रीवृद्धि हुई और वह काल भारतवर्ष का स्वर्णयुग कहलाया।

इतना होने पर भी वस्तुविचार का परिणाम यही निकलता है कि कुमारगुप्त (प्रथम) दुर्बल और विलासी शासक था[2], भले ही उसने पूर्वजों द्वारा प्राप्त शांति-ऐश्वर्य का संरक्षण तीन-चार दशकों तक किया हो। उसकी दुर्बलता और विलासिता के दो प्रत्यक्ष प्रमाण हैं। उसकी वीरता एवं पराक्रम का कोई भी राजनीतिक प्रमाण नहीं प्राप्त है। यों तो तत्कालीन प्रशस्तिकारों ने अवश्य ही अपने प्रभु के प्रीत्यर्थ बहुत कुछ लिखा है, साथ ही उसके नाम के आगे-पीछे विरुदवाही उपाधियों की भी कमी नहीं है[3]। उसके जीवन की दो प्रमुख घटनाएँ हैं, एक अश्वमेध यज्ञ और दूसरी पुष्यमित्रों का युद्ध। अश्वमेध यज्ञ की बात उसकी स्वर्ण मुद्राओं[4] से सिद्ध होती है और युद्ध की बात भितरीवाले शिलालेख[5] से।

---

1. फ्लीट : कार्पस इंसक्रिप्शनम, वाल्यूम 3, प्लेट सं 10।
2. आर. डी. बनर्जी : द एज आव् द इंपीरियल गुप्ताज (1933), पृ. 40।
3. हेमचंद्र राय चौधरी : पोलिटिकल हिस्ट्री आव् एंशियंट इंडिया (1932), पृ. 384 (फुटनोट1)।
4. ए कैटेलाग आव् द इंडियन क्वायंस इन द ब्रिटिश म्यूजियम (1914), पृ. 43, और भाग 12, 13, 14।
5. फ्लीट : कार्पस इंसक्रिप्शनम इंडिकारम, वाल्यूम 3, सं. 13।

कुमारगुप्त यथासाध्य सफलतापूर्वक अपने राज्य का नियंत्रण करता रहा। उसके प्रांतपति सदैव उसके सहायक रहे। दशपुर नगरी मालवा प्रांत की राजधानी थी। लाटदेशीय कलाचतुर वैश्यों के नवागमन से यह नगरी श्रीसंपन्न हो गई थी। विश्ववर्मा का योग्य और वीर पुत्र नृपति बंधुवर्मा वहाँ का शासन करता था। इस विषय में महामहोपाध्याय हरप्रसाद शास्त्री का यह कथन[1] अन्य इतिहास पंडित[2] नहीं मानते कि विश्ववर्मा और उसके पिता नरवर्मा ने गुप्तों की अधीनता नहीं स्वीकार की। अधिकतर विद्वान् यही स्वीकार करते हैं कि बंधुवर्मा कुमारगुप्त (प्रथम) का प्रतिनिधि शासक था, न कि स्वतंत्र अधिपति, जैसा कि कुमारगुप्त (प्रथम) के मंदसोर वाले शिलालेख से स्पष्ट है[3]। फैजाबाद जिले के करमदंडा नामक स्थान से मिले लेख[4] के आधार पर ज्ञात होता है कि पृथिवीषेण पहले मंत्रिपद पर था और पीछे कुमारगुप्त (प्रथम) ने उसे महाबलाधिकृत पद पर आसीन किया। अतिपूर्व में पुंड्रवर्धन (उत्तरी बंगाल) भी गुप्तसाम्राज्य के अंतर्गत था, जिसका उपरिक (प्रांतपति) चिरातदत्त था। इस प्रकार प्रांतों के लिए अपने प्रतिनिधि नियुक्त कर कुमारगुप्त बंगाल से लेकर सौराष्ट्र तक और हिमालय से नर्मदा तक के साम्राज्य का तैंतालीस वर्षों तक शासन करता रहा।

गुप्तकालीन मुद्राओं एवं शिलालेखों[5] से प्रमाणित होता है कि कुमारगुप्त (प्रथम) के उपरांत उसका पुत्र और उत्तराधिकारी[6] स्कंदगुप्त राज्य का स्वामी बना। स्कंद की माता के नाम का कहीं उल्लेख नहीं प्राप्त होता। भितरीवाली राजमुद्रा के आधार पर कुमारगुप्त (प्रथम) और महादेवी अनंतदेवी का पुत्र और उत्तराधिकारी पुरगुप्त माना जाता है[7]। कुछ इतिहास के विशेषज्ञों ने विचार किया है कि स्कंदगुप्त सच्चा उत्तराधिकारी नहीं था और इसलिए उनका कहना है कि उसमें और उसके सौतेले भाई पुरगुप्त में राज्य की अधिकार-प्राप्ति के विषय में युद्ध हुआ था। इस

---

1. इंडियन एंटीक्वैरी (1913), पृ. 218।
2. राधागोविंद बसाक : द हिस्ट्री आव् नार्दर्न-ईस्टर्न इंडिया (1934), पृ. 48-49।
3. वासुदेव उपाध्याय : गुप्त साम्राजय का इतिहास, द्वि. खं., प्र. सं., पृ. 345।
4. राधागोविंद बसाक (1935), पृ. 50-52।
5. वी. ए. स्मिथ : इंडियन एंटीक्वैरी (1902), पृ. 266।
6. परमभागवतो महाराजाधिराजश्रीकुमारगुप्तस्य पुत्रः तत्पादानुध्याता परमभागवतो महाराजाधिराज श्रीस्कंदगुप्त। बिहार स्टोन पिलर इंसक्रिप्शनम आव् स्कंदगुप्त : कार्पस इंसक्रिप्शनम इंडिकारम वाल्यूम 3, प्लेट 12, पृ. 50।
7. महाराजाधिराजकुमारगुप्तस्य तत्पादानुध्यातो महादेव्यां अनंतदेव्यां उत्पन्नो महाराजाधिराश्रीपुरगुप्तस्य—भितरी की राजमुद्रा (बंगाल एशियाटिक सोसायटी का जर्नल, 1889)।

मत का खंडन अन्य विद्वानों[1] ने किया है। उनका विचार है कि कुमारगुप्त के समय में ही स्कंदगुप्त की योग्यता और पराक्रम की जो धाक जम गई थी उसके कारण इस प्रकार का अंतःकलह एवं युद्ध असंभव था। तत्कालीन इतिहास की सच्ची वस्तुस्थिति का ज्ञान प्राप्त कर लेने पर यह निष्कर्ष अवश्य निकलता है कि स्कंदगुप्त के अंतिम काल में ही गुप्त साम्राज्य का पतन आरंभ हो गया था और इसका प्रभाव उसके सिक्कों पर स्पष्ट दिखाई पड़ता है। इसके अतिरिक्त यह भी निर्विवाद है कि पुरगुप्त के शासन आरंभ करते ही गुप्तों का बंगाल से लेकर सौराष्ट्र तक का एकछत्राधिपत्य भंग हो गया था। इसका कारण केवल हूणों का आक्रमण रहा हो ऐसा बुद्धिसंगत नहीं मालूम पड़ता। इन स्थितियों के मूल में अवश्य ही अंतर्विद्रोह भी रहा होगा। अवश्य ही यह अंतर्विरोध स्कंदगुप्त के आरंभिक काल में उग्र और सक्रिय रूप न धारण कर सका हो, जैसा कि राखालदास वैनर्जी का विचार ज्ञात होता है। परंतु कालांतर में जब स्कंद हूणों से युद्ध करने में निरंतर व्यस्त रहने लगा हो तो संभव है पुरगुप्त ने उसके विरुद्ध षड्यंत्र रचकर अपने को शासक बनाने का प्रयत्न किया हो। संभवतः इसी अंतर्विद्रोह से दुखी होकर महाराजपुत्र गोविंदगुप्त पूर्वी प्रांत छोड़कर मालवा में चले आए थे, जहाँ उनके सन् 467-68 ई. तक जीवित रहने का प्रमाण मिलता है[2]। इस विवाद में इतना तो अवश्य ही सत्य ज्ञात होता है कि दोनों भाइयों में विरोध था। अतएव यह मान लेने में आपत्ति नहीं होनी चाहिए कि वीर और उदार चरित स्कंदगुप्त ने अपने भाई की महत्त्वाकांक्षा की पूर्ति इस रूप में कर दी हो कि वह दक्षिण बिहार में एक छोटा-सा राज्य स्थापित कर शासन करे और इस प्रकार वह उस अंतःकलह को शांत करके कार्य में तत्पर हुआ हो।

कुमारगुप्त महेंद्रादित्य के अंतिम काल में ही राज्य पर आक्रमणकारियों के बादल गरजने लगे थे और इससे गुप्त-लक्ष्मी विचलित हो गई थी। ये आक्रमणकारी प्रधानतः पुष्यमित्र थे। यों तो भितरीवाले शिलालेख के 'समुदितबलकोशानयपुष्यमित्रांश्च जित्वा' को लेकर श्रीगौरीशंकर हीराचंद ओझा और दिवेकरजी ने एक हलका सा विवाद खड़ा करने की चेष्टा की थी, परंतु उनके विरुद्ध सभी इतिहास पंडितों ने एक स्वर से मान लिया है कि शब्द पुष्यमित्र ही है और कुछ नहीं। परंतु इस पुष्यमित्र वंश के विषय में विद्वान् एकमत नहीं है। फ्लीट महाशय उन्हें नर्मदा के आसपास का कहते हैं, हार्नली साहब इनका संबंध मैत्रकों के साथ जोड़कर इन्हें बलभी-वंश के आरंभकर्त्ता सेनापति भटार्क की अधीनता में मानते हैं। हमारे पुराण

1. (क) हेमचंद्र राय चौधरी : पोलिटिकल हिस्ट्री आव् एंशियंट इंडिया (1932), पृ. 386-88।
(ख) राधागोविंद बसाक : हिस्ट्री आव् नार्दन-ईस्टर्न इंडिया (1934), पृ. 62-63।
2. आर. डी. बनर्जी : द एज आव् द इंपीरियल गुप्ताज (1933), पृ. 52।

भी इन्हें गुप्तों से पूर्व विदेशियों के रूप में स्थान देते हैं[1]। राखालदासजी इन्हें हूणों का प्रथम स्रोत मानते हैं। हूणों के विषय में कोई संदेह नहीं है। पाँचवीं शताब्दी के अंत में यह वंश टिड्डीदल की भाँति संपूर्ण दक्षिण एशिया में फैला दिखाई देता है। एक दल उस ओर रोम-साम्राज्य पर आक्रमण करने गया और दूसरा खिंगिल और तोरमान की अध्यक्षता में भारत की ओर बढ़ा। यह बर्बर जाति बड़ी निर्दयतापूर्वक अत्याचार करती इस ओर आई और धनधान्य से पूर्ण कपिशा, नगरहार आदि प्रांतों को उच्छिन्न कर डाला। नगर के नगर जला डाले गए, पुरुषवर्ग कुचल डाला गया और वहाँ की स्त्रियाँ दासी के रूप में गृहीत हुईं। इनकी पाशविक क्रूरताओं से गुप्त-साम्राज्य का समस्त पश्चिमी प्रांत त्रस्त हो उठा।

इन्हीं पुष्यमित्रों और हूणों का आक्रमण गुप्तसाम्राज्य के पूर्णचंद्र के लिए राहु बन गया। कुमारगुप्त (प्रथम) के अंतिम काल में इनके उपद्रवों से गुप्तश्री विचलित हो गई थी। यह साम्राज्य के लिए संकट का काल था और गुप्त शासकों के लिए चुनौती थी। समुद्रगुप्त और चंद्रगुप्त के वंशजों का यह परम कर्तव्य हो गया कि वे इस चुनौती को स्वीकार करें। ऐसी अवस्था में अतुल पराक्रमी युवराज स्कंदगुप्त अपने पूर्वजों की कीर्ति को अक्षुण्ण बनाए रखने के विचार से और युद्ध कर्त्तव्य-बुद्धि से प्रेरित होकर इस राष्ट्रीय महा आपत्ति के उन्मूलन में तत्पर हुआ। महादेव पुत्र स्कंद—देवसेनापति कार्त्तिकेय—की भाँति ही वीर स्कंदगुप्त ने म्लेच्छों का पूर्ण विध्वंस किया और संपूर्ण मालवा तथा सौराष्ट्र को ही इस संकट से नहीं बचाया अपितु विचलित हुई कुललक्ष्मी की पुनः स्थापना कर दी। ऐसा करने में उसे बड़ा कठोर और संयत जीवन व्यतीत करना पड़ा था। वह धनबल-संपन्न पुष्यमित्रों को पूर्णतया परास्त कर राज्यसिंहासन पर आरूढ़ हुआ[2]।

वह पिता की मृत्यु के कारण शासनभार स्वीकार करके, अपने भुजबल से शत्रुओं को जीत और वंश-गौरव की मर्यादा पुनः स्थापित कर आनंदाश्रुपूर्ण अपनी जीवित माता की अभ्यर्थना के लिए वैसे ही पहुँचा जैसे अपने शत्रुओं का हनन कर श्रीकृष्ण ने देवकी की वंदना की थी। इस प्रकार प्राप्त राज्यश्री को देख ऐसा

---

1. (क) द अर्ली हिस्ट्री आव् इंडिया, पृ. 326 (फुटनोट)।
(ख) जे. एलेन : क्वायंस आव् द गुप्ता डायनेस्टीज, पृ. 45।

2. विचलितकुललक्ष्मीस्तंभनायोद्यतेन, क्षितितलशयनीये येन नीता त्रियामा।
समुदितबलकोशानपुष्यमित्रांश्च जित्वा, क्षितिपचरणपीठेस्थापितोवामपादः।।
भितरी का स्तंभलेख, पंक्ति 10-कार्पस इंसक्रिप्शनम् इंडिकारम्, वाल्यूम 73, पृ. 53-54।

मालूम हुआ मानो लक्ष्मी ने स्वयं उसे वरण किया[1] है।

इतिहास की इस घटना का साहित्यिक रूप सोमदेव के 'कथासरित्सागर' (विषमशील लंबक) में भी प्राप्त होता है। उसमें भी उज्जैन का नृपति महेंद्रादित्य कहा गया है। उसका पुत्र विक्रमादित्य–विषमशील–था, जो शिव के प्रसाद-स्वरूप प्राप्त हुआ था, क्योंकि उस समय म्लेच्छों का उपद्रव भीषण रूप में चल रहा था और उससे लोग त्रस्त थे। इस विक्रमादित्य ने भी म्लेच्छों का संहार किया और यह भी उज्जयिनी नगरी में आया था[2]। इस कथा और स्कंदगुप्त के इतिहास में अत्यधिक समानता है, भले ही कथा में काव्यात्मक पद्धति के कारण अन्य असंबद्ध बातें भी हों। कुमारगुप्त के महेंद्रादित्य, स्कंदगुप्त के विक्रमादित्य होने और स्कंदगुप्त के म्लेच्छ-संहार करने तथा उज्जैन में उपस्थित होने के विषय में विवाद नहीं हो सकता। अन्य लेखकों[3] ने भी इस मत का समर्थन किया है।

पुष्यमित्रों की पराजय के उपरांत भी स्कंदगुप्त को साँस लेने का अवसर नहीं मिला। उसके सिंहासन पर बैठते ही बर्बर हूणों के अत्याचार और आक्रमण आरंभ हुए। सारा पश्चिमोत्तर प्रांत त्रस्त हो उठा। इस पर पुनः वीर स्कंदगुप्त ने

---

1. (क) पितरि दिवमुपेते विप्लुतां वंशलक्ष्मीम्,
भुजबलविजितारिर्यः प्रतिष्ठाप्य भूयः।
जितमिति परितोषान्मातरं सास्त्रनेवाम्,
हतरिपुरिव कृष्णो देवकीमभ्युपेतः।
–भितरी का स्तंभलेख, पंक्ति 12।
(ख) व्यपेत्य सर्वान्मनुजेंद्रपुत्रान, लक्ष्मीः स्वयं यं वरयांचकार।
–जूनागढ़ का शिलालेख, पंक्ति 5।
–कार्पस इंसक्रिप्शनम, इंडिकारम, वाल्यूम 3, पृ. 59।

2. महेंद्रादित्य इत्यासीद्राजा···।–सोमदेवकृत कथासरित्सागर, विषमशील लंबक, प्रथम तरंग, श्लोक 11।
म्लेच्छाकांते च भूलोके···।
वही, श्लोक 22।
नाम्नात्तं विक्रमादित्यं हरोक्तेनाकरोत्पिता।
तथा विषमशीलं च महेंद्रादित्यभूपतिः।
वही, श्लोक 51।
स राजा विक्रमादित्यः प्राप चोज्जयिनीं पुरीम्।
वही, विषमशील लंबक, तृतीय तरंग, श्लोक 7।

3. (क) एलेन : ए कैटेलाग आव् द इंडियन क्वायंस इन द ब्रिटिश म्यूजियम इंट्रोडक्शन, पृ. 99।
(ख) गुप्त साम्राज्य का इतिहास–श्रीवासुदेव उपाध्याय, प्रथम खंड, पृ. 116।
(ग) हेमचंद्र राय चौधरी : पोलिटिकल हिस्ट्री आव् एंशियंट इंडिया (1932), पृ. 389।

अपने अलौकिक पराक्रम का उत्कट प्रदर्शन किया। संभवतः भितरी के स्तंभलेख की चौदहवीं पंक्ति से आगे इसी स्थिति का वर्णन है; क्योंकि मालिनी के उपरांत जहाँ से शार्दूलविक्रीड़ित छंद आरंभ होता है वहाँ से ऐसा ही मालूम पड़ता है कि यह कुछ पृथक् विषय ही आरंभ हो रहा है। मालिनी छंद तक पुष्यमित्रों के युद्ध और उसके परिणाम-प्रभाव का वृत्त चलता है और उसके उपरांत ऐसा स्पष्ट ज्ञात होता है कि किसी दूसरे प्रसंग की बात आरंभ हुई है। अपने बाहुबल से पृथ्वी को जीतकर विजितों पर दया की वर्षा कर निरभिमान रूप से स्कंद ने वंशमर्यादा स्थापित की थी; परंतु फिर भी आततायियों की ललकर सुनते ही पुनः उठा और अपने कर्त्तव्य-पालन में लग गया। उक्त स्तंभलेख की पंद्रहवीं पंक्ति में उसके उसी घोर युद्ध का वर्णन है[1]। उस युद्ध में भी उसी को विजय-लक्ष्मी प्राप्त हुई और एक बार फिर से राष्ट्र का उद्धार हो गया। इसके उपरांत भी उसे युद्ध करने पड़े थे और संभवतः युद्ध ही में उसकी मृत्यु भी हुई।

स्कंदगुप्त की प्रशस्त विरुदावली के साथ-साथ उसकी अनेक उपाधियाँ भी थी। कुछ रजत मुद्राओं पर उसके दादा द्वारा गृहीत पदवी 'विक्रमादित्य' प्राप्त होती है[2]। इंदौर के तामपत्र[3] के अनुसार उसकी पदवी 'पद्मभट्टारक महाराजाधिराज' थी और कह्यूम स्तंभलेख[4] में उसे 'क्षितिपशतपति' कहा गया है।

गुप्त साम्राज्य के इस यशस्वी सम्राट् ने अपने पिता से प्राप्त विशाल राष्ट्र को शक्ति और बुद्धि-बल से भली भाँति नियंत्रित कर रखा था और अपने विस्तृत राज्य को कई प्रांतों में विभाजित कर प्रांतपतियों—गोप्ताओं—की देखभाल में रख छोड़ा था[5]। उस समय सौराष्ट्र पर विशेष ध्यान दिया गया था; क्योंकि उसकी राजनीतिक महत्ता थी। अतएव उस प्रांत में शासन के लिए स्कंदगुप्त को विषेश रूप से विचार करना पड़ा था, ऐसा जूनागढ़-शिलालेख से स्पष्ट है। बहुत सोच-विचार के उपरांत वहाँ का गोप्ता पर्णदत्त नियुक्त किया गया था। वह सम्राट् का विश्वसनीय सहयोगी था[6]। इसी के पुत्र और गिरनार के विषयपति चक्रपालित ने सुदर्शन झील का पुनरुद्धार कराया था, जो स्कंदगुप्त के शासकाल की एक प्रसिद्ध घटना है। गंगा-जमुना के मध्य का प्रांत अंतर्वेदी के नाम से प्रसिद्ध था। इस प्रांत का शासक

---

1. हूणैर्यस्य समागतस्य समरे दोर्भ्यां धरा कंपिता। —भितरी का स्तंभलेख, पंक्ति 15।
2. एलेन : गुप्ता क्वायंस, इंट्रोडक्शन, पृ. 48।
3. फ्लीट : सी. आई. आई., वाल्यूम 3, प्लेट सं. 16।
4. फ्लीट : सी. आई. आई., पृ. 67, प्लेट सं. 15।
5. सर्वेषु देशेषु विधाय गोप्तृन् सचिंतयामास बहुप्रकारम्।—जूनागढ़ का शिलालेख, पंक्ति 6।
   फ्लीट : सी. आई. आई., पृ. 59, प्लेट सं. 14।
6. आम्। ज्ञातमेकः खलु पर्णदत्तो भारस्य तस्योद्वहने समर्थः।
   वही, पंक्ति 8।

शर्वनाग[1] था और यह प्रांत सीधे सम्राट् के अधीन माता जाता था। इसी प्रकार कोसम प्रांत भीमवर्मा के अधिकार में था[2] ।

स्कंदगुप्त अपने पूर्वजों की भाँति ही वीर एवं पराक्रमी था। भितरी और जूनागढ़ के लेखों के आधार पर उसकी चरित्र-विषयक विशेषताओं का विशद विवेचन किया जा सकता है। उसमें अलौकिक पराक्रम के अतिरिक्त हृदय की मान-विभूतियाँ भी वर्तमान थीं। शक्ति के साथ विनय सुनीति, वीरभाव के साथ करुणा-दया, विजय के साथ लोक-संरक्षण की भी अद्भुत प्रवृत्ति उसमें दिखाई पड़ती थी। उसकी देवोपम उदारता, त्याग और कष्ट-सहिष्णुता इतिहास में प्रसिद्ध है।

उसके राजनीतिक जीवन में धार्मिक उदारता का भाव सर्वत्र मिलता है और उसके हृदय में विभिन्न मतावलंबियों के प्रति सद्भाव था।

प्राचीन काल में गुप्त साम्राज्य अपनी सुखशांति एवं कलाकौशल के लिए अत्यंत प्रसिद्ध है। उस समय संस्कृत-साहित्य की भी विशेष रूप से अभिवृद्धि हुई। अनेक सुंदर और श्रेष्ठ कृतिकार साहित्य के क्षेत्र में अवतीर्ण हुए। उनमें सर्वश्रेष्ठ एवं जगत्वंद्य कवि कालिदास की भी गणना की जाती है; परंतु आज तक उनके रचना काल का निर्णय निर्विवाद रूप में नहीं हो सका है। कुछ विद्वानों का कहना है कि उनकी कृतियाँ ईस्वी सन् के पूर्व प्रथम शतक में निर्मित हुईं, कुछ लोग उन्हें गुप्तकालीन मानते हैं और तृतीय दल उन्हें और पीछे ले जाकर छठी शताब्दी

---

1. विषयपतिशर्वनागस्य अंतर्वेद्यां भोगाभिवृद्धये वर्तमाने।
   इंदौर का ताम्रपत्र, पंक्ति 4।
   फ्लीट : सी. आई. आई., पृ. 70, प्लेट सं. 16।
2. कोसम की प्रस्तर-मूर्ति का लेख।
   फ्लीट : सी. आई. आई., पृ. 267, प्लेट सं. 65।

में स्थान देता है[1]। इस प्रकार अपने-अपने अनुकूल तर्कों को ढूँढ़कर प्रत्येक दल उन्हें अपनी ओर खींच रहा है।

यों तो सभी अपनी तर्कबुद्धि के अनुसार इस कवि के समय-निर्धारण का प्रयास कर रहे हैं, परंतु अभी तक जिस दल को अधिक प्राधान्य मिला है वह कालिदास को गुप्तकाल का मानता है। अनेक पाश्चात्य एवं भारतीय विद्वानों ने इस काल-निर्णय को उचित माना है। देश की सुख-समृद्धि, उद्यम-उत्साह, वैभव-विलास और राजनीतिक व्यवस्था का जैसा रूप गुप्तकाल में था वैसा ही कालिदास कृत काव्यों में वर्णित है। गुप्त-लेखों और प्रशस्तियों की अभिव्यंजना-पद्धति पर भी कालिदास की छाप दिखाई पड़ती है। इसके अतिरिक्त अन्य अनेक आधारों पर लोगों का यही विचार है कि इस कविकुलगौरव की प्रतिभा का आरंभ शकारि चंद्रगुप्त (द्वितीय) विक्रमादित्य के अंतिम शासनकाल में हुआ, चरमोत्कर्ष कुमारगुप्त (प्रथम) महेंद्रादित्य के समय में और अंत सम्राट स्कंदगुप्त विक्रमादित्य के साथ अथवा उसके कुछ काल उपरांत हुआ। यही युग भारतीय इतिहास का स्वर्ण-युग कहलाता है जो कालिदास की काव्य-रचना का अनुकूल क्रीड़ास्थल हो सकता है। तर्क एवं बुद्धिसंगत अधिक प्रमाण इसी पक्ष के उपस्थित किए गए हैं और अब तो यह विषय निर्विवाद-सा हो चला है। इस विषय में गुप्तकाल को स्वीकार करनेवालों में अनेक पाश्चात्य एवं भारतीय विद्वान सहमत हैं। साथ ही गुप्तकाल

---

1. इस विषय पर निम्नलिखित ग्रंथों से विचार संग्रह किए गए हैं—
   (क) भाऊदाजी : आन द संस्कृत पोएट कालिदास, जर्नल आव् द बांबे ब्रांच आव् द रायल एशियाटिक सोसायटी, जनवरी 1861, पृ. 19-33, 207-230।
   (ख) महामहोपाध्याय हरप्रसाद शास्त्री : कालिदास जर्नल आव् द बिहार एंड ओरीसा रिसर्च सोसायटी, वाल्यूम 1, 1915, पृ. 197-212 और वाल्यूम 2 (1916), पृ. 31-44; 207-230।
   (ग) नंदार्गिकर : इंट्रोडक्शन टु रघुवंश।
   (घ) वी. ए. स्मिथ : द अर्ली हिस्ट्री आव् इंडिया (1924), पृ. 320-21।
   (ङ) एम. आर. काले : इंट्रोडक्शन टु कुमारसंभव, 19-23।
   (च) संस्कृतकविचर्चा : श्रीबलदेव उपाध्याय (कालिदास, मातृगुप्ताचार्य और कुमारदास)
   (छ) चंद्रगुप्त विक्रमादित्य : श्रीगंगाप्रसाद मेहता, 1932, पृ. 106, 115।
   (ज) गुप्त साम्राज्य का इतिहास : श्रीवासुदेव उपाध्याय, द्वितीय खंड, पृ. 91, 112।
   (झ) बी. सी. मजुमदार : द डेट आव् कालिदास, जर्नल आव् द रायल एशियाटिक सोसायटी 1909, पृ. 731-739।
   (ञ) क्षेत्रेशचंद्र चट्टोपाध्याय : द डेट आव् कालिदास (1926)।
   (ट) एच. बी. भिडे : कालिदास एंड गुप्ता किंग्स, फर्स्ट ओरियंटल कांफ्रेंस, पूना, वाल्यूम, 1, पृ. 111।

के उक्त सम्राटों की शासनसीमा के भीतर कालिदास की स्थिति स्वीकार करनेवालों में मुख्यतः पूना के के. वी. पाठक, विजयचंद्र मजुमदार, श्री भिडे, श्री काले, विसेंट स्मिथ प्रभृति लेखक हैं। इनमें भी मजुमदार और भिडे महाशय तो कवि का मुख्य रचनाकाल सम्राट् स्कंदगुप्त के शासनकाल को मानते हैं। इस तरह इस कवि का समय ईस्वी सन् 390 से लेकर 480 तक के भीतर रखा जा सकता है।

कवि कालिदास के साथ ही मातृगुप्ताचार्य का संबंध जोड़ा गया है, जिसका समय औफ्रेक्ट महाशय ने ई. सन् 430 ठहराया है। डा. भाऊदाजी का एक पुराना मत इस विषय का है। उनके विचार से कालिदास और मातृगुप्त एक ही व्यक्ति हैं। अपने मत के समर्थन में उन्होंने चार बातें कहीं हैं। पहली बात उस जनश्रुति पर आश्रित है जिसके अनुसार राजा विक्रमादित्य ने प्रसन्न होकर कालिदास को आधा राज्य दान कर दिया था। दूसरी बात कालिदास और मातृगुप्त नामों के अर्थसाम्य को लेकर चलाई गई है। तीसरी बात राजतरंगिणी में कालिदास ऐसे श्रेष्ठ कवि का उल्लेखाभाव है। चौथी बात प्राकृतकाव्य 'सेतुबंधु' के बल पर उठाई गई है। इस काव्य के टीकाकार ने कहा है कि प्रवरसेन की प्रेरणा से इस काव्य को कालिदास ने निर्मित किया। इस टीकाकार की बात का आंशिक समर्थन बाणभट्ट ने भी अपने हर्षचरित में एक श्लोक–' कीर्तिः प्रवरसेनस्य प्रयाता कुमुदोज्ज्वला। सागरस्य परं पारं कपिसेनेव सेतुना' द्वारा किया है। डा. भाऊदाजी के मत के विरुद्ध विद्वानों ने प्रबल प्रमाण उपस्थित किए हैं। इसके अतिरिक्त उस मत का समर्थक भी कोई नहीं हुआ और अब तो वह बात बहुत पीछे छूट गई है। फिर भी यह एक मत चला तो अवश्य जिस पर कुछ दिन तर्क-वितर्क भी चलते रहे।

इसी प्रकार सिंहल के राजकुमार धातुसेन अथवा कुमारदास का संबंध भी कवि कालिदास के साथ कहा गया है। महावंश के अनुसार इसका शासनकाल ईस्वी सन् 511 से 524 तक माना गया है। यह राजकुमार बड़ा सुंदर कवि था। इसके रचित काव्य ' जानकीहरण ' की प्रशंसा की गई है। कहा जाता है कि इस काव्य को सुनकर कालिदास ने बड़ी प्रसन्नता प्रकट की थी। इन दोनों कवियों के संबंध का स्पष्ट कारण तो यह है कि रघुवंश और जानकीहरण की शैली में बड़ा साम्य है। कालिदास और कुमारदास की मैत्री का कारण भी यही माना जाता है। इस साम्य का निरूपण थोड़े में नंदर्गीकर पंडित ने इस प्रकार किया है–

"His Jankiharana is no doubt a close imitation of Kalidasa's great epic, to which we may add, it is not inferior either in quality or in quantity. Most of his verses are saturated with the legends of Ramayana and with the sytle of Kalidas. Kalidasian wrods, phrases, metres and Alankaras are interwoven in almost every verse of his poem."

विविध विद्वानों ने इन दोनों की घनिष्ठता एवं मैत्री का उल्लेख किया है; परंतु अन्य विषयों की भाँति इस विषय में भी मत की भिन्नता ही अधिक दिखाई पड़ती है। कुमार धातुसेन और कुमारदास एक ही थे अथवा भिन्न व्यक्ति ? वस्तुतः कालिदास और कुमारदास समकालीन थे या नहीं ? इन प्रश्नों का कोई एक उत्तर नहीं है।

'दिङ्नागानां पथि परिहरंस्थूलहस्तावलेपान्' (मेघदूत, 14) के आधार पर विद्वानों द्वारा कालिदास एवं दिङ्नाग के आगे-पीछे की गुरुपरंपरा में यह क्रम स्थापित किया गया है—मनोरथ के शिष्य वसुबंधु (ई. सन्. 420 से 500 तक), उनके शिष्य दिङ्नाग (पाँचवीं शताब्दी का उत्तरार्ध), फिर उनके शिष्य परमार्थ (ई. सन् 499 से 569 तक[1])। दिङ्नाग के दादागुरु मनोरथ और गुरु वसुबंधु को हूनच्वंग[2] और परमार्थ ने—जिसने वसुबंधु का बृहत जीवनवृत्त लिखा है[3]—श्रावस्ती (संभवतः गुप्त सम्राटों का उत्तरी निवासस्थान) के विक्रमादित्य का समसामयिक बताया है। गुप्त शासकों के समय में बौद्ध विद्वानों एवं ब्राह्मण आचार्यों में शास्त्रार्थ तथा विवाद होने के अनेक प्रमाण मिलते हैं। हूनच्वंग ने अपने विवरण में विक्रमादित्य की सभा में ब्राह्मणमंडली के द्वारा मनोरथ की पराजय का उल्लेख किया है[4]। संभवतः उस मंडली में कुमारगुप्त के आश्रित महाकवि कालिदास भी सम्मिलित रहे हों और इसलिए प्रतिकार रूप में दिङ्नाग ने आगे चलकर उनका विरोध किया हो।

सामान्य परिचय

रचनापद्धति और नाटकीय गुण के विचार से ' प्रसाद ' का सर्वोत्तम नाटक स्कंदगुप्त है। इसमें पाश्चात्य एवं भारतीय नाट्यशास्त्र के विहित सिद्धांतों का व्यावहारिक प्रयोग बड़ा अच्छा हुआ है। वस्तुतत्त्व, चरित्रांकन, संवाद और देशकाल का चित्रण इसमें बड़ी सूक्ष्मता से किया गया है। स्वयं लेखक को अपनी इस रचना से बड़ा संतोष था। संपूर्ण नाटक में पाश्चात्य सिद्धांत के अनुसार सक्रियता का प्राधान्य है और भारतीय परंपरा के रससिद्धांत का भी सुंदर समन्वय जितना इस कृति में दिखाई पड़ता है उतना और कहीं नहीं। भले ही कुछ लोग काव्यात्मकता के आधिक्य के कारण नाक-भौं सिकोड़ें, परंतु भारतीय नाट्यपरंपरा की विशिष्टताओं से अवगत सहृदय समालोचक अवश्य ही इसका यथार्थ रसास्वादन करते हैं।

---

1. द जर्नल आव् द बांबे ब्रांच आव आर. ए. एस. वाल्यूम 23, पृ. 185।
2. थामस वाटर्स : आन यानच्वांग्स ट्रैवेल्स इन इंडिया, वाल्यूम 1, पृ. 210-214।
3. गुप्तसाम्राज्य का इतिहास : श्रीवासुदेव उपाध्याय, द्वितीय खंड, पृ. 140।
4. नंदर्गीकर : इंट्रोडक्शन टू रघुवंश, पृ. 79-80।

कथांश

गुप्तसाम्राज्य का अधिपति कुमारगुप्त कुसुमपुर में अपना विलासी जीवन व्यतीत कर रहा है। युवराज स्कंदगुप्त गुप्तकुल के उत्तराधिकार नियम की अव्यवस्था के कारण अपने पद एवं दायित्व से कुछ उदासीन और चिंतित रहता है, जिससे साम्राज्य का भविष्य अंधकारपूर्ण दिखाई पड़ता है। इसी समय मालवराज्य पर विदेशियों का आक्रमण होता है और एकाकी वीर स्कंदगुप्त ठीक अवसर पर पहुँचकर राज्य की रक्षा करता है। इसके उपरांत राजधानी में सम्राट् का निधन और परिणाम रूप में कौटुंबिक कलह के कारण स्कंदगुप्त मालव का सिंहासन स्वीकार करता है। हूणों के आक्रमण से आर्यावर्त की रक्षा आवश्यक समझकर वह इस अभिषेक के पश्चात् सेना का संगठन करके आक्रमणकारियों का सामना करता है। इसी बीच उसे विमाता से उत्पन्न अपने छोटे भाई के कुचक्र को दबाना पड़ता है। युद्ध में साम्राज्य के सेनापति भटार्क की नीचता के कारण हूणों का बढ़ाव नहीं रोका जा सका और स्कंदगुप्त की सेना आपत्ति के गर्त में पड़ जाती है।

कुभा के रणक्षेत्र में स्कंदगुप्त की सेना विच्छिन्न हो जाती है। तदनंतर बड़ी चेष्टा से फिर एक बार सेना का संगठन होता है और गुप्तसाम्राज्य के बचे-बचाए वीर एकत्र होते हैं। स्कंदगुप्त भी गोपाद्रि से बढ़कर सिंधु के समीप आता है। वहाँ दूसरी बार युद्ध होता है और हूण पूर्णरूप से पराजित होते हैं। इस प्रकार स्कंदगुप्त अपने जीवनकाल में एक बार तो आर्यावर्त को हूणों से निरापद बना ही देता है। नाटक के इस कथांश का समर्थन इतिहास करता है। संपूर्ण घटनाचक्र का उतार-चढ़ाव इतिहाससम्मत है।

वस्तुतत्त्व और कार्यावस्थाएँ

सारी वस्तुस्थिति एवं घटनाचक्र का विभाजन पाँच अंकों में इस प्रकार किया गया है कि आरंभ, प्रयत्न, प्राप्त्याशादि कार्यों की विभिन्न अवस्थाओं का स्पष्ट बोध होता चलता है। प्रथम अंक में आरंभ नामक कार्यावस्था का बहुत सुंदर चित्रण है। नाटक का यह अंक परिचयात्मक होता है। इसमें प्रमुख सभी पात्रों की मौलिक विशिष्टताओं का निदर्शन, कुलशीलता का स्पष्ट निर्देश और फलसमस्या का खुला हुआ उल्लेख आवश्यक रहता है। इसीलिए घटनाओं के संघटन का वेगयुक्त होना अत्यंत अपेक्षित रहता है। इस सिद्धांत का निर्वाह प्रस्तुत नाटक में बड़ा सुंदर मिलता है। विभिन्न पात्रों के कुलशील के साथ-साथ प्रधान मनोवृत्तियों का परिचय तो मिलता ही है, इसके अतिरिक्त कार्यव्यापार की अधिकता के कारण आद्यंत आकर्षण भी बना रहता है। इसी अंक में नाटक के लक्ष्य-फल अथवा साध्य विषय का परिचय

स्पष्ट रूप से प्राप्त हो जाता है।

गुप्तसाम्राज्य की स्थिति बड़ी गंभीर है। गृहकलह, सम्राट् की कामुकता, युवराज की उदासीनता, महाबलाधिकृत वीरसेन की असामयिक मृत्यु और बर्बर हूणों के लगातार आक्रमणों के कारण साम्राज्य एवं आश्रित राष्ट्रमंडलों की रक्षा का प्रश्न जटिल हो गया। ऐसी स्थिति में यह समस्या उत्पन्न हो जाती है कि किस प्रकार साम्राज्य और आर्यावर्त का सम्मान बचे। अतः कौटुंबिक कलह की शांति और राष्ट्रगौरव की रक्षा ही वह फल है जिसकी प्राप्ति स्कंदगुप्त तथा उसके अन्य सहयोगियों का लक्ष्य है। लेखक ने इस अंक में साध्य विषय की विषमताओं एवं प्राप्ति के साधनों का आभास बड़ी सावधानी से दिया है। अनंतदेवी, पुरगुप्त और भटार्क के कुचक्र में पड़कर सम्राट् का निधन होता है। साथ ही साम्राज्य के परमहितैषी पृथ्वीसेन, महाप्रतिहार और दंडनायक आत्महत्या कर लेते हैं। कर्त्तव्योन्मुख स्कंदगुप्त की चेष्टाओं पर इन व्याघातों का बड़ा अनुकूल प्रभाव पड़ता है। वह महत् उद्देश्य की पूर्ति के निमित्त अग्रसर होकर मालवरक्षा में सन्नद्ध होता है। लक्ष्यप्राप्ति के साधन का भी यहीं से आरंभ हो जाता है।

अंक की समाप्ति भी बड़े उत्साहवर्धक स्थल पर हुई है। जिस प्रकार नाटकों का आरंभ और अंत आकर्षक तथा प्रभावशाली होना चाहिए उसी प्रकार प्रत्येक अंक की समाप्ति भी ऐसे स्थलों पर आवश्यक है जो लक्ष्यसाधन के सुंदर पड़ाव प्रमाणित हो सकें; जिन अंशों पर पहुँचकर यह स्पष्ट दिखाया जा सके कि उत्कर्ष का यह एक खंड पूरा हुआ। इस स्थल पर आकर जैसे कथानक की खंडसमाप्ति का ज्ञान कराना आवश्यक है। उसी प्रकार चरित्रविकास की आंशिक पूर्णता का आभास देना भी। प्रथम अंक के समाप्तिस्थल पर इन दोनों विचारों का अच्छा योग है। कार्य की आरंभावस्था की समाप्ति के साथ-साथ चरित्रविकास और रसपरिपाक के उपक्रम का परिचय प्राप्त हो जाता है। मालव की गौरवप्रतिमा टूटने ही को है, द्वार टूट चुका है, विजयी शत्रुसेनापति का प्रवेश होता है, भीम आकर उसे रोकता है और गिरते-गिरते जयमाला और देवसेना की सहायता से युद्ध करता है। सहसा स्कंदगुप्त सैनिकों के साथ प्रवेश करता है। उसे इस प्रकार टूट पड़ते देखकर शक और हूण स्तंभित होते हैं। फिर भयंकर युद्ध होता है और स्कंदगुप्त शत्रुओं को बंदी बनाता है। यहाँ भारत की दुर्दम युद्ध-वीरता का आलोकपूर्ण रूप मुखरित हो उठता है।

इसके अतिरिक्त एक विशेष बात और दिखाई पड़ती है। आधिकारिक कथावस्तु की आरंभावस्था की समाप्ति के साथ ही स्कंदगुप्त के व्यक्तिगत जीवन से संबद्ध प्रेम की प्रासंगिक कथावस्तु का आरंभ यहीं से हो जाता है। जयमाला और देवसेना के अतिरिक्त विजया की नवीन और अपरिचित मूर्ति का दर्शन होने पर स्कंद का उसकी ओर आश्चर्ययुक्त आकर्षण दिखाकर नाटककार ने प्रासंगिक

कथानक का सूत्रपात किया है। धीरे-धीरे आधिकारिक वस्तु के साथ-साथ इस प्रेमप्रसंग का उत्कर्षापकर्ष दिखाया गया है। प्रेम की यह एकांतचर्या स्कंद के अंतरंग जीवन से संबद्ध होकर चली है। कहीं भी वह उसके सामाजिक जीवन पर प्रत्यक्ष प्रभाव नहीं डालती। अतएव इसका सर्वथा पृथक् रूप से ही विचार करना अच्छा होगा; यों तो इसने स्कंद के जीवन की धारा को कभी छोड़ा नहीं है।

द्वितीय अंक में प्रयत्नावस्था है। यह प्रयत्न दो विषयों का है। साध्य के साधन में दो विघ्न हैं। इस अंक में इन्हीं दोनों विघ्नों को हटाने का प्रयत्न हुआ है। प्रथम विघ्न तो गृह-कलह है जो अनंतदेवी और भटार्क के कुचक्र रूप में दिखाई पड़ता है। प्रथम अंक में इन कुचक्रियों ने सम्राट् का जीवन समाप्त किया, अब इस अंक में देवकी की जीवनलीला पूरी करना चाहते हैं। दूसरा विघ्न बर्बर आक्रमणकारियों का आतंक है, जिससे संपूर्ण देश की रक्षा करनी है। एक ओर इस महान् उद्देश्य की पूर्ति का प्रश्न है और दूसरी ओर स्कंदगुप्त अपना विरागी मन किस-किस ओर लगाए, यह समस्या है। प्रयत्न रूप में वह कुसुमपुर में पहुँचकर ठीक समय पर अपनी माता देवकी की रक्षा करता है। इस प्रकार षड्यंत्र का नियंत्रण होता है। उधर अवंती में राज्याधिकार स्वीकार कर सेना और सहयोगियों के द्वारा शक्ति-संचय करता है, जिससे प्रधान लक्ष्य की सिद्धि का योग मिलता है। द्वितीय अंक की समाप्ति प्रभावशाली और आकर्षक है। स्कंदगुप्त का राज्यारोहण और कुचक्रियों का बंदीरूप में सामने उपस्थित होना इसका अंतिम दृश्य है। इसमें प्रयत्न-पक्ष की पूर्णता स्थापित होती है। इस प्रयत्न के रूप का दर्शन होने पर भविष्य स्पष्ट दिखाई पड़ने लगता है।

प्रेम की प्रासंगिक कथा भी आगे बढ़ती है। इस अंक में विजया स्वीकार करती है कि युवराज स्कंद की ओर वह आकर्षित है; परंतु उसके विराग-भाव को देखकर उसकी चंचल वृत्ति विमुख हो जाती है। फलतः वह भटार्क की ओर बढ़ती है। न्यायाधिकरण में वह भी भटार्क और अन्य बंदियों के साथ उपस्थित होती है। स्कंदगुप्त को आश्चर्य और संभवतः दुःख होता है। वहाँ विजया स्वीकार करती है कि ' मैंने भटार्क का वरण किया है '। इस पर स्कंद के विरागी हृदय को चोट पहुँचती है। साथ ही देवसेना स्थिति को स्पष्ट रूप से समझ लेती है। उसे यह ज्ञात हो जाता है कि वस्तुतः स्कंद विजया से प्रेम करता है। अतएव वह अपना कर्त्तव्य स्थिर कर लेती है।

तृतीय अंक में भी स्कंद की जीवन-धारा का क्रम पूर्ववत् ही रहता है। अनंतदेवी, भटार्क और प्रपंचबुद्धि का कुचक्र उसी प्रकार चल रहा है और स्कंदगुप्त को उसी प्रकार उससे युद्ध करना पड़ता है महादेवी देवकी की ओर से असफल होकर ये लोग देवसेना को अपना लक्ष्य बनाते हैं। उसी कुचक्र में विजया भी सम्मिलित हो जाती है। श्मशान में ठीक अवसर पर पहुँचकर मातृगुप्त और स्कंद

देवसेना की रक्षा करते हैं। इसके पश्चात् बंधुवर्मा को महाबलाधिकृत बनाकर सम्मिलित सेना के साथ स्कंद पश्चिमोत्तर सीमाप्रांत की गांधार-घाटी में युद्ध करने बढ़ता है। उसकी सेना में एक अंश मागधी सेना का भी है जिसका नायक भटार्क है। भटार्क रणस्थल में आने के पूर्व हूण दूत से मिलकर उसके अनुकूल कार्य करने के लिए वचनबद्ध हो जाता है। उस पर बंधुवर्मा को संदेह होता है और वह समयानुसार स्कंद को सावधान भी करता है, परंतु स्कंद अपनी स्वाभाविक उदारता और नीति के अनुसार भटार्क को केवल सचेत भर कर देता है। उस महत्त्वपूर्ण अवसर पर भटार्क अपना सच्चा रूप प्रकट करता है। जो दायित्व उसे सौंपा गया था उसके ठीक विरुद्ध आचरण करके स्कंद के जीवन को अंधकार के गर्त में डाल देता है, जिस समय स्कंद की सेना कुभा पार कर रही थी उसी समय वह बाँध काट देता है, जिससे स्कंद और उसके साथ की सेना बाढ़ में बह जाती है। भटार्क के कारण फल की प्राप्त्याशा की स्थापना नहीं हो पाती।

कार्य की भारतीय प्राप्त्याशावस्था की स्थापना नियमतः तृतीय अंक की समाप्ति के साथ-साथ होनी चाहिए, परंतु उस अंक के अंत में प्राप्त्याशा का रूप उपस्थित न होकर पाश्चात्त्य चरमसीमा का रूप स्फुट और स्पष्ट होता है। प्रधान पात्र के लिए आशंका, विरोध और कष्ट की यहाँ चरमसीमा दिखाई पड़ती है। हाँ, फलप्राप्ति की आशा एवं संभावना अन्य प्रकार से ध्वनित है। स्कंदगुप्त का चरित्रबल इन आपदाओं से हार नहीं मान सकता, यह विश्वास, प्राप्ति की आशा का रूप है। दूसरी बार वह दुगुने उत्साह से आक्रमण करेगा और आशा की जा सकती है कि उस फल की सिद्धि होगी। वह भटार्क ऐसे संदिग्ध सैनिकों पर पुनः विश्वास करने की भूल कदापि न करेगा। यहाँ यदि ऐसा विश्वास न किया जाय तो इस अंक के अंत में आकर फलप्राप्ति की आशा तो नहीं, हाँ उसके दुखों की चरमसीमा का बोध अवश्य होता है।

इसके अतिरिक्त अंतःसलिला पयस्विनी के समान प्रेम का प्रसंग और अधिक रंग पकड़ता है। अपना राज्य स्कंदगुप्त को अर्पण करके देवसेना ने उसे अपने उपकारों के बोझ से दबा दिया है और इस प्रकार वह विवश होकर अवश्य ही प्रतिदान के रूप में अपना प्रेम देवसेना को देगा ऐसा विचार कर विजया देवसेना को अपना शत्रु समझ बैठती है। फलतः वह स्कंदगुप्त और देवसेना के विरुद्ध और भटार्क तथा अनंतदेवी के अनुकूल वेग से दौड़ पड़ती है। उसके इस कार्य-व्यापार का परिणाम यह होता है कि स्कंदगुप्त की प्रेम की मधुर भावनाएँ उसकी ओर से आहत होकर एकमात्र अधिकारिणी देवसेना की ओर बढ़ती हैं। स्थिति भी इसके अनुकूल आ ही जाती है। देवसेना के वध किए जाने की बात स्कंद को ज्ञात हो जाती है और वह ठीक अवसर पर पहुँचकर उसे बचाता है। वह भयभीत दशा में स्कंद का आलिंगन करती है। वहीं स्कंदगुप्त को व्यक्त रूप में यह मालूम होता

है कि देवसेना उससे प्रेम करती है। इस अवसर पर मृत्युकाल समीप समझकर ही वह अपना अंतस खोलती है, अन्यथा आगे चलकर वह कभी स्कंद से प्रेम की चर्चा करके उसका अपमान नहीं होने देती। प्रेम-ज्वार पर कठोर नियंत्रण करती रहती है। दूसरी ओर विजया भटार्क के साथ रहकर युवराज पुरगुप्त का मनबहलाव करती दिखाई देती है।

भारतीय पद्धति से चौथे अंक में नियताप्ति होनी चाहिए। फल की प्राप्ति नियत-निश्चित हो जानी चाहिए, परंतु ऐसा स्पष्ट दिखाई नहीं देता। उसका प्रच्छन्न प्रतिपादन अवश्य है, परंतु जितनी सुंदर पाश्चात्य निगति दिखाई पड़ती है उतनी भारतीय नियताप्ति नहीं। स्कंदगुप्त का एकाकी और निःसहाय रूप में बचे रहना, संपूर्ण धर्म-संघों का विरुद्ध हो जाना, उसकी माता देवकी की मृत्यु, समस्त साधनों का विशृंखल होना और सामरिक शक्ति का टूट जाना निगति का रूप दिखाता है। कुछ स्थितियाँ ऐसी अवश्य आई हैं जिनसे हम यह समझ सकते हैं कि अंत अनुकूल होगा। इस अंक का आरंभ ही विरोधियों में फूट की कथा कहता है। भटार्क को लेकर, विजया और अनंतदेवी, में विरोध होता है। शर्वनाग की बातचीत से विजया और भी प्रभावित होती है और देश के कल्याण में निरत होना चाहती है। उधर अपनी माता की फटकार और राजमाता देवकी की मृत्यु से भटार्क की आँखें कुछ खुलती हैं। वह निश्चय करता है कि अब वह संघर्ष से अलग रहेगा। इस प्रकार विरोधी दल की फूट, भटार्क की मनोवृत्ति में मंगल का प्रवेश और स्कंदगुप्त आदि कुछ वीरों का बचे रहना ही नियताप्ति का सूचक है। इसी आधार पर उज्ज्वल भविष्य की आशा निश्चित होती है।

प्रेम के क्षेत्र में भी परिवर्तन है। विजया पुनः एक बार स्कंद की ओर बढ़ती है। उसके विचारों में परिवर्तन होता है, परंतु उस समय तक स्कंदगुप्त उसकी ओर से असफल होकर देवसेना के प्रति अपना दायित्व स्थिर कर लेता है। हूणों से त्रस्त होकर जिस समय देवसेना सहायता की पुकार लगाती है उस समय स्कंद पूरी तत्परता से अपने सच्चे मित्र बंधुवर्मा की धरोहर को बचाने के लिए दौड़ता है। नाना प्रकार के दायित्वपूर्ण व्यापारों में निरत रहने से स्कंद के ऊपर अभी तक जो एक प्रकार की आत्मविस्मृति छाई हुई थी, इस घटना से वह भाग खड़ी होती है और उसमें विजया के प्रति विरक्ति और देवसेना के प्रति दायित्वपूर्ण अनुरक्ति की स्थापना हो जाती है।

नाटक का पंचम अंक सुंदर और प्रभावशाली है। उसमें समष्टिप्रभाव अथवा प्रभावान्विति की स्थापना बड़ी महत्त्वपूर्ण है। यदि भटार्क की देश-रक्षा के व्रत की सूचना और साम्राज्य के बिखरे हुए सब रत्नों को एकत्र करनेवाले पर्णदत्त का संकल्प चतुर्थ अंक में आ जाता तो नियताप्ति का सुंदर रूप खड़ा हो गया होता; परंतु नाटककार इन्हीं साधनों के द्वारा फलप्राप्ति कराना चाहता है। अतएव

उसने इनको निर्वहण संधि में रखा है। विजय का रत्नागार लेकर भटार्क पवित्र उत्साह से नवीन सेना का संकलन प्रारंभ करता है। अंत में आकर विरोधियों का एक गढ़ और टूटता है। प्रख्यातकीर्ति एवं धातुसेन के प्रयत्न से अनंतदेवी और धर्म-संघों में भी अनबन हो जाती है। इस प्रकार विरोधी दल के सभी अवयव दुर्बल हो जाते हैं। उधर पर्णदत्त की साधना से साम्राज्य के सभी बचे रत्न एकत्र होकर स्कंदगुप्त की छत्रछाया में एक बार पुनः आर्यावर्त की रक्षा का उद्योग करते हैं। इस बार का उद्योग सफल होता है। खिंगिल बंदी किया जाता है; परंतु सिंधु के इस ओर के पवित्र देश में न आने का पणबंध लेकर स्कंदगुप्त उसे मुक्त कर देता है। यह तो आर्यावर्त और उसके गौरव की रक्षा हुई। दूसरी ओर युद्धक्षेत्र ही में पुरगुप्त को रक्त का टीका लगाकर वह गृह-कलह और कौटुंबिक अशांति को भी पूर्णरूप से मिटा देता है। रस-निष्पत्ति का यह भव्य रूप अंत में बड़ा ही प्रभावोत्पादक है।

फलप्राप्ति का यह सामाजिक रूप स्कंदगुप्त के व्यक्तिगत जीवन से सर्वथा पृथक् है। वह विरागी राष्ट्रोद्धारक अंत में अपने सामाजिक अनुष्ठान्न में पूर्ण सफल होकर भी व्यक्तिगत रूप में सर्वथा दरिद्र ही रह जाता है। विजया से तो यदि स्वर्ग भी मिले तो वह लेने को तैयार नहीं और देवसेना प्रतिदान में उसका प्रेम स्वीकार कर मालवराज के सम्मान को गिराना नहीं चाहती। स्कंदगुप्त पर अपने जीवन को अर्पित करके भी वह उसके प्राप्य में भाग नहीं लेना चाहती। ऐसी अवस्था में ' हतभाग्य स्कंदगुप्त अकेला ' ही रह जाता है। मानव-जीवन का यह कठोर वैषम्य उसकी व्यक्तिगत कथा का मूल भाव है।

अर्थप्रकृति

कार्य की अवस्थाओं के साथ अर्थप्रकृतियों का विनियोग भी स्पष्ट रूप से होता गया है। आरंभावस्था में ही बीज अर्थप्रकृति का स्थापन हो गया है। इस अर्थप्रकृति का आरंभ प्रथम दृश्य के उस स्थल पर दिखाई पड़ता है जहाँ स्कंदगुप्त के पूछने पर कि 'अधिकार का उपयोग करें ! वह भी किसलिए !' पर्णदत्त ने अधिकारयुक्त वाणी में उत्तर दिया है–'किसलिए ! त्रस्त प्रजा की रक्षा के लिए, शिशुओं को हँसने के लिए, सतीत्व के सम्मान के लिए देवता, ब्राह्मण और गौ की मर्यादा में विश्वास के लिए, आतंक से प्रकृति को आश्वासन देने के लिए। आपको अधिकारों का उपयोग करना होगा '। इसी स्थल से फलाधिकारी उदात्त कार्य-व्यापारों की ओर संलग्न हुआ है। अधिकार की मर्यादा ही उस कार्य का बीज रूप है जिसकी सिद्धि के लिए सब व्यापार किए गए हैं। मुख्यफल का हेतु यह कथाभाग क्रमशः वहाँ तक विस्तृत होता जाता है जहाँ स्कंदगुप्त के अवंती

पहुँचने की सूचना मिलती है; अर्थात् प्रथम अंक का वह स्थल जहाँ मातृगुप्त अत्याचार में निरत हूणों को आतंकित करता है और सहसा महाराजपुत्र गोविंदगुप्त के आ जाने से हूण भाग जाते हैं। अंतिम दृश्य में बिंदु अर्थप्रकृति का आरंभ हो जाता है क्योंकि मुख्य कथा-वस्तु अविच्छिन्न बनी ही रहती है और अवांतर, जो मालव-विजय का प्रसंग है, वहाँ अग्रसर होता दिखाई पड़ता है। इसके पश्चात् अवांतर कथा तो उत्तरोत्तर अग्रसर होती जाती है और आधिकारिक कथा भी बराबर चलती रहती है। इस प्रकार बिंदु का प्रसार तृतीय अंक के प्रथम दृश्य की समाप्ति तक चलता है। यहाँ तक आकर कथाभाग के बीज का पूरा-पूरा विस्तार हो जाता है और इसके उपरांत फिर किसी नवीन पात्र अथवा नवीन ढंग के व्यापार का योग नहीं आता। पताका अर्थप्रकृति के रूप में बंधुवर्मा का प्रसंग है। जहाँ से यह प्रसंग आरंभ हुआ है वहीं से यह स्पष्ट हो जाता है कि उसका अपना कोई भिन्न लक्ष्य नहीं है। फलाधिकारी के मुख्य कार्य-व्यापार में ही बंधुवर्मा साथ देता जाता है और उसकी सिद्धि का सर्वोत्तम साधन बना हुआ निरंतर उद्योगशील दिखाई पड़ता है। यह प्रसंग जाकर गर्भ संधि के बीच में बंधुवर्मा की मृत्यु के साथ ही समाप्त होता है। इस प्रसंग से संबद्ध देवसेना और भीमवर्मा अवश्य ही आगे तक जीवित रहते हैं; परंतु पताका नायक की समाप्ति के साथ ही उसके द्वारा आरंभ किया हुआ व्रत समाप्त हो जाता है। प्रकट रूप में प्रसंगागत कई छोटे-छोटे वृत्त आए हैं, जैसे शर्वनाग, धातुसेन, मातृगुप्त इत्यादि के प्रसंग। नाटक का मुख्य कार्य है गुप्तसाम्राज्य की विचलित लक्ष्मी को संपन्न और निरापद बनाना। इसीलिए सब प्रयत्न और प्रयास एकत्र किए गए हैं। अतएव इस कार्य के अनुकूल स्थिति जहाँ से उत्पन्न होने लगी है वहाँ से कार्य अर्थप्रकृति का आरंभ हो जाता है। विरोधी दल का नेता भटार्क जहाँ यह निश्चय करता है कि सब भूलकर, अब स्कंदगुप्त की छत्रछाया में राष्ट्र के उद्धार में लगूँगा और कहता है–(स्कंद के सामने घुटने टेककर) ' स्कंदगुप्त विक्रमादित्य की जय हो। जैसी आज्ञा होगी वैसा ही करूँगा '। वहीं से यह अर्थप्रकृति आरंभ हो जाती है। कार्य की पूर्णता वहाँ आती है जहाँ खिंगिल को परास्त कर स्कंदगुप्त पुरगुप्त को रक्त का टीका लगाता है। इस प्रकार आक्रमणकारियों से आर्य-राष्ट्र का पूर्ण उद्धार होता है और अंतःकलह के मूल कारण का भी नाश हो जाता है।

संधियाँ

उक्त बीज अर्थप्रकृति की उत्पत्ति के साथ ही स्कंदगुप्त मालवदूत को आश्वासन देता है–' दूत ! केवल संधि-नियम ही से हम बाधित नहीं हैं, किंतु शरणगत-रक्षा भी क्षत्रिय का धर्म है। तुम विश्राम करो। सेनापति पर्णदत्त पुष्यमित्रों की गति,

समस्त सेना लेकर राकेंगे। अकेले स्कंदगुप्त मालव की रक्षा करने के लिए सन्नद्ध है। जाओ, निर्भय निद्रा का सुख लो। स्कंदगुप्त के जीते, मालव का कुछ न बिगड़ सकेगा।' इस पर पर्णदत्त कहता है–'युवराज, आज यह वृद्ध हृदय से प्रसन्न हुआ। कोई चिंता नहीं; गुप्तसाम्राज्य की लक्ष्मी प्रसन्न होगी '। यहीं से मुख संधि का आरंभ मानना चाहिए। प्रारंभ नामक अवस्था के साथ बीज अर्थप्रकृति की उत्पत्ति इस स्थल पर दिखाई पड़ती है। यहीं निश्चय का बोध होता है कि आगे क्या क्रम चलेगा। 'मुखं बीजसमुत्पत्तिनार्थरससंभवा' के अनुसार आगे कार्य-व्यापारों के द्वारा विविध भावों की भी उत्पत्ति होती चलती है, इसका विस्तार प्रथम अंक के समाप्ति-स्थल तक चलता है। जहाँ हूण परास्त होते हैं, वहाँ से प्रतिमुख संधि का आरंभ हो जाता है, क्योंकि फिर तो मुख संधि में दिखलाए हुए बीज का लक्ष्य-अलक्ष्य रूप में उद्भेद प्रारंभ हो जाता है। हूणों की पराजय और राज्याभिषेक-प्रसंग में, फलप्राप्ति विषयक बातें हैं और तुरंत ही फिर प्रपंचबुद्धि के प्रपंच में पड़े हुए शर्वनाग और भटार्क की कुचक्र-रचना से फलावरोध दिखाई पड़ने लगता है। महादेवी की हत्या की योजना और फिर उसका बचना, राज्याभिषेक में जयमाला का विरोध करना और फिर अनुकूल हो जाना इत्यादि बातें बीज की लक्ष्यालक्ष्य उद्भेदक ही तो हैं। इस स्थिति का विस्तार वहाँ तक चलता है जहाँ स्कंदगुप्त देवसेना को प्रपंचबुद्धि के चंगुल से छुड़ाता है। मगध में अनंतदेवी, पुरगुप्त, विजया और भटार्क का जो सम्मेलन होता है उसमें गर्भ संधि का आरंभ हो जाता है, क्योंकि फिर तो क्षण-क्षण पर बीज अथवा फल का आविर्भाव और तिरोभाव होने लगता है और कुतूहल की तीव्रता बढ़ उठती है। अनंतदेवी और भटार्क के कारण फलप्राप्ति में आशंका उत्पन्न होती है और स्कंदगुप्त के प्रयत्नों को देखकर आशा का उदय होने लगता है। यह द्विधा की अवस्था चतुर्थ अंक के द्वितीय दृश्य तक चली है, अतएव वहीं गर्भसंधि की समाप्ति माननी चाहिए। इसी अंक में आगे चलकर विचित्र अवस्था में स्कंदगुप्त का जो प्रवेश होता है, वह विमर्श संधि का स्थल है। यह विमर्श विपत्तिमूलक है। विपत्ति में पड़ा हुआ प्राणी जिस प्रकार अनुभव करता है उसी रूप में स्कंदगुप्त दिखाई पड़ता है। 'कर्तव्य विस्मृत, भविष्य अंधकारपूर्ण, लक्ष्यहीन दौड़ और अनंत सागर का संतरण है, अवलंब दो नाथ !' विपत्ति में पड़े हुए की यह विपन्नावस्था कुछ दूर तक चलती है। इस बीच में विपक्षी कुछ दुर्बल होने लगते हैं। उनमें पश्चात्ताप का उदय होता है। इस कारण जब भटार्क भविष्य में सुधार के लिए कृतनिश्चित होकर सद्भाव से स्कंदगुप्त के पास आता है तब इस विपत्तिकाल की समाप्ति होती है। वहाँ से आगे तो फिर निर्वहण संधि आरंभ हो जाती है, क्योंकि धीरे-धीरे विरोधी वर्ग के लोग या तो मर जाते हैं या अधिकारी नायक के अनुकूल होने लगते हैं। इस प्रकार उत्तरोत्तर फलप्राप्ति समीप आने लगती है। विजया आत्महत्या

कर लेती है। भटार्क स्कंदगुप्त के अनुकूल हो जाता है, अनंतदेवी और पुरगुप्त बंदी कर लिए जाते हैं। अंत में खिंगिल की भी पराजय होती है।

पात्र-चरित्र

चरित्रांकन की पद्धति के विचार से स्कंदगुप्त नाटक में कोई नवीनता नहीं दिखाई पड़ती। नाटककार ने मनुष्य की तीन विभिन्न स्थितियों और वृत्तियों का जैसा स्वरूप अपने अन्य रूपकों में उपस्थित किया है उसी प्रकार इसमें भी है। इस व्यावहारिक संसार में हमें शुद्ध मानव—अपने अच्छे और बुरे रूपों से युक्त, राक्षस—अशुद्ध और असत् मूर्ति और देवता—आदर्श के सच्चे प्रतिनिधि, दिखाई पड़ते हैं। उसी प्रकार उनमें सत्-असत् मनोवृत्तियाँ भी काम किया करती हैं; परंतु राक्षस कभी प्रबल पड़ता नहीं दिखाया गया है। इस विषय में 'प्रसाद' भारत की शुद्ध आध्यात्मिकता का ही प्रतिपादन करते हैं। मंगल विकृति होकर कल्याण का साधन नहीं बन सकता। इसीलिए 'प्रसाद' कुछ पात्रों को दानववृत्ति के कारण दुष्ट मार्ग में पड़ते दिखाकर भी भय, प्रेम, आत्मशोधन, उपदेश इत्यादि के कारण उनमें परिवर्तन दिखाते हैं। भटार्क, अनंतदेवी, प्रपंचबुद्धी और विजयादि की सृष्टि और परिवर्तन इसी आधार पर है। पात्रों की बहुलता में नाटककार ने जिन यथार्थ मनुष्यों के रूप खड़े किए हैं वे प्रकृत और विशेष अनुरंजनकारी हैं, जैसे शर्वनाग और जयमाला। इनके अतिरिक्त जो देवता हैं वे प्रिय, मनोहर, पूज्य, आदर्शरूप तो हैं परंतु साथ ही हमसे बहुत दूर नहीं हैं। इस प्रकार का देवत्व आकस्मिक नहीं नैमित्तिक है, इसलिए अयथार्थ और बुद्धि के प्रतिकूल नहीं ज्ञात होता। स्कंदगुप्त, देवसेना, पर्णदत्त और बंधुवर्मा उदात्त चरित्र के आदर्श चित्र हैं, पर जीवन-द्वंद्वों के अंतराल से चल रहे हैं। अतएव उनमें विशेष अलौकिकता पुंजीभूत नहीं दिखाई पड़ रही है।

'प्रसाद' के नाटक प्रायः प्रधान पात्रों से ही आरंभ होते हैं और उनके जीवन की मूल प्रेरक वृत्ति का अनुकथन आरंभ में ही कर दिया जाता है। यह व्यक्ति-वैलक्षण्य का सूत्र है। इसी के सहारे हम व्यक्ति के समस्त कार्य-व्यापारों की व्याख्या करते हैं। सुरमा की अपरितृप्त वासनाएँ, अजातशत्रु की क्रूरता, स्कंदगुप्त की विराग-भावना और चाणक्य के दायित्वपूर्ण गांभीर्य का परिचय आरंभ में ही मिल जाता है। सत्य बात तो यह है कि नाटक में चरित्र-विकास दिखाने का अवसर अधिक नहीं मिलता, इसलिए आरंभ से ही उस मूल भित्ति का आभास आवश्यक होता है जिसके ऊपर चरित्र का भवन निर्मित होता है। इस शैली का चरित्रांकन अंत में उत्पन्न होनेवाले समष्टि-प्रभाव का प्राण होता है। 'प्रसाद' अपने उदात्त पात्रों में अन्य गुणों के साथ मर्यादापालन का भाव अवश्य दिखा देते हैं। इसमें उनकी

सच्ची भारतीयता प्रकट होती है। राज्यश्री, मल्लिका, देवसेना, बुद्धदेव और स्कंद इत्यादि के आधार पर मर्यादा का बड़ा ही भव्य रूप खड़ा किया गया है। उनके नाटकों में पुरुषों और स्त्रियों के कार्य और भाव-व्यापारों का तारतम्य अच्छा दिखाया गया है। जैसे एक ओर पुरुषों में कर्म, न्याय, दायित्व और शक्ति की प्रधानता रहती है उसी प्रकार स्त्रियों में सेवा, ममत्व और त्याग की। जैसे एक ओर दुष्ट पुरुष-पात्रों में दंभ, उच्छृंखलता और महत्त्वाकांक्षा दिखाई गई है उसी प्रकार दूसरी ओर दुष्टताओं मे अनुदारता, ईर्ष्या, द्वेष और चंचलता।

'प्रसाद' के नाटक प्रायः उद्देश्यपूर्ण हैं। अतएव उनके पात्रों के सम्मुख एक लक्ष्य रहता है। इष्ट-साधन में संलग्न पात्रों का एक दल होता है। इन दलवालों की भी वर्गगत कुछ विशिष्टता होती है, जैसे सत्साहस, प्रेम, गांभीर्य। विरोध दल अपनी दुर्बलताओं के कारण सर्वप्रिय लक्ष्य का विरोध करता है। विरुद्ध वर्गवाले अधिकांश संकुचित स्वार्थ और दंभ से प्रेरित होकर कुचक्र की रचना करते हैं। स्कंदगुप्त नाटक में भी दो विभाग स्पष्ट दिखाई पड़ते हैं। स्कंद, पर्णदत्त, बंधुवर्मा, देवसेना प्रभूति पात्र इष्ट-साधक हैं और अनंतदेवी, भटार्क, पुरगुप्त और प्रपंचबुद्धि इत्यादि इष्ट के विरोधी।

स्कंदगुप्त

इस नाटक का नायक स्कंदगुप्त है। वह सच्चा कर्मवीर और उदात्त चरित्र का व्यक्ति है। उसमें कुल-शील की उत्तमता के साथ शांत प्रकृति और गंभीर भावनाओं का सुंदर योग प्राप्त होता है। देवोपम मानव-चरित्र की संपूर्ण विभूतियों का उसमें अच्छा समवाय है। वह अपनी निर्लिप्त कर्मवीरता के बल पर हमारी श्रद्धा और भक्ति का आलंबन बन जाता है। उसको देखकर इतिहास तो भूल जाता है, परंतु उसका व्यक्तित्व हमारे मानस-लोक में अमर हो उठता है। नाटककार ने उसमें पाश्चात्त्य व्यक्ति-वैचित्र्य और भारतीय साधारणीकरण का सुंदर समन्वय किया है। संपूर्ण नाटक में उसका व्यक्तित्व प्रधान है। अन्य सभी पात्र उसके साथ चलते, साथ विरत होते हैं, अथवा उसके चरित्र से प्रभावित रहते हैं।

स्कंदगुप्त वीर, निर्भीक, स्वावलंबी, उदार, कर्त्तव्यपरायण और व्यवहारकुशल व्यक्ति है। आरंभ में उसका संपूर्ण तेज विरक्तिमूलक भावनाओं से आच्छन्न दिखाई पड़ता है, परंतु यह विरक्ति उसकी व्यक्तिगत विशेषता है। उसने कभी स्कंद के सामाजिक जीवन की प्रकृत धारा में किसी प्रकार की उदासीनता नहीं उत्पन्न होने दी। इसके जो कारण हैं वे सब मानसिक हैं। विचार-गांभीर्य के कारण एक तो स्कंद यों ही शांत स्वभाव का है, दूसरे गुप्तसाम्राज्य का उत्तराधिकार-नियम भी उसे चिंतित बनाए रखता है। आगे चलकर भी वह जीवन की उग्र परिस्थितियों से निरंतर

युद्ध करने के कारण शांत होकर अपने जीवन में जब प्रेम की शीतल छाया का भी अभाव ही पाता है तब उसकी यह विरक्ति भी समय-समय पर कुछ उद्दीप्त हो उठती है। परंतु इसका यह उद्दीपन व्यक्ति और समाज के लिए किसी प्रकार घातक नहीं बनता, बल्कि स्कंद के व्यक्तित्व को देवोपम बनाने में सहायक होता है। देवसेना की ओर से भी जब वह प्रेम का भौतिक आश्रय नहीं पाता तो वही विरक्ति मंगलमय हो उठती है। तभी वह त्याग की उस उच्च भूमिका में पहुँच सका है जहाँ असाधारण पराक्रम से विजित राष्ट्र को एक तिनके की भाँति पुरगुप्त को दान कर देने की क्षमता उसमें उत्पन्न हो गई है। उस स्थल पर पहुँचकर उसका सच्चा शिवत्व देखने में आता है।

स्कंद में महत्त्व की आकांक्षा नहीं है। उसके जीवन में जहाँ भी पुरुषार्थ और उद्योग दिखाई पड़ता है वह आसक्तिहीन कर्त्तव्य-पालन के रूप में है। आरंभ में वह अपने अधिकारों के प्रति उदासीन ही रहता है। अधिकार-सुख को मादक और सारहीन समझता है। अपने युवराजत्व का कोई विशेष दर्प उसमें नहीं दिखाई देता। वह अपने को साम्राज्य का सैनिक मात्र समझता है। उसका यह विराग व्यक्तिगत एवं ऐकांतिक है। कहीं भी वह बाहरी लोगों के सम्मुख प्रकट नहीं होता। विराग के अंतरतम प्रदेश से उभरते ही उसका वह सामाजिक स्वरूप सामने आ जाता है जिसमें सक्रियता, क्षात्रतेज और आत्मविश्वास भरा है। दूत के मुख से मालव पर हूणों के आक्रमण की सूचना और सहायता की प्रार्थना सुनकर उसमें कर्त्तव्य-ज्ञान और क्षात्रधर्म का उदय होता है। प्रगाढ़ आत्मविश्वास और उदग्र सत्व के बल पर ही स्कंद दूत को आश्वासन देता है–' दूत ! केवल संधि-नियम ही से हम लोग बाध्य नहीं हैं, किंतु शरणागत की रक्षा भी क्षत्रिय का धर्म है। तुम विश्राम करो। अकेला स्कंदगुप्त मालव की रक्षा करने के लिए सन्नद्ध है। जाओ, निर्भय निद्रा का सुख लो। स्कंदगुप्त के जीते जी, मालव का कुछ न बिगड़ सकेगा।' इस निश्चय में स्वावलंबन का भाव भरा है, क्योंकि स्कंद को भली भाँति ज्ञात है कि ' राजधानी से अभी कोई सहायता नहीं मिलती। हम लोगों को इस आसन्न विपद में अपना ही भरोसा है। ' इसके उपरांत तड़ित-वेग से वह अवंती-दुर्ग में ठीक अवसर पर पहुँचकर अतुल निर्भीकता और अपार पौरुष का प्रदर्शन करके शक-हूणों को पराजित करता है। इस रूप में वह आर्य-साम्राज्य के भावी शासक के उपयुक्त ही दिखाई देता है।

यों तो स्कंदगुप्त में उदात्त नायक के सभी गुण विद्यमान हैं; परंतु रह-रहकर उसका आंतरिक विराग जाग उठता है और उसे अपने संघर्षपूर्ण कार्यकलाप पर चिंता होती है। वह सोचने लगता है–' सम्राट् कुमारगुप्त का आसन मेरे योग्य नहीं है। मैं झगड़ा करना नहीं चाहता, मुझे सिंहासन नहीं चाहिए। पुरगुप्त को रहने दो। मेरा अकेला जीवन है। मुझे..., करना क्या है। ' इस विराग-भाव में भी उसके

विचार सदैव उन्नत ही रहते हैं। वह चक्रपालित से कहता है—' संसार में जो सबसे महान् है वह क्या है। त्याग ! त्याग का ही दूसरा नाम महत्त्व है।' अतएव अपने जीवन का साध्य वह इसी को समझता है। उसे अधिकार, राज्य और युद्ध में विशेष तत्व नहीं दिखाई पड़ता। फिर भी वह पराङ्मुख नहीं होता।

उसे अपनी माता से अनन्य प्रेम है। यह उसकी ललक और भक्ति से सर्वत्र ध्वनित होता है। ठीक अवसर पर पहुँचकर कुचक्रियों से वह अपनी माता के प्राणों की रक्षा करता है। इसके अतिरिक्त ये कुचक्री सदैव उसे कष्ट देते हैं, फिर भी वह अपने उद्वेग का संयमन करता है। जिस अलौकिक दया-उदारता से वह लोगों को क्षमा करता है और पुरगुप्त को इस जघन्य अपराध पर भी मगध का शासक बनाता है उससे उसमें उच्च कुल-शील का भव्य स्वरूप स्पष्ट दिखाई देता है। उसकी इसी विराग-मिश्रित उदार वीरता पर मुग्ध होकर बंधुवर्मा कहता है—' उदार वीर हृदय, देवोपम सौंदर्य⋯अंतःकरण में तीव्र अभिमान के साथ विराग है। आँखों में एक जीवनपूर्ण ज्योति है।' क्षमादान में वह सर्वत्र समभाव से उदार है। उसके इस व्यापक क्षमा-भाव की मूल भित्ति आत्मविश्वास और चित्त की उदारता है। देवकी के प्राणघात की चेष्टा करनेवाले शर्वनाग और भटार्क को भी वह क्षमा कर देता है। अंत में जाकर खिंगिल ऐसे क्रूर शत्रु को भी वह छोड़ देता है। उसके आचरण की यही दिव्यता चरित्र के मंगलविधायक अलौकिक भारतीय शील का प्राण है। अतुल पुरुषार्थ के साथ यह उदार क्षमाभाव सोने में सुगंध है।

अनेकानेक आदर्श गुणों के साथ-साथ स्कंद व्यवहार-कुशल भी है। स्थिति की गहनता समझकर अनुकूल आचरण का पूरा उद्योग करता है। उसकी व्यवहार-बुद्धि का रूप दो स्थलों पर दिखाई पड़ता है। गुप्तकुल के अव्यवस्थित उत्तराधिकार नियम को स्कंदगुप्त की उदासीनता का कारण बताने पर जिस समय चक्रपालित को पर्णदत्त डाँटता है, उस समय स्कंद, चक्र की वकालत करते हुए कहता है—'आर्य पर्णदत्त ! क्षमा कीजिए। हृदय की बातों को राजनीतिक भाषा में व्यक्त करना चक्र नहीं जानता।' दूसरा स्थल वह है जहाँ युद्धभूमि में चक्रपालित ने उसे भटार्क की ओर से सावधान रहने और उस पर विश्वास न करने की सलाह दी है। इस अवसर पर स्कंद का यह उत्तर देना—' मैं भटार्क पर विश्वास तो करता ही नहीं; परंतु उस पर प्रकट रूप से अविश्वास का भी समय नहीं रहा '—उसकी व्यवहार-कुशलता का बोधक है।

स्कंदगुप्त में देश-प्रेम का रूप बड़ा ही दिव्य है। निर्लिप्त रूप में निरंतर उसकी यही चेष्टा रहती है कि आर्य-साम्राज्य का कल्याण हो। उसका गौरव किसी प्रकार भी विलुप्त न होने पाए। इस साम्राज्य की मंगल-कामना के मूल में उसका कोई अपना स्वार्थ नहीं है। उसके द्वारा स्कंद न तो अपना स्वत्व चाहता और न अधिकार की ही उसे लालसा है। उसकी यह भी इच्छा नहीं कि वही शासन करे। जिस

समय भटार्क की पैशाचिक प्रतारण के कारण विदेशी आक्रमणकारी सफल होते हैं और कुभा के रणक्षेत्र में स्कंद की सेना असफल होती है उस समय स्कंदगुप्त शक्तिहीन होकर भविष्य की बात सोचने-विचारने लगता है। उसे अपने दुःखों की चिंता नहीं होती और संसार के आक्षेप-संकेतों की भी लज्जा नहीं होती। उसे केवल ग्लानि इसी बात की है कि यह ठीकरा इसी सिर पर फूटने को था। आर्य-साम्राज्य का नाश इन्हीं आँखों को देखना था। हृदय काँप उठता है। देशाभिमान गरजने लगता है। मेरा स्वत्व न हो, मुझे अधिकार की आवश्यकता नहीं। यह नीति और सदाचारों का महान् आश्चर्य-वृक्ष गुप्तसाम्राज्य--हरा-भरा रहे और कोई भी इसका उपयुक्त रक्षक हो।' इस कथन में कितना उदार और सच्चा देश-प्रेम है। केवल स्कंदगुप्त ऐसा कर्मठ वीर ही इतने निर्लिप्त राष्ट्रप्रेम का स्वरूप सम्मुख उपस्थित कर सकता है। उसके उक्त उद्‌गार परिस्थिति से प्रेरित नहीं हैं। इस प्रकार की तटस्थ उदारता उसके जीवन का मुख्य अंग है, अन्यथा अतुल पराक्रम से समार्जित साम्राज्य पुरगुप्त को क्षण भर में वह कदापि न दे पाता। उसका देश-प्रेम किसी की सहायता अथवा सैन्यबल पर आश्रित नहीं है। उसकी मूल भित्ति आत्म-विश्वासपूर्ण, निःस्वार्थ और मंगलमयी वह अंतःप्रेरणा है जिसके कारण स्कंद का व्यक्तित्व इतना सुंदर हो उठा है। शुद्ध कर्मयोगी की भाँति उसमें विश्वास है कि ' मैं कुछ नहीं हूँ, उसका (विश्वनियंता का) अस्त्र हूँ—परमात्मा का अमोघ अस्त्र हूँ।' शुद्ध बुद्धि से प्रेरित सच्चे कर्मनिष्ठ की भाँति वह जानता है कि न तो किसी से उसकी शत्रुता है और न निज की कोई इच्छा है। इस देश-प्रेम और आत्म-विश्वास से भरी कर्त्तव्य-भावना का उत्तम उदाहरण वहाँ मिलता है जहाँ उसने कहा है—'भटार्क ! यदि कोई साथी न मिला तो साम्राज्य के लिए नहीं जन्मभूमि के उद्धार के लिए मैं अकेला युद्ध करूँगा।' पुरगुप्त को युवराजत्व का टीका लगाते समय यदि कोई सत्कामना उसके मन में उत्पन्न होती है तो केवल इतनी ही कि ' देखना, मेरे बाद जन्मभूमि की दुर्दशा न हो।'

स्कंदगुप्त केवल आदर्श देवता ही नहीं है। हम मानवों के समान उसमें भी अभिमान का रूप है। भले ही उसका वह सम्मान-भाव उसके जीवनव्यापी वैराग्य-भाव से आक्रांत हो, परंतु उसके सच्चे मित्र बंधुवर्मा को इसका स्पष्ट बोध हो जाता है। उसने विचार किया कि स्कंद के अंतःकरण में तीव्र अभिमान के साथ विराग है। इस आलोचना का स्पष्टीकरण स्वयं स्कंदगुप्त के संवादों से हो जाता है जब स्कंद को सब प्रकार से निरीह एवं एकाकी पाकर विजया उसके सम्मुख अपना प्रेम-प्रस्ताव रखते हुए अपने रत्नागार का प्रलोभन देती है और उस असहाय अवस्था में इस द्रव्य से राष्ट्रोद्धार के अनेक उपायों की संभावना भी है फिर भी इस प्रस्ताव के मूल में जो हीन वृत्ति बैठी है उसको वह परख लेता है। उस समय उसका आत्माभिमान जागता है और वह निरादरपूर्वक उत्तर देता है—' साम्राज्य के

लिए मैं अपने को नहीं बेच सकता।' अर्थलोभी हूण दस्युओं को घूस देकर मालव और सौराष्ट्र को स्वतंत्र कराने में उसके आत्मसम्मान को कड़ा धक्का लगेगा इसको वह अच्छी तरह जानता है और यह भी समझता है कि इस प्रकार के किसी प्रस्ताव को स्वीकार करने में उसका आजीवन-पालित व्यक्तित्व ही नहीं रह जाएगा। अतएव स्पष्ट रूप से वह इसे अस्वीकार करता है–' सुख के लोभ से, मनुष्य के भय से, मैं उत्कोच देकर क्रीत साम्राज्य नहीं चाहता।' इस कथन में जो प्रकृत गर्व और आत्मसम्मान का भाव निहित है वह स्कंद के व्यक्तित्व को यथार्थ भूमि पर ला खड़ा करता है।

देवसेना

देवसेना का चरित्र आदर्श होने पर भी व्यक्तित्व से आपूर्ण है। उसकी सारी अलौकिकता–त्याग, देशप्रेम, सेवा, सहिष्णुता और रहस्योन्मुखी भावनाएँ–गांभीर्य से आच्छादित दिखाई पड़ती हैं। गांभीर्य की सहयोगिनी दृढ़ता भी उसमें उच्चकोटि की है। प्रथम अंक के अंतिम दृश्य में, जब वह हमारे सम्मुख पहली बार आती है तभी, ' देश के मान का, स्त्रियों की प्रतिष्ठा का, बच्चों की रक्षा का विचार ' उसमें दिखाई देता है। वह अपने सामाजिक दायित्व के प्रति सजग है। अतएव वह केवल कल्पना-लोक की वस्तु नहीं है। और अंग्रेज कवि शेली की चिड़िया की भाँति यथार्थ जगत से सर्वथा परे रहकर आकाश में ही विचरण नहीं करती, वरन वर्ड्सवर्थ की कल्पना की भाँति धरातल पर स्थित अपने नीड़ की भी सुध बनाए रहती है।

उसका चरित्र अपने ढंग का निराला है। जगत के व्यावहारिक जीव से उसमें भिन्नता है। उसकी विचारधारा ही कुछ ऊँची भूमिका पर बहती है। संगीत की वह अनन्य प्रेमिका जीवन और जगत के कण-कण में एक लय और एक तान देखती है। वह भीतर-बाहर एक-सी अखंड है। प्रत्येक स्थिति में निश्चिंत रहनेवाली वह रमणी अपनी ऐकांतिक संपूर्णता में डूबी रहती है। उसके जीवन का आदर्श ' एकांत टीले पर, सबसे अलग, शरद के सुंदर प्रभात में फूला हुआ, फूलों से लदा हुआ, पारिजात वृक्ष ' है। उसके व्यक्तित्व का स्वरूप समझने के लिए प्रथम तो ऐसे वृक्ष का अनुसंधान आवश्यक है। फिर उस वृक्ष की सभी विभूतियों का विहार देवसेना में देखना होगा। उसके जीवन की ऐकांतिकता और निरालापन अन्यत्र दुर्लभ है। वह अपने आंतरिक अद्वैत की मधुर अनुभूति से ही प्रेरित हुआ करती है। इसीलिए बाह्य जगत में भी वह उसी एकरस संगीत का प्रसार पाती है। उसके लिए ' प्रत्येक परमाणु के मिलन में एक सम है, प्रत्येक हरी-हरी पत्ती के हिलने में एक लय है X X पक्षियों को देखो, उनकी चहचह, कलकल, छलछल में, काकली

में रागिनी है।' इसी आंतरिक समत्व के कारण वह विश्व के प्रत्येक कंप में एक ताल देखती है, युद्ध और प्रेम में संगीत का योग चाहती है। श्मशान से भी भयभीत नहीं होती, उसमें भी सत् एवं सुंदर का ही दर्शन करती है।

देवसेना की इस रहस्य-भावना के मूल में हृदय-पक्ष की ही प्रधानता दिखाई पड़ती है। इस विचार से देवसेना भावुकता की जीती-जागती प्रतिमा है। गांभीर्य का योग पाकर यही भावुकता रहस्योन्मुख बन गई है और प्रेम के क्षेत्र में पहुँचकर यही संयम, त्याग और दृढ़ता और मंगलकारी स्वरूप खड़ा करती है। प्रथम अंक के अंतिम दृश्य में स्कंदगुप्त को विजया की ओर आकृष्ट देखकर वह अनन्य प्रेमिका जाग-सी पड़ती है। स्कंद के प्रति उसका जो अनुराग आगे से चला आता है वह इस स्थल पर पहुँचकर संपूर्णतः चेतन बनकर उठता है। वही प्रेम महत्तम की सृष्टि करने लगता है। भौतिकता के स्थान पर आध्यात्मिकता आसन जमाती है। वह अब स्थूल को छोड़कर सूक्ष्म में आत्मसंतोष देखने लगती है। कुतूहल और रूप-चमत्कार के कारण ही क्यों न हो यदि एक बार भी स्कंद विजया की ओर खिंचता है तो देवसेना भावना से कर्त्तव्य को अधिक महत्त्वपूर्ण मानकर अपनी भौतिक लालसा एवं वासना को उस मार्ग से हटा लेती है। अपने प्रिय के सुख के लिए अपनी कोमलतम कामनाओं की आहुति दे देती है। इस मूक आत्मसमर्पण में देवत्व है। इस स्थल पर पहुँचकर देवसेना का रूप सामान्य मानव-भूमि से ऊपर उठता दिखाई देता है।

विद्रोहियों के साथ विजया को देखकर जिस समय स्कंदगुप्त आश्चर्य में पड़कर कहता है–' परंतु विजया, तुमने यह क्या किया।' उस समय देवसेना की धारणा निश्चय में ही परिणत हो जाती है–'आह ! जिसकी मुझे आशंका थी वह है। विजया ! आज तू हारकर भी जीत गई।' यहीं से उसके प्रेम की भौतिकता खंडित हो जाती है और उसमें मंगल और त्याग का आरंभ होता है। विजया का विद्वेष से भरा उपालंभ–' उपकारों की ओट से मेरे स्वर्ग को छिपा दिया '–पाकर उसके भीतर स्त्रीसुलभ आत्मसम्मान उबल पड़ता है। वहीं वह अपने जीवन की इस जटिल समस्या को सुलझाकर अंतिम निश्चय पर पहुँच जाती है। 'अपना राज्य देकर देवसेना ने स्कंद का प्रणय खरीद लिया '–यह उसके और उसके प्रियतम के लिए मानहानि का विषय है। अतएव उसने अपने ऊपर पूरा विश्वास करके कहा ' देवसेना मूल्य देकर प्रणय नहीं लेना चाहती '। इसके उपरांत फिर तो अंत तक वह अपने वचनों पर दृढ़ बनी रहती है।

यहाँ से देवसेना में अंतर्द्वंद्व का स्वरूप दिखाई पड़ने लगता है, क्योंकि उसके भीतर 'हाँ' और 'ना' का संघर्ष आरंभ होता है। जिस स्कंद का प्रेम उसके अंतर्जगत को स्वर्ग बना रहा है और उसके घोर मानसिक विप्लव का एकमात्र कारण है उसी स्कंद को अपना सब कुछ देकर परिवर्तन में उससे कुछ भी नहीं लेना चाहती। केवल

यही भावना कि ' मैंने उन्हें प्यार किया है '—उसके संपूर्ण जीवन के लिए अमृत-पाथेय है। इसके अतिरिक्त उसके भीतर कोई भौतिक कामना नहीं है। फिर भी इस स्थूल विछोह में मचलन और कचोट की वेदना है जिसका नियंत्रण वह सदैव किया करती है। उसके कर्म और वचन से उसके हृदय की आँधी का आभास न लग जाए इसका कड़ाई से विचार करती रहती है। केवल एक बार अपनी सखियों से परिवेष्ठित रहने पर उसके अंतस का स्वरूप प्रकट हो सका है। ' मैंने उनसे (स्कंद से) प्रेम की चर्चा करके उनका अपमान नहीं होने दिया है XX आज ही मैं प्रेम के नाम पर जी खोलकर रोती हूँ, बस, फिर नहीं। यह एक क्षण का रुदन अनंत स्वर्ग का सृजन करेगा XX जब हृदय में रुदन का स्वर उठता है, तभी मैं संगीत की वीणा मिला लेती हूँ। उसी में सब छिप जाता है।' इतना ही तो देवसेना के प्रेम की गंभीरता का वाचक है। साथ ही प्राणसंकट के समय अपनी गर्दन पर खड्ग तना देखकर, अपने ईश्वर से एकमात्र यही कामना और याचना प्रकट करती है—' प्रियतम ! मेरे देवता युवराज ! तुम्हारी जय हो।' इसके उपरांत उसकी तपस्या आरंभ हो जाती है। फिर तो सच्चे कर्मनिष्ठ की भाँति वह निश्चय कर लेती है—' कूलों में उफनकर बहनेवाली नदी, तुमुल तरंग, प्रचंड पवन और भयानक वर्षा; परंतु उसमें भी नाव चलानी ही होगी।' इस निश्चय में विवशता एवं करुणा के साथ निर्लिप्त उत्साह का अद्भुत सम्मिश्रण है। इसी समरसता में देवसेना का व्यक्तित्व है। चरित्र का यह निरालापन 'प्रसाद' की सर्वोत्तम उद्भावना है। जो इस सृष्टि को अलौकिक कहकर यथातथ्य अथवा यथार्थवाद के दम भरने का ढोंग करें उनके लिए देवसेना का केवल इतना ही कहना पर्याप्त है—' परंतु संसार में ही नक्षत्र से उज्ज्वल किंतु कोमल स्वर्गीय संगीत की प्रतिमा तथा स्थायी कीर्ति सौरभवाले प्राणी देखे जाते हैं। उन्हीं से स्वर्ग का अनुमान कर लिया जा सकता है।'

उसमें निर्लिप्त ममत्व और उत्साह भर रह जाता है। जिस समय भीमवर्मा ने उससे कहा—' सम्राट् ने तुम्हें बचाने के पुरस्कार-स्वरूप मातृगुप्त को काश्मीर का शासक बना दिया है '। उसने केवल इतना ही कहा—' सम्राट् की महानुभावता है। भाई ! मेरे प्राणों का इतना मूल्य '। इसके अतिरिक्त जिस समय उसके सम्मुख स्कंद द्वारा आर्य-साम्राज्य के उद्धार की चर्चा की गई उसका उत्तर भी बड़ा संक्षिप्त और तटस्थ रूप का है—' मंगलमय भगवान् सब मंगल करेंगे। भाई ! साहस चाहिए, कोई वस्तु असंभव नहीं।' इन उत्तरों में किसी प्रकार की आसक्ति या उल्लास नहीं दिखाई पड़ता। अंतस का कठोर गांभीर्य प्रायः निर्जीव कर दिया गया है। यहाँ से लेकर अंत तक देवसेना में शुद्ध कर्मयोग ही मिलता है। अब उसकी दृष्टि 'स्व' से सर्वथा पृथक् होकर 'परम' की ओर बढ़ गई है।

'साम्राज्य तो नहीं है, मैं बचा हूँ। वह अपना ममत्व तुम्हें अर्पित करके उऋण होऊँगा और एकांतवास करूँगा ̈देवसेना ! किसी कानन के कोने में तुम्हें देखता

हुआ जीवन व्यतीत करूँगा। साम्राज्य की इच्छा नहीं—एक बार कह दो।' स्कंदगुप्त के ममत्व-भरे इस आत्मनिवेदन ने उसकी आध्यात्मिक लालसा परितृप्त कर दी, इससे उसके हृदय की भूख शांत हो गई। परंतु दृढ़ स्वभाव की वह गंभीर रमणी बहुत ऊँचे स्तर पर खड़ी होकर उत्तर देती है।—'क्षमा हो सम्राट् ! उस समय आप विजया का स्वप्न देखते थे, अब प्रतिदान लेकर मैं उस महत्त्व को कलंकित न करूँगी। मैं आजीवन दासी बनी रहूँगी, परंतु आपके प्राप्य में भाग न लूँगी XX इस हृदय में XX आह !' कहना ही पड़ा—स्कंदगुप्त को छोड़कर न तो कोई दूसरा आया और न वह जाएगा। नाथ ! मैं आपकी ही हूँ मैंने अपने को दे दिया है, अब उसके बदले कुछ लिया नहीं चाहती।' इस उत्तर-प्रत्युत्तर में जहाँ एक ओर स्कंद में कर्त्तव्य और दायित्व से भरा एकांतिक प्रेम है वहाँ दूसरी ओर देवसेना में आत्मसम्मान एवं अभिमानी भक्त की सी निष्काम उपासना है। कल्याण की साधना में दोनों साधकों का तुल्ययोग है।

मर्यादा और आत्मसम्मान प्रिय होने के कारण अथवा दृढ़व्रत और स्वभावतः गंभीर होने के कारण देवसेना का बाह्य रूप भले ही कुछ कठोर हो गया हो परंतु भीतर प्रेम की मधुर भावना ने हृदय को रमणीय रूप दे रखा है। बाहर तो अवश्य ही नियंत्रण और संयत से भरे उक्त वचन निकले परंतु भीतर कामना का मधुर उच्छ्वास रह-रहकर सिर उठाता रहा। बाहर वह भले ही देवता का रूप बनाए रहती है, परंतु भीतर मानव-भावनाएँ भी तरंगित होती रहती हैं। द्वंद्व का वही रूप देवसेना के व्यक्तित्व का प्राण है। ' हृदय की कोमल कल्पना ! सो जा। जीवन में जिसकी संभावना नहीं, जिसे द्वार पर आए हुए लौटा दिया था, उसके लिए पुकार मचाना क्या तेरे लिए अच्छी बात है।' इस पुकार मचाने में जो सुंदर और प्रकृत मानव है वह देवसेना को पाषाण-देवी होने से बचा लेता है। इस आदर्शोन्मुख यथार्थ में ही तो उसके चरित्र का विकास हुआ है। अंत में भी यही दिखाई पड़ता है कि वह केवल ' नंदन की वसंतश्री, अमरावती की शची और स्वर्ग की लक्ष्मी ही नहीं' है वरन् मृत्युलोक की कामना एवं आशामयी मानवी भी है। स्कंदगुप्त को क्षोभ और दुःख से विह्वल देखकर ' वह मेरे इस जीवन के देवता ' ही कहकर रुक नहीं जाती, आगे 'और उस जीवन के प्राप्य' भी कहती है। यही उसके चरित्र की विशिष्टता है।

देवसेना अपने ही में डूबी अनन्य प्रेमिका के रूप में ही रह गई हो ऐसी बात नहीं है। अपनी रहस्य-भावना और संगीत को लेकर केवल कल्पना-लोक में ही विचरती रही हो यह बात भी नहीं रह जाती है। वह अपनी वर्गगत विशेषता का भी अच्छा प्रतिनिधित्व करती है। वह सच्ची क्षत्राणी के रूप में भी सामने आई है। आसन्न विपत्ति में निर्भीक रहकर अपने कुल की मर्यादा के लिए अपने कोमल शरीर को भी नष्ट कर सकती है। हूणों के आक्रमणकाल में छुरी लेकर अपने शरीर

तथा अंतःपुर की रक्षा में योग देती है। युद्ध से रंचमात्र त्रस्त अथवा उद्विग्न नहीं दिखाई पड़ती। उस समय भी उसमें स्वभावज शांति, गांभीर्य एवं भावुक निरालापन वर्तमान रहता है। अपने दायित्व का विचार कर दृढ़तापूर्वक अंतःपुर की रक्षा में तत्पर होकर कहती है—'भइया ! आप निश्चिंत रहिए '।

इसके अतिरिक्त उसमें देश-प्रेम का बड़ा त्यागपूर्ण प्रसार दिखाई पड़ता है। देश की सम्मान-रक्षा में जिस सहिष्णुता, सेवा, त्याग और निष्ठा की आवश्यकता रहती है, उसमें वे सभी गुण वर्तमान हैं। आत्मसमर्पण-पूर्ण उदारता की उसमें कमी नहीं है। देश-कल्याण के निमित्त राज्य-त्याग में जयमाला को हिचकते पाकर उसे उत्साहित करती है—'क्षुद्र स्वार्थ, भाभी, जाने दो, भइया को देखो ! कैसा उदार, कैसा महान् और कितना पवित्र।' परंतु अंत तक जयमाला को अपने मंतव्य में स्थिर देखकर देश-भक्तों की मंडली में स्वयं भी मिल जाती है। राज-वैभव और आनंद-लालसा उसे विचलित नहीं करती। देश-रक्षा में सन्नद्ध वीरों की सेवा का कार्य स्वीकार कर लेती है। जयमाला को राज्य-भार देकर जाते हुए बंधुवर्मा से वह कहती है—' चलो भाई, मैं भी तुम लोगों की सेवा करूँगी।' तदनंतर फिर तो वह महादेवी की समाधि परिष्कृत करती और गाकर भीख माँगती दिखाई पड़ती है। अब वह राज-रूप से सर्वथा तटस्थ है। विलास और नीच वासना से भ्रष्ट साधारणजन भी उस पर कुरुचिपूर्ण व्यंग्य बोलते और परिहास करते हैं। यह दशा देखकर पर्णदत्त भले ही क्रुद्ध होता है परंतु वह महनीय आर्य बाला सहिष्णुता की पराकाष्ठा ही दिखाकर रह जाती है। नीचों की बातों का तनिक भी बुरा नहीं मानती। क्रुद्ध पर्णदत्त को समझाते हुए वह कहती भी है—' क्या है बाबा ! क्यों चिढ़ रहे हो। जाने दो, जिसने नहीं दिया उसने अपना, कुछ तुम्हारा तो नहीं ले गया।' इस घोर संतोष और पवित्र सहिष्णुता के मूल में देश-प्रेम है। उच्च लक्ष्य की साधना में अपनेपन को भूल ही जाना पड़ता है। वह भीख भी अपने लिए तो माँगती नहीं, माँगती है साम्राज्य के निरवलंब बिखरे हुए रत्नों की रक्षा के निमित्त। देश के लिए वह सब कुछ करने को प्रस्तुत है। देश-प्रेम से ही प्रेरित होकर वह स्कंदगुप्त के उस प्रस्ताव का विरोध करती है जिसमें उन्होंने एकांत में, किसी कानन के कोने में, उसे देखते हुए जीवन व्यतीत करने की इच्छा प्रकट की है। देश का एकमात्र सहारा, उसके निमित्त अपने पुण्य आचरण को छोड़ दे, इससे बढ़कर हीनता की बात उसके लिए और क्या हो सकती है। इसके अतिरिक्त अपने प्रियतम को देश-प्रेम ऐसे उदात्त कर्म से वह स्वयं विमुख करे यह असंभव ही है। उसने प्रस्ताव का विरोध करते हुए कहा—' मालव का महत्त्व तो रहेगा ही, परंतु उसका उद्देश्य भी सफल होना चाहिए। आपको अकर्मण्य बनाने के लिए देवसेना जीवित नहीं रहेगी।'

पर्णदत्त

पर्णदत्त उन व्यक्तियों में है, जो अपने निर्मल चरित्र की झलक मात्र दिखाकर मानव-हृदय को मुग्ध कर लेते हैं। संपूर्ण नाटक में केवल दो ही स्थलों पर उसके कार्य और चरित्र को देखने का अवसर मिलता है। वह गुप्त-साम्राज्य का प्रमुख योद्धा और सेनापति है। उसकी वीरता की लेखमाला शिप्रा और सिंधु की लोल लहरियों से लिखी जाती है, शत्रु भी उसकी वीरता की सराहना करते सुने जाते हैं। इस आज्ञाकारी सेवक ने वृद्ध होने पर भी गरुड़ध्वज लेकर आर्य चंद्रगुप्त की सेना का संचालन किया है। अभी तक उसके मन में यह वीरोचित कामना बनी है कि गुप्त-साम्राज्य की नासीर सेना में उसी गरुड़ध्वज की छाया में पवित्र क्षात्रधर्म का पालन करते हुए उसके मान के लिए मर मिटे गुप्त-साम्राज्य पर आपत्ति के बादल मँडरा रहे हैं और कोई योग्य कर्णधार सामने नहीं आता यह देखकर पर्णदत्त बड़ा क्षुब्ध और अधीर हो रहा है। युवराज स्कंदगुप्त को राज्याधिकार की ओर से उदासीन पाकर वह और भी निराश हो जाता है। उसे अनेक प्रकार से उद्‌बोधन देता है, उत्साहित करता है और अंत में सच्चे हितेच्छु की भाँति उसी समय हृदय से प्रसन्न होता है जब स्कंद कहता है–'अकेला स्कंदगुप्त मालव की रक्षा करने के लिए सन्नद्ध है।' गुप्त-साम्राज्य के हित के विरुद्ध अपने पुत्र तक को बोलता पाकर उसे डाँट देता है–' हम लोग साम्राज्य के सेवक हैं। असावधान बालक ! अपनी चंचलता को विष-वृक्ष का बीज न बना देना '। साम्राज्य-हितेच्छा के अतिरिक्त वह शुद्ध वीर है, उसमें उत्साह है और अपने बाहुबल पर उसे बड़ा भरोसा है। युवराज से यह सुनकर भी कि 'अभी राजधानी से सहायता की कोई आशा नहीं है और इस आसन्न विपद में अपना ही भरोसा है ' उसके उत्साह में कोई कमी नहीं होने पाती। वह उसी प्रकार साहस बनाए रहता है और स्कंद से कहता है–' कुछ चिंता नहीं युवराज ! भगवान् सब मंगल करेंगे। चलिए, विश्राम करें।'

इसके उपरांत पर्णदत्त का फिर कुछ पता ही नहीं रहता। स्कंद के राज्यारोहण के अवसर पर इस बात की सूचना भर मिल जाती है कि वह सौराष्ट्र की चंचल राष्ट्र-नीति की देखरेख में लगा है। इससे भी इतना तो अवश्य ही विदित हो जाता है कि ऐसे आनंद के समय में भी वह तन्मय होकर अपनी ध्येय-प्राप्ति और कर्त्तव्य-पालन में तत्पर है। इस अवसर के बाद तो फिर वह भी देवसेना के साथ भीख माँगता दिखाई पड़ता है। जिस समय कुभा पार करते हुए ससैन्य स्कंदगुप्त प्रवाह में बह जाता है और उसके उपरांत कुछ दिनों तक संपूर्ण साम्राज्य की सैनिक स्थिति अशृंखलित हो जाती है उस समय इस वृद्ध सेनापति के सम्मुख केवल एक कर्त्तव्य रह जाता है कि वह टूटी-फूटी सेना की रक्षा करे और पुनः जब तक सुअवसर न आए तब तक बचे-बचाए सैनिकों के जीवन-निर्वाह करता रहे। राज्यक्रांति और

दारिद्र्य के कारण अन्न के लाले पड़े हैं, लोग भूख से तड़प रहे हैं, ऐसी अवस्था में पर्णदत्त ने जो कार्य-भार अपने ऊपर लिया है वह मनुष्यता के नाते और राजनीतिक विचार से भी आवश्यक है। अपनी दुर्दशाग्रस्त परिस्थिति का वह स्वयं उल्लेख इस प्रकार करता है–' सूखी रोटियाँ बचाकर रखनी पड़ती हैं। जिन्हें कुत्तों को देते हुए भी संकोच होता था। उन्हीं कुत्सित अन्नों का संचय। अक्षय निधि के समान उन पर पहरा देता हूँ। क्योंकि उसके ऊपर सैकड़ों अनाथ वीरों के बालकों का भार है। वे युद्ध में मरना जानते हैं, परंतु भूख से तड़पते हुए उन्हें देखकर आँखों से रक्त गिर पड़ता है।' उसे दुःख तो तब होता है जब देश की दुर्दशा होते देखकर भी देश के युवक विलासिता और वासनाओं में ही लिप्त दिखाई पड़ते हैं। फिर भी अपना कर्त्तव्य तो पालन करना ही पड़ेगा यह समझकर अपना काम करता चलता है–'भीख दो बाबा, देश के बच्चे भूखे हैं, नंगे हैं, असहाय हैं, कुछ दो बाबा।'

इस स्थिति में उसे अपनी जय-जयकार भी प्रिय नहीं है, क्योंकि उसके लक्ष्य-साधन में वह किसी प्रकार सहायक नहीं हो सकती है। वह तो देश की मुक्ति चाहता है जिसके लिए प्राणों का उत्सर्ग करनेवाले वीरों की आवश्यकता है; अथवा द्रव्य चाहता है जिसके योग से वह अपनी सिद्धि प्राप्त कर सके। अतः जयध्वनि से वह चिढ़ उठता है–' मुझे जय नहीं चाहिए, भीख चाहिए। जो दे सकता हो अपने प्राण, जो जन्मभूमि के लिए उत्सर्ग कर सकता हो जीवन, वैसे वीर चाहिए, कोई देगा भीख में '। सच्चे हृदय की पुकार निष्फल नहीं जाती। उसे भीख माँगते हुए स्कंदगुप्त विक्रमादित्य सरीखे वीर मिल जाते हैं और उसके जीवन का चरम लक्ष्य पूर्ण हो जाता है। इस प्रकार पर्णदत्त आद्यंत सच्चे वीर योद्धा की भाँति साम्राज्य की हितकामना में लगा रहता है। संकट-काल में अनेक विकट समस्याओं का सामना करता है, परंतु कर्त्तव्य-पथ से डिगता नहीं। वह सच्चा देशभक्त है।

बंधुवर्मा

बंधुवर्मा उन पात्रों में है जिसका संबंध कथानक के बीच से आरंभ होता है और कुछ काल तक योगवाही रूप में चलकर समाप्त हो जाता है। यों तो ऐसे पात्रों को प्रमुख स्थान नहीं मिलता, पर बंधुवर्मा में एक विशेषता है। उसके युद्ध में प्राण-विसर्जन कर देने के उपरांत भी उसकी शक्ति और प्रभाव जीवित बने रहते हैं। उसकी समाप्ति तो वस्तुतः उसी समय होती है जब उसके सहयोगी उस लक्ष्य की प्राप्ति कर लेते हैं जिसके लिए उसका जीवन समर्पित था। थोड़े काल के लिए ही इस भव में आकर बंधुवर्मा अमर हो जाता है। नाटक के वस्तु-विन्यास में उसकी चरितावली का एक चमत्कार है। उसकी उदारता और त्याग विशेष प्रकार के हैं। वह फल-प्राप्ति के प्रसाद की दृढ़ नींव बन जाता है। उसमें सच्ची क्षात्र-भावना

का उज्ज्वल स्वरूप दिखाई पड़ता है।

विजया पर किया हुआ जयमाला का व्यंग्य उसे अप्रिय लगता है। अपने आश्रित के प्रति कठोर और अप्रिय सत्य का प्रयोग भी साधारण सौजन्य के विरुद्ध है। अपनी पत्नी के अप्रिय व्यंग्य के कारण उसकी व्यावहारिक शिष्टता को चोट लगती है—' प्रिय ! शरणागत और विपन्न की मर्यादा रखनी चाहिए ' जबकि संभवतः शक और हूणों की सम्मिलित वाहिनी से आज दुर्ग की रक्षा न कर सकेगा—ऐसी जटिल समस्या सामने खड़ी हो उस समय भी उक्त बात का ध्यान, उसकी सुजनता का द्योतक है। उसका व्यवहार-ज्ञान दूसरे रूप में भी दिखाई पड़ता है। अल्प काल में ही वह भली भाँति समझ जाता है कि 'आर्यावर्त का एकमात्र आशा-स्थल युवराज स्कंदगुप्त है '। किससे सहयोग करे, किस पर अपने सर्वस्व को निछावर करके वह इस आपत्ति-काल में साम्राज्य की रक्षा एवं देश का कल्याण कर सकता है इसका निर्णय वह तुरंत कर लेता है। निर्णय के अनुसार अपना कर्त्तव्य भी स्थिर कर लेता है—' मैं प्रतिज्ञा करता हूँ कि अब से इस वीर परोपकारी के लिए मेरा सर्वस्व अर्पित है।'

परिस्थिति की गहनता से प्रेरित होकर यही प्रतिज्ञा उस पुण्य महापर्व का कारण बन जाता है जो बंधुवर्मा के जीवन में मंगल का रूप है। स्कंदगुप्त अपनी राजधानी में शक्ति-संचय नहीं कर सकता। पारिवारिक दुरभिसंधि के फेर में पड़ने से देश का अहित हो सकता है। इसलिए आवश्यक समझकर महात्याग के लिए वह अपने को प्रस्तुत कर लेता है। इसके लिए उसे आधार और तर्क भी मिल जाते हैं—' महाराज सिंहवर्मा ने एक स्वतंत्र राज्य स्थापित किया था। अब उनके वशंधर ही उस राज्य के स्वत्वाधिकारी हैं, परंतु उस राज्य का ध्वंस हो चुका था, म्लेच्छों की सम्मिलित वाहिनी उसे धूल में मिला चुकी थी XX तब इन्हीं स्कंदगुप्त ने उसकी रक्षा की थी, यह राज्य अब न्याय से उन्हीं का है।' इस प्रस्ताव का विरोध जब जयमाला करती है तो वह समझा है और अपना मंतव्य स्पष्ट कर देता है—'आर्यावर्त का जीवन स्कंदगुप्त के कल्याण से है और उज्जयिनी में साम्राज्याभिषेक का अनुष्ठान्न होगा, सम्राट् होंगे स्कंदगुप्त।' देश के उपकार की तुलना में अपने राज्य का ममत्व वह कुछ नहीं मानता। राजसिंहासन सुख और शारीरिक विलासिता का केंद्र है, और क्षत्रियों का कर्त्तव्य है—'आर्तत्राण-परायण होना, विपद का हँसते हुए आलिंगन करना, विभीषिकाओं की मुस्कराकर अवहेलना करना, और—विपन्नों के लिए और अपने धर्म के लिए, देश के लिए प्राण देना '। इसी विचार के अनुसार अपना राज्य त्याग कर वह सैनिक पद स्वीकार करता है—' बंधुवर्मा तो आज से आर्य-साम्राज्य-सेना का एक साधारण पदाति सैनिक है।' इसी आन पर अंत तक वह अड़ा रहता है और यही प्रचारित करता है कि ' मालव का राजकुटुंब, एक-एक बच्चा, आर्य-जाति के कल्याण के लिए जीवन का उत्सर्ग

करने को प्रस्तुत है।'

वह उत्साह से भरे सैनिक और योद्धा के रूप में ही अमर है। वह कोई राजनीतिक पुरुष नहीं है। वह स्वयं अपनी शक्ति को जानता है–' बंधुवर्मा मरने-मारने में जितना पटु है, उतना षड्यंत्र तोड़ने में नहीं।' सच्चे वीर की भाँति कर्त्तव्यपालन के लिए अपने प्रिय स्कंद के सामने अड़ जाता है–' यहाँ हूणों को रोकना मेरा ही कर्त्तव्य है, उसे मैं ही करूँगा'–इसी कर्त्तव्यपालन में उसकी मृत्यु होती है और वह त्यागवीर दम तोड़ते-तोड़ते भी 'आर्य-साम्राज्य की जय !' गाता जाता है।

जयमाला

जयमाला में सच्ची क्षत्राणी का यथार्थ एवं प्रकृत रूप मिलता है। वह 'आग की चिनगारी और ज्वालामुखी की सुंदर लट के समान है।' दो-चार ही स्थलों पर वह सम्मुख आती है, परंतु उसके व्यक्तित्व-पूर्ण चरित्र में उज्ज्वलता भरी है। उसमें उत्साह, स्वावलंबन और गौरव का विचार है–' हम क्षत्राणी हैं, चिरसंगिनी खड्गलता का हम लोगों से चिर स्नेह है।' केवल इसी कथन में उसका संपूर्ण तेज झलकता दिखाई पड़ता है। वह युद्ध को गान समझती है और उसे ध्वंसमयी महामाया प्रकृति का निरंतर संगीत मानती है। क्षत्रियोचित स्वाभिमान का उसमें उग्र स्वरूप दिखाया गया है। युवराज की सहायता पर आशा लगाए अपने पति को उपालंभ देती हुई वह उसे उत्साहित करती है साथ ही अपने दायित्व का विचार कर पति के कर्त्तव्यपालन में योग भी देती है एक साथ ही उसमें निर्भीकता, गर्व, स्वावलंबन, उत्तरदायित्व, वीरता आदि गुण झलक उठते हैं। आसन्न विपत्ति में भी वह सदैव की भाँति स्थिर भाव से तत्पर दिखाई पड़ती है–' क्या मालवेश को दूसरे की सहायता पर ही राज्य करने का साहस हुआ था। जाओ प्रभु ! सेना लेकर सिंहविक्रम से सेना पर टूट पड़ो। दुर्गरक्षा का भार मैं लेती हूँ।' उसके इस कथन में गर्व और आत्मविश्वास भरा हुआ है।

जयमाला देवसेना की भाँति भावना-लोक की दूती नहीं है। वह यथार्थ जगत की मानवी है। उसमें स्त्री-सुलभ व्यंग्य, वेदना, स्पष्टवादिता और पार्थिव ममत्व भी है। विजया को भयभीत होते देखकर वह उसकी भर्त्सना में व्यंग्य का भी प्रयोग करती है। परिस्थिति के विचार से उसका व्यंग्य कटु होने पर भी यथार्थ है–' स्वर्ण-रत्न की चमक देखनेवाली आँखें बिजली-सी तलवारों के तेज को कब सह सकती हैं।' इसके अतिरिक्त बंधुवर्मा के राज्य-दान का प्रस्ताव भी उसे अच्छा नहीं लगता। पैतृक संपत्ति का ममत्व वह सरलता से नहीं छोड़ सकती। अपना राज्य छोड़कर दूसरों की सेवा करनी पड़ेगी, यही आशंका उसे चिंतित करती है। चिंता का यह रूप शुद्ध मानवीय है। इसे जयमाला के चरित्र की दुर्बलता नहीं कहा

जा सकता। इसी बल पर वह व्यावहारिक जगत की सच्ची प्रतिनिधि है। स्कंदगुप्त और देवसेना को संभवतः सामान्य मानवों की पंक्ति में स्थान न मिलेगा, परंतु उसे हम अवश्य अपने बीच में देख सकते हैं। देवसेना की उदार वाणी का भी वह स्पष्ट शब्दों में विरोध करती है—' विश्वप्रेम, सर्वभूत-हित-कामना परम धर्म है, परंतु इसका अर्थ यह नहीं हो सकता कि अपने पर प्रेम न हो।'

वह विरोध करती है, परंतु उसमें दुराग्रह का रूप नहीं है। जब उसने देखा कि प्रस्ताव के पक्ष में सभी की सम्मति है तो मर्यादा और पद का विचार करके आग्रह छोड़ देती है—'जब सभी लोगों की ऐसी इच्छा है, तब मुझे क्या '। इन शब्दों में सब के सम्मुख वह अपनी हार स्वीकार कर लेती है। उक्त प्रस्ताव का गुरुत्व और उसके मूल में जो आत्मत्याग है उसका विचार करती है; साथ ही देशहित की बात भी सोचती है। पति के प्रति अपने कर्त्तव्य-भाव का भी वह ध्यान करती है—' पतिदेव ! आपकी दासी क्षमा माँगती है। मेरी आँखें खुल गईं। आज हमने जो राज्य पाया है वह विश्व-साम्राज्य से भी ऊँचा है।' इस कथन में जो प्रणति और आत्मसमर्पण है वह वस्तुतः उसी कर्त्तव्यभाव से प्रेरित है। आगे चलकर तो इसी आत्मसमर्पण का स्थूल रूप भर रह जाता है। राज्यारोहण उत्सव में स्कंदगुप्त से वह स्वयं प्रस्ताव करती है—' देव ! यह सिंहासन आपका है, मालवेश का इस पर कोई अधिकार नहीं—आर्यावर्त के सम्राट् के अतिरिक्त अब दूसरा कोई मालव के सिंहासन पर नहीं बैठ सकता।'

भटार्क

गुप्त-साम्राज्य का नवीन महाबलाधिकृत भटार्क विचारशील, चतुर, स्वाभिमानी, षड्यंत्र में पटु, महत्त्वाकांक्षी एवं वीर योद्धा है। उसमें भारतीय धीरोद्धत नायक का अच्छा रूप दिखाई पड़ता है। उसे अपनी तलवार का विश्वास है और अपनी वीरता का अभिमान है—' क्या मेरी खड्गलता आग के फूल नहीं बरसाती। क्या मेरे रणनाद वज्रध्वनि के समान शत्रु के कलेजे नहीं कँपा देते। क्या भटार्क का लोहा भारत के क्षत्रिय नहीं मानते।' वह दृढ़निश्चयी भी है। साध्य और साधन का रूप एक बार स्थिर कर लेने पर कड़ाई से काम लेता है। शर्वनाग को इधर-उधर करते देखकर उसने स्पष्ट कह दिया—' इस चक्र से तुम नहीं निकल सकते, या तो करो या मरो। मैं सज्जनता का स्वाँग नहीं ले सकता, मुझे वह नहीं भाता। मुझे कुछ लेना है, वह जैसे मिलेगा लूँगा। साथ दोगे तो तुम भी लाभ में रहोगे।'

गुण भी कुत्सित भावना से प्रेरित होकर विषाक्त बन जाते हैं। भटार्क ऐसा वीर भी अपनी महत्त्वाकांक्षा और प्रतिशोध की भावना से नियंत्रित होने के कारण अनंतदेवी के पाश में फँस जाता है। फिर तो ऐसा जकड़ जाता है कि अंतःकरण

की प्रेरणा होने पर भी षड्यंत्र से निकल नहीं पाता। इसे वह अपना दुर्भाग्य ही मानता है। उसकी स्थिति बड़ी विषम हो गई है। अन्यथा वह इतना नीच नहीं है, परंतु वह विवश है। एक बार हाँ करके अब मुकरे कैसे। वह अनंतदेवी के उपकार को मानता है। उसी ने उसे महत्त्व का पद दिलाया है। उसी की कृपा से वह साम्राज्य का महाबलाधिकृत बन सका है। एक तो यह भी कारण है जिससे वह अनंतदेवी के कुचक्र में पड़ता है। उसने आश्वासन-भरे शब्दों में अपनी कृतज्ञता प्रकट की है–' मैं कृतघ्न नहीं हूँ। महादेवी ! आप निश्चिंत रहें।' दूसरा कारण प्रतिशोध का विचार है। पुष्यमित्रों के युद्ध में उसे सेनापति की पदवी नहीं मिली। उस पर विरोधियों ने व्यंग्यपूर्ण आक्षेप किए हैं। यह वह सहन नहीं कर सकता। उसके मन में विद्वेष उत्पन्न होता है। अपने हृदय की इस कटु स्थिति को उसने अनंतदेवी के सम्मुख प्रकट की है ' महादेवी ! कल सम्राट् के समक्ष जो विद्रूप और व्यंग्य-बाण मुझ पर बरसाए गए हैं, वे अंतस्तल में गड़े हुए हैं। उनके निकालने का प्रयत्न नहीं करूँगा, वे ही भावी विप्लव में सहायक होंगे XX मेरा हृदय शूलों के लौहफलक सहने के लिए है, क्षुद्र विष-वाक्य-बाण के लिए नहीं '। इसी व्यंग्य से उत्तेजित होकर वह पृथ्वीसेन, महाप्रतिहार, इत्यादि को आत्महत्या के लिए विवश करता है। इस अनर्थकारी कार्य-व्यापार से भी वह एक प्रकार से दुखी ही दिखाई पड़ता है। उसके भीतर का मानवहृदय कराह उठा है–' परंतु भूल हुई। ऐसे स्वामिभक्त सेवक।' परंतु कृतनिश्चय की कठोरता उस कराह को दबा देती है। वह अपने को सांत्वना दे लेता है–' तो जायँ, सब जायँ, गुप्त-साम्राज्य के हीरों के से उज्ज्वल हृदय, वीर युवकों का शुद्ध रक्त, सब मेरी प्रतिहिंसा राक्षसी के लिए बलि हों।'

असत् का पलड़ा सदैव हलका रहता है। भटार्क ऐसा वीर योद्धा भी कुमार्गियों के चक्र में पड़कर गिरता है। उसकी कृति बिगड़ती है। उसकी आत्मा का हनन होता है और उसका सारा तेज नष्ट हो जाता है। परिणाम-रूप में उसे अबकी बार मुँह की खानी पड़ती है। महादेवी देवकी की हत्या करते समय स्कंदगुप्त से पराजित होता है, गोविंदगुप्त के सामने तलवार निकालते ही तलवार छीन ली जाती है और अंत में स्कंदगुप्त के सम्मुख बंदी होकर आता है। उस समय स्कंदगुप्त जो अपनी माता की इच्छा के अनुसार सबको मुक्त कर देता है उसका प्रभाव भटार्क पर भी पड़ता है। इस कारण सद्भावना एक बार उसमें पुनः उमड़ती है और देवसेना की हत्या के समय वह एक बार फिर विचार करता है मैं कृतघ्नता से कलंकित होऊँगा और स्कंदगुप्त से मैं किस मुँह से…नहीं नहीं…' परंतु प्रपंचबुद्धि के स्मरण दिलाने पर कि वह पहले अनंतदेवी और पुरगुप्त से प्रतिश्रुत हो चुका है, विवश हो जाता है। उसमें सद्बुद्धि एकदम विलुप्त नहीं हो गई है, प्रत्यावर्तन चाहता है, पर कर नहीं पाता और इसी प्रकार असंकल्पित पाप करता चलता है। इसे वह अपना दुर्भाग्य

ही मानता है–' पाप-पंक में लिप्त मनुष्य को छुट्टी नहीं। कुकर्म उसे जकड़कर अपने नाग-पाश में बाँध लेता है। दुर्भाग्य !' इसी तरह जब वह स्कंद द्वारा अपने ऊपर किए उपकारों का अनुकथन करने लगता है और प्रपंचबुद्धि उससे कहता है–' तुम मूर्ख हो ! शत्रु से बदला लेने का उपाय करना चाहिए न कि उसके उपकार का स्मरण।' तब उसे यह हीनता खलती है और वह स्पष्ट विरोध करता है–' मैं इतना नीच नहीं हूँ।' परंतु वह अपने को उस खलमंडली के विषाक्त वातावरण से मुक्त कर नहीं पाता; यही विवशता उसकी बेड़ी बन जाती है।

विवश होकर ही क्यों न हो जब एक बार स्कंदगुप्त का विरोध करने और अनंतदेवी का साथ देने का निश्चय कर लेता है, तब कोई बात उठा नहीं रखता। विजया के कहने पर 'अहा ! यदि आज राजाधिराज कहकर युवराज पुरगुप्त का अभिनंदन कर सकती ' वह तुरंत उत्तर देता है–' यदि मैं जीता रहा तो वह भी कर दिखाऊँगा।' इसके उपरांत तो वह उबल पड़ता है; चेष्टा करता है कि अपने लक्ष्य की प्राप्ति कर ले। खिंगिल के दूत से अपना अंतरंग अभिप्राय कहता है–' हूणों को एक बार ही भारतीय सीमा से दूर करने के लिए स्कंदगुप्त ने समस्त सामंतों को आमंत्रण दिया। मगध की रक्षक सेना भी उसमें सम्मिलित होगी और मैं ही उसका परिचालन करूँगा। वहीं इसका (खिंगिल के प्रति सचाई का) प्रत्यक्ष प्रमाण मिलेगा।' इसी प्रत्यक्ष प्रमाण के लिए–' मेरा खड्ग साम्राज्य की सेवा करेगा '–कहकर भी वह स्कंदगुप्त के साथ विश्वासघात करता है। हूण-सेना के इस पार आने पर उसका मार्ग-प्रदर्शन करता है और कुभा का बाँध इस प्रकार काट देता है कि सेना सहित स्कंद उसमें बह जाता है। जहाँ तक हो सका है अनंतदेवी की सहायता के निमित्त वह अपने व्यक्तित्व को गिराने में भी हिचकता नहीं। वह सब कुछ करता है, परंतु सदैव स्कंदगुप्त के व्यक्तित्व से प्रभावित होता रहता है। अपनी अंतिम करनी के कारण पीछे उसमें ग्लानि उत्पन्न होती है वह विचार करता है–देश और देश के सच्चे उद्धारक का इतनी नीचता से विरोध करके उसने क्या लाभ किया। थोड़े से भौतिक लाभ के लिए इतना जघन्य जीवन उसे प्रिय नहीं लगता।

ग्लानि से प्रायश्चित्त की भावना उत्पन्न होती है और प्रायश्चित्त से आत्म-परिष्कार आरंभ होता है। भटार्क ऐसे दृढ़निश्चयी, वीर योद्धा के मन में यदि अपने प्रति ग्लानि उत्पन्न होती है तो परिणाम का सुंदर होना अनिवार्य हो जाता है। यों तो बीच-बीच में सद्भावनाएँ उसके भीतर उठती हैं परंतु परिस्थिति से आबद्ध रहने के कारण वह उनका अनुसारी परिणाम उपस्थित नहीं कर पाता। अपनी अंतिम नीचता से वह स्वयं सिहर उठता है। गिरिव्रज के युद्ध के उपरांत उसमें परिवर्तन उत्पन्न होता है। फिर तो जिस सचाई के साथ उसने विरोधी-दल का साथ दिया था उसी निश्चय के साथ इस ओर मुड़ता है और देश के त्राण में सहायक बनता है। अपनी माता की भर्त्सना पाकर वह कहता है–' माँ, क्षमा करो ! आज से

मैंने शस्त्र त्याग किया। मैं इस संघर्ष से अलग हूँ, अब अपनी दुर्बुद्धि से तुम्हें चोट नहीं पहुँचाऊँगा।' यहीं से उसमें पुण्य-प्रवृत्ति जागती है जिससे प्रेरित होकर तुरंत वह सैनिकों को आज्ञा देता है–' महादेवी की अंत्येष्टिक्रिया राजसम्मान से होनी चाहिए। चलो, शीघ्रता करो।' भटार्क का यह प्रत्यावर्तन प्रकृत है, क्योंकि मातृभक्ति उसमें आरंभ से ही दिखाई पड़ी है। **कमला** के पूछने पर कि ' तू मेरा पुत्र है कि नहीं ' वह स्पष्ट स्वीकार करता है–' माँ ! संसार में इतना ही तो स्थिर सत्य है और मुझे इतने ही पर विश्वास है। संसार के समस्त लांछनों का मैं तिरस्कार करता हूँ , किसलिए ? केवल इसलिए के तू मेरी माँ है और वह जीवित है।' अपनी ऐसी माता के सम्मुख वह असत्य नहीं बन सकता। उसके सामने अपना निश्चय प्रकट करने पर अब फिर वह मुख नहीं मोड़ सकता।

अपने जीवन की घटनाओं और उनके मूल में बैठी अपनी वृत्तियों की आलोचना जब वह स्वयं करने लगता है तो अपनी भूल की भीषणता से दुखी हो उठता है–' ऐसा वीर, ऐसा उपयुक्त और ऐसा परोपकारी सम्राट् ! परंतु गया, मेरी ही भूल से सब गया XX मेरी उच्च आकांक्षा, वीरता का दंभ पाखंड की सीमा तक पहुँच गया, अनंतदेवी ! एक क्षुद्र नारी उसके कुचक्र में, आशा के प्रलोभन में, मैंने सब बिगाड़ दिया। सुना है कि कहीं यहीं स्कंदगुप्त भी है, चलूँ उस महान् के दर्शन तो कर लूँ।' इस सुंदर निश्चय को लेकर इधर आकर देखता है कि विजया स्कंद के सामने प्रेम का नाट्य कर रही है। ग्लानि से दुखी भटार्क क्षुब्ध हो जाता है। जिसके ऊपर अत्याचार करके वह भी लज्जित है और जिससे क्षमा-याचन करने वह स्वयं आया है उसी के प्रति अपनी पत्नी को अपराध करते पाकर और भी दुखी हो जाता है। आत्महत्या ही उसे अपने प्रायश्चित्त का सरल उपाय दिखाई पड़ता है। वह स्कंद को संबोधित करके कहता है–' देव ! मेरी जीवन लीला समाप्त है।' छुरी निकालकर अपने को मारना ही चाहता है कि स्कंद हाथ पकड़ लेता है और उसे संप्रबोधन देता है–' तुम वीर हो, इस समय देश को वीरों की आवश्यकता है XX आत्महत्या के लिए जो अस्त्र तुमने ग्रहण किया है, उसे शत्रु के लिए सुरक्षित रक्खो।' इस प्रकार उसे उचित मार्ग का निर्देश मिल जाता है और वह तुरंत स्वीकार करता है–' जो आज्ञा होगी, वही करूँगा।' यहाँ आकर अब वह स्कंद का पूर्ण सहयोगी बन जाता है। विजया का रत्नगृह प्रकट होने पर स्कंदगुप्त कहता है–'भटार्क ! यह तुम्हारा है।' परंतु भटार्क तो देश का हो चुका है, अतः वह तदनुकूल उत्तर देता है–' हाँ सम्राट् ! यह हमारा है, इसलिए देश का है। आज से मैं सेना-संकलन में लगूँगा।' भटार्क का यह प्रत्यावर्तन बड़ा भव्य और मंगलमय है।

विजया

मालव के धनकुबेर की कन्या विजया के जीवन का प्रेय और श्रेय सौंदर्य और महत्त्व है। वर्गगत विशेषता के रूप में धन का प्रेम भी उसमें दिखाई पड़ता है। राजनीतिक विप्लव में भी उसको केवल अपने धन की रक्षा का ध्यान है। उसकी संपत्ति की ओर यदि किसी की दृष्टि लगती है तो वह स्वार्थ-रक्षा के विचार से व्यावहारिक व्यंग्य से भी काम लेती है। जयमाला के प्रस्ताव पर उसका उत्तर—' इस प्रकार अर्थ देकर विजय खरीदना तो देश की वीरता के प्रतिकूल है '—इस बात का साक्षी है। वह वणिक-कुमारी शुद्ध क्षत्रियत्व की भावना और तेज को समझने में सर्वथा असमर्थ रहती है। ' स्वर्णरत्न की चमक देखनेवाली आँखें बिजली-सी तलवारों के तेज को कब सह सकती हैं।' इसीलिए जयमाला के कहते ही—' दुर्ग-रक्षा का भार मैं लेती हूँ '—वह त्रस्त हो उठती है और तुरंत बंधुवर्मा को संबोधित करके कहती है—' महाराज, यह केवल वाचालता है। दुर्ग-रक्षा का भार किसी सुयोग्य सेनापति पर होना चाहिए।' देवसेना को युद्ध-काल में भी गाने का प्रस्ताव करते देखकर उसे बड़ा आश्चर्य होता है—' युद्ध और गान ' ! क्योंकि ऐसी भावना से उसका सहज विरोध है। इसी प्रकार बाहर कोलाहल और भयानक शब्द होते सुनकर ही घबड़ा उठती है। जयमाला से कहती है—' महारानी, किसी सुरक्षित स्थान में निकल चलिए।' छुरी लेने की बात सुनते ही उसके प्राण छूटने लगते हैं—' न-न-न, मैं लेकर क्या करूँगी, भयानक !' छुरी में भी कहीं सौंदर्य है इसके समझने की सहजशक्ति ही उसमें नहीं है।

विजया के चरित्र की दुर्बलता का प्रधान कारण है चंचलता। दृढ़ता, स्थिरता और विवेक-बुद्धि की उसमें अतीव न्यूनता है। प्रणय के क्षेत्र में इसी चंचलता ने उसे व्याभिचारिणी बना दिया है। पहले तो उसने स्कंदगुप्त की सुंदर मूर्ति देखी और उस पर लुभाई, परंतु इस अनुराग-भावना में महत्त्व की आकांक्षा सन्निहित थी। उसने देवसेना से स्वीकार किया है—' मुझे तो आज तक किसी को देखकर हारना न पड़ा। हाँ, एक युवराज के सामने मन ढीला हुआ, परंतु मैं उसे कुछ राजकीय प्रभाव भी कहकर टाल दे सकती हूँ।' स्कंद को स्वीकार करने में तुरंत ही उसे एक बाधा भी दिखाई देती है—' युवराज तो उदासीन XX दुर्बलता इन्हें राज्य से हटा रही है।' स्कंद की विरक्ति-मूलक प्रवृत्ति देखकर वह भी उस ओर से विरक्त ही हो उठती है, क्योंकि उसके प्रणय का लक्ष्य शारीरिक स्वास्थ्य एवं सौंदर्य के साथ-साथ महत्त्व भी है। जहाँ इन दोनों का योग हो वहीं वह रम सकती है। स्कंद में एक पक्ष की न्यूनता उसे खटकी और वह घूम पड़ती है। समीप ही दूसरे व्यक्ति चक्रपालित को देखकर कह उठती है—' चक्रपालित क्या पुरुष नहीं है ? है अवश्य। वीर हृदय है। प्रशस्त वक्ष है, उदार मुखमंडल है।' उसमें बचे

हुए अंश की पूर्ति उसकी अंतरंग सखी देवसेना कर देती है।–'और सबसे अच्छी बात एक है। तुम समझती हो कि वह महत्त्वाकांक्षी है। उसे तुम अपने वैभव से क्रय कर सकती हो।' प्रणय के अपने इसी मानदंड को लेकर वह आगे बढ़ती है।

भटार्क में उसे दोनों वस्तुएँ एकत्र मिल जाती हैं–'अहा ! कैसी वीरत्व-व्यंजक मनोहर मूर्ति है और गुप्त साम्राज्य का महाबलाधिकृत।' इसके अतिरिक्त उसे और कुछ नहीं चाहिए। उसमें स्त्री-सुलभ संदेह और प्रतिहिंसा का भाव बड़ा प्रबल है। वह सोचती है–' मैं मालव में अब किस काम की हूँ, जिसके भाई ने समस्त राज्य अर्पण कर दिया है, कहाँ वह देवसेना और कहाँ मैं।' प्रेम-प्रणय को भी एक आवेश माननेवाली उस साधारण रमणी में वह विवेक कहाँ जिसके बल पर वह विचार कर सकती कि देवसेना और स्कंदगुप्त की यथार्थ स्थिति क्या है। स्थूल और प्रत्यक्ष को ही महत्त्व देने की शक्ति उसमें है। अकारण ही स्कंद की ओर बाधा देखकर वह निर्णय कर लेती है कि भटार्क ही सही। इस पर उसके साथ वह भी बंदिनी बनती है और न्यायाधिकरण में सबके सम्मुख स्वीकार कर लेती है–' मैंने भटार्क का वरण किया है।' इतने ही से देवसेना के प्रति उसकी प्रतिहिंसा पूरी नहीं होती। आगे चलकर यही विरोध-भाव और भी उग्र हो उठता है–' राजकुमारी ! आज से मेरी ओर देखना मत ! मुझे कृपया अभिशाप की ज्वाला समझना और XX मुझे न छेड़ना, मैं तुम्हारी शत्रु हूँ XX उपकारों की ओट से मेरे स्वर्ग को छिपा दिया, मेरी कामना-लता को समूल उजाड़कर कुचल दिया।' इसके प्रतिदान में वह देवसेना को श्मशान के बलि-स्थान पर ले जाकर कापालिक प्रपंचबुद्धि के सम्मुख छोड़कर भाग जाती है। भ्रांति के गर्त में पड़ी विजया इस प्रकार अपने कोमल आवरण में छिपे हुए विषाक्त और कठोर हृदय को सामने रख देती है।

भटार्क की मंडली में पहुँचकर भी विजया को शांति नहीं मिलती। कुछ दिनों तक अवश्य ही पुरगुप्त को राजाधिराज के रूप में अभिनंदन करने की कामना लिए हुए पात्र भर-भरकर पिलाती और इस प्रकार युवराज का मन बहलाती रहती है परंतु यह स्थिति भी अधिक दिनों तक नहीं चलती। अनंतदेवी भटार्क को अपने चंगुल से नहीं निकलने देती और विजया को पुरगुप्त की ओर लगाए रहती है, यह भेद उसकी समझ में आते ही उसमें फिर संदेह उत्पन्न होता है। अतएव अब उसका विरोध अनंतदेवी से आरंभ होता है। यहाँ भी असफलता ही मिलती है। वह क्षुब्ध हो उठती है–' प्रलोभन से, धमकी से, भय से, कोई भी मुझको भटार्क से नहीं वंचित कर सकता XX मुझे तुम्हारा सिंहासन नहीं चाहिए। मुझे क्षुद्र पुरगुप्त के विलास-जर्जर मन और यौवन में ही जीर्ण शरीर का अवलंब वांछनीय नहीं '। परंतु अब क्या करे। यह समस्या उसके सामने आती है–मैं कहीं की न रही। इधर भयानक पिशाचों की लीलाभूमि, उधर गंभीर समुद्र। दुर्बल रमणी-हृदय XX अपना अतुल धन और हृदय दूसरों के हाथ में देकर चलूँ कहाँ ! किधर ! इत्यादि विचार

करते-करते उन्मत्त हो उठती है, अपनी चिंता-तरंगों में उलझी हुई और भी सोचती है–' स्नेहमयी देवसेना का शंका से तिरस्कार किया, मिलते हुए स्वर्ग को घमंड से तुच्छ समझा, देवतुल्य स्कंदगुप्त से विद्रोह किया, किसलिए ! केवल अपना रूप, धन, यौवन दूसरे को दान करके उन्हें नीचा दिखाने के लिए।' इसी अंत्जागृति का यह फल होता है कि शर्वनाग की प्रेरणा से उसमें परिवर्तन उपस्थित होता है और वह भी स्वीकार करती है–' तुमने सच कहा। सबको कल्याण के शुभागमन के लिए कटिबद्ध होना चाहिए। चलो '

वस्तुतः क्रय-विक्रय और लेन-देन के विचार से अभी भी वह मुक्त नहीं हुई है। वणिक-वृत्ति अभी तक उसमें जीवित है। उसका यह परिवर्तन सच्चा नहीं कहा जा सकता। उसकी इस कल्याण-कामना के मूल में भी एक क्षुद्र और भौतिक स्वार्थ लगा ही है–' देवसेना ने एक बार मूल्य देकर खरीदा था। परंतु विजया भी एक बार वही करेगी XX मेरा रत्नगृह अभी बचा है उसे सेना संकलन करने के लिए सम्राट् को दूँगी और एक बार बनूँगी महादेवी XX इसमें दोनों होगा स्वार्थ और परमार्थ।' इसी भावना से प्रेरित होकर वह फिर एक बार स्कंद के समीप पहुँचती है और उसके सम्मुख अपने प्रेम का प्रस्ताव रखती है–' तुम्हारे लिए मेरे अंतस्तल की आशा जीवित है, मेरे पास अभी दो रत्नगृह छिपे हैं; जिनसे सेना एकत्र करके तुम सहज ही इन हूणों को परास्त कर सकते हो XX केवल तुम स्वीकार कर लो XX हमारे साथ बचे हुए जीवन का आनंद लो' XX इत्यादि। जब इसका कठोर अस्वीकारात्मक उत्तर स्कंद की ओर से पाती है और उसी समय भटार्क भी वहाँ सहसा पहुँचकर उसे भर्त्सना देता है तो घोर अपमानित होकर, सब प्रकार से अपने को पराजित मानकर, वह आत्महत्या कर लेती है। इस प्रकार जीवन में उसे केवल हार ही हार मिली। इसका प्रधान कारण था उसके चरित्र की मानवीय दुर्बलताएँ–दंभ, अभिमान, लालसा, चंचलता और अविवेक।

शर्वनाग

यों तो शर्वनाग नाटक के प्रमुख पात्रों में स्थान नहीं पा सकता, परंतु उसका चरित्र-चित्रण प्रकृत एवं यथार्थ है; उसका नाटकीय जीवन छोटा और व्यक्तित्व साधारण है, फिर भी उतार-चढ़ाव के विचार से आलोच्य विषय बन गया है। हमारे सामने सर्वप्रथम वह सच्चे सैनिक के रूप में आया है और केवल दो बातें जानता है–' सुंदरी खड्गलता' जिसकी प्रभा पर वह सदैव मुग्ध है और ' उसकी स्त्री ' जिसके अभावों का कोष कभी खाली नहीं; जिसकी भर्त्सनाओं का भंडार अक्षय है, साथ ही जिससे उसकी अंतरात्मा काँप उठती है। जिस समय रामा उसे डाँटती है वह घबरा उठता है–' मैं क्रोध से गरजते हुए सिंह की पूँछ उखाड़ सकता हूँ,

परंतु सिंहवाहिनी ! तुम्हें देखकर मेरे देवता कूच कर जाते हैं XX परंतु मुझे घबराओ मत, समझाकर कहो।' वह सीधा-सच्चा वीर योद्धा है। छल-कपट और षड्यंत्र से उसका कोई संबंध नहीं। शुद्ध हृदय को न तो किसी प्रकार का भय व्यापता और न चिंता, उसे केवल अपनी शक्ति पर अखंड विश्वास बना रहता है। इसी विश्वास पर उसके समस्त व्यापार टिके रहते हैं और उसमें स्पष्टवादिता का प्रधान गुण भी विद्यमान रहता है। प्रपंचबुद्धि को अत्यंत सावधान और सशंक देखकर शर्व को आश्चर्य होता है। सशंक दृष्टि से फूँक-फूँककर पैर रखना उसकी वीर प्रकृति के लिए अस्वाभाविक है–' परंतु आप इतना चौंकते क्यों हैं ? मैं तो कभी यह चिंता नहीं करता कि कौन आया है या कौन आयेगा XX मैं खड्ग हाथ में लिए प्रत्येक भविष्यत् की प्रतीक्षा करता हूँ। जो कुछ होगा, वही निबटा लेगा। इतने डर की, घबराहट की आवश्यकता नहीं। विश्वास करना और देना, इतने ही लघु व्यापार से संसार की सब समस्याएँ हल हो जाएँगी।' उसे केवल अपने खड्ग और पुरुषार्थ पर भरोसा है। उसके कथन से स्पष्ट ज्ञात होता है कि वह शुद्ध और वीर सैनिक है। उसके दृढ़ आचरण को देखकर ही प्रपंचबुद्धि और भटार्क ने उसे अपनी मंडली में मिलाने का प्रयत्न किया है। जब तक कुसंगति का विष उस पर नहीं चढ़ा तब तक वह निर्मल और निर्भय था। भटार्क ने जिस समय महादेवी के वध का प्रस्ताव उसके सम्मुख रखा उस समय उसने जिस धैर्य और दृढ़ता से उसका विरोध किया उससे उसका चरित्रबल स्पष्ट झलकता है–नाप तौल मैं नहीं जानता, मुझे शत्रु दिखा दो। मैं भूखे भेड़िए की भाँति उसका रक्तपान कर लूँगा, चाहे मैं ही क्यों न मारा जाऊँ, परंतु निरीह हत्या–यह मुझसे नहीं XX तुम सैनिक हो, उठाओ तलवार चलो, दो सहस्र शत्रुओं पर हम दो मनुष्य आक्रमण करें। देखें मरने से कौन भागता है। कायरता ! अबला महादेवी की हत्या किसी प्रलोभन में तुम पिशाच बन रहे हो XX नहीं भटार्क ! लाभ ही के लिए मनुष्य सब काम करता तो पशु बना रहना ही उसके लिए पर्याप्त था। मुझसे यह काम नहीं होने का।' परंतु वही शर्वनाग मदिरा के प्रभाव में पड़कर ऐसा गिरता है कि बुद्धि और विवेक से शून्य हो जाता है। फिर तो भटार्क के ही रंग में रँग जाता है। स्थिति-जन्य यह दुर्बलता शर्व में अच्छे ढंग से चित्रित हुई है। उन्मत्त होकर वह षड्यंत्रकारियों के ऊपर विश्वास करके कहता है–' जो आज्ञा होगी वही करूँगा।' वह सोने के प्रलोभन और शराब की चाट से ऐसा गिरता है कि उसकी पशुता दुर्जेय हो जाती है। रामा के कितना समझाने पर भी वह नहीं सँभलता। उसे भी वह ठुकरा देता है–' जा, तू हट जा, नहीं तो मुझे एक के स्थान पर दो हत्याएँ करनी पड़ेंगी। मैं प्रतिश्रुत हूँ। वचन दे चुका हूँ।' रामा ने जब महादेवी की हत्या में बाधा दी तो पहले उसे ही मारने को उद्यत हो गया। यहाँ तक तो मदिरा से प्रभावित उसकी पशुता चलती है; पर सहसा स्कंदगुप्त आकर उसकी गर्दन दबाकर तलवार छीन लेता है। इसके उपरांत

होश आने पर वह अपनी हीनता का विचार करता है। मदिरा से मुक्त होकर वह जब अपनी यथार्थ स्थिति देखता है तो उसे दुःख होता है।

जिस समय वह बंदी-रूप में न्यायाधिकरण के सम्मुख उपस्थित किया जाता है उस समय की उसकी मानसिक वेदना उसके इन शब्दों से स्पष्ट प्रकट होती है–' सम्राट् ! मुझे वध की आज्ञा दीजिए, ऐसे नीच के लिए और कोई दंड नहीं है XX जितनी यंत्रणा से यह पापी प्राण निकाला जाय, उतना ही उत्तम होगा XX दुहाई सम्राट् की ! मुझे वध की आज्ञा दीजिए नहीं तो आत्महत्या करूँगा। ऐसे देवता के प्रति मैंने दुराचार किया था ओह !' इस प्रकार वह अपने पूर्व कुकर्मों के प्रति ग्लानि प्रकट करता है। भटार्क की कुमंत्रणा में पड़कर वह कितना गिरा इसका विचार उठते ही पश्चात्ताप से वह व्यथित हो उठता है और अपनी नीचता के विरुद्ध स्कंद और महादेवी देवकी की क्षमा से आपूर्ण उदारता देखकर विह्वल हो उठती है। देवकी के पैर पर गिरकर कहता है–' माँ ! मुझे क्षमा करो, मैं मनुष्य से पशु हो गया था। अब तुम्हारी ही दया से मैं मनुष्य हुआ। आशीर्वाद दो जगद्धात्रि ! कि मैं देवचरणों में आत्मबलि देकर जीवन सफल करूँ।' सच्ची ग्लानि से प्रेरित उसकी वह भावना अंत तक स्थिर बनी रहती है। उसके चरित्र की यही उच्चावचता सुंदर है। अंतर्वेद के विषयपति के रूप में वह साम्राज्य की सेवा करता है। हूणों के द्वारा अपने प्रांत को पादाक्रांत पाकर वह क्षुब्ध हो जाता है। इसी तरह स्कंद की सेवा में लगा हुआ अंत में साम्राज्य की सफलता भी देख लेता है।

अनंतदेवी

वृद्धस्त तरुणी भार्या अनंतदेवी उग्र स्वभाव की है; निर्भीक होकर साहस के साथ षड्यंत्र की रचना में पटु है। महत्त्वाकांक्षा के सम्मुख मर्यादा के उल्लंघन में नहीं हिचकती। देवकी को महादेवी और राजमाता होने का जो सौभाग्य मिला इस विधि के विधान से वह असंतुष्ट है, वह महत्त्वपूर्ण पद स्वयं चाहती है। इसके लिए सब कुछ करने को तत्पर है। उसने निश्चय कर लिया है कि–'अपनी नियति का पथ मैं अपने पैरों चलूँगी।' इस चलने में वह अच्छी तरह जानती है कि अनेक भयानक स्थितियों में पड़ना होगा परंतु उसका विश्वास है–'क्षुद्र हृदय–जो चूहे के शब्द से भी शंकित होते हैं, जो अपनी साँस से ही चौंक उठते हैं, उनके लिए उन्नति का कंटकित मार्ग नहीं है। महत्त्वाकांक्षा का दुर्गम स्वर्ग उनके लिए स्वप्न है।' उसे केवल एक बात की लालसा है। वह पुरगुप्त को सिंहासन पर बैठाकर स्वयं गुप्तसाम्राज्य का शासन करना चाहती है। परंतु व्यावहारिक बाधाओं के कारण उसे शंका बनी रहती है। वह भटार्क को समझाती है–'देवकी का प्रभाव जिस उग्रता से बढ़ रहा है, उसे देखकर मुझे पुरगुप्त के जीवन की शंका हो रही है ' और

साधनरूप में वह भटार्क और प्रपंचबुद्धि को अपनाती है। वह भटार्क को इसी अभिप्राय से गुप्तसाम्राज्य का महाबलाधिकृत बनने में सहायता देती है और इस सहायता के द्वारा उस शक्तिशाली पुरुष को खरीद लेती है।

वह बड़ी ही व्यवहारकुशल है। अवसर पर अत्यंत कटु और कठोर बन जाती है, साथ ही स्थिति प्रतिकूल होने पर अत्यंत विनम्र एवं दीन भी बन सकती है। जहाँ एक ओर शर्वनाग को भयभीत करने के लिए कहती है—' सौगंध है। यदि विश्वासघात करेगा तो कुत्तों से नुचवा दिया जाएगा ' और महादेवी से कहती है—' परंतु व्यंग्य की विष-ज्वाला रक्तधारा से भी नहीं बुझती देवकी ! तुम मरने के लिए प्रस्तुत हो जाओ।' वहीं दूसरी ओर स्कंद जिस समय शर्वनाग और भटार्क को परास्त करके इसकी ओर घूमता है और पूछता है—' मेरी सौतेली माँ ! तुम···उस समय तुरंत घुटनों के बल बैठकर हाथ जोड़ती हुई वह कहती है—' स्कंद ! फिर भी मैं तुम्हारे पिता की पत्नी हूँ।' इसी प्रकार सही, किसी तरह जान तो बचे, जिससे इष्ट-साधन का अवसर मिल सके। इसके अतिरिक्त अन्य स्थलों पर भी उसका यह शीतोष्ण वैचित्र्य दिखाई पड़ता है। विजया को पहले तो पुरगुप्त के साथ सिंहासन पर बैठने का प्रलोभन देती है फिर उसमें विरोध का भाव पाकर उग्र होकर कहती है—' इतना साहस ! तुच्छ स्त्री ! तू जानती है कि किसके साथ बात कर रही है XX मैं हूँ अनंतदेवी ! तेरी कूटनीति के कंटकित कानन की दावाग्नि, तेरे गर्वशैलशृंग का वज्र, मैं वह आग लगाऊँगी, जो प्रलय के समुद्र से भी न बुझे।' इस ढंग से विजय को आतंकित कर देती है। परंतु वही अनंतदेवी जिस समय नाटक के अंत में पुरगुप्त के साथ बंदी-वेश में सम्मुख लाई जाती है उस समय अत्यंत सरल और दीन रूप बना लेती है—' क्यों लज़्जित करते हो स्कंद ! तुम भी तो मेरे पुत्र हो, मुझे क्षमा करो सम्राट्।'

अन्य पात्र

नाटक के इन प्रमुख पात्रों के अतिरिक्त भी जो अन्य पात्र हैं वे व्यक्तित्वपूर्ण हैं। सबों के साथ अपनी-अपनी चरित्र-संबंधी विशेषताएँ लगी हैं। अनंतदेवी के हाथ का कठपुतला पुरगुप्त भी पहले एक सहज व्यक्ति था। कुमारगुप्त के निधन के उपरांत वह जिस अधिकार भरे स्वर में बोलता है उससे उसकी पद-मर्यादा झलकती है—'भटार्क ! यह सब क्या हो रहा है, चुप रहो। तुम लोगों को बैठकर व्यवस्था नहीं देनी होगी। उत्तराधिकार का निर्णय स्वयं स्वर्गीय सम्राट् कर गए हैं ' XX ' महाबलाधिकृत ! इन विद्रोहियों को बंदी करो।' वही पीछे चलकर अनंतदेवी की महत्त्वाकांक्षा का एक क्षुद्र अस्त्र भर रह जाता है और घोर मद्यप बन जाता है।

यों तो साम्राज्य की विजय पर उसे भी गर्व होता है—' विजय पर विजय ! देखता हूँ कि एक बार वंक्षुतट पर गुप्त साम्राज्य की पताका फिर फहरायेगी। गरुड़ध्वज वंक्षु के रेतीले मैदान में अपनी स्वर्ण-प्रभा का विस्तार करेगा।' परंतु वह निर्वीर्य, निरीह बालक ! गर्व करने के अतिरिक्त कर ही क्या सकता है; संपूर्ण नाटक में उसका चरित्र अनंतदेवी के चंगुल से बाहर कहीं स्वतंत्र रूप में खड़ा नहीं होने पाता।

चक्रपालित सच्ची सैनिक प्रवृत्ति का युवक है—स्पष्टवादी, निर्भीक और सीधा। ' हृदय की बातों को राजनीतिक भाषा में व्यक्त करना चक्र नहीं जानता '। देश की सम्मान-रक्षा में सदैव स्कंद के साथ रहता है। मातृगुप्त कोमल वृत्ति का भावुक कवि है। अपनी कल्पनाओं का मधुप आस्वादन करता हुआ युवराज के साथ देशकल्याण में लगा रहता है। देश के उज्ज्वल भविष्य का ध्यान उसे सदैव बना रहता है। उसने सोचा था कि ' देवता जागेंगे, एक बार फिर आर्यावर्त में गौरव का सूर्य चमकेगा XX उद्‍बोधन के गीत गाए, हृदय के उद्‍गार सुनाए ' और सारे संकट में यथाशक्ति राष्ट्र के कल्याण में लगा रहता है। सिंहल का राजकुमार कुमारदास (धातुसेन) विलक्षण बुद्धि का युवक और भारतगौरव का अनन्य प्रेमी है। समय-समय पर स्कंदगुप्त की सहायता के लिए तत्पर दिखाई पड़ता है। सिंहल का अपना राज्य उसे उतना प्रिय नहीं है जितना भारत का कल्याण—'भारत समग्र विश्व का है और संपूर्ण वसुंधरा इसके प्रेम-पाश में आबद्ध है' XX 'भारत के कल्याण के लिए मेरा सर्वस्व अर्पित है ' इत्यादि वचनों से उसका भारतवर्ष के प्रति ममत्व प्रकट होता है। उसकी प्रकृति उदार है। साम्राज्य के विरुद्ध खड़े हुए बौद्धसंघों को अनुकूल बनाने में वह योग देता है और गिरी हुई दशा में देश को विजयी बनाने में भी साथ-साथ लगा रहता है। इसी तरह स्त्री-पात्रों में महादेवी देवकी की पतिभक्ति और स्कंद के प्रति वात्सल्य के साथ-साथ असीम दयालुता और क्षमाशीलता उसके व्यक्तित्व की विशिष्टता है। रामा की सद्‍भावना-भरी सहायता, उग्रता के साथ चरित्र की दृढ़ता, निर्भीक होकर सत् का पक्ष ग्रहण करना इत्यादि विशेषताएँ उसके स्वरूप को सुंदर बना देती हैं। भटार्क के सुधारने में कमला का भर्त्सना-भरा विवेक अच्छा दिखाई पड़ता है।

रस का विवेचन

भारतीय नाट्य-विवेचना की पद्धति में रस का विचार आवश्यक होता है। नाट्य-रचना के अन्य तत्त्व साधन हैं और रसनिष्पत्ति साध्य है। 'स्कंदगुप्त' में यों तो व्यक्त प्राधान्य युद्ध-वीर और त्याग-वीर रसों का है परंतु आरंभ और पर्यवसान शांत में ही होता है, जैसे युवराज स्कंदगुप्त के चरित्र में द्विविध रूप दिखाई पड़ता

है उसी प्रकार रसपक्ष में भी दो धाराएँ हैं। संपूर्ण इतिवृत्त और घटनाव्यापारों के विचार से प्रस्तुत नाटक शोक-पर्यवसायी नहीं माना जा सकता। स्कंदगुप्त के सम्मुख व्यक्त लक्ष्य केवल एक है—आर्यराष्ट्र के गौरव की रक्षा अथवा विचलित हुई गुप्तकुल की श्रीलक्ष्मी का पुनःस्थापन। अतः उसके जीवन का प्रमुख अंश साम्राज्य की क्षुब्ध एवं असंरक्षित स्थित को संभालने में व्यतीत होता है। उसका सामाजिक रूप राष्ट्र के ही नियंत्रण में लगा दिखाई पड़ता है। वह जिस फलप्राप्ति में तत्पर है। वह आक्रमणकारियों से मुक्त करके देश को निरापद बनाना है, गृह-कलह को शांत करना है और उन अन्य कारणों का उन्मूलन है, जिनसे राष्ट्र की हानि होने की संभावना है। यदि अंत में उसने इन ध्येयों की प्राप्ति कर ली है तो नाटक पूर्णतः सुखांत है। उसने अवश्य ही अखंड पुरुषार्थ के बल पर अपनी फल-प्राप्ति की है। आरंभ में जिस फल को ध्यान में रखकर वह चला है, जिसके लिए अनेक प्रयत्न किए हैं। वह क्रमशः प्राप्त्याशा और नियताप्ति के मार्ग से उसे प्राप्त हो गया है। उसका जीवन और जीवन के नाना व्यापार सफल हैं। इस आधार पर स्कंदगुप्त नाटक सुख-पर्यवसायी ही माना जाएगा।

नाटक के अंतिम दृश्य ने रस-संबंधी एक प्रश्न खड़ा कर दिया है, जिसके कारण प्रायः विवाद चल पड़ता है। खिंगिल पर विजय प्राप्त करके और पुरगुप्त को रक्त का टीका लगाकर स्कंदगुप्त ने पूर्ण फल की प्राप्ति जब कर ली, तब उसके उपरांत एक दृश्य और बढ़ाकर जो देवसेना के कथोपकथन से नाटक की समाप्ति दिखाई गई है उससे वीररस की अखंड निष्पत्ति में हलका-सा व्याघात पड़ता है। साथ ही 'अधिकार-सुख कितना मादक और सारहीन है ' इत्यादि निर्वेदात्मक वचनों में विरक्ति-भावना से समन्वित समारंभ के कारण यह भ्रांति हो सकती है कि कहीं शांत रस की प्रधानता न दिखाई गई हो। इसके अतिरिक्त यदि शांत रस का पक्ष लिया जाय तो उसके अन्य आवश्यक उपादान भी एकत्र किए जा सकते हैं। आरंभ में ही बुद्धि और स्थिति-जन्य जो विराग और निर्वेद स्कंद में दिखाई पड़ता है उसका आलंबन है गृह-कलह और अनंतदेवी एवं भटार्क का महत्त्व-लोभ तथा अधिकार-लिप्सा। उद्दीपन के रूप में विजया का स्कंदगुप्त की ओर से हटना और भटार्क की मंडली में योग देना, भटार्क की प्रतारणा और गिरिव्रज की पराजय है। ' बौद्धों का निर्वाण, योगियों की समाधि और पागलों की सी संपूर्ण विस्मृति मुझे एक साथ ही चाहिए XX ओह ! जाने दो, गया, सब कुछ गया कर्त्तव्य विस्मृत, भविष्य अंधकारपूर्ण, लक्ष्यहीन दौड़ और अनंतसागर का संतरण है। XX आर्य-साम्राज्य की हत्या का कैसा भयानक दृश्य है, कितना बीभत्स ! सिंहों की विहारस्थली में श्रृंगाल-वृंद सड़ी लोथ नोच रहे हैं XX आह ! मैं वही स्कंद हूँ अकेला, निस्सहाय।' इत्यादि वचन अनुभाव हैं। चिंता, निर्वेद, दीनता आदि संचारी हैं।

फिर भी उक्त सभी उपादानों के संयोग से शांत रस की निष्पत्ति नहीं मानी

जा सकती, क्योंकि, स्कंदगुप्त की आद्यंत कर्मवीरता के अखंड साम्राज्य में समष्टि-प्रभाव शांत के पक्ष में हो ही नहीं सकता। समय-समय पर जो स्थिति-प्रेरित उक्त बातें हैं वे स्कंद के अंतर्द्वंद्व और चरित्र की विषमता की द्योतक हैं। वर्तमान पाश्चात्य प्रणाली से प्रभावित चरित्र की उच्चावचता अभिव्यक्त करने की प्रवृत्ति के कारण ही यह अनंग-कीर्त्तन[1] हो गया है और इसीलिए नाटक में शांत रस का आभास दिखाई पड़ता है। यदि शुद्ध भारतीय पद्धति से विचार किया जाए तो अंतिम दृश्य सर्वथा निरर्थक ठहरता है। उससे रस में व्याघात पड़ता है। जितने विषय उस दृश्य में आए हैं उनका यथाप्रसंग संचित रूप इसके पूर्व ही मिल जाता है। अतएव उस दृष्टि से भी उस दृश्य की आवश्यकता नहीं है। देवसेना और स्कंद के उस संवाद से कोई नई विशेषता नहीं प्रकट होती। एक प्रकार से उसमें पूर्व-प्रसंगों की प्रतिध्वनि मात्र मिलती है। उस दृश्य में भी चरित्रगत विलक्षणता की वही यथार्थ झलक दिखाई देती है जो स्कंद और देवसेना में कई पूर्व अवसरों पर प्राप्त हो चुकी है।

उत्साह एक स्थायी भाव है, जो बहुमुखी स्थितियाँ उत्पन्न करता है। जैसे वह शूर में अपना प्रभाव दिखाता है वैसे ही दानी और दयालु में भी अपना महत्त्व प्रदर्शित करता है। स्कंदगुप्त नाटक में इसी उत्साह का सुंदर प्रसार दिखाई पड़ता है। कृतिकार की क्रिया-शक्ति के द्वारा प्रधान पात्र में अभिव्यंजित स्थायी भाव—उत्साह—सामाजिकों और दर्शकों के हृदय में संस्कार रूप से स्थित उत्साह से अभिन्न होकर, साधारणीकृत होकर, जब पूर्णरूप से प्रकाशित हो उठता है तभी सकल-सहृदयता-आनंद-स्वरूप वीररस की अनुभूति होती है। प्रस्तुत नाटक में दर्शक की संपूर्ण वृत्तियाँ स्कंद में ही रमती हैं, उसी के साथ नाना स्थितियों एवं घटनाओं के प्रवाह में बहती चलती हैं। अतएव उसी की अनुभूतियों का साधारणीकरण सामाजिकों की अनुभूतियों से होता है। स्कंद का सारा जीवन वीरतापूर्वक राष्ट्र के उद्धार में व्यतीत हुआ। उत्साह से प्रेरित उसका सारा वृत्त जिस अलब्ध उद्देश्य की पूर्ति में फैला दिखाई पड़ता है वह वीरता की ही सच्ची कहानी का चरम फल है। इस प्रकार नाटक में प्रधान रस वीर ही है—अपने विरोधी-अविरोधी समस्त अंगरसों के साथ।

विभावानुभावव्यभिचारिसंयोगाद्रसनिष्पत्तिः—नाट्यशास्त्र ने इन चारों अवयवों के संयोग में ही रस की पूर्णता मानी है। प्रस्तुत नाटक में इनकी पूरी-पूरी संयोजना दिखाई पड़ती है। स्कंदगुप्त आश्रय है, उसमें उत्साह स्थायी भाव वर्तमान है। उसकी उदात्त चरितावली में यह स्थायी भाव बड़ा ही उज्ज्वल हो उठा है। ' दूत ! XX शरणागत-रक्षा भी क्षत्रिय का धर्म है XX अकेला स्कंदगुप्त मालव की रक्षा करने

---

1. अंगिनोऽननुसंधानमनंगस्य च कीर्तनम्। —साहित्यदर्पण, परिच्छेद 7, श्लोक 14।

के लिए सन्नद्ध है। 'जाओ, निर्भय निद्रा का सुख लो। स्कंदगुप्त के जीते जी मालव का कुछ न बिगड़ सकेगा।' इत्यादि उद्गार उसके उत्साह के ही अभिव्यंजक हैं। उत्साह विरोध सहन नहीं करता, अतएव प्रतिद्वंद्वियों को देखकर वह उग्र हो उठता है। स्कंद के उत्साह के लिए अंतःकलह के उत्पादक भटार्क और अनंतदेवी और राष्ट्र के शत्रु पुष्यमित्र, शक तथा हूण ही आलंबन हैं। अनेक समरों के विजेता, महामानी, गुप्त-साम्राज्य के महाबलाधिकृत अब इस लोक में नहीं हैं। इधर प्रौढ़ सम्राट् के विलास की मात्रा बढ़ गई है। बिजली गिरने से पूर्व जिस प्रकार नील कादंबिनी का मनोहर आवरण महाशून्य पर चढ़ जाता है, क्या वैसी ही दशा गुप्तसाम्राज्य की नहीं है। कपिशा को श्वेत हूणों ने पदाक्रांत कर लिया है। अबकी बार पुष्यमित्रों का अंतिम प्रयत्न है वे अपनी समस्त शक्ति संकलित करके बढ़ रहे हैं। इतना ही नहीं, शक राष्ट्रमंडल चंचल हो रहा है, नवागत म्लेच्छ-वाहिनी से सौराष्ट्र भी पदाक्रांत हो चुका है, इसी कारण पश्चिमी मालव भी अब सुरक्षित न रहा—आदि राजनीतिक परिस्थितियाँ और अनंतदेवी का षड्यंत्र तथा समस्त उत्तरापथ के धर्म-संघों का गुप्त विरोध उद्दीपन विभाव के अंतर्गत आते हैं।

अनुभाव के अंतर्गत वे समस्त कार्य-व्यापार रखे जायेंगे जो इस अखंड उत्साह के परिणाम हैं—मालव, गिरिव्रज और अंत का युद्ध, मालव-सिंहासन की स्वीकृति, मातृगुप्त को काश्मीर का शासक नियुक्त करना। इनके अतिरिक्त देवकी और देवसेना की रक्षा, सब बंदियों और विद्रोही-विरोधियों को क्षमा इत्यादि सभी व्यापारों के मूल में उत्साह ही है, अतः ये सब उसी के अनुभाव हैं। संपूर्ण नाटक के साथ संचरण करनेवाले संचारियों की विविधता दिखाई पड़ती है। धृति—'ध्यान रखना होगा कि राजधानी से अभी कोई सहायता नहीं मिलती। हम लोगों को इस आसन्न विपद में अपना ही भरोसा है ' के अनेक सुंदर और भव्य रूप मिलते हैं। दृढ़तापूर्वक सावधान रहना स्कंद की अपनी विशेषता थी। धृति की ही भाँति स्थान-स्थान पर गर्व, चिंता, उत्सुकता, आवेग, विषाद, ग्लानि इत्यादि अन्य संचारियों का भी समावेश होता गया है। इस प्रकार वीररस के सभी उपादानों का संयोग स्वयं उपस्थित हो गया है और नाटक में रस-निष्पत्ति पूरी-पूरी हुई है। युद्धवीर के साथ-साथ दानवीर का भी अच्छा समन्वय है। स्कंद ने जिस साम्राज्य की सिद्धि अपने अपार पौरुष के बल पर प्राप्त की थी और जिस राष्ट्र को निरापद बनाने में उसने अपना संपूर्ण जीवन उत्सर्ग कर दिया था, उसी को एक क्षण में उसने पुरगुप्त को दान कर दिया। इस प्रकार अंत में युद्ध और दानवीरता की जो अन्विति दिखाई पड़ती है वही रस-दशा का परमोत्कर्ष है। इस महात्याग और महादान का प्रेरक प्रधानतः उत्साह ही है। अतः सहयोगी रूप में दानवीर की अभिव्यंजना सर्वथा अभिमत है।

विशेषता

प्रस्तुत नाटक में 'प्रसाद' की पद्धति ने एक विशेष ढंग पकड़ा है। यह विशेषता भारतीय एवं पाश्चात्त्य शैलियों के समन्वय में दिखाई पड़ती है। पाश्चात्त्य शास्त्रियों ने नाटक की मौलिक विशिष्टता दो बातों में मानी है–' कार्य ' और ' द्वंद्व '। इस नाटक में नाटकीय सक्रियता आद्यंत जागृत बनी रहती है। प्रथम दृश्य में राष्ट्रीय समस्याओं के परिचय के साथ-साथ उनके सुलझाने का प्रयत्न भी आरंभ हो जाता है। मालव की सहायता के लिए स्कंद बद्धपरिकर होता है। अंत तक युद्ध, चेष्टा, प्रयत्न, षड्यंत्र, विरोध और दमन के ही व्यापार चलते रहते हैं और आक्रमणकारियों की पराजय से नाटक की समाप्ति होती है। इस सक्रियता के प्रसार का मुख्य कारण द्वंद्व और संघर्ष होता है। इस नाटक में संघर्ष का ही प्राधान्य है, जो कि दो रूपों में दिखाई पड़ता है, व्यक्तिगत और वर्गगत। व्यक्तिगत द्वंद्व का सुंदर स्वरूप स्कंदगुप्त एवं देवसेना में मिलता है और वर्गगत द्वंद्व तो प्रत्यक्ष ही है। षड्यंत्रकारियों का राजनीतिक तथा पारिवारिक संघर्ष स्कंदगुप्त और साम्राज्य के विरोध में है। इस विरोध की उग्रता धर्मसंघों के कारण और भी प्रदीप्त होती है। इस पारिवारिक राजनीति तथा धार्मिक कुचक्रों के बल पर ही विदेशी आक्रमणकारी सफलतापूर्वक उपद्रव खड़ा कर सके हैं। इसके अतिरिक्त पति-पत्नी, भाई-भाई, माता-पुत्र, सखी-सखी, स्वामी-सेवक, इत्यादि के संघर्ष भी चलते ही हैं। इस प्रकार पाश्चात्त्य मानदंड से यह रचना प्रभावोत्पादक और सर्वथा सफल है। संघर्ष और सक्रियता ही इस नाटक के प्राण हैं। इस संघर्ष को लेकर विचार करने से यह स्पष्ट ज्ञात होता है कि नाटक के तृतीय अंक की समाप्ति पाश्चात्त्य चरमसीमा के रूप में हुई है। साथ-साथ में व्यक्तित्व-चित्रण की ओर जो विशेष ध्यान दिया गया है वह भी पाश्चात्त्य व्यक्तिवैचित्र्यवाद के ही अनुकूल है। फल-प्राप्ति के उपरांत भी एक दृश्य जो आगे बढ़ाकर नाटक की समाप्ति दिखाई गई है, उसके मूल में यही व्यक्तित्व-चित्रण की प्रेरणा लक्षित होती है।

नाट्यशास्त्र के भारतीय पंडितों ने नाटक की सृष्टि के तीन ही मुख्य उपादान माने हैं–वस्तु, नेता और रस। इसमें वस्तु एवं नेता के योग से रस-निष्पत्ति ही लक्ष्य है। नाटक का वृत्त ख्यात, इतिहास प्रसिद्ध है ही। साथ ही नायक उदात्त चरित्र का है। विभाव, अनुभाव, व्यभिचारी इत्यादि का सुंदर रूप में संयोग होने से वीररस की निष्पत्ति भी हो गई है। संपूर्ण कृति में समष्टि-प्रभाव प्राप्त होता है। नाटक के आवश्यक सभी विषय इस रचना में मिल जाते हैं। इस प्रकार पाश्चात्त्य एवं भारतीय दोनों विचारों से स्कंदगुप्त नाटक उत्तम है।

चंद्रगुप्त

इतिहास

मौर्यवंश का प्रथम प्रतापशाली शासक चंद्रगुप्त था। उसके पूर्वजों के विषय में विद्वानों में बड़ा मतभेद है। कुछ लोगों ने इसे शूद्रा के गर्भ से उत्पन्न लिखा है। यह भ्रांति विशेषतः ग्रीक ऐतिहासिकों के कारण आरंभ हुई ज्ञात होती है,[1] अथवा यह भी हो सकता है कि नंद-वंश विषयक जनश्रुति चंद्रगुप्त पर आरोपित हो गई हो। कुछ लोगों का कथन है कि वह वीर क्षत्रिय था और उसका जन्म पिप्पलीकानन (वन) के मोरिय जाति के क्षत्रियों में हुआ था[2]। इन मोरियों का उल्लेख दीघनिकाय के महापरिनिब्बाण सुत्त में मिल चुका है। बुद्ध के जीवनकाल में ही वर्तमान गोरखपुर के पूर्वोत्तर में मौर्यों का प्रजातंत्र राज्य था। संभवतः इसी राज्य के किसी क्षत्रिय सरदार का पुत्र चंद्रगुप्त था। पीछे वह राज्य महापद्मनंद के राज्य-विस्तार के कारण मगध के शासन में आ गया और कालांतर में नंद की उच्छृंखलता से मुक्त होने की इच्छा रखनेवालों का नायक, मौर्यवंशीय चंद्रगुप्त हुआ। वस्तुस्थिति की विवेचना से ऐसा ज्ञात होता है कि इस महत्त्वाकांक्षी युवक का प्रथम प्रयास असफल रहा और उसे कठोर शासक नंद के चंगुल से बचकर भागना पड़ा। चंद्रगुप्त के विषय में कुछ लोगों की यह भी धारणा है कि वह महानंद का पुत्र है, परंतु यह बात अब प्रायः सभी विद्वानों के मत से भ्रांत ठहरती है, क्योंकि ऐसा प्रमाण भी मिलता है कि चंद्रगुप्त से और नंद-राजकुमारी से प्रेम था। कालांतर में उन दोनों का विवाह हुआ और उन्हीं की संतान बिंदुसार था जो चंद्रगुप्त के उपरांत शासक हुआ[4]। ऐसी स्थिति में चंद्रगुप्त को नंदवंश का स्वीकार करना असंभव है।

---

1. जे. डब्लू. मैक्रिंडल : द इनवैजन आव् इंडिया बाई एलेक्जेंडर द ग्रेट (ऐज डिस्क्राइब्ड बाई एरियन, कर्लियस, डियोडोरस : प्लूटार्क एंड जस्टिन) नया संस्करण पृ. 225; 404।
2. (क) जयचंद्र विद्यालंकार : भारतीय इतिहास की रूपरेखा, भाग 2, पृ. 548।
   (ख) सत्यकेतु विद्यालंकार : मौर्य-साम्राज्य का इतिहास, पृ. 90 से पृ. 111 तक।
3. हेमचंद्र राय चौधरी : पोलिटिकल हिस्ट्री आव् एंशियंट इंडिया (1932), पृ. 181।
4. टी. एल. शाह : एंशियंट एंडिया वाल्यूम 11 (1939), पृ. 150; 175।

जिस समय चंद्रगुप्त मगध से भागकर सुदूर पश्चिमोत्तर-सीमा पर पहुँचा उस समय वहाँ उसका परिचय ब्राह्मण विष्णुगुप्त से हुआ जिसका उपनाम चाणक्य अथवा कौटिल्य था। वह तक्षशिला का शिक्षार्थी और वहीं के विश्वविद्यालय का स्नातक था। तक्षशिला का वह विद्याकेंद्र शिक्षा-दीक्षा के कारण अति प्रसिद्ध था और उसमें कोसल, काशी, मल्ल इत्यादि राज्यों के राजकुमार भी जाकर विद्याभ्यास करते थे। यह संस्था विविध शास्त्रों का ज्ञान कराती थी और तत्कालीन समाज एवं राजनीति के नियंत्रण में उसका प्रच्छन्न हाथ अवश्य ही रहता था[1]। सिकंदर के आक्रमण-काल में यही प्रसिद्ध विद्याकेंद्र विद्रोह का प्रधान केंद्र था। वहाँ उस समय कूटविद्या और सैन्य-शास्त्र-विशारद चाणक्य और उसका शिष्य चंद्रगुप्त वर्तमान थे[2]।

जिस समय चंद्रगुप्त विजेता अलक्षेंद्र से मिला उस समय उसकी बाल्यावस्था थी और उसमें महत्त्व-प्रियता इतनी अधिक थी कि साधारण बातचीत में भी उसका दर्प प्रकट होता था। परिणामतः अलक्षेंद्र उससे चिढ़ गया और चंद्रगुप्त को वहाँ से भी हट जाना पड़ा[3]।

इसके उपरांत वहीं अपने गुरु चाणक्य के साथ रहकर वह भावी कार्यक्रम में प्रयत्नशील हुआ। उस समय संपूर्ण पंजाब प्रांत स्वतंत्र और गणतंत्र राज्यों का घर था। इन हिंदू शासकों में आपस में नहीं बनती थी। वे एक-दूसरे का पतन देखने में ही संतुष्ट रहते थे। वहाँ के प्रमुख राज्य में गांधार-नरेश आंभी (आंभीक) एक ओर आक्रमणकारी के स्वागत में लगा था और दूसरी ओर महाराज पुरु (पोरस) अपनी संपूर्ण शक्ति के द्वारा उसका विरोध करने की ठान रहे थे। फलतः आंभीक और विजेता अलक्षेंद्र के साथ पोरस का घोर युद्ध हुआ जिसमें पहला पक्ष विजयी तो रहा पर उसे महाराज पुरु का लोहा मानना पड़ा[4]। सिकंदर ने इस वीर शासक को परास्त कर उसे पुनः व्यास और झेलम के दोआब का क्षत्रप नियुक्त किया, जैसे झेलम और सिंधु के बीच के प्रांत का आंभीक तथा सिंधु के पश्चिम प्रदेश का फिलिप्स को नियुक्त किया था। अपने क्षत्रपों को स्थापित करते और उत्तरस्थ छोटे-छोटे अन्य राज्यों एवं शासकों को अपनी छत्र-छाया से उपकृत करते हुए

---

1. (क) मौर्य-साम्राज्य का इतिहास, पृ. 673 से 685 तक।
   (ख) द इनवैजन आव् इंडिया बाई एलेक्जेंडर द ग्रेट, पृ. 342।
   (ग) जनार्दन भट्ट : बौद्धकालीन भारत (सं. 1982), पृ. 371 से 375 तक।
2. इ. बी. हैवल : द हिस्ट्री आव् आर्यन रूल इन इंडिया फ्राम अर्लिएस्ट टाइम्स टू द डेथ आव् अकबर, चैप्टर 5।
3. (क) तलव्याज व्हीलर : द हिस्ट्री आव् इंडिया, वाल्यूम 3; पृ. 175-76।
   (ख) हेमचंद्र राय चौधरी : पोलिटिकल हिस्ट्री आव् एंशियंट इंडिया (1932), पृ. 181-82।
4. जे. डब्ल्यू. मैक्रिंडल : द इनवैजन आव् इंडिया बाई एलेक्जेंडर द ग्रेट, पृ. 308।

अलक्षेंद्र दक्षिण की ओर बढ़ा। उस समय उस ओर भी कई छोटे-छोटे प्रजातंत्र--सिलाई, अगलासोई, मालव, क्षुद्रक प्रभृति राज्य थे। इनके अधिकारी थे तो बड़े शूरवीर थे, पर आपस में एक्य न होने से ये राज्य शीघ्र ही विजित हो गए। मालव और क्षुद्रकों ने परस्पर मिलने की चेष्टा की और एक अनुभवी क्षत्रिय को सेनापति भी बनाया परंतु इसके पूर्व कि यह सम्मिलित सेना सजग हो, अलक्षेंद्र ने सहसा उस समय आक्रमण कर दिया जिस समय लोग खेतों में काम कर रहे थे। बड़ा उग्र युद्ध हुआ जिसमें अलक्षेंद्र बुरी तरह घायल और मूर्च्छित होकर गिर पड़ा। इस पर मकदूनिया की सेना विक्षिप्त हो उठी और नृशंस होकर चारों ओर स्त्रियों-बच्चों तक को कत्ल करने लगी[1]। इसी प्रकार रक्तपात करते हुए यह मकदूनिया का विजेता जल-मार्ग से अपने देश की ओर लौट चला, पर मार्ग में ही बाबेरू पहुँचकर 323 ई. पूर्व में उसका देहांत हो गया।

अलक्षेंद्र केवल विजयी योद्धा ही न था, वह नीतिकुशल और दूरदर्शी भी था। सहिष्णुता और एकछत्रत्व की भावना उसके चरित्र की विशेषताएँ थीं। अपनी शक्ति के साथ-साथ अन्य पक्ष की योग्यता को भी स्वीकार करता था। वह स्वयं वीर था और वीरों का प्रशंसक भी था। वह साधु और विद्वान् की या तो स्वयं प्रतिष्ठा करता था या उनकी विशिष्टता और तपस्या को मानता था। भारत पर आक्रमण करने के प्रसंग में वह तक्षशिला के अनेक साधु-महात्माओं से मिला और उनके आश्रम पर गया था। ग्रीक लेखकों ने इस विषय की अनेक चर्चाएँ की हैं। तक्षशिला में वह जिन ऐसे व्यक्तियों से मिला था उनमें मंडनिस अथवा दंडमिस प्रमुख था। दंडमिस के अनेक शिष्यों का उल्लेख प्राप्त होता है जिनमें से एक कालानास भी था। जिसे फुसलाकर अलक्षेंद्र अपने साथ ले गया था। दंडमिस ने अपने आश्रम पर आए हुए मकदूनिया के सम्राट् को उसकी नृशंस विजय के लिए बहुत फटकार भी सुनाई थी। इसका स्पष्ट उल्लेख मिलता है[2]।

जिस समय अलक्षेंद्र को रुष्ट करके चंद्रगुप्त उसके सामीप्य से हटा और चाणक्य जैसे कुशलबुद्धि व्यक्ति की आंतरिक अनुकंपा उसे प्राप्त हुई उसी समय से गुरु और शिष्य पंचनद के गणतंत्रों में इन विदेशियों के प्रति विरोधाग्नि प्रज्चलित करने में दत्तचित्त हो गए। संभव है इसी कारण विशेषतः अलक्षेंद्र को पद-पद पर कठिनाइयों और विरोधों का सामना करना पड़ा था। उस मकदूनिया के वीर विजेता के संसर्ग में रहने के कारण भारत के भावी सम्राट् ने रणनीति में कुशलता प्राप्त की और उसका प्रयोग भी तुरंत ही किया। भावी महत्त्वपूर्ण पद की संप्राप्ति की

---

1. (क) भारतीय इतिहास की रूपरेखा, पृ. 540-41।
   (ख) आर. एस. त्रिपाठी : हिस्ट्री आव् एंशियंट इंडिया (1942), पृ. 136-39।
2. जे. डब्ल्यू. मैक्रिंडल : द इनवैजन आव् इंडिया बाई एलेक्जेंडर द ग्रेट, पृ. 386-92।

सूचना आधिदैविक रूप में ही उसे मिली थी जिसका उल्लेख जस्टिन ने किया है। व्याघ्र का सोते हुए चंद्रगुप्त का मुख चाटकर चला जाना और पालतू-जीव की भाँति सहसा एक हाथी का सम्मुख आकर उसे अपने ऊपर बैठाकर भीषण युद्ध में योग देना ईश्वर की ही प्रेरणा थी[1]।

अपने सौभाग्य और कर्मनिष्ठा के बल पर चंद्रगुप्त ने शीघ्र ही पंचनद का अधिनायकत्व प्राप्त कर लिया। चाणक्य और चंद्रगुप्त के नेतृत्व में यूनानी सेनापतियों के प्रति भारतीय विद्रोह को सफलता प्राप्त हुई। पंजाब और सीमाप्रांत चंद्रगुप्त के अधिकार में आ गए। इन प्रदेशों के नरपतियों ने अनायास अपने को स्वतंत्र करानेवाले मौर्य चंद्रगुप्त की अधीनता स्वीकार की[2]। इन प्रदेशों से विदेशी सत्ता उच्छिन्न करने के उपरांत उन्हीं की सम्मिलित सेना[3] के सहयोग से उसने मगध के नंद का नाश किया। इस युद्ध में ऐतिहासिक नाटक मुद्राराक्षस के अनुसार चंद्रगुप्त का प्रधान सहायक पर्वतेश्वर था, पर इससे अधिक उसका और परिचय नहीं मिलता। कुछ लोगों ने उसी को पोरस (पुरु) कहा है[4]। पीछे चलकर चाणक्य ने पर्वतेश्वर का वध ऐसी चातुरी से कराया कि चंद्रगुप्त के मार्ग का कंटक भी दूर हो गया और सारा दोष नंद-सम्राट् के प्रधानामात्य राक्षस के सिर मढ़ा गया। पश्चात् निर्विघ्न चंद्रगुप्त मगध के सिंहासन पर ई. पू. 321 में आरूढ़ हुआ।

इसके अनंतर चंद्रगुप्त ने दक्षिण-विजय के लिए प्रस्थान किया। ग्रीक लेखकों का तो कहना है कि संपूर्ण भारतवर्ष उसके अधिकार में था; परंतु इतना तो अवश्य ही प्रमाण-सम्मत मालूम पड़ता है कि विंध्य पर्वत से आगे के दक्षिण प्रांत भी उसके शासन में थे। दक्षिण-पश्चिम में उसके राज्य की सीमा सौराष्ट्र और पोदोइल पर्वत तक कही जाती है। मैसूर के लेखों से यह भी ज्ञात होता है कि उसके उत्तर तक मौर्य-साम्राज्य का विस्तार था[5]। दक्षिण-विजय के उपरांत ही साम्राज्य पर फिर विदेशी आक्रमण का भय उत्पन्न हुआ।

अलक्षेंद्र की मृत्यु होने पर सिल्यूकस सीरिया प्रांत का अधिपति बन गया था। अलक्षेंद्र की पंचनद-विजय में भी वह पहले सेनापति के रूप में रह चुका था। उसके मन में पुनः भारत-विजय की कामना स्फुरित हुई। एक विशाल वाहिनी लेकर

---

1. जे. डब्ल्यू. मैक्रिंडल : द इनवैजन आव इंडिया बाई एलेक्जेंडर द ग्रेट, पृ. 327-28।
2. मौर्य-साम्राज्य का इतिहास, पृ. 121।
3. विराधगुप्त :–एष कथयामि। अस्ति तावत् शकयवनकिरातकाम्बोजपारसीकवाल्हीक प्रभृतिभिः चाणक्यमतिपरिगृहीतैः चंद्रगुप्तपर्वतेश्वरबलैरुदधिभिरिव प्रलयोच्चलितसलिलैः समन्तात् उपरुद्धं कुसुमपुरम्।–मुद्राराक्षस (द्वितीयांक)।
4. आर. एस. त्रिपाठी : हिस्ट्री आव् एंशियंट इंडिया, पृ. 140।
5. हेमचंद्र राय चौधरी : पोलिटिकल हिस्ट्री आव् इंडिया, पृ. 183-84।

वह भारतवर्ष की पश्चिमोत्तर सीमा पर आ पहुँचा। इधर सम्राट् चंद्रगुप्त उससे कहीं अधिक तत्पर दिखाई पड़ा। इन दोनों में प्रायः ई. पू. 305 में एक विकट युद्ध हुआ। पर उस युद्ध का विस्तृत वृत्तांत कहीं नहीं मिलता। परिणाम के विषय में देशी-विदेशी[1] सभी लेखक एकमत हैं। सिल्यूकस की पराजय हुई और दोनों सम्राटों में संधि हो गई। सीरिया के शासक ने वर्तमान लासबेला, कलात, कंदहार, हेरात और काबुल के प्रदेश मौर्य सम्राट् को दिए। इस मैत्री की प्रतिष्ठा में उसने अपनी बेटी एथिना[2] का विवाह भी चंद्रगुप्त के साथ कर दिया। इसके उपरांत निरापद होकर चंद्रगुप्त अपने साम्राज्य की शांति-स्थापना में लगा।

कथानक

इस नाटक का कथानक अन्य नाटकों की भाँति न तो पाँच अंकों का है, न तीन का। चार अंकों में संपूर्ण कथा को बाँधने से कार्य की अवस्थाएँ संघटित करने में विशेष कौशल की आवश्यकता पड़ी है। सारे कथानक में तीन प्रमुख घटनाएँ हैं—अलक्षेंद्र का आक्रमण, नंदकुल का उन्मूलन और सिल्यूकस का पराभव। इन तीनों महत्त्वपूर्ण भारतीय राजनीतिक घटनाओं में तर्क और बुद्धिसंगत संबंध भी है। इसी संगति की सुलभता को लेकर नाटक का संविधान हुआ है और इस विधान का लक्ष्य यही है कि तीनों इतिहास-प्रसिद्ध घटनाओं की प्रेरकता का श्रेय एक व्यक्ति को मिले। इसी व्यक्ति के चरित्र-विकासक्रम को आधार मानकर कथानक बाँधा गया है। घटनाओं और स्थितियों को इस क्रम से सजाया गया है कि इतिहास की संगति के साथ नाटक के चरित्र-विकास का सामंजस्य होता चले।

वस्तु-विन्यास के इसी सौष्ठव के कारण नाटकीय समष्टि-प्रभाव का जितना आभोग सुंदर और सुसंगत इस नाटक में हो सका है उतना लेखक की अन्य किसी रचना में नहीं।

लेखक ने प्रथम दो प्रधान घटनाओं को पहले लिया है। इसीलिए उनसे संबद्ध प्रमुख व्यक्तियों के परस्पर संबंध का परिचय आरंभ में कराया गया है। तक्षशिला के गुरुकुल में ही युवकों की एक मंडली ऐसी दिखाई पड़ती है, जो तत्कालीन राजनीतिक क्रांति की अग्निशिला को प्रज्वलित करने के लिए प्रयत्नशील हो रही है। वहीं से मैत्री, प्रेम और विरोध का आरंभ होता है। फिर इसके विपक्ष-दल का परिचय मिलता है। क्रमानुसार विरुद्ध दलों का सामना होता है और विरोध की

---

1. जे. डब्ल्यू. मैक्रिंडल : द इनवैजन आव् इंडिया बाई एलेक्जेंडर द ग्रेट, पृ. 407।
2. जनार्दन भट्ट : बौद्धकालीन भारत (सं. 1942), पृ. 114।

जटिलता बढ़ती है। कथानक विकासोन्मुख होकर मगध से लेकर गांधार तक फैलता है। कार्य-व्यापारों के दो केंद्रस्थल बन जाते हैं। इधर चंद्रगुप्त और चाणक्य नंदकुल से संघर्ष की जड़ जमाकर विरोध को उकसा देते हैं और सीमाप्रांत की ओर बढ़ जाते हैं। उधर सिंहरण और अलका की प्रेरणा और आंभीक के विरोध से सिंधु-तट पर भी संघर्ष आरंभ हो जाता है। वहाँ घटना-स्थिति से प्रेरित सिल्यूकस और चंद्रगुप्त का परिचय होता है। दांड्यायन के आश्रम में दोनों विरोधी पक्षों का सम्मेलन होता है। और वहीं चंद्रगुप्त के उत्कर्ष के विषय में दांड्यायन की भविष्यवाणी के कारण सभी का ध्यान उसके महत्त्वपूर्ण व्यक्तित्व की ओर आकृष्ट हो जाता है। इस प्रकार प्रथम अंक में साध्य-साधन के पूर्ण परिचय के साथ-साथ मगध से लेकर गांधार तक की राजनीतिक स्थिति का पूर्ण प्रकाशन हो जाता है और चंद्रगुप्त के महत्त्व का स्थापन भी सुंदर ढंग से कर दिया जाता है।

दूसरे अंक में केवल पश्चिमोत्तर सीमाप्रांत की राजनीतिक वस्तु-स्थिति का ही विस्तृत उद्‌घाटन हुआ है। चंद्रगुप्त फिलिप्स के कामुक आक्रमण से कार्नेलिया की रक्षा करके उसका प्रेमभाजन बन जाता है। सिकंदर को नीचा दिखाकर उसकी शक्ति-सीमा के भीतर से वह निर्भय निकल जाता है। चाणक्य, चंद्रगुप्त, सिंहरण एवं अलका से मंत्रणा करके युक्तिपूर्वक विदेशी सेना की यथार्थ जानकारी प्राप्त करता है। इसी विश्वास पर पर्वतेश्वर और सिकंदर के युद्ध में अपनी मंडली के साथ योग देता है। सिकंदर और पुरु में संधि हो जाती है। चाणक्य के बुद्धि-कौशल से प्रभावित अपनी सेना के विमुख होने पर मार्ग में आ पड़नेवाली क्षुद्रकों एवं मालवों को परास्त करता हुआ अलक्षेंद्र अपने देश को लौटना चाहता है। अभी तक चंद्रगुप्त का उससे प्रत्यक्ष संघर्ष नहीं हुआ है; पर चंद्रगुप्त की उत्कर्ष-स्थापना के लिए यह आवश्यक था, अतएव उक्त दोनों गणतंत्रों का सेनापति चंद्रगुप्त बनता है। अलका के चक्र में पड़कर पर्वतेश्वर भी युद्ध में योग देता है और ठीक अवसर पर पुनः सिकंदर की सहायता में तत्पर होता है। कल्याणी और राक्षस भी मगध-सेना लेकर चाणक्य के उद्योग में सहायक होते हैं। मालव-दुर्ग पर सिकंदर आक्रमण करता है। अकेली मालविका और अलका बड़ी तत्परता से विरोध करती हैं। सिकंदर स्वयं कोट पर चढ़कर भीतर कूद पड़ता है। वहाँ कठोर युद्ध के बाद सिकंदर घायल होकर अचेत हो जाता है। इस प्रकार चंद्रगुप्त उदारतापूर्वक सिकंदर को यवन सेनापति के हाथ सौंपकर सुरक्षित निकल जाने की अनुमति देता है। इस स्थान पर आकर कर्माश्रित चंद्रगुप्त का उत्कर्ष स्थापित हो जाता है।

तृतीय अंक में पुनः सारे कार्य-व्यापारों का अखाड़ा मगध बनता है और सीमाप्रांत का जमघट एक बार फिर धीरे-धीरे इसी ओर बढ़ने लगता है। चाणक्य अपनी कूट-बुद्धि के बल से चंद्रगुप्त को सर्वशक्ति-संपन्न बनाकर अब नंदकुल के उन्मूलन की ओर प्रवृत्त करने लगता है और स्वयं उसकी समस्त योजना में व्यस्त

दिखाई पड़ता है। अपने चरों द्वारा सबसे पहले वह राक्षस का विश्वास उपार्जित करता है। फिर ठीक अवसर पर पहुँचकर आत्महत्या पर तत्पर पर्वतेश्वर का उद्धार करता है और उसे अपनी उद्देश्य-पूर्ति का एक सच्चा साधन बनाता है। राक्षस को नंद के आतंक से मुक्त करने का ढोंग रचकर और सुवासिनी से मिलाने का प्रलोभन देकर उसकी मुद्रा प्राप्त कर लेता है। कल्याणी को मगध की ओर बढ़ने की स्वीकृति दे देता है और बढ़े सम्मान और मैत्री-भाव से सिकंदर की बिदाई करता है। इस विदेशी शत्रु से छुट्टी पाकर उस स्थान की राजनीतिक बागडोर सिंहरण के हाथ में सौंप देता है, क्योंकि चाणक्य का उस पर पूरा विश्वास है। पर्वतेश्वर वहाँ रहकर कुछ विघ्न उत्पन्न कर सकता है, इसलिए पूरी सैनिक सज्जा से उसे अपने साथ मगध की ओर चलने का आदेश देता है। उत्तरापथ की दासता के अवशिष्ट चिह्न फिलिप्स के शासन को मिटा देने के लिए चंद्रगुप्त ही उपयुक्त पात्र है, अतएव उसे कुछ समय के लिए वहीं छोड़ देता है; क्योंकि अभी मगध के मार्ग को उसके लिए कंटकाकीर्ण समझता है। परिस्थिति को चंद्रगुप्त के अनुकूल बनाकर तब उसे मगध में जाने देने का विचार करता है।

इधर जिस समय रंगशाला में नंद सुवासिनी से प्रणय की याचना कर रहा था उस समय राक्षस पहुँचकर उससे सुवासिनी की रक्षा करता है और यहीं से राजा उसका शत्रु बन जाता है। चंद्रगुप्त के माता-पिता कारागार में हैं। मंत्री वररुचि अपदस्थ कर दिया गया है। नागरिकवृंद नंद की उच्छृंखलताओं से असंतुष्ट हैं। ठीक इसी अवसर पर अपनी पूरी तैयारी के साथ चाणक्य कुसुमपुर के समीप पहुँचता है। मालविका को ठीक करता है कि वह राक्षस-सुवासिनी के विवाह के एक घंटा पूर्व सुवासिनी के नाम राक्षस का एक जाली पत्र जाकर नंद को दे। चाणक्य इसी समय सहसा अंधकूप से निकले शकटार से मिलता है और उस नंद-विद्वेषी को अनुकूल बनाकर अपने साथ लगा लेता है। मालविका पत्र और मुद्रा के साथ पकड़कर नंद-सभा में लाई जाती है। उसके प्राप्त पत्र को पढ़कर नंद राक्षस और सुवासिनी पर अत्यंत कुपित होता है और उन्हें तुरंत पकड़कर लाने की आज्ञा देता है।

पूर्वनिश्चय के अनुसार पर्वतेश्वर अपनी सेना के साथ कुसुमपुर में पहुँचकर चाणक्य से मिलता है। फिलिप्स को द्वंद्व में मारकर चंद्रगुप्त भी ठीक अवसर पर पहुँच जाता है। इस प्रकार चाणक्य द्वारा रचित विद्रोह-व्यूह पूर्णता प्राप्त कर लेता है। इसी समय राक्षस और सुवासिनी के अपमानपूर्वक राजबंदी बनाए जाने की आकस्मिक सूचना पाकर क्षुब्ध हुई जनता न्याय की दुहाई देती हुई एकत्र होती है और चाणक्य-मंडली के लोग एक-एक कर अपना-अपना परचिय देते हुए उसी में सम्मिलित हो जाते हैं। इन विद्राहियों का नेता चंद्रगुप्त बनता है। यह विद्रोही-समूह राजसभा में ठीक उसी समय पहुँचता है जब लोग राक्षस और सुवासिनी

को अंधकूप में डालने के लिए ले जा रहे हैं। यह दृश्य देखकर क्षुब्ध नागरिक उत्तेजित हो उठते हैं। अंत में परिणाम यह होता है कि नंद को बचाते-बचाते भी शकटार उसे मार डालता है और सब लोग एक स्वर से चंद्रगुप्त को शासक स्वीकार करते हैं। राक्षस उसका हाथ पकड़कर राज्यसिंहासन पर बैठा देता है।

अब चंद्रगुप्त के राज्य-शासन को निष्कंटक बनाना और उसे साम्राजय का वृहत रूप देना शेष है। कंटक दो हो सकते हैं, कल्याणी एवं पणबंध के अनुसार आधे मगध का अधिकारी पर्वतेश्वर। चतुर्थ अंक इन्हीं दोनों कंटकों के व्यापार से आरंभ होता है। चाणक्य का विचार यह है कि यदि कल्याणी जीवित रहती है तो संभव है कि नंद के अनुयायी उसी को एकमात्र नंदकुल का अवशेष मानकर चंद्रगुप्त के राज्य-संचालन में विघ्न उत्पन्न करें। ऐसी अवस्था में लेखक इसी को बौद्धिक रूप देकर उसके द्वारा आधे राज्य के अधिकारी पर्वतेश्वर की हत्या करा देता है। इसके उपरांत चंद्रगुप्त के लिए अपना प्रेम अभिव्यक्त कर अपने पिता की हत्या के विरोध रूप में कल्याणी भी आत्महत्या कर लेती है। अब चंद्रगुप्त दक्षिण-विजय के लिए जाता है। राज्य के निष्कंटक हो जाने पर उसे अब भावी महत्त्वपूर्ण अभीष्ट-सिद्धि के लिए विशेष कीर्ति और शक्ति की आवश्यकता है।

सुवासिनी पर चाणक्य की भी कुछ अनुरक्ति है, इस कारण राक्षस पुनः चाणक्य से खिंच जाता है। चंद्रगुप्त की दक्षिण-विजय पर उत्सव न किया जाय, चाणक्य के इस आदेश के विरोध में जो खड़े होते हैं उनके साथ राक्षस का भी सहयोग है। इस अंतःकलह के अतिरिक्त वाह्लीक की सीमा पर नवीन यवन सेना एकत्र हो रही है। सिल्यूकस सिकंदर के पूर्वी प्रांतों की ओर दत्तचित्त है। इसको सुयोग मानकर चाणक्य चंद्रगुप्त के यथार्थ साम्राज्य-स्थापन के विचार से प्रसन्न है। अब उसके सम्मुख एक ओर पाटलिपुत्र का षड्यंत्र और दूसरी ओर यवनों का भावी आक्रमण है। उत्सव-विरोध के कारण रूठकर अपने माता-पिता के चले जाने का प्रसंग उठाकर चंद्रगुप्त चाणक्य का विरोध करता है। इस पर चाणक्य रूठकर चला जाता है। राक्षस के नेतृत्व में जो चंद्रगुप्त की हत्या की योजना हुई और जिसके परिणामस्वरूप मालविका मारी जाती है, उसकी सूचना देकर सिंहरण भी चाणक्य को खोजने चला जाता है। इस प्रकार कूट-चातुरी से चाणक्य आवश्यक व्यक्तियों को सीमाप्रांत की ओर खींच ले जाता है। सिंधुतट पर बैठकर कात्यायन को मगध की ओर इस विचार से भेजता है कि चंद्रगुप्त को समय पर वहाँ भेजे और शकटार के साथ मगध की देखरेख करे। स्वयं आंभीक को अपने पक्ष में लाता है और अलका का आदर्श सम्मुख रखकर उसे उत्साहित करता है। आंभीक भी खड्ग लेकर शपथ कर लेता है कि मैं भी चंद्रगुप्त का साथी बनकर आक्रमणकारी से लड़ूँगा।

राक्षस अब ग्रीक शिविर से कार्नेलिया को पढ़ाता और सिल्यूकस के साथ

रहता है। अपनी झोंपड़ी में सहसा सुवासिनी को आया पाकर चाणक्य उसे राक्षस औरं कार्नेलिया के पास बंदिनी के रूप में जाने के लिए प्रेरित करता है, जिसमें वह राक्षस को देशभक्त बना सके और राजकुमारी के हृदय में बैठे चंद्रगुप्त के प्रति प्रेम को उद्दीप्त कर सके। इधर संपूर्ण सैनिक सज्जा के साथ द्रुतगति से चंद्रगुप्त चला आ रहा है। सिंहरण के सेनापतित्व से विमुख होने के कारण इस समय सम्राट् ही सेनापति है। सिल्यूकस साइवर्टियस के द्वारा चंद्रगुप्त को समझाने की चेष्टा करता है, परंतु चंद्रगुप्त अविचल है। युद्ध अनिवार्य हो जाता है। चाणक्य दूर रहकर भी संपूर्ण युद्ध की राजनीति का नियंत्रण करता है। चंद्रगुप्त को इसका ज्ञान नहीं है। वह आत्मविश्वास के बल पर युद्ध में कूद पड़ता है। ठीक अवसर पर आंभीक, सिंहरण और चाणक्य के आदेश मिलते हैं और उत्तरोत्तर भारतीय सेना का बढ़ाव होता चलता है। अंत में चंद्रगुप्त ग्रीक शिविर में कार्नेलिया से मिलता है और वहीं सिल्यूकस बंदी करके लाया जाता है। चंद्रगुप्त उसे मुक्त और स्वतंत्र छोड़कर लौट आता है। दांड्यायन के आश्रम में चाणक्य, चंद्रगुप्त, राक्षस इत्यादि मिलते हैं और वहीं चाणक्य राजनीति से तटस्थता ग्रहण करता है, राक्षस और सुवासिनी के विवाह का निर्णय सुना देता है और राक्षस को आमात्य-पद के साथ शस्त्र दिलाता है। इस प्रकार सारा अंतःकलह शांत हो जाता है। अब सब लोग राजसभा में सिल्यूकस के स्वागतार्थ एकत्र होते हैं। सिल्यूकस और चंद्रगुप्त की संधि के साथ मैत्री स्थापित होती है और चाणक्य आशीर्वाद के साथ चंद्रगुप्त तथा कार्नेलिया के विवाह का प्रस्ताव करता है। इस प्रस्ताव के स्वीकृत होने पर जीवन से विराम लेकर चाणक्य राजनीतिक क्षेत्र से पृथक् हो जाता है

संविधान-सौष्ठव और काल-विस्तार

इस नाटक का कथानक अपने भीतर पचीस वर्षों के इतिहास को लिए है। सिकंदर के आक्रमण के कुछ वर्षों से लेकर सिल्यूकस की भारतीय संधि तक का काल इसमें आया है। इस पर नाट्यशास्त्र की दुहाई देते हुए अनेक विचारकों ने नाक-भौं सिकोड़ी है और यह भी कहा है कि आरंभ में जिन पात्रों को युवा देखा उन्हें अंत में वृद्ध नहीं देखते। यह अवास्तविक-सा ज्ञात होता है। इस पर यहाँ केवल इतना ही कहना है कि नाटककार के रचना-कौशल की शक्ति से अतीत को भी प्रत्यक्षायमाण देखकर सामाजिक यदि इतना भी साधारणीकरण की परवशता में नहीं आ सकता तब तो सारा रंगमंच और उस पर होनेवाले समस्त अभिनय-व्यापार—भले ही नाटक संकलनत्रय के सिद्धांतों के अनुसार ही क्यों न लिखा गया हो—उसे एक बाल-क्रीड़ा ही मालूम पड़ेंगे, क्योंकि उसके लिए नकल और अभिनय हो रहा है इस बात को भूल जाना उतना ही दुष्कर है जितना इतिहास की घटनाओं की

कालतालिका को। नाटक में प्रदर्शित एक धारावाही घटनावली की योजना सुसंगत रूप में जहाँ तक चली है, उसे तीन-चार घंटों में प्रत्यक्ष देख लेने पर ऐतिहासिक दूरी का ध्यान आ ही नहीं सकता। काव्य-रसानुभूति ऐसे ही अवसरों पर सहृदय और असहृदय का भेद कर देती है और रूक्ष लौकिक बुद्धि-ग्राह्यता को वह इस प्रकार तिरोहित कर देती है कि सामाजिक आनंद-विस्मृत हो उठता है। यदि यह स्थिति नहीं उत्पन्न हो पाती चाहे नाटक हो अथवा काव्य, हमें बिल्कुल प्रसन्न नहीं कर सकता।

अभिनय-व्यापार के विचार से इस नाटक का वृत्त-गुंफन विशेष चमत्कारयुक्त है। यदि केवल प्रथम तीन अंक ही चुन लिए जायं तो भी काम चल सकता है। रसास्वादन में कोई व्याघात नहीं पड़ता। यदि नंद-कुल-उन्मूलन और चंद्रगुप्त का राज्याभिषेक ही नाटक का लक्ष्य माना जाय तो कार्य की अवस्थाएँ और नाटक की पूर्णता के अन्य विधान भी यथास्थान नियोजित मिल जाएँगे। द्वितीय अंक की समाप्ति—बेसुध सिकंदर पर दया कर उसे मुक्त कर देना—ही प्राप्त्याशा का और राक्षस की मुद्रा पर अधिकार तथा पर्वतेश्वर की सहायता का निश्चय ही नियताप्ति का स्थल बन सकता है। हाँ, थोड़ा-सा परिवर्तन आवश्यक होगा। कल्याणी और चंद्रगुप्त के प्रेम को विवाह में परिणत करके दिखाना पड़ेगा। इस प्रकार तीन अंकों का यह नाटक अपने में सर्वथा पूर्ण और रंगमंच के अनुकूल हो सकता है।

अंक और दृश्य

स्कंदगुप्त में पाँच और अन्य नाटकों में तीन अंकों का प्रयोग दिखाई पड़ता है; परंतु इस नाटक में चार अंक हैं। 'प्रसाद' से प्रश्न करने पर यह ज्ञात हुआ कि वस्तुतः उनकी इच्छा पाँच अंकों की थी। कारणविशेष से वैसा नहीं हो सका। इसका प्रत्यक्ष प्रमाण चतुर्थ अंक का अवैध विस्तार है। प्रथम और द्वितीय अंकों में ग्यारह-ग्यारह, तृतीय में नौ और चतुर्थ में सोलह दृश्य हैं। यह क्रम, सिद्धांत एवं व्यावहारिकता के विचार से अनुचित है। उत्तरोत्तर अंकों के दृश्यों की संख्या में कमी होनी चाहिए, न कि वृद्धि। फिर उस नाटक में ऐसा क्यों ? इसका उत्तर केवल यही है कि पाँच अंकों के विचार से नाटक लिखा गया था, पर इसका रूप स्थिर नहीं हो पाया था और रचना छप गई। इसका दूसरा प्रमाण भी है। द्वितीय संस्करण के चतुर्थ अंक में लेखक ने स्वयं परिवर्तन किया है। कुछ दृश्य जो केवल सूच्य थे और पूर्ण नहीं मालूम पड़ते थे वे आपस में मिला दिए गए हैं। इस प्रकार दृश्य-संख्या कुछ घट गई है और वह दोष कुछ कम हो गया है। द्वितीय संस्करण में ग्यारहवाँ और बारहवाँ दृश्य मिलाया गया है। फिर भी इस अंक का विस्तार मात्रा से अधिक ज्ञात होता है। ऐसा हो सकता था कि चाणक्य के क्रुद्ध होकर

चले जाने और सिंहरण के उसका अनुसरण करने पर चंद्रगुप्त को एकाकी दिखाकर चतुर्थ अंक की समाप्ति होती। सर्वथा स्वावलंब पर खड़े संयत, धीर और उद्योगशील चंद्रगुप्त के व्यक्तित्व का पूर्ण रूप भी दिखाई पड़ता और विमर्श-संधि की भी पूर्ण स्थापना हो जाती। साथ ही पूरा पाँचवाँ अंक सिल्यूकस-अभियान और तत्संबंधी व्यापार से ही पूर्ण हो जाता।

'प्रसाद' ने सूच्य दृश्यों का प्रयोग प्राचीन संकेतों के साथ भले ही न किया हो, पर दृश्यों के रूप को देखकर यह अवश्य मालूम पड़ता है कि कौन व्यापार दृश्य है और कौन केवल सूच्य। संपूर्ण नाटक में कई दृश्य ऐसे मिलते हैं जो बिल्कुल हटा दिए जा सकते हैं अथवा दूसरे में मिला दिए जा सकते हैं। कहीं-कहीं उनके विषय की सूचना मात्र से काम निकल सकता है; जैसे प्रथम अंक का तृतीय दृश्य, द्वितीय अंक का पाँचवाँ, छठा, सातवाँ और आठवाँ दृश्य और तृतीय अंक का प्रथम दृश्य इत्यादि। चतुर्थ अंक की तो बात ही निर्विवाद है। वहाँ तो स्वयं लेखक ने ही इसकी आवश्यकता समझी है। यह स्पष्ट है कि यदि विधिपूर्वक विचार करके दृश्यों की भिन्न प्रकार से योजना की जाय तो उनका संकोच किया जा सकता है। ऐसा न होने से वस्तु-संविधान में कुछ शैथिल्य और कुछ दुर्भरता प्रतीत होती है।

अंकों के विभाजन और विषय-विस्तार में 'प्रसाद' की विशेष पटुता दिखाई पड़ती है। कहाँ से, किस स्थिति से अंक का आरंभ करने से अभीप्सित ध्वनि और प्रभाव उत्पन्न होंगे इसका विशेष विचार उनमें दिखाई पड़ता है। घटना के आरोहावरोह और व्यापारों की तर्क-संगत शृंखला के निर्माण में 'प्रसाद' कहीं चूकते नहीं, इसमें उनकी प्रबंध-सिद्धि प्रकट होती है। अंकों के आरंभ में प्रधान विषय का प्रकृत निवेदन एक क्रम से मिल जाता है, जो उत्तरोत्तर विकसित होकर, संपूर्ण प्रभाव को अपने साथ संकलित करता चलता है। अंक का अंतिम अंश आंकिक प्रभावान्वित से आपूर्ण बना रहता है। यही कारण है कि सब अंकों का समाप्ति-स्थल विशेष रूप से चमत्कारपूर्ण और प्रभावुक हो गया है। प्रथम अंक की समाप्ति दांड्यायन के आश्रम पर आधिदैविक योग के कारण आकर्षक बन गई है और चंद्रगुप्त के महत्त्व की स्थापना में विशेष सहायक है। द्वितीय अंक के अंत में उत्कर्ष और श्री का बड़ा सुंदर प्रसार दिखाया गया है। उस स्थल पर चंद्रगुप्त भारतीय सौजन्य और उदारता के प्रतीक रूप से अजेय दिखाई पड़ता है। तृतीय अंक की समाप्ति नंद के पूर्ण पराभव और चंद्रगुप्त के राज्याभिषेक के कारण यों ही प्रभावपूर्ण बन गई है।

आरंभ और फल-प्राप्ति

आरंभ का दृश्य बड़ा ही भव्य है। प्रथम दृश्य में ऐसी विशेषताओं का रहना आवश्यक है जिनकी ओर सामाजिक सहसा आकृष्ट हो जाय। यहाँ इस प्रकार की दो विशेषताएँ दिखाई पड़ती हैं; स्थान विशेष–तक्षशिला--की प्राकृतिक मनोरमता और प्राचीन संस्कृति से संयुक्त महत्त्व का स्थल। वहाँ के गुरुकुल का भव्य वातावरण उसमें चाणक्य जैसे जगत्प्रसिद्ध आचार्य और सिंहरण एवं चंद्रगुप्त जैसे वीर राजकुमार छात्रों का एकत्र योग ! राजकुमार आंभीक और दिव्य बाला अलका भी वहीं उपस्थित हैं। उस प्रधान विद्याकेंद्र में जगत्प्रसिद्ध व्यक्तियों की उपस्थिति से नाटक का आरंभ होता है। राजनीतिक गांभीर्य से पूर्ण वाकोवाक्य के उपरांत आंभीक तथा सिंहरण का ओजस्वी संवाद, साथ ही साथ तलवार की लपक-झपक से सक्रियता का प्रारंभ उसी समय भारत के भावी सम्राट् चंद्रगुप्त मौर्य का साहस, आवेशपूर्ण प्रवेश और युद्ध, उस दृश्य को अत्यंत आकर्षक बना देता है। इसी दृश्य में प्रमुख पात्रों के कुलशील का परिचय और उनके जीवन का भावी कार्यक्रम मिल जाता है। फल का आभास भी हो जाता है और उसके संभव विरोध का रूप भी खड़ा दिखाई पड़ता है। इसी दृश्य में नाटकीय प्रमुख भावों–मैत्री, प्रेम, विरोध–के स्वरूप देखने को मिल जाते हैं।

नाटक के साध्य पक्ष-फल का व्यापक कथन प्रथम अंक के प्रथम एवं पंचम दृश्यों में हुआ है। विचार करने पर प्रत्यक्ष दो फल दिखाई पड़ते हैं–नंदकुल-उन्मूलन और मौर्य-साम्राज्य की दृढ़ स्थापना। प्रथम फल एकदेशीय होने के कारण द्वितीय का सहायक है। दोनों में साध्य-साधन संबंध है। द्वितीय फल अधिक व्यापक है। उसका संबंध राष्ट्र अथवा संपूर्ण भारतवर्ष से है। अतएव वह अधिक महत्त्वपूर्ण एवं प्रयत्न-साध्य है, मौर्य-साम्राज्य के निर्विघ्न स्थापन के भीतर ही यवन-आक्रमणों को परास्त कर भारतीय राजनीति पर चंद्रगुप्त का एकाधिपत्य स्थापित करना है। अतः संपूर्ण अंतःकलह के कारणों का ध्वंस एवं सीमाप्रांतों के पूर्ण नियंत्रण का कार्य जब तक पूरा नहीं होता तब तक नाटक के फल की प्राप्ति नहीं समझनी चाहिए। इसीलिए केवल चंद्रगुप्त के राज्याभिषेक पर नाटक समाप्त नहीं हो पाया। सिल्यूकस के पराभव के साथ-साथ पर्वतेश्वर और कल्याणी की मृत्यु भी आवश्यक थी। सिल्यूकस के साथ जो संधि हुई वही पूर्ण फल-प्राप्ति का योग है। चंद्रगुप्त-कार्नेलिया का विवाह संधि की भावी स्थिरता और दृढ़ता का द्योतक है। ‘ हस्ताक्षर तलवारों को रोकने में असमर्थ होंगे XX अतएव, दो बालुकापूर्ण करारों के बीच में एक निर्मल स्रोतस्विनी का रहना आवश्यक है।’ इसीलिए यह व्यवस्था हुई। अधिकारी के फल-प्राप्त करते ही उसकी प्रेरक शक्ति तटस्थता ग्रहण कर लेती है। अब उसकी कोई आवश्यकता नहीं रह जाती। ‘ चाणक्य–(मौर्य का

हाथ पकड़कर) चलो, अब हम लोग चलें।'

कार्य की अवस्थाएँ

प्राप्त करने के लिए फल का निर्देश प्रथम अंक के प्रथम और पंचम दृश्यों में हो जाता है। कार्य की प्रथम अवस्था प्रारंभ है। नाटक में उतनी दूर का सारा अंश आरंभ के अंतर्गत समझना चाहिए जितने में प्रमुख व्यक्तियों और उनके जीवन के लक्ष्य का परिचय दिया जाता है। कार्य की इस अवस्था का प्रसार वहाँ तक चलता दिखाई पड़ता है जहाँ तक चंद्रगुप्त और चाणक्य को कुपित और अपमानित करने का इतिवृत्त है। नंद-सभा से चंद्रगुप्त की आँखों के सामने ही चाणक्य का तिरस्कार और अपमान होता है। पर्वतेश्वर वृषल कहकर चंद्रगुप्त की भी निंदा करता है। वहाँ भी चाणक्य को सीमा के बाहर जाने की आज्ञा मिलती है। यहाँ तक उस वस्तु-वृत्त का विस्तार आया है जिससे प्रेरित होकर चंद्रगुप्त और चाणक्य अब आगे प्रयत्नशील होते हैं।

यहाँ से अब गुरु और शिष्य उस प्रभुत्व-फल के लिए प्रयत्न में अग्रसर होते हैं जिसकी सिद्धि इन दुःखद स्थितियों में परिवर्तन उत्पन्न कर देगी। प्रयत्न की कठोरता आरंभ में ही दिखाई पड़ती है। कानन-मार्ग में चलते-चलते चंद्रगुप्त की नसों ने अपने बंधन ढीले कर दिए, शरीर अवसन्न हो जाता है और उसे प्यास लगने से बेसुधी आ जाती है। सिल्यूकस और कार्नेलिया की मैत्री के आधार पर चंद्रगुप्त ग्रीकों के युद्ध संबंधी विधान का ज्ञान प्राप्त करके अपनी निर्भीकता से सिकंदर तक को आतंकित कर देता है; नट-रूप धारण कर भेद की बातें जानने की चेष्टा करता है तथा पर्वतेश्वर और सिकंदर के युद्ध में ठीक अवसर पर पहुँचकर अपनी उपस्थिति एवं सहायता से सबको प्रभावित करता है। चाणक्य की कूटनीति से परिचालित होकर वह गणतंत्रों का सेनापति बनता और सिकंदर को नीचा दिखाता है। इस प्रकार वहाँ के गणतंत्रों और शासकों पर अपनी वीरता और योग्यता की छाप लगा देता है और अवसर विशेष के लिए अनेक प्रशंसक और सहयोगी प्राप्त कर लेता है। चाणक्य भी राक्षस की मुद्रा प्राप्त करता है और पर्वतेश्वर जैसे वीर योद्धा को अनुकूल बनाकर अपनी सिद्धि में नियोजित कर लेता है। मगध में लौटकर ये दोनों व्यक्ति क्रांति के सब साधन एकत्र कर सारी प्रजा के द्वारा विद्रोह करा देते हैं। वीर, योग्य और सुलभ चंद्रगुप्त को प्रजा अपना शासक बना लेती है। यहाँ आकर भारत से यवन-निष्कासन-रूप फल-प्राप्ति की आशा हो चलती है। राज-शक्ति प्राप्त होने से संभव है चंद्रगुप्त निर्विघ्न साम्राज्य स्थापित कर सके, यवनों के संभावित पुनराक्रमण का सफलतापूर्वक अवरोध कर सके और इसी शक्ति के बल पर वह अपने साम्राज्य का विस्तार भी कर सके। इस अवस्था में चंद्रगुप्त

को अपने संपूर्ण प्रयत्नों के परिणामरूप में फल की प्राप्त्याशा होती है।

आशा हो जाने पर भी अभी चार बाधाएँ ऐसी हैं जिनके कारण फल-प्राप्ति निश्चित नहीं कही जा सकती। वे हैं—मगध के आधे राज्य का अधिकारी पर्वतेश्वर, नंदकुल का शेषचिह्न कल्याणी, राक्षस, मौर्य इत्यादि का गृह-कलह और आंभीक तथा उसका सैन्य बल। आंभीक में अभी तक अनुकूल परिवर्तन नहीं दिखलाई पड़ता है। जब कल्याणी पर्वतेश्वर को मारकर स्वयं आत्महत्या कर लेती है, राक्षस इत्यादि के कुचक्र, चाणक्य की दूरदर्शिता और प्रबंधकौशल से कुचल दिए जाते हैं और चाणक्य अपने व्यक्तित्व-प्रभाव से तथा अलका का आदर्श सम्मुख रखकर आंभीक को अपने अनुकूल बना लेता है; तब इन संभव बाधाओं का निराकरण होने पर फल-प्राप्ति निश्चित होती है। जिस स्थल पर आंभीक मगध-सेना का सैनिक बनना चाहता है और कर्त्तव्य से च्युत न होने की शपथ लेता है वहीं नियताप्ति की सिद्धि माननी चाहिए। इसके उपरांत फल तक की पहुँच सीधी और क्रमसाध्य हो जाती है।

अर्थप्रकृतियाँ

' सिंहरण—आर्यावर्त का भविष्य लिखने के लिए कुचक्र और प्रतारणा की लेखनी और मसी प्रस्तुत हो रही है। उत्तरापथ के खंडराज्य द्वेष से जर्जर हैं। शीघ्र भयानक विस्फोट होगा।'

चाणक्य—' क्या तुम नहीं देखते हो कि आगामी दिवसों में आर्यावर्त के साथ स्वतंत्र राष्ट्र एक के अनंतर विदेशी विजेता से पददलित होंगे XX और आर्यावर्त का सर्वनाश होगा।' इसके उत्तर में चंद्रगुप्त का कथन है—

चंद्रगुप्त—' गुरुदेव, विश्वास रखिए, यह सब कुछ नहीं होने पावेगा। यह चंद्रगुप्त आपके चरणों की शपथपूर्वक प्रतिज्ञा करता है कि यवन यहाँ कुछ न कर सकेंगे।' इसमें भावी व्यापारों का बीज निहित दिखाई देता है। यहीं से बीज क्रम-वृद्धि पाने लगता है। और नंद की राजसभा में चाणक्य के अपमानित होने तक चलता है। वहाँ जाकर वह बीज इस प्रकार अंकुरित होता है कि नंद-कुल का उन्मूलन कर डालता है। चाणक्य कहता है—' समय आ गया है कि शूद्र राज्यसिंहासन से हटाए जाएँ और सच्चे क्षत्रिय मूर्धाभिषिक्त हों XX यह शिखा नंद-कुल की कालसर्पिणी है, यह तब तक बंधन में न होगी जब तक नंद-कुल निःशेष न होगा।'

फिर तो ऐसी घटनाएँ चलती हैं और ऐसे व्यापार होते हैं जिनके कारण बीज

उत्तरोत्तर अभिवर्धित होता रहता है। सिंहरण और यवन का विरोध, चाणक्य का कारावास, दांड्यायन की भविष्यवाणी, चंद्रगुप्त की कार्नेलिया और सिल्यूकस से मैत्री तथा सिकंदर से संघर्ष इत्यादि बीज के प्रस्फुटित होने में सहायक होते हैं और साध्य को निरंतर क्रियाधीन बनाकर आगे बढ़ते चलते हैं अतएव समस्त द्वितीय और तृतीय अंक तक बिंदु अर्थप्रकृति का ही प्रसार चलता है। इसी अर्थप्रकृति का विस्तार नाटक के अधिक अंश में दिखाई पड़ता है। इसकी समाप्ति का कोई स्थल विशेष निश्चयपूर्वक निर्दिष्ट नहीं किया जा सकता।

नाटक में दो प्रासंगिक इतिवृत्त ऐसे हैं जो पताका अर्थप्रकृति के रूप में दिखाई पड़ते हैं; वे हैं—सिंहरण और पर्वतेश्वर के कथांश। सिंहरण और अलका का प्रसंग आरंभ से चलकर विमर्श संधि के भी आगे निर्वहण संधि तक निरंतर चला आता है। इसके नायक का अपना कोई भिन्न उद्देश्य नहीं है। सिंहरण चंद्रगुप्त के ही साथ लक्ष्यप्राप्ति में निरत है। उसके पक्ष में शास्त्रीय विधान केवल इसीलिए पूर्णतः घटित नहीं होता कि उसके प्रसंग की समाप्ति गर्भ अथवा विमर्श संधि में नहीं होती। पर्वतेश्वर का प्रसंग अवश्य ऐसा है जो बीच से उठकर गर्भ और विमर्श संधियों के बीच में ही समाप्त हो जाता है। पर्वतेश्वर का भी अपना कोई ऐसा लक्ष्य नहीं है जो चंद्रगुप्त के लक्ष्य से पृथक् कहा जाय। ऐसी अवस्था में मेरे विचार से उसी को पताका-नायक मानना चाहिए। वह इतिहास-प्रसिद्ध व्यक्ति है और चंद्रगुप्त के उत्थान में उसका योग ऐतिहासिक और नाटकीय विचार से निर्विवाद है। यों तो सिंहरण का प्रसंग भी पताका योग्य है, यदि शास्त्र अनुकूल हो।

चंद्रगुप्त के इतने बड़े इतिवृत्त के भीतर अनेक छोटी-छोटी अन्य कथाएँ और प्रसंग आए हैं। फिलिप्स और कार्नेलिया, चंद्रगुप्त और मालविका, कल्याणी और पर्वतेश्वर, सिकंदर और उसका युद्ध इत्यादि सब प्रसंग प्रकरी अर्थप्रकृति रूप में बिखरे दिखाई पड़ते हैं। प्रवाह के अनुसार ये प्रसंग निकलते और अपना काम करके यथास्थान समाप्त हो जाते हैं। निर्वहण संधि में पहुँचकर धीरे-धीरे विरोध के सब कारण समाप्त हो जाते हैं। आंभीक मगध सेना का साथ देता है। राक्षस अपना विरोध भूलकर साम्राज्य और सम्राट् की सेवा में अपने को समर्पित करता है। अंत में कार्य अर्थप्रकृति भी सिद्ध दिखाई पड़ती है। सिल्यूकस पराजित होता है और दोनों साम्राज्यों में संधि हो जाती है। सारा सीमाप्रांत चंद्रगुप्त के अधिकार में आ जाता है और भविष्य में कोई उपद्रव उठने की आशंका भी नहीं रह जाती। इस तरह कार्य भी संपन्न होता है।

संधियाँ

इस नाटक में प्रारंभ अवस्था सिंहरण एवं चाणक्य के संवाद से प्रकट है। प्रथम

दृश्य में उन्होंने यवनों द्वारा भारतवर्ष की विजय की आशंका का उल्लेख किया है, बीज अर्थप्रकृति चंद्रगुप्त के उद्धार-संकल्प से आरब्ध है और मुख संधि उसी दृश्य से आरंभ होकर प्रथम अंक के आठवें दृश्य तक जाती है। चाणक्य के पर्वतेश्वर के पास सहायता-याचना के लिए आने से पूर्व तक यही संधि चलती है। फिर यहीं से प्रतिमुख संधि का उदय हो जाता है, क्योंकि फिर तो नाटकीय प्रधान फल का साधक इतिवृत्त कहीं प्रकट, कहीं लुप्त होकर कभी अनुकूल और कभी प्रतिकूल होता दिखाई पड़ने लगता है। पर्वतेश्वर की सभा से चाणक्य बहिष्कृत होता है। यह स्थिति प्रतिकूल है और चंद्रगुप्त के विषय में दांड्यायन की भविष्यवाणी अनुकूल ! इसी तरह सिकंदर और पर्वतेश्वर के युद्ध में पर्वतेश्वर की पराजय प्रतिकूल और मालव के युद्ध में चंद्रगुप्त की उत्कर्ष-सिद्धि अनुकूल है। इस प्रकार की बातें कभी पक्ष तथा कभी विपक्ष में वहाँ तक चलती हैं जहाँ सिकंदर भारतवर्ष से लौट जाता है। उसके बाद गर्भ संधि का प्रसार होता है और ऐसी स्थितियाँ उत्पन्न होती हैं कि कहीं यह मालूम पड़ता है कि अब काम बना और कहीं ऐसा भय होने लगता है कि सब किया कराया नष्ट हुआ। इसी द्विधा का रूप नंद की मृत्यु और चंद्रगुप्त की राज्य-प्राप्ति तक चलता रहता है। प्राप्त्याशा अवस्था के साथ इस गर्भ संधि का योग ठीक बैठ जाता है। अब घटनाएँ इस क्रम से चलती हैं कि एक दिन ऐसा भी आ जाता है और स्थिति इस प्रकार की हो जाती है कि चंद्रगुप्त के माता-पिता चाणक्य की नीति से असंतुष्ट होकर राज्य छोड़ देते हैं। चंद्रगुप्त के उत्तर-प्रत्युत्तर से चाणक्य भी कुपित होकर चला जाता है और पीछे चंद्रगुप्त का परम मित्र सिंहरण भी गुरु की खोज में निकल पड़ता है। चंद्रगुप्त एकाकी रह जाता है और कहता है—' पिता गए, माता गई, गुरुदेव गए, कंधे से कंधा भिड़ाकर प्राण देनेवाला चिरसहचर सिंहरण गया। तो भी चंद्रगुप्त को रहना पड़ेगा।' इस प्रकार क्रोध-असंतोष के कारण यह विपत्ति उत्पन्न हो गई है। विमर्श संधि का यह उत्तम उदाहरण है। इसके उपरांत ससैन्य आंभीक के मागधों से मिल जाने पर और राक्षस ऐसे प्रतिद्वंद्वी की मित्रता प्राप्त होने पर, अन्य सब विघ्न शांत हो जाते हैं। इसके उपरांत सिल्यूकस के पराभव के साथ संधि का प्रस्ताव सम्मुख आता है। निर्वहण संधि का रूप इस तरह सिद्ध हो जाता है।

नायक का विचार

आवश्यकता न रहने पर भी प्रायः यह प्रश्न उठता है कि इस नाटक का नायक कौन है—चंद्रगुप्त अथवा चाणक्य ? इसके दो प्रधान कारण हैं। चाणक्य भी चंद्रगुप्त ही के समान इतिहास-प्रसिद्ध व्यक्ति है और नाटक में उसका कृतित्व चंद्रगुप्त से रंचमात्र कम नहीं है। आद्यंत सभी घटनाओं और स्थितियों में उसका योग है। लक्ष्य

स्थिर करने में, उस लक्ष्य की सिद्धि के उपायों की उद्‌भावना तथा संपूर्ण घटना व्यापारों में उसका प्रभाव वर्तमान है। चारित्र्य के विचार से भी उसमें कोई कमी नहीं दिखाई पड़ती। जितनी व्यापकता के साथ चंद्रगुप्त के व्यक्तित्व, शील और चारित्र्य के उद्‌घाटन का प्रयत्न हुआ है, उससे किसी प्रकार कम प्रयत्न चाणक्य के लिए नहीं है। परंतु नायक का विचार और निर्णय इस आधार पर नहीं होता। उसका आधार केवल एक है। नाटक में वर्णित फल क्या है और इस फल का उपभोक्ता कौन है ? मूल प्रेरक भाव चाणक्य का भले ही हो पर फल-प्राप्ति के लिए प्रत्यक्ष प्रयत्नशील चंद्रगुप्त है और वही संप्राप्त फल का अधिकारी है। पर्दे के भीतर से निर्देश करने का काम चाणक्य ने अवश्य किया है, परंतु क्रिया-क्षेत्र में चंद्रगुप्त ही सम्मुख आता है। तीनों प्रमुख घटनाओं में चंद्रगुप्त की ही प्रत्यक्ष क्रियाशीलता से सिद्धि प्राप्त होती है। आरंभ में सिंहरण और चाणक्य के बीच भावी यवन-आक्रमण से भारतवर्ष के नाश की बात आते ही चंद्रगुप्त ने ही उद्धार-प्रयत्न की शपथ ली है। अंत में भी सारे कार्यों के पूर्णतया सफलतापूर्वक संपादन करने के पश्चात् सिद्धि, लक्ष्य एवं फल के उपभोग के लिए चंद्रगुप्त ही रह जाता है। चाणक्य तो मौर्य के साथ तपस्या में निरत होने के लिए कर्मक्षेत्र के रंगमंच को छोड़कर चला जाता है। अतएव फल का उपभोक्ता वह हो ही नहीं सकता। जो नाटकीय फल का उपभोक्ता नहीं माना जा सकता, वह उस नाटक का नायक भी नहीं हो सकता। शास्त्रीय सिद्धांतों के आधार पर और व्यावहारिक रूप में भी नाटक का नायक चंद्रगुप्त ही हो सकता है, न कि चाणक्य। इस विचार से नाटक का नामकरण भी सर्वथा युक्तिसंगत है।

चंद्रगुप्त

काव्यों में वर्णित नायक के सब गुण चंद्रगुप्त में दिखाई पड़ते हैं। वह त्यागी, कृतज्ञ, पंडित, कुलीन, लक्ष्मीवान, लोगों के अनुराग का पात्र, रूप-यौवन और उत्साह से युक्त, तेजस्वी, चतुर एवं सुशील पुरुष है। तक्षशिला के गुरुकुल में पाँच वर्ष अध्ययन करने के पश्चात् स्नातक होकर लौटा है। गुरुकुल में ही उसकी निर्भीकता, उचित के लिए अड़ने की प्रवृत्ति, मैत्री में उदारता, विनयशीलता, आत्मविश्वासपूर्ण दृढ़ संकल्प के भाव स्पष्ट लक्षित होते हैं। शुद्ध क्षत्रियवृत्ति लेकर वह कर्म-क्षेत्र में अवतीर्ण होता है। द्वंद्व के लिए सदैव प्रस्तुत है—यदि कोई आवाहन करे। प्रथम दृश्य में आंभीक से भिड़ जाता है और फिलिप्स को तो समाप्त ही कर डालता है। वह आत्मसम्मान के लिए मर मिटना ही दिव्य जीवन मानता है। अपने इष्ट-साधन में सिकंदर ऐसे यशस्वी वीर की भी सहायता नहीं स्वीकार करता, क्योंकि विपक्ष की दया के बल पर अपना व्यक्तित्व नहीं खड़ा करना चाहता। सिल्यूकस

के शब्दों में वह ‘ एक वीर युवक है ’ और कार्नेलिया भी उसकी विनयशील वीरता पर मुग्ध हो जाती है। उसकी वीरता की धाक कल्याणी पर भी जम चुकी है। चंद्रगुप्त ने ही चीते को मारकर उसकी रक्षा की थी। समय पर पहुँचकर कामुक फिलिप्स से कार्नेलिया के भी सम्मान की रक्षा उसी ने की है। इसी वीरता के बल पर उन सब पीड़ित, आघात-जर्जर, पददलित लोगों का रक्षक बनता है जो मगध की प्रजा हैं। वीरता के साथ उसमें दृढ़ संकल्प और पूर्ण स्वावलंबन भी है। वह माता-पिता, चाणक्य जैसे मंत्रदाता और कंधे से कंधा भिड़ाकर प्राण देनेवाले मित्र के चले जाने पर भी अपने दायित्व-भार से विमुख होने की बात तो दूर, रंचमात्र भी विचलित नहीं होता। उसी समय तो उसका क्षात्रतेज पूर्णतया प्रज्वलित होता है। सम्मुख कठोर युद्ध की विभीषिका देखकर उसमें द्विगुणित उमंग और तत्परता उत्पन्न हो जाती है। उस समय वह मरण से अधिक भयानक को आलिंगन करने के लिए प्रस्तुत हो जाता है। सिंहरण के पत्र को पढ़कर वह तिलमिला उठता है। उसकी अखंड वीरता को जैसे किसी ने चुनौती दी हो। उत्तर में नायक से कहता है—‘ सिंहरण इस प्रतीक्षा में हैं कि कोई बलाधिकृत जाय तो वे अपना अधिकार सौंप दें। नायक ! तुम खड्ग पकड़ सकते हो और उसे हाथ में लिए हुए सत्य से विचलित तो नहीं हो सकते ? बोलो ! चंद्रगुप्त के नाम से प्राण दे सकते हो ? मैंने प्राण देनेवाले वीरों को देखा है। चंद्रगुप्त भी प्राण देना जानता है, युद्ध करना जानता है और विश्वास रक्खो, उसके नाम का जयघोष विजयलक्ष्मी का मंगलगान है। आज से तुम पंचनद के प्रदेष्टा नियुक्त हुए। शासन-प्रबंध स्थिर रहे। मैं बलाधिकृत हूँगा। मैं आज सम्राट् नहीं, सैनिक हूँ। चिंता क्या ! सिंहरण और गुरुदेव न साथ दें, डर क्या ! सैनिको ! सुन लो ! आज से मैं केवल सेनापति हूँ, सम्राट् नहीं। जाओ, यह लो मुद्रा और सिंहरण को छुट्टी दो और कह देना कि चंद्रगुप्त ने कहा है कि तुम दूर खड़े होकर देख लो सिंहरण ! मैं कायर नहीं हूँ। जाओ।’ इस वाणी में सच्ची वीरता, तेज, आत्मविश्वास और स्वावलंबन से भरा अगाध उत्साह उमड़ रहा है। इसी वृत्ति को लेकर वह दुर्भेद्य कारागृह में एकाकी प्रवेश करके, विरोधियों की उपस्थिति में, चाणक्य को छुड़ा चुका है, दर्प-भरे विश्वविजयी सिकंदर को भी उसी की सभा में खरी-खोटी सुनाकर निर्विघ्न निकल चुका है, सिकंदर का मान-खंडन कर जीवनदान दिया है और अंत में सिल्यूकस पर विजय प्राप्त की है। वीरता के योगवाही विनय और कृतज्ञता भी उसमें सर्वत्र दिखाई पड़ी है। सिकंदर, सिल्यूकस और चाणक्य के साथ जो व्यवहार उसने किए हैं, उसमें ये गुण स्पष्ट दिखाई पड़ते हैं।

वह युद्धव्यसनी कोरा वीर और योद्धा नहीं है। उसकी सहृदयता, प्रेम और रसिकता भी यथास्थान दिखाई पड़ती है। उसका कल्याणी, मालविका और कार्नेलिया के प्रति प्रेम भी अवसर के अनुसार झलकता चलता है। विशाल मरुस्थल के

बीच-बीच में क्षीण निर्मल जल-रेखा की भाँति, उसे सक्रियता-पूर्ण कठोर जीवन में ‘ निर्दोष मणि ’ ‘ सरल बालिका ’ और ‘ स्वर्गीय कुसुम ’ के भी दर्शन होते रहते हैं। ‘ रणभेरी में पहले मधुर मुरली की एक तान’ सुनने का वह अभिलाषी बना रहता है। उस स्वर्गीय मधुरिमा को वह पहचानता है; परंतु यह सब होते हुए भी देश की दुर्दशा से जब उसका हृदय व्याकुल रहता है तब उस ज्वाला में ये सब स्मृति-लताएँ मुरझा जाती हैं। उसके जीवन का एकमात्र लक्ष्य स्वदेश-सम्मान की रक्षा ही है। इसका सारा दायित्व वह अपने ऊपर मानता है। इस प्रकार यदि चंद्रगुप्त के संपूर्ण कार्य-व्यापारों, विचार-प्रवृत्तियों इत्यादि का भली भाँति विश्लेषण किया जाय तो वह गंभीर स्वभाववाला, महासत्व अर्थात् हर्ष-शोक में समभाववाला, स्थिर प्रकृति का, विनय से प्रच्छन्न गर्व रखनेवाला, आत्मप्रशंसा के भाव से हीन, दृढ़व्रत दिखाई पड़ता है, अतएव वह धीरोदात्त नायक के गुणों से युक्त है।

चाणक्य

प्राचीन ब्राह्मणों की उत्कृष्ट बुद्धि और उग्रता की अनेक कथाएँ और प्रमाण प्राचीन ग्रंथों में प्राप्त हैं। ऐसे व्यक्तियों की एक छाप हमारी संस्कृति पर दिखाई पड़ती है। चाणक्य शुद्ध ब्राह्मण-शक्ति का सर्वोत्कृष्ट उदाहरण है। अपनी जातिगत मर्यादा का प्रबल समर्थक है। ब्राह्मणों के सर्वस्वतंत्र और आध्यात्मिक विभूतिमय जीवन का बारंबार स्मरण करके वह गर्वित हो उठता है। यदि कोई रंचमात्र भी अपनी कृतज्ञता से उसे दबाना चाहता है तो उसके विरुद्ध चाणक्य के जो वचन निकलते हैं उनमें दर्प-भरा उत्साह दिखाई पड़ता है–‘ ब्राह्मण न किसी के राज्य में रहता है और न किसी के अन्न से पलता है; स्वराज में विचरता है और अमृत होकर जीता है ब्राह्मण सब कुछ सामर्थ्य रखने पर भी; स्वेच्छा से इन माया-स्तूपों (राज्यों) को ठुकरा देता है। प्रकृति के कल्याण के लिए अपने ज्ञान का दान देता है।’

नाटक में चाणक्य के चरित्र का वृद्धि-क्रम बड़ी सुंदरता से दिखाया गया है। घटनाओं और स्थितियों के कारण उसके चरित्र का विकास होता गया है और उसका प्रखर तथा निर्मल रूप प्रकट होता गया है। उसके चरित्र की कुछ ऐसी विशेषताएँ हैं जिनके कारण कोई उसका रूप कभी नहीं भूल सकता। वह ब्राह्मणत्व के गर्व से आपूर्ण है, निर्भीक, स्पष्टवक्ता, दृढ़, कठोर, कष्टसहिष्णु और भारी उद्योगशील है। दूरदर्शिता की पराकाष्ठा से उसके सारे प्रयत्न सफल होते हैं। इसके अतिरिक्त उसकी कूटनीति तथा बुद्धि उसके सब व्यापारों को चमत्कृत कर देती हैं। जैसे चंद्रगुप्त क्षात्रतेज से प्रेरित होकर द्वंद्व-युद्ध के लिए सर्वत्र प्रस्तुत रहता है, उसी प्रकार चाणक्य बुद्धिवाद के लिए सदैव तत्पर है। उसकी कूट-बुद्धि और दूरदर्शिता का अनेक अवसरों पर परिचय मिलता है। वह नंदकुल के नाश के उपायों

का संकलन करता है; पर्वतेश्वर को साधन बनाने में भले ही प्रथम बार वह असफल रहा हो, पर अंत में उसे अपने पक्ष में कर ही लेता है। व्यक्ति और अवसर को समझने और उन्हें अपने अनुकूल बनाने की असीम पटुता उसमें दिखाई पड़ती है। उसकी नीति है कि जब तक कोई कार्य-व्यापार चलता रहे, तत्संबंधी रहस्य और भेद की बात किसी को ज्ञात न हो। कष्ट और विपत्तियों से तो तनिक भी उद्विग्न और भयभीत नहीं होता। जितने अधिक से अधिक उग्र संघर्षों में वह पड़ता है उसकी बुद्धि उतनी ही अधिक कार्यतत्पर हो उठती है, उसकी ' नीति-लता विपत्ति-तम में लहलहाती है ' और वह ' सिद्धि देखता है, साधन नहीं।' उसे अपना स्वार्थ पूर्ण करना ही अभीष्ट रहता है, किन उपायों और उपादानों से पूर्ण करना होगा इसकी कुछ चिंता नहीं करता। उसके शत्रु और विपक्षी भी उसकी बुद्धि का लोहा मानते हैं। राक्षस के शब्दों में वह 'विलक्षण बुद्धि का ब्राह्मण है, उसकी प्रखर प्रतिभा कूट राजनीति के साथ दिन-रात जैसे खिलवाड़ किया करती है।' सिल्यूकस भी उसे ' बुद्धि-सागर ' मानता है।

उसके चरित्र का एक प्रिय और कोमल पक्ष भी है। वह द्वेष-विहीन, निर्लिप्त, उदार और सहृदय भी है। वह अवसर आने पर अपने बड़े से बड़े शत्रु एवं विद्रोही को पूर्ण सात्विक बुद्धि से कल्याण-कामना का आशीर्वाद देने में सदा उदार दिखाई पड़ता है। राक्षस, सिकंदर, सिल्यूकस और आंभीक इसके उदाहरण हैं। सुवासिनी के प्रसंग में उसकी कोमल सहृदयता सर्वत्र ध्वनित हुई है। साथ ही मंगल की कामना से कर्तव्य को स्थिर कर जो सुवासिनी को राक्षस के लिए सुरक्षित छोड़ देता है उससे उसके चरित्र की निर्लिप्त उदारता प्रकट होती है। अपनी हत्या की चेष्टा करनेवाले मौर्य को भी उदारतापूर्वक वह क्षमा कर देता है और मन में भी उसके प्रति द्वेष नहीं रखता। इन सब बातों से उसके चरित्र की सात्विकता प्रकट होती है। वह केवल क्रूरकर्मा, रूक्ष, राजनीति-विशारद ही नहीं है, कोमल और सहृदय भी है। लेकिन साध्य-सिद्धि के मार्ग में रोड़े अटकानेवालों से न तो दया की भीख माँगता है और न स्वयं देने की कृपा दिखाता है। कारागृह में कठोर यातना सहते हुए भी राक्षस की प्रतिकूल बातों को कदापि नहीं स्वीकार करता। वररुचि नंद पर दया दिखाने की प्रार्थना करता है पर चाणक्य स्पष्ट अस्वीकार कर देता है, क्योंकि शक्ति होने पर ही क्षमा का विचार संभव है। चाणक्य की नीति में अपराधों के दंड से कोई मुक्त नहीं। असंभव जैसी कोई वस्तु वह मानता ही नहीं। उसकी दृष्टि में प्रयत्न करने से असंभव संभव बन सकता है, इसके लिए केवल पुरुषार्थ चाहिए।

आद्यंत चाणक्य का चरित्र एक उग्र कर्मयोगी के रूप में दिखाई पड़ता है। वह ' राज्य करना नहीं जानता, करना भी नहीं चाहता '; हाँ ! वह राजाओं का नियमन जानता है, राजा बनाना जानता है। उसके ' दुर्बल हाथों में साम्राज्य उलटने

की शक्ति है और कोमल हृदय में कर्त्तव्य के लिए प्रलय की आँधी चला देने की कठोरता है'; परंतु ' वह क्रूर है, केवल वर्तमान के लिए, भविष्य के सुख और शांति के लिए, परिणाम के लिए नहीं।' वह जानता है, श्रेय के लिए मुनष्य को सब कुछ त्याग करना चाहिए। वह समझता है, ' मेघ के समान मुक्त वर्षा-सा जीवन-दान, सूर्य के समान अबाध आलोक विकीर्ण करना, सागर के समान कामना-नदियों को पचाते हुए सीमा के बाहर न जाना ही ब्राह्मण का आदर्श है।' इसी को लक्ष्य की भाँति अपने सम्मुख रखकर वह अपने जीवन का नियंत्रण करता है। सारी बुद्धि, सारा कौशल भारतीय राष्ट्र के कल्याण के लिए उसने लगाया है। जैसा करने का उपदेश अपने प्रिय शिष्यों को वह आरंभ में ही दे चुका है। इस प्रकार चाणक्य आत्मसम्मान, दृढ़ संकल्प और अद्‌भुत बुद्धि-वैभव का सर्वोत्तम प्रतिनिधि मानकर नाटक में अपने व्यक्तित्व से सबको प्रभावित करता दिखाई पड़ता है।

सिंहरण

मालवगण के राष्ट्रपति का पुत्र सिंहरण एक सच्चा वीर है। वीरों की भाँति ही स्पष्टवक्ता और निर्भीक व्यक्ति है। विनम्रता के साथ निर्भीक होना उसका वंशानुगत चरित्र है और तक्षशिला की शिक्षा का गर्व भी उसमें वर्तमान है। उत्तरापथ के जो खंडराज्य द्वेष से जर्जर हैं उनमें शीघ्र भयानक विस्फोट होगा इसका ज्ञान वह भली भाँति कर चुका है। चाणक्य द्वारा प्रचारित राष्ट्र-भावना को भी वह हृदयंगम कर चुका है। इसलिए उसका देश मालव ही नहीं, गांधार भी है। यही क्या, वह समग्र आर्यावर्त को अपना देश समझता है। उसकी सारी शक्ति और बुद्धि एकनिष्ठ होकर इसी में लगी दिखाई पड़ती है कि यवनों के आक्रमण से उसकी राष्ट्र-भूमि का दलन न होने पाए। यही कारण है कि वह जन्म-भूमि के लिए अपना जीवन उत्सर्ग कर देता है। गुरुकुल से ही वह गांधार-राजकुमारी अलका से प्रेम करने लगता है। समय पाकर दोनों की मैत्री और प्रेम प्रगाढ़ होते जाते हैं। समान स्थिति और व्यवसाय के होने से दोनों निरंतर समीप आते जाते हैं और अंत में दोनों का विवाह हो जाता है। सिंहरण, चंद्रगुप्त का चिरसहचर और अभिन्न मित्र है। दोनों के जीवन का ध्येय एक होने से सिंहरण सदैव कंधे से कंधा भिड़ाकर चंद्रगुप्त को सहयोग देता चलता है। चंद्रगुप्त के प्रत्येक व्यापार में एकरस उसके साथ रहता है। चाणक्य की नीति से प्रेरित होकर थोड़े काल के लिए दोनों मित्र पृथक् होते हैं, परंतु फिर ठीक अवसर पर दोनों मिल जाते हैं। चंद्रगुप्त ने स्वीकार किया है–'भाई सिंहरण, बड़े अवसर पर आए '। सिंहरण ने महाबलाधिकृत-पद पुनः स्वीकार करते हुए कहा–' हाँ सम्राट् ! और समय चाहे मालव न मिलें, पर प्राण देने का महोत्सव

पर्व वे नहीं छोड़ सकते।' पर्वतेश्वर को उपकृत करके सिकंदर ने जो उपकार भारत पर किया था उसके प्रत्युपकार में उसने भी सिकंदर के जीवन की रक्षा कर उस राष्ट्रीय ऋण को चुका देने की उदारता दिखाई है।

अन्य पुरुष-पात्र

नंद मद्यप, विलासी एवं उग्र स्वभाव का व्यक्ति है। व्यर्थ के संकुचित आत्मसम्मान के फेर में पड़ा रहता है। उद्धत प्रकृति के कारण अपने चारों ओर विरोधजाल फैला लेता है। कुविचार से अन्याय का पोषण करता है और स्वराज्य के प्रिय-सम्मानित व्यक्तियों को कारागृह में यातना भोगने के लिए डालता रहता है। परिणाम यह होता है कि सब नागरिक असंतुष्ट हो उठते हैं और विरोधी मंडली प्रबल होकर उसका अंत कर डालती है। राक्षस के स्वरूप को 'प्रसाद' ने मात्रा से अधिक विकृत कर दिया है। राक्षस का प्रथम प्रवेश ही उसे कुरूप कर देता है। इसके उपरांत फिर तो वह सुवासिनी के चक्कर में पड़ा हुआ चाणक्य की कूटनीति के बवंडर में उड़ा-उड़ा फिरता है। कहीं भी उसका व्यक्तित्व जमकर खड़ा नहीं होने पाता। वह भी चाणाक्ष राजनीतिज्ञ है, ऐसा देखने का अवसर ही नहीं मिलता। वस्तुतः 'प्रसाद' का राक्षस, चाणक्य जैसे विश्व-प्रतिष्ठित राजनीतिज्ञ का प्रतिद्वंद्वी बनने के योग्य नहीं दिखाई पड़ता। यदि राक्षस को भी बुद्धि-शक्ति से संपन्न दिखाया गया होता तो चाणक्य का माहात्म्य अधिक प्रस्फुटित होता। प्रस्तुत रूप में तारतम्य-बोध का अवसर नहीं मिल पाता। भले ही कोई साधारण अनुचर उसे 'आर्य राक्षस' कहकर संबोधित करे अथवा बड़ा ' कलाकुशल विद्वान् ' समझे, परंतु वह तो मद्यपों के बीच अपने एक गाने का मूल्य एक पात्र कादंब लगाता फिरता है। इसी आधार पर नंद भी उसे कुसुमपुर के एक रत्न के रूप में स्वीकार करके अपने अमात्यवर्ग में स्थान देता है। फिर तो सुवासिनी उसके लिए अमृत हो उठती है और उसे पाने के लिए वह सौ बार मरने को प्रस्तुत है। आंभीक उद्धत तथा उच्छृंखल स्वभाव का युवक है। अपनी सच्ची आलोचना भी सुनने में असमर्थ है। व्यक्तिगत मानापमान का संकुचित विद्वेष लेकर राष्ट्र के अपकार का बीड़ा उठा लेता है। फिर तो यदि बहन उसका विरोध करे तो अपने हाथ उसकी हत्या करने में सन्नद्ध दिखाई पड़ता है। सिल्यूकस से मिलकर पर्वतेश्वर का विरोध करना उसका लक्ष्य हो जाता है। घटनाचक्र के परिवर्तन पर उसमें भी यथाप्राप्त परिवर्तन हो जाता है। चाणक्य के व्यक्तित्व का प्रभाव पड़ते ही वह देशभक्त बन जाता है। मगध-सेना के साथ सिल्यूकस से युद्ध भी करता है और सिल्यूकस को घायल करता हुआ स्वयं मारा जाता है।

राक्षस की भाँति पर्वतेश्वर का चरित्र भी कुछ गिरा दिखाई पड़ता है। आरंभ में जो पर्वतेश्वर का दर्प-भरा क्षात्रतेज चमका था वह आगे चलकर कुछ मलिन कर दिया गया है। सिकंदर के साथ युद्ध में वह भारतीय वीरता का अच्छा आदर्श उपस्थित करता है। रणभूमि में वह पर्वत के समान अचल दिखाई पड़ता है। अपनी सेना के भागने पर भी वह वीर अकेले जिस उत्साह से युद्ध में तत्पर रहता है वह अवश्य आश्चर्य का विषय है। घायल होकर गिरने पर सिकंदर जब उससे पूछता है—'भारतीय वीर पर्वतेश्वर ! अब मैं तुम्हारे साथ कैसा व्यवहार करूँ ?' उस समय भी उस रुधिराप्लुत का उत्तर सर्वथा वीरोचित ही होता है। इतना तो उसके चरित्र का विमल अंश है। इसके उपरांत तो उसकी विलास-दुर्बलता का ही चित्रण हुआ है। पहले वह अलका के सामने ही गिरता है। एक ओर मालवों के विरुद्ध सहायता देने की सिकंदर की आज्ञा है और दूसरी ओर अलका के अप्रसन्न होने का भय। ऐसी स्थिति में उसका यह निर्णय—' मैं समझता हूँ एक हजार अश्वारोहियों को साथ लेकर वहाँ पहुँच जाऊँ, फिर कोई बहाना ढूँढ़ निकालूँगा।' यह बहाना ढूँढ़ निकालने की बात उसके व्यक्तित्व को एकदम नीचे गिरा देती है। उसका यह निश्चय केवल अलका के प्रीत्यर्थ है। पर इतना करने पर भी जब अलका निकल ही जाती है तब पश्चात्ताप करता हुआ वही वीर आत्महत्या में उद्यत होता है। चाणक्य के समझाने पर नंद-विनाश के लिए प्रयत्नशील होकर वह उसका अनुचर बना दिखाई पड़ता है। मगध में कल्याणी पर मुग्ध हो उससे छेड़-छाड़ करने लगता है और अंत में बल का प्रयोग करना चाहता है। इसी में वह मारा जाता है। यों तो मुद्राराक्षस के लेखक ने भी विषकन्या के द्वारा उसकी मृत्यु दिखाकर उसकी कामुकता की व्यंजना की है, परंतु इतना गिरने नहीं दिया है। सिकंदर और सिल्यूकस विदेशी वीर-विजेता हैं। स्वभाव में उत्साही, उदार और दृढ़ हैं। कृतज्ञता दूसरे के प्रति दिखाते हैं और स्वयं अपने पक्ष में उदारतापूर्वक स्वीकार भी करते हैं। वृद्ध गांधार-नरेश द्विधा में पड़ा हुआ सरल स्वभाव का मनुष्य है। शकटार दुःख में सूखकर हड्डी की भाँति कठोर हो गया है। नंद को सब क्षमा करते हैं लेकिन वह मार ही डालता है। वररुचि केवल वार्तिककार विद्वान् और चतुर अमात्य ही नहीं है, सहृदय भी है। कार्नेलिया का अमंगल न होने पाए इस विषय में चिंतित दिखाई पड़ता है।

अलका

स्त्री-पात्रों में अलका का चरित्र अधिक स्फुट हुआ है। तक्षशिला के गुरुकुल में जो उसने चंद्रगुप्त और सिंहरण की बातें सुनीं उससे बहुत प्रभावित हुई है। इन लोगों की बातें उसकी अंतर्वृत्ति के अनुकूल हैं। अतएव बद्धमूल हो जाती हैं। देश-भक्ति की वही धुन उसमें भी समा जाती है। अपने पिता और भाई को देशद्रोह

में हाथ बँटाते देखकर उसने अपना कर्त्तव्य उन लोगों से पृथक् रखा। निर्भीक होकर उस कर्त्तव्य का निवेदन भी करती है--यदि वह बंदिनी नहीं बनाकर रखी जाएगी तो सारे गांधार में विद्रोह की अग्नि भड़काने में दिन-रात एक कर देगी। उसमें देश-भक्ति का सच्चा रूप दिखाई पड़ता है। सिल्यूकस से कहती है–' मेरा देश है, मेरे पहाड़ हैं, मेरी नदियाँ हैं और मेरे जंगल हैं। इस भूमि के एक-एक परमाणु मेरे हैं और मेरे शरीर के एक-एक क्षुद्र अंश उन्हीं परमाणुओं के बने हैं।' वह जिस प्रकार मूर्ख बनाकर सिल्यूकस से अपना पिंड छुड़ाती है उसमें उसके व्यवहार की कुशलता लक्षित होती है। देशानुराग से मिश्रित अपने स्वाभिमान को वह दांड्यायन के सामने प्रकट करती है। गांधार छोड़कर जाने का कारण बताती है–' ऋषे ! यवनों के हाथ स्वाधीनता बेचकर उनके दान से जीने की शक्ति मुझमें नहीं है।' एक बार देशोद्धार का बीड़ा उठा लेने पर फिर कहीं भी पश्चात्पद नहीं बनती। देशप्रेम के पीछे नटी भी बनती है; युद्ध-भूमि में अपने प्रिय सिंहरण की सहायता करने में बंदी भी बनाई जाती है। सिंहरण की वीरोचित देश-भक्ति पर वह मुग्ध है और इसीलिए उससे प्रेम करने लगती है। जीवन की प्रत्येक स्थिति में उसका साथ देती जाती है। पर्वतेश्वर के यहाँ बंदी बनकर, चाणक्य की नीति से परिचालित होकर, उसने जैसे कौशल से सिंहरण को छुड़ाया और एक क्षण के लिए प्रेम का स्वाँग रचकर उसके चंगुल से अपने को बचाया है, उसमें उसकी व्यवहार-बुद्धि की तीव्रता स्पष्ट हो जाती है। जीवन की नाना स्थितियों में पड़ने के कारण वह चुतर हो गई है। उसकी कर्त्तव्य-तत्परता उस समय अच्छी तरह व्यक्त हुई है, जिस समय उसने संपूर्ण मालव-दुर्ग की रक्षा का भार अपने ऊपर लिया है। घायलों की सेवा की व्यवस्था करती है और दुर्ग-रक्षा में वीरों की भाँति पूर्णतः सन्नद्ध है। दो यवनों को बाणों से मार गिराती है। रंचमात्र घबड़ाती या भयभीत नहीं दिखाई पड़ती। सेवा-भाव से भूषित विरोचित देश-भक्ति ही उसके चरित्र की प्रधान विशेषता बनी रहती है।

सुवासिनी

सुंदरियों की रानी सुवासिनी सर्वप्रथम मगध-सम्राट् के विलास-कानन की रानी की तरह दिखाई पड़ती है। इसके उपरांत वह राजा की अभिनयशाला की रानी बनी। आरंभ से ही वह राक्षस की संगिनी है। इस आधार पर नंद से वह अपने को राक्षस की धरोहर कहती है और सम्राट् की भोग्या बनना भी अस्वीकार कर देती है। व्यक्त रूप में कुछ समय तक भले ही वह गणिका का नाट्य करती रही हो परंतु इसका उसे गर्व है कि अभी तक उसने अपना स्त्रीत्व नहीं बेचा है। पिता के बंदीगृह में पड़ जाने से ही निरवलंब होकर उसे यह बाना लेना पड़ा है; अन्यथा

उसका हृदय अभी कलुषित नहीं हुआ है। पिता की आज्ञा के बिना अब वह राक्षस से विवाह नहीं कर सकती। पिता के दुखी होने की चिंता उसे बनी रहती है। वह नहीं चाहती कि उसके किसी व्यापार से उसके बूढ़े बाप को सिर नीचा करना पड़े। उसके हृदय में चाणक्य के प्रति जो अनुराग बाल्य-काल से चला आ रहा है उसका भी संस्कार उसके मन पर वर्तमान है। राक्षस के कहने पर निवेदन करती है—' ठहरो आमात्य ! मैं चाणक्य को इधर तो एक प्रकार से विस्मृत ही हो गई थी, तुम सोई हुई भ्रांति को न जगाओ।' राक्षस और चाणक्य के प्रसंग को लेकर वह एक समस्या में पड़ जाती है, परंतु इस समस्या का समाधान चाणक्य ही कर देता है। राक्षस से विवाह करने के पूर्व कार्नेलिया के यहाँ का दूतीत्व उसकी सफलता का परिचायक है। प्रेम की जैसी व्याख्या उसने कार्नेलिया के सम्मुख की है उसमें उसका स्त्री-हृदय बड़ा सुंदर दिखाई पड़ता है।

कल्याणी

कल्याणी के चरित्र में आत्मसम्मान, स्वावलंबन और दृढ़ता का अच्छा स्फुरण दिखाई पड़ता है। पर्वतेश्वर ने उसके साथ विवाह करना जो अस्वीकार किया यह बात उसे लग गई। अपने और अपने कुल की सम्मान-रक्षा का भाव उसमें उद्दीप्त हो उठता है और इसी कारण उसकी क्षात्र-चेतना को सक्रिय बनने का अवसर मिलता है। जितनी घटनाओं में उसका योग है उसमें उसके व्यक्तित्व की छाप लगी दिखाई पड़ती है। पुरुष-वेश में मागध युवकों की एक छोटी-सी टुकड़ी लेकर वह युद्ध-क्षेत्र में पहुँचती है। संकट-काल में पड़े हुए पर्वतेश्वर की प्राण-रक्षा करके अपनी शौर्यशक्ति की धाक बैठाना ही उसका लक्ष्य है। अंत में ठीक अवसर पर उत्साह और वीरता का परिचय देकर वह अपना लक्ष्य सिद्ध कर लेती है। बाल-मैत्री के आधार पर उसके हृदय में चंद्रगुप्त के प्रति प्रेम-भाव उत्पन्न होता है, क्योंकि वह गुरुकुल से योग्य और वीर बनकर लौटा है। लौटते ही चीते से उसकी रक्षा करके वह अपने शील और वीरता का परिचय भी देता है। चंद्रगुप्त से बातचीत करते समय उसने कहा है—' मुझे भूले न होंगे।' इस आशा से प्रेम ध्वनित हो रहा है। नंद की सभा में भी उसने चंद्रगुप्त का समर्थन किया है। चंद्रगुप्त की वीरता का उसे विश्वास है। जानती है कि युद्ध में वह अवश्य सम्मिलित होगा अतएव केवल उसे देखने के लिए युद्ध-भूमि तक पहुँचती है और वस्तुस्थिति के कारण मगध-सेना को उसी के अधीन कर देती है। परिस्थिति की प्रेरणा से प्रेम के इस मधुर प्रवाह का सहसा अवरोध हो जाता है। नंद की हत्या और राजनीतिक उलट-फेर के कारण कल्याणी का स्वप्न भंग हो जाता है। उसके जीवन के दो स्वप्न थे—' दुर्दिन के बाद आकाश के नक्षत्र-विलास सी चंद्रगुप्त की छवि और पर्वतेश्वर से प्रतिशोध।'

अपमान करनेवाले पर्वतेश्वर को तो उसने ठिकाने लगा ही दिया है, अब सम्मुख आए चंद्रगुप्त से कहती है—' मौर्य ! कल्याणी ने वरण किया था केवल एक पुरुष को, वह था चंद्रगुप्त। परंतु तुम मेरे पिता के विरोधी हुए। अब मेरे लिए कुछ भी अवशिष्ट नहीं रहा।' इस प्रकार दृढ़ आत्मसम्मान की प्रतिमा और ' निर्दोष मणि ' की भाँति निर्मल वह सरल बालिका अपना भी अवसान कर लेती है।

कार्नेलिया

ग्रीक राजकुमारी कार्नेलिया के चरित्र में कहीं उतार-चढ़ाव है ही नहीं। सर्वत्र और सर्वदा वह एक-रस तथा एक-भाव दिखाई पड़ती है। आद्यंत उसमें दो बातें मिलती हैं—भारतीयतानुराग और प्रेम। इन्हीं से संबद्ध अन्य भाव—भावुकता, दृढ़ता, शांति-प्रियता—भी समय-समय पर उसमें झलकते हैं। जब तक भारतवर्ष में है, भारत के नैसर्गिक सौंदर्यास्वादन में ही निरत दिखाई देती है। वह विदेशी रमणी भारत की एक-एक बात पर मुग्ध है। भारतीय आध्यात्मिकता उसके लिए जिज्ञासा का विषय है। उसने चंद्रगुप्त से कहा है—' मुझे इस देश से जन्मभूमि के समान स्नेह होता जा रहा है। यहाँ के श्यामल कुंज, घने जंगल, सरिताओं की माला पहने हुए शैलश्रेणी, हरी-भरी वर्षा, गर्मी की चाँदनी, शीतकाल की धूप और भोले कृषक तथा सरला कृषक-बालाएँ, बाल्यकाल की सुनी हुई कहानियों की जीवित प्रतिमाएँ हैं। यह स्वप्नों का देश, यह त्याग और ज्ञान का पालना, यह प्रेम की रंगभूमि, भारतभूमि क्या भुलाई जा सकती है ! कदापि नहीं। अन्य देश मुनष्यों की जन्मभूमि है, यह भारत मानवता की जन्मभूमि है।' ऐसी ही निर्मल ज्योति की पवित्रभूमि को उसका पिता ग्रीक वाहिनी लेकर रक्त-रंजित करेगा इसका विचार कर वह कोमल चित्त की युवती दुखी हो उठती है। पिता को समझाने का उद्योग करती है। उसकी भावुकता और सहृदयता उन संवादों से भी ध्वनित होती है जो उसके और बंदी बनकर आई हुई सुवासिनी के साथ हुए हैं। प्रणय के रूप और उसकी गंभीरता का भी उसे व्यावहारिक ज्ञान है। दूसरे के हृदय की भी सच्ची स्थिति समझती है। दारा की कन्या के विषय में उसकी उक्ति बड़ी ही सहृदयतापूर्ण हुई है। यहाँ रहकर रामायण और उशना-कुणिक इत्यादि के विचार पढ़कर वह दार्शनिक और तार्किक हो गई है।

दांड्यायन के आश्रम में चंद्रगुप्त के प्रथम दर्शन में ही वह उसकी ओर आकृष्ट हो जाती है। दांड्यायन की भविष्य-वाणी से भी चंद्रगुप्त के व्यक्तित्व का प्रभाव उस पर पड़ता है। फिर तो उत्तरोत्तर चंद्रगुप्त के उत्कर्ष को देखते और समय-समय पर उससे मिलने के कारण उसकी अनुराग-कलिका विकासोन्मुख होती रहती है। कुछ दिनों के उपरांत अपने पिता के साथ जब वह पुनः भारत में आती है तो मुरझाई हुई प्राचीन स्मृति-लता भारतीय वायु की शीतलता से हरी-भरी हो

जाती है। जिस समय सिल्यूकस के मुख से सुनती है कि ‘ चंद्रगुप्त का मंत्री चाणक्य उससे क्रुद्ध होकर कहीं चला गया है और इस समय पंचनद में उसका कोई सहायक नहीं रह गया है’ तो इतना ही उसके मुख से निकलता–‘ हाँ पिताजी !’ इस सूक्ष्म उत्तर में विषाद और क्षोभ भरा दिखाई पड़ता है। फिर भी चतुर्थ अंक के दसवें दृश्य में उसने दबकर अपने पिता से कहा ही है–‘ पिताजी, उसी चंद्रगुप्त से, युद्ध होगा, जिसके लिए उस साधु ने भविष्यवाणी की थी। वही तो भारत का राजा हुआ न ’ XX ‘आप ही ने मृत्युमुख से उसका उद्धार किया था और उसी ने आपके प्राणों की रक्षा की थी ’ XX ‘और उसी ने आपकी कन्या के सम्मान की रक्षा की थी ’–वह इससे बढ़कर अपने अनुराग की अभिव्यक्ति और क्या कर सकती थी। फिर भी युद्ध हुआ और सिल्यूकस की हार हुई। इस पर जब सिल्यूकस पुनः चंद्रगुप्त को दंड देने का विचार करने लगा तब वह खुलकर अपने को प्रकट करती है–‘ चंद्रगुप्त का तो कोई अपराध नहीं, क्षमा कीजिए पिता !’ (घुटने टेकती है)। इसके साथ ही वह यह भी स्वीकार करती है–(रोती हुई) ‘ मैं स्वयं पराजित हूँ। मैंने अपराध किया है पिताजी ! चलिए, इस भारत की सीमा से दूर ले चलिए, नहीं तो मैं पागल हो जाऊँगी।’ अपने प्रेम को स्वीकार करने में वह शिष्ट रमणी इससे अधिक क्या स्पष्ट हो सकती है ! इसी प्रेम के आधार पर वह भारत की कल्याण बन सकी है।

मालविका

वन-प्रांत की गहनता और भयंकरता के बीच में जैसे एक क्षीण मधुर जल-स्रोत हो उसी प्रकार नाटक के गहन वस्तु-प्रपंच में ‘ स्वर्गीय कुसुम मालविका ’ की स्थिति है। सिंधु देश की संपन्नता में से बहककर निकली हुई यह कोमलहृदया रमणी पंचनंद के राजनीतिक मायाजाल में आकर फँस गई है, जहाँ तक हो सका है अपने योग्य प्रिय पात्रों को यथासाध्य संतुष्ट करती हुई उनकी सेवा में लगी रहती है। कहीं सेविका, कहीं सखी, कहीं दूती और कहीं तांबूलवाहिनी बनकर लोगों का साथ देती रहती है। अपने निर्मल आचरण से सबके विश्वास का पात्र बन जाती है। यों तो सिंहरण की सहृदयता की भी प्रशंसा करती है परंतु अनुराग चंद्रगुप्त से जोड़ चुकी है। उसी के कार्यवश नर्तकी भी बनती है और उसी की जीवन-रक्षा के विचार से हँसते-हँसते अपने जीवन का उत्सर्ग भी कर देती है। विशाल जन-समूह में एक हलकी-सी सुगंध-धारा बनकर आती है और झुटपुटा सा प्रभाव छोड़कर विलीन हो जाती है। यही उसके जीवन की व्याख्या है और इसी में उसका व्यक्तित्व स्फुट हुआ है।

नाटक में प्रमुख तीन घटनाएँ हैं–सिकंदर का अभियान, नंद का उन्मूलन और सिल्यूकस का आक्रमण। तीनों घटनाएँ युद्ध से ही संबंध रखती हैं और तीनों में आश्रय एक ही है–चंद्रगुप्त। आलंबन तीन अवश्य हो जाते हैं। अतएव तीनों का पृथक्-पृथक् विचार भी हो सकता है और एक साथ भी–अंतिम को स्वीकार कर और प्रथम दो को साधन अथवा अंग मानकर। जिस क्रम से भी हो परिणाम में नाटक वीर रस का ही ठहरेगा। इसमें संपूर्ण अवयवों के संयोग से वीर रस की ही निष्पत्ति हुई है। नाटकों में अंतिम स्थल पर जो प्रभाव की अन्विति होती है वही पूर्ण रस-निष्पत्ति का कारण बनकर चमत्कार उत्पन्न करने और लोकोत्तर काव्यात्मक आनंद देने में सहायक बनती है। इस प्रभाव की अन्विति में मूलतः वीर रस ही प्रधान ठहरता है। नाटक भर में सब कार्य-व्यापार भी युद्ध के स्वरूप से ही संबद्ध हैं और सभी का लक्ष्य वीर रस की निष्पत्ति है। उत्साह के तीन आलंबन हैं, अतएव तीनों का पृथक्-पृथक् विचार होने से स्पष्टता अधिक होगी।

सिकंदर को आलंबन मानकर यदि उद्दीपन का विचार किया जाय तो सभी उपादान उस पक्ष के दिखाई पड़ेंगे। पर्वतेश्वर-पराजय से शत्रु-पक्ष का प्रताप और उत्कर्ष देखकर चंद्रगुप्त का उत्साह और जोर पकड़ता है। सहायता का वचन देकर युद्ध-क्षेत्र में पहुँचकर पर्वतेश्वर का शत्रु-पक्ष में मिल जाना (अलका-पर्वतेश्वर ने प्रतिज्ञा भंग की है, वह सैनिकों के साथ सिकंदर की सहायता के लिए आया है), सिंहरण के पास सिकंदर का संदेश भेजना (मालव नेता मुझसे आकर भेंट करें और मेरी जल-यात्रा की सुविधा का प्रबंध करें) उद्दीपन विभाव के अंतर्गत आते हैं और आश्रय के उत्साहवर्द्धन में योग देते हैं। सिंहरण ने सिकंदर को जो दर्पपूर्ण उत्तर दिया है–' हाँ, भेंट करने के लिए मालव सदैव प्रस्तुत हैं–चाहे संधि-परिषद में या रणभूमि में।' और चंद्रगुप्त और सिंहरण द्वारा किया हुआ युद्धोद्योग और युद्ध-निश्चय अनुभाव के भीतर आते हैं। द्वितीय अंक के नवें और दसवें दृश्यों के अंत-स्थलों में अनुभाव का अच्छा वर्णन मिलता है। साथ में गर्व, धृति, स्मृति तथा औत्सुक्य संचारी रूप में दिखाई पड़ते हैं–

' यवन–दुर्गद्वार टूटता है और अभी हमारे वीर सैनिक इस दुर्ग को मटियामेट करते हैं।' मालवों के लिए औत्सुक्य है।

' मालव सैनिक–सेनापति, रक्त का बदला ! इस नृशंस ने निरीह जनता का अकारण वध किया है।' स्पष्ट स्मृति का रूप है।

' सिंहरण–ले जाओ, सिकंदर को उठा ले जाओ, जब तक और मालवों को यह न विदित हो जाय कि यह वही सिकंदर है। यह भारत के ऊपर एक ऋण था, पर्वतेश्वर के प्रति उदारता दिखाने का यह प्रत्युत्तर है।'

‘ चंद्रगुप्त—(सिल्यूकस से) जाओ यवन ! सिकंदर का जीवन बच जाय तो फिर आक्रमण करना।’ गर्व का अच्छा उदाहरण है।

‘ सिंहरण—कुछ चिंता नहीं। खुश रहो ! समस्त मालव-सेना से कह दो कि सिंहरण तुम्हारे साथ मरेगा।’ धृति का बड़ा भव्य रूप है।

नंद को आलंबन मान लेने पर भी उद्दीपन, अनुभाव और संचारी का पूरा योग मिल जाता है। शकटार का भूगर्भ के बाहर आकर अपनी दुःखद कहानी कहना, मौर्य और उसकी पत्नी का बंदी होना और राक्षस-सुवासिनी को अंधकूप में भेजने का राज-निर्णय इत्यादि उद्दीपन विभाव हैं। माता-पिता के दुःख पर चंद्रगुप्त का उग्र होना और प्रतिज्ञा करना तथा क्रांति उत्पन्न करने के विविध आयोजन अनुभाव हैं। स्मृति, औत्सुक्य इत्यादि संचारी हैं। इस प्रकार सब अवयवों के संयोग से वहाँ भी रस की पूर्ण दशा उत्पन्न हो जाती है।

सिल्यूकस यदि आलंबन है तो भी रस के विविध अवयव उपस्थित हैं। चाणक्य, सिंहरण इत्यादि के रूठकर चले जाने से चंद्रगुप्त के उत्साह में स्वावलंबन-पूर्ण दीप्ति एवं प्रखरता उत्पन्न होती है; इसलिए यह असहायावस्था उद्दीपन का कार्य करती है। इस पर साइवर्टियस के द्वारा सिल्यूकस जो चंद्रगुप्त को समझाने की चेष्टा करता है वह भी उद्दीपन ही है और इसके उत्तर में चंद्रगुप्त का गर्व और आत्मविश्वास-पूर्ण उत्तर—‘ मैं सिल्यूकस का कृतज्ञ हूँ, तो भी क्षत्रिय हूँ, रणदान जो भी माँगेगा उसे दूँगा। युद्ध होना अनिवार्य है ’—अनुभाव के अंतर्गत है। साथ ही युद्ध-क्षेत्र में जो चंद्रगुप्त और सिल्यूकस का प्रत्यक्ष आवेशपूर्ण कथोपकथन होता है उसमें भी अनुभाव का अच्छा रूप प्राप्त है। संचारी में गर्व, औत्सुक्य, धृति, स्मृति इत्यादि यथास्थान नियोजित दिखाई पड़ते हैं। इस प्रकार संपूर्ण नाटक में, आदि से अंत तक, वीररस के विभिन्न अवयवों की एक मालिका गुँथी मिलती है।

शृंगार रस का योग

वीररस की धारा के साथ प्रथम दृश्य से लेकर अंतिम दृश्य तक प्रेम-व्यापारों का योग निरंतर चलता रहता है। अलका और सिंहरण, सुवासिनी और राक्षस तथा कल्याणी, मालविका, कार्नेलिया और चंद्रगुप्त इत्यादि के प्रेम के आरंभ, विस्तार एवं परिपाक की कथा से नाटक भरा है। वीरों के संघर्षपूर्ण जीवन के ताप को शीतल बनाने के लिए प्रेम-शृंगार की नितांत आवश्यकता रहती है। इसलिए चतुर लेखक इस मसाले को जुटाने में किसी प्रकार का प्रमाद नहीं करते। शृंगार में भी विप्रलंभ की आवश्यकता नहीं पड़ती, क्योंकि एक ही लक्ष्य होने से घूम-फिरकर सभी पात्र आपस में मिलते-जुलते रहते हैं और समान व्यापारों में ही संलग्न दिखाई

पड़ते हैं। शृंगार के चित्रण में ' प्रसाद ' सदैव संयत और उदात्त रूप के प्रतिपादक हैं। प्रेम में विश्वास, एकनिष्ठता, त्याग, आत्मसम्मान इत्यादि श्रेष्ठ वृत्तियों का प्रसार आवश्यक है। अलका, मालविका, कल्याणी इत्यादि में इन्हीं उत्तम गुणों का योग है; इसीलिए वे भारतीय चारित्र्य-विभूति का प्रतिनिधित्व करने में सफल हो सकी हैं।

कथोपकथन

कुछ स्थलों को छोड़कर नाटक के संवाद वस्तु-संविधान में साधन रूप से सहायक हैं। उनका उपयोग वस्तु-विधान में यों दिखाई पड़ता है कि उन्हीं के सहारे वस्तुगति आगे बढ़ी है। प्रकृत विषय का प्रभाव भी नहीं टूटने पाया और एक बात में से दूसरी और दूसरी में से तीसरी स्वयमेव फूटती चली गई है। कथोपकथन की यह उपयोगिता नाट्य-रचना में स्पष्ट दिखाई पड़नी चाहिए। चंद्रगुप्त नाटक में इस विषय की बहुत-सी विशेषताएँ प्रस्तुत हैं। आरंभ के ही दृश्य को लीजिए–' चाणक्य–केवल तुम्हीं लोगों को अर्थशास्त्र पढ़ाने के लिए ठहरा था।' ' सिंहरण–आर्य, मालवों को अर्थशास्त्र की उतनी आवश्यकता नहीं जितनी अस्त्र-शस्त्र की।' ' चाणक्य–अच्छा, तुम अब मालव में जाकर क्या करोगे।' ' सिंहरण–अभी तो मैं मालव नहीं जाता। मुझे तो तक्षशिला की राजनीति पर दृष्टि रखने की आज्ञा मिली है।' अर्थशास्त्र से लेकर तक्षशिला की राजनीति पर दृष्टि रखने की बात बढ़ती चली आई है। इसी प्रकार आगे चलकर विस्फोट की बात को लेकर चंद्रगुप्त और आंभीक के तलवार खींच लेने की बात बढ़ी चली जाती है। प्रायः कथोपकथन छोटे-छोटे हैं। स्वगत-भाषण अवश्य ही अधिक लंबे हो गए हैं, परंतु इन स्वगत-भाषणों को इस रूप में लेना चाहिए कि कोई एकांत में बैठकर अपने मन में विचार-वितर्क कर रहा है। नाटक भर में चाणक्य, पर्वतेश्वर और चंद्रगुप्त के ही स्वगत-भाषण विशेष लंबे हुए हैं। इनका रूप प्रथम अंक के सातवें, तीसरे अंक के द्वितीय और छठे दृश्यों में दिखाई पड़ता है। द्वितीय अंक के सातवें दृश्य में अवश्य ही संवाद बड़े हैं, परंतु परिषद का प्रसंग होने के कारण क्षम्य कहे जा सकते हैं। इसी तरह शकटार ऐसे पात्र के संवाद के विषय में भी कहा जा सकता है कि न जाने कितने वर्षों के बाद बेचारा अंधकूप में से निकला है और एक साँस ही में अपनी दुःखद कहानी कहने लगता है। इसलिए अवश्य ही सामाजिक संतोषपूर्वक सुनने के अभिलाषी होंगे; परंतु ये तर्क बहुत दूर नहीं चल सकते और न लेखक की प्रवृत्ति को ही अन्यथा प्रमाणित कर सकते।

इतने विस्तृत जीवन-खंड और इतिवृत्त में भिन्न-भिन्न प्रकार की स्थितियों के अनुसार संवाद की भी भिन्न-भिन्न पद्धतियाँ बिखरी दिखाई देती हैं। ऐसे संवाद

का स्थल भी है जहाँ चरित्र की विशेषता निदर्शन के साथ केवल बुद्धि से संबंध रखनेवाली बातें ही आ सकी हैं। इस प्रकार का उदाहरण प्रथम अंक का सातवाँ दृश्य है। उसमें चाणक्य और वररुचि के कथोपकथन में एक निरालापन है जो अन्यत्र नहीं मिलने का। वस्तुतः इसका नाटकीय महत्त्व बहुत कम है। दो-एक स्थल ऐसे भी हैं जहाँ के संवाद भावुकता से समन्वित होने के कारण बड़े मधुर मालूम पड़ते हैं। वचन-चातुरी के साथ सहृदयता ही इनकी विशेषता है–जैसे, चंद्रगुप्त और मालविका तथा कार्नेलिया और सुवासिनी के संवाद। सारा नाटक वीररस-पूर्ण है इसलिए सर्वत्र आवेग, उत्कर्ष और गर्व-पूर्ण कथनों की ही भरमार है। फिर भी कुछ स्थल तो स्पष्ट ही अत्यंत सुंदर हैं–जैसे, सिकंदर और चंद्रगुप्त का वह प्रसंग जहाँ चंद्रगुप्त के गर्व-पूर्ण व्यवहार के कारण सिकंदर उसे बंदी बनाना चाहता है अथवा द्वितीय अंक का नवाँ दृश्य। द्वितीय अंक के तृतीय दृश्य में जहाँ नटों का अभिनय हो रहा है वहाँ के संवाद वचन-रचना की चातुरी के कारण विदग्धता-पूर्ण मालूम पड़ते हैं। इस प्रकार की विदग्धता पर्वतेश्वर और अलका के कथोपकथन में भी दिखाई पड़ती है। ऐसे स्थलों की तो प्रचुरता है–जहाँ चलते और व्यावहारिक कथोपकथन हुए हैं; जैसे प्रथम अंक का सातवाँ, द्वितीय अंक का छठा और दसवाँ, तृतीय अंक का दूसरा तथा अंतिम दृश्य। इन दृश्यों में व्यवहारानुकूल बातें की गई हैं। उनमें पद-मर्यादा और वस्तु-स्थिति का ही अधिक विचार रखा गया है।

पहले जो प्रसंग चल रहा है उसी के कुछ शब्दों को दुहराते हुए जब कोई पात्र सहसा सम्मुख आ जाता है, तब कथोद्‌घातक होता है। ' सिंहरण–उत्तरापथ के खंडराज्य द्वेष से जर्जर हैं। शीघ्र ही भयानक विस्फोट होगा।' (सहसा आंभीक और अलका का प्रवेश) 'आंभीक–कैसा विस्फोट ! युवक, तुम कौन हो ?' इस प्रकार के संवाद विशेष चमत्कारयुक्त प्रतीत होते हैं। ऐसे स्थल इस नाटक में बहुत से हैं; जैसे, ' राक्षस–केवल सद्धर्म की शिक्षा ही मनुष्यों के लिए पर्याप्त है और वह तो मगध में ही मिल सकती है।' (चाणक्य का सहसा प्रवेश, त्रस्त दौवारिक पीछे-पीछे आता है) ' चाणक्य–परंतु बौद्ध धर्म की शिक्षा मानव-व्यवहार के लिए पूर्ण नहीं हो सकती, भले ही वह संघ-विहार में रहनेवालों के लिए उपयुक्त हो।' अथवा ' चाणक्य–पीछे बतलाऊँगा। इस समय मुझे केवल यही कहना है कि सिंहरण को अपना भाई समझो और अलका को बहन।' (वृद्ध गांधारराज का सहसा प्रवेश) ' वृद्ध–अलका कहाँ है, अलका !' अथवा ' कार्नेलिया–परंतु वैसा न हुआ, सम्राट् ने फिलिप्स को यहाँ का शासक नियुक्त कर दिया है।' (अकस्मात् फिलिप्स का प्रवेश) ' फिलिप्स–तो बुरा क्या है कुमारी ! सिल्यूकस के क्षत्रप न होने पर भी कार्नेलिया यहाँ की शासक हो सकती है। फिलिप्स अनुचर होगा।' इसके अतिरिक्त सर्वत्र ही संवाद रस के अनुकूल हुए हैं। जहाँ वीर रस का प्रसंग है वहाँ के संवादों में उस रस के अनुकूल पदावली, भाषा और भाव-योजना दिखाई पड़ती

है। उत्साह, गर्व, दर्प, आवेश, क्रोध सभी भाव समयानुसार व्यंजित होते चलते हैं। उसी तरह जहाँ शृंगार की योजना हुई है, वहाँ भाषा और भाव-व्यंजना में तदनुकूल परिवर्तन हो गया है। ऐसे किसी भी स्थल में ये विशेषताएँ स्वयमेव दिखाई पड़ेंगी।

देश-काल का कथन

चंद्रगुप्त नाटक में वस्तु-स्थिति का जैसा वर्णन मिलता है। उसके आधार पर तत्कालीन राजनीतिक अवस्था का पूरा-पूरा परिचय मिल जाता है। आरंभ में ही सिंहरण ने यथार्थ परिस्थिति की आलोचना की है–' उत्तरापथ के खंडराज्य द्वेष से जर्जर हैं।' एक शासक की दूसरे से पटती नहीं। आपस में एक-दूसरे के नाश का ही विचार किया करते हैं। सिकंदर के अभियान-काल में यदि सब राजा और गणराज्य एकचित्त हो विरोध करते तो पर्वतेश्वर की पराजय संभव नहीं थी; परंतु वहाँ तो स्थिति ही भिन्न थी। राजनीतिक वस्तु-स्थिति का चित्रण थोड़े में ही कर दिया गया है। एक ओर नंद और पर्वतेश्वर का विरोध दिखाया गया है; दूसरी ओर आंभीक और पर्वतेश्वर में पारिवारिक झगड़ा है ही। एक शत्रु के स्वागत में लगा है तो दूसरा उसके विरोध पर डटा है। परिणाम जैसा चाहिए वैसा ही होता है। इसी स्थल पर यह भी स्पष्ट हो जाता है कि छोटे-छोटे जो अनेक गणतंत्र शासक हैं उनका मिलना भी सरल नहीं है। मालव और क्षुद्रक जो नाटक में एक सेनापति की अध्यक्षता में किए जाते हैं, उसके लिए विशेष प्रकार के उद्योग की आवश्यकता पड़ती है। इस चित्रण से ही शुद्ध ऐतिहासिक स्थिति का आभास मिल जाता है। मगध की राजनीतिक स्थिति भी डाँवाडोल ही है। नंद की विलासिता और कामुकता बढ़ी हुई है; उसके उच्छृंखल शासन से लोग ऊब गए हैं। नित्य नए अत्याचार से जनता पीड़ित है और परिर्वतन का अवसर ढूँढ़ रही है। स्वयं नंद की पुत्री का अनुभव विचारणीय है–' सच नीला, मैं देखती हूँ कि महाराज से कोई स्नेह नहीं करता, डरते भले ही हों। मुझे इसका बड़ा दुःख है। देखती हूँ कि समस्त प्रजा उनसे त्रस्त और भयभीत रहती है। प्रचंड शासन करने के कारण उनका बड़ा दुर्नाम है।' एक स्नातक भी इसी आशय की बात कहता है–' महापद्म का जारजपुत्र नंद केवल शस्त्र-बल और कूटनीति के द्वारा सदाचारों के सिर पर तांडव नृत्य कर रहा है। वह सिद्धांतविहीन नृशंस, कभी बौद्धों का पक्षपाती, कभी वैदिकों का अनुयायी बनकर दोनों में भेदनीति चलाकर बल-संचय करता रहता है। मूर्ख जनता धर्म की ओट में नचाई जा रही है।'

इसके अतिरिक्त उस काल में धर्म के संघर्ष का बड़ा स्पष्ट और सजीव चित्रण किया गया है। चाणक्य वैदिक मत का अनुयायी और राक्षस प्रच्छन्न बौद्ध है। अतएव इन दोनों के विरोध से तत्कालीन बौद्ध-वैदिक संघर्ष ध्वनित होता है।

तक्षशिला का गुरुकुल विशेषतः वैदिक मत का है, अतएव राक्षस उसका विरोध करता है–‘ केवल सद्धर्म की शिक्षा ही मनुष्य के लिए पर्याप्त है और वह तो मगध में ही मिल सकती है।’ इस पर चाणक्य का कथन है–‘ परंतु बौद्धधर्म की शिक्षा मानव व्यवहार के लिए पूर्ण नहीं हो सकती, भले ही वह संघ-विहार में रहनेवालों के लिए उपयुक्त हो’ XX ‘यदि आमात्य ने ब्राह्मण-नाश करने का विचार किया हो तो जन्मभूमि की भलाई के लिए उसका त्याग कर दे। क्योंकि राष्ट्र का शुभचिंतन केवल कर्मवादी संयमी ब्राह्मण ही कर सकते हैं। एक जीवहत्या से डरनेवाले तपस्वी बौद्ध, सिर पर मँडरानेवाली विपत्तियों से, रक्त-समुद्र की आँधियों से, आर्यावर्त की रक्षा करने में असमर्थ प्रमाणित होंगे।’ इन उक्तियों में ब्राह्मण-बौद्ध द्वंद्व का आभास स्पष्ट मिल जाता है।

अध्ययन-अध्यापन के लिए प्रसिद्ध गुरुकुलों की व्यवस्था दिखाई गई है। उनमें विश्वप्रसिद्ध तक्षशिला का गुरुकुल मान्य विद्याकेंद्र है। गुरुकुल के नियम अत्यंत कठोर और सर्वमान्य होते हैं। राजा भले ही उसका रक्षक हो, परंतु उसका भी नियंत्रण वहाँ प्रवेश नहीं पाता है। उनमें अध्ययन करने वालों को राजवृत्ति मिलती है और एक विद्यार्थी प्रायः पाँच वर्षों तक पढ़ने जाता है। कभी-कभी विद्यार्थी योग्य शिक्षा के उपरांत वहाँ अध्यापन-कार्य भी कर लेता है। इसके अतिरिक्त नाटक में स्त्रियों की सामाजिक स्थिति का भी अच्छा चित्रण है। इस विषय में ग्रीक और भारतीय संस्कृतियों में एकता दिखाई पड़ती है। पर्दे की प्रथा नहीं दिखाई पड़ती। राजकीय वर्ग की महिलाएँ राजसभाओं में उपस्थित होती हैं और आवश्यकता पड़ने पर स्वच्छंदतापूर्वक अपने विचार भी प्रकट करती हैं। अवस्था और परिस्थिति के अनुसार युद्ध-क्षेत्र में भी योग देती हैं। कल्याणी, मालविका और अलका इस विषय में प्रमाण हैं। युद्ध-भूमि में ही मालविका के मानचित्र तैयार करने से यह ध्वनित होता है कि ऐसे विषयों की भी शिक्षा स्त्रियों को मिलती है। व्यापार की स्थिति का भी आभास मिलता है। एक प्रांत से दूसरे प्रांतों में वणिक-समुदाय वाणिज्य-वस्तुओं को लेकर आते-जाते हैं। यथास्थान युद्ध की अवस्था और पद्धति भी वर्णित हुई है जिससे प्रकट होता है कि गजसेना, अश्वसेना, रथसेना और पदातिकों के अतिरिक्त नौसेना की भी व्यवस्था है। युद्ध में हताहतों की सेवा-शुश्रूषा के लिए अन्नपान और भैषज्य का भी प्रबंध रहता है और इस विषय की अधिकारिणी प्रायः स्त्रियाँ होती हैं। आर्यों की रणनीति ऐसी होती है कि निरीह जनता और कृषक-वर्ग दुःख नहीं पाता। रणभूमि के पास ही वे स्वच्छंदता से हल चलाते रहते हैं; पर यवनों की नीति इससे भिन्न दिखाई पड़ती है। वे आतंक फैलाना अपनी राजनीति का प्रधान अंग मानते हैं; निरीह जनता को लूटना, गाँवों को जलाना, उनके भीषण परंतु साधारण कार्य हैं।

राष्ट्र-भावना

राष्ट्र-भावना का प्राचुर्य इस नाटक में विशेष रूप से प्रतिपादित है। आरंभिक दृश्य में ही तक्षशिला के गुरुकुल में चाणक्य अपने शिष्यों को इसका मंत्र देता है—'मालव और मागध को भूलकर जब तुम आर्यावर्त का नाम लोगे तभी वह (आत्मसम्मान) मिलेगा।' इसी की ध्वनि सिंहरण में भी मिली है—'परंतु मेरा देश मालव ही नहीं, गांधार भी है। यही क्या, समग्र आर्यावर्त है।' इसके अतिरिक्त देशसेवा के भाव से प्रेरित चंद्रगुप्त, सिंहरण, अलका इत्यादि ने व्रत ही ले रखा है कि देश की मर्यादा और सम्मान बचाने में ही अपना जीवन लगा देंगे। विदेशियों के मुख से बारंबार भारतवर्ष की महिमा का बखान भी देश-गौरव का ही प्रतिपादन करता है। चंद्रगुप्त और सिंहरण ने भारतीय ऋण चुकाने का उल्लेख भी किया है। इससे यह प्रकट होता है कि वे अपने को भारतीय राष्ट्र के प्रतिनिधि ही मानकर आचरण करते हैं। इनके अतिरिक्त अलका में इस भावना का पूर्णरूप प्रस्फुटित हुआ है। उसके देश-प्रेम में वर्तमान राजनीतिक आंदोलन का व्यावहारिक प्रतिनिधित्व दिखाई पड़ता है।

ध्रुवस्वामिनी

इतिहास[1]

गुप्त-वंशावली में कुछ विचार की बात छूट गई है। इसका अनुसंधान सबसे पहले हिंदी में स्वर्गीय चंद्रधर शर्मा गुलेरी ने किया था। इसके उपरांत 'जर्नल एयिशयाटिक' (अक्टूबर-दिसंबर के अंक, ई. सन् 1923) में डॉ. सिलवाँ लेवी ने ' रामचंद्र और गुणचंद्ररचित नाट्य-दर्पण ' ग्रंथ की चर्चा उठाई। उसके उपरांत तुरंत ही स्वर्गीय राखालदास बैनर्जी ने अपने ई. सन् 1924 वाले ' मणींद्रचंद्र नंदी लेक्चर्स ' में यह स्वीकार कर लिया कि सम्राट् समुद्रगुप्त एवं चंद्रगुप्त (द्वितीय) विक्रमादित्य के बीच कुछ अंश और जोड़ना है। इसी आधार पर उन्होंने गुप्त-वंशावली की व्यवस्था की। ई. सन् 1928 में डॉ. अल्तेकर ने इसी व्यवस्था का विस्तार से अनुमोदन किया। इस छानबीन का ऐतिहासिक महत्त्व यह निकाला कि अंधकार में पड़े हुए सम्राट् गुप्त का प्रकाश-लोक में पुनर्जन्म हुआ और फिर से उसे गुप्त-वंशावली में बैठने का अधिकार मिला।

इस नवीन ऐतिहासिक वितर्क में उक्त ' नाट्य-दर्पण ' ग्रंथ का विचार महत्त्वपूर्ण है। इस नाट्य-शास्त्र संबंधी पुस्तक में लेखक ने कई उदाहरण ' देवीचंद्रगुप्तम् ' के दिए हैं। इन उद्धरणों से यह ज्ञात होता है कि इस नाटक का कर्ता एक (विशाखदत्तकृते देवीचंद्रगुप्ते) विशाखदत्त है। कहा गया है कि यह और कोई नहीं, मुद्राराक्षस का लेखक विशाखदत्त ही है। इसी नाटक के उद्धरणों की भाँति एक दूसरे ग्रंथ ' श्रृंगार-रूपकम् '[2]—संभवतः भोजरचित—में भी उक्त नाटक के कुछ स्थलों का उल्लेख प्राप्त है जिससे उक्त ग्रंथ की सत्यता और भी स्पष्ट

1.(क) आधार ग्रंथ-ए.एस. अल्तेकर : ए न्यू गुप्ता, किंग जर्नल आव् द बिहार एंड ओरीसा रिसर्च जर्नल सोसायटी, वाल्यूम 14, 1928, पृ. 223-253।
(ख) श्री गंगाप्रसाद मेहता : चंद्रगुप्त विक्रमादित्य, पृ. 152-155।
(ग) आर.डी. बैनर्जी : द एज आव् द इंपीरियल गुप्ताज (1933), पृ. 26-28।
(घ) श्री चंद्रधर शर्मा गुलेरी : खसों के हाथ ध्रुवस्वामिनी, नागरीप्रचारिणी पत्रिका, नवीन संस्करण, भाग 1, पृ. 234-35।
(ङ) श्रीवासुदेव उपाध्याय : गुप्त साम्राज्य का इतिहास, प्रथम खंड, पृ. 76-77।

2. इंडियन एंटी क्वेरी, 1923, पृ. 181।

होती है। कवि राजशेखरकृत काव्यमीमांसा में भी इस प्रसंग की ओर संकेत है।[1] उसका खसाधिपति शकपति है और शर्मगुप्त देवीचंद्रगुप्तम् का रामगुप्त है। अमोघवर्ष (प्रथम) का जो संजन-ताम्रपत्र[2] है उसमें भी—'हत्वा भ्रातरमेव राज्यमहरद्देवीं च दीनस्तथा, लक्षं कोटिमलेखयन किल कलौ दाता स गुप्तान्वयः' जो पद हैं वे भी दानी गुप्त-सम्राट् चंद्रगुप्त (द्वितीय) का ही उल्लेख करते हैं। इन स्थलों के अतिरिक्त कवि बाणभट्ट ने भी हर्षचरित[3] में इस घटना का उल्लेख किया है।

उक्त कथनों के आधार पर कुछ विद्वानों की सम्मति है कि समुद्रगुप्त के उपरांत रामगुप्त नामक व्यक्ति उसका उत्तराधिकारी बना। समुद्रगुप्त के ईरान के स्तंभलेख[4] से इतना तो अवश्य ही ज्ञात होता है कि उसके कई पुत्र थे। उस लेख की सत्रहवीं पंक्ति से विदित है कि वह सदैव पुत्रों एवं पौत्रों के सहित चलता था। उन्हीं पुत्रों में ज्येष्ठ था रामगुप्त और समुद्रगुप्त के निधन पर वही सम्राट् बना। उस समय चंद्रगुप्त (द्वितीय) कुमार पद पर ही था, परंतु यह सम्राट् पूर्ण कापुरुष तथा सर्वथा अयोग्य था। अनुकूल अवसर की ताक-झाँक में लगे हुए शकपति ने सम्राट् की दुर्बलता का पूरा लाभ उठाना चाहा और युद्ध-भय उत्पन्न करके उसने महादेवी ध्रुवदेवी की माँग उपस्थित की। अशक्त रामगुप्त ने ' प्रकृतीनामाश्चसनाय ' अपनी प्रिया को शकराज को समर्पित करने का निश्चय किया, परंतु वीर कुमार चंद्रगुप्त ने अपने कुल-सम्मान की रक्षा के विचार से विरोध करने की ठानी। ध्रुवदेवी के वेश में शकराज के शिविर में गया और अवसर पाकर उस कामुक का वध कर डाला।

अवश्य ही इस घटना के उपरांत वह प्रजा और महादेवी का प्रिय बन गया। इसी समय रामगुप्त मार डाला गया। पता नहीं चंद्रगुप्त ने प्रत्यक्ष ही उसका वध किया अथवा गुप्त रूप से किसी अन्य सहायक द्वारा। इसके उपरांत उसने शासनसूत्र अपने हाथ में लिया और देवी ध्रुवस्वामिनी से अपना विवाह कर लिया (हत्वा भ्रातरमेव राज्यमहरद्देवीं च), इसी पत्नी से उसके दो पुत्र हुए—कुमारगुप्त और गोविंदगुप्त, जिनमें से प्रथम पीछे सम्राट् बना। अतएव यह निश्चय है कि यह विवाह अवश्य ही वैध था। संभव है, कुछ लोगों को यह विवाह खटके, परंतु नारद और पराशर[5] स्मृतियों के आधार पर इस प्रकार की व्यवस्था प्राप्त है। अवश्य ही रामगुप्त के संबंध का कोई लेख प्राप्त नहीं है। इसका कारण स्पष्ट यही है कि वह बहुत थोड़े ही दिनों तक शासन कर सका और वह भी अपदार्थ की भाँति। ऐसी अवस्था में लोग यदि

1. दत्वा रुद्धगति : खसाधिपतये देवीं ध्रुवस्वामिनीन्। यस्मात् खंडितसहसो निववृते श्री शर्मगुप्तो नमः
2. एपिग्राफिया इंडिका, भाग 18, पृ. 248।
3. अरिपुरे परकलत्रकामुकं कामिनीवेशगुप्तश्चंद्रगुप्तः शकपतिमशातयत्।
4. फ्लीट, सी.आई.आई., प्लेट सं. 2, पृ. 20।
5. नारद 12-97 और पराशर 4-27।

समुद्रगुप्त एवं चंद्रगुप्त द्वितीय ऐसे पुण्यश्लोकों के सामने उसे भूल गए हों तो कोई आश्चर्य नहीं।

कथा

सम्राट् समुद्रगुप्त द्वारा निर्वाचित भावी साम्राज्याधिकारी चंद्रगुप्त अपने पिता के निधन होने पर अपने बड़े भाई रामगुप्त को अपना संपूर्ण अधिकार सौंप देता है; परंतु वह इस शासन-भार को वहन करने में सर्वथा असमर्थ एवं अयोग्य प्रमाणित होता है। वह स्वयं विलासिनियों के साथ मदिरा में प्रमत्त रहता और अपनी महादेवी ध्रुवस्वामिनी को बंदीगृह में डाल देता है। दिन-रात कुबड़े, बौने, हिजड़े, गूँगे और बहरों से आवृत वह राजमहिषी अपने वर्तमान और भविष्य का निर्णय करने में डूबी रहती है। अवहेलिता और अपमानिता बनकर बंदिनीरूप में एकाकी पड़ी हुई वह अपने उद्धार का मार्ग ढूँढ़ा करती है। यों तो धर्म को साक्षी देकर उसका विवाह रामगुप्त के साथ हुआ है; परंतु पतिसुख उसे कभी रंचमात्र भी प्राप्त नहीं हुआ, क्योंकि उसका पति निरंतर अपने को कदर्थ ही प्रमाणित करता है। ऐसी स्थिति में ध्रुवस्वामिनी का ध्यान अपने एक मात्र अवलंब चंद्रगुप्त की ओर आकृष्ट होता है। यह सुनकर कि चंद्रगुप्त के हृदय में भी उसके लिए प्रेम है, ध्रुवदेवी के हृदय में उसके प्रति प्रेम अंकुरित होता है।

रामगुप्त को इस विषय में संदेह होता है, अतएव वह महादेवी के ऊपर नियंत्रण की कठोरता को उत्तरोत्तर बढ़ाता ही जाता है। एक तो प्रेम अवरोध पाकर और अधिक तीव्रगामी होता है, दूसरे रामगुप्त की कापुरुषता और उदासीनता तथा चंद्रगुप्त की वीरता और ममता से उद्दीप्त होकर महादेवी का अनुराग वृद्धि ही पाता जाता है।

इसी समय शक-आक्रमण होता है और रामगुप्त का संपूर्ण शिविर-मंडल चारों ओर से घेर लिया जाता है। शकराज संधिप्रस्ताव में ध्रुवस्वामिनी की माँग उपस्थित करता है और अपने आमात्य शिखरस्वामी की बुद्धि से अभिभूत रामगुप्त उस माँग को पूर्ण करके अपने जीवन की रक्षा का निश्चय करता है। अपने पति की क्लीवता और कापुरुषता से ध्रुवस्वामिनी क्षुब्ध हो उठती है। इस अवसर पर चंद्रगुप्त गुप्तकुल के सम्मान की रक्षा के लिए बद्धपरिकर होकर निश्चय करता है कि महादेवी के वेश में शकराज के सम्मुख वह स्वयं उपस्थित हो और यदि भाग्य ने योग दिया तो सारा खेल ही उलट देने की चेष्टा करेगा। अपने प्रेमी की उदारता और साहसपूर्ण त्याग देखकर ध्रुवस्वामिनी उसपर मुग्ध हो जाती है और उसके साथ-साथ वह शकशिविर में स्वयं उपस्थित होती है। चंद्रगुप्त की वीरता सफल होती है। शकराज की मृत्यु होती है और नायकहीन शक-सेना छिन्न-भिन्न होकर भाग जाती है।

चंद्रगुप्त में शासक के संपूर्ण गुण देख और यह विचारकर कि वस्तुतः समुद्रगुप्त ने उसी को अपना उत्तराधिकारी चुना था, सब सामंत एक स्वर से यही निश्चय करते हैं कि वह सम्राट्-पद पर आसीन हो और ध्रुवस्वामिनी उसकी राजमहिषी बने। शिखरस्वामी पहले तो कुछ विरोध करता है पर परिस्थिति को प्रतिकूल पाकर वह भी चंद्रगुप्त के पक्ष में हो जाता है। सब प्रकार से निराश होकर रामगुप्त अधीर हो उठता है और पीछे से जाकर चंद्रगुप्त पर आक्रमण करता है। इसी उपद्रव में सामंत चंद्रगुप्त की रक्षा के विचार से उसका वध कर डालते हैं।

वस्तुतत्त्व

उक्त कथांश के आधार पर ध्रुवस्वामिनी नाटक की रचना हुई है। एक तो कथा स्वयं ही वेदना से पूर्ण है, फिर उसके उतार-चढ़ाव का क्रम इतना सुंदर रखा गया है कि स्थल-स्थल पर चमत्कार उत्पन्न हो उठा है। कथा में सबसे अधिक मार्मिक स्थिति महादेवी ध्रुवस्वामिनी की दिखाई पड़ती है। अतएव प्रथम दृश्य में लेखक उसी को अपने प्रतिभा-बल से सुसज्जित करके सम्मुख लाता है। परम यशस्वी दिग्विजयी समुद्रगुप्त की वधू और गुप्तकुल की लक्ष्मी की ऐसी हीनदीन अवस्था। उसके अंतर्जगत् के अपमान और वेदना की वेगमयी आँधी, कठोर अभिशापमय प्रस्तुत रहस्य और भविष्य की अंधकारपूर्ण घोर चिंता से ही नाटक का श्रीगणेश होता है। उसकी इस स्थिति के मूल में कारण कौन है ? इसका उत्तर लेकर परमभट्टारक रामगुप्त स्वयं आता है। उसके भीतर भी द्वंद्व चल रहा है—' जगत् की अनुपम सुंदरी मुझसे स्नेह नहीं करती और मैं हूँ इस देश का राजाधिराज।' जब ये दो प्रमुख पात्र अपनी विषम स्थितियों को लेकर हमारे सम्मुख आ लेते हैं और हम उनकी उद्वेगमयी विषमता का पूर्ण परिचय प्राप्त कर चुकते हैं तब इस विषमता को अधिक उग्र बनाने के लिए, उत्तरोत्तर उसे चरमस्थिति तक पहुँचाने के लिए, शिखरस्वामी के द्वारा शक-अवरोध और संधि-प्रस्ताव का प्रसंग सामने आता है। इसके पूर्व लेखक ने बौने, हिजड़े, कुबड़े इत्यादि के द्वारा भविष्य का उल्लेख बड़ी सुंदरता से करा दिया है, जिससे शिखरस्वामी द्वारा उपस्थित किए गए प्रसंग का चमत्कार और भी बढ़ जाता है। इस अंक के तीनों प्रश्नों—ध्रुवदेवी की असहाय अवस्था, रामगुप्त का संदेहगर्त-निपात और शक-अवरोध अथवा संधि-प्रस्ताव का उत्तर लेकर अंत में चंद्रगुप्त उपस्थित होता है। इस प्रकार प्रथम अंक के वस्तु-तत्त्व का तर्क-विन्यास बड़ा भव्य बना है।

प्रथम अंक का वस्तु-विन्यास एक भव्य प्रासाद की सुदृढ़ भूमिका की भाँति अत्यंत उपादेय होता है। उसके ठीक उतर जाने पर अन्य अंक ठीक हो ही जाते हैं । इस नाटक के प्रथम अंक में फलोपभोक्ता का परिचय है। अतएव वेदना, संघर्ष,

शक्ति-संचय और उत्साह का चित्रण है। द्वितीय अंक में उस पक्ष का उल्लेख है जो पराजित होगा। इसलिए उसके संबंध में विलासिता और अंधकार का चित्रण आवश्यक है। इस अंक में शक-दुर्ग के भीतर क्या हो रहा है इसका विस्तृत विवरण दिया गया है। प्रेम में अनुरक्त कोमा—अपनी अनुरागमयी भावनाओं में लिपटी सम्मुख आती है; फिर अपनी राजनीतिक रूक्षता की चिंता लिए शकराज आकर उसकी भावनाओं में हिलोर उत्पन्न कर देता है। इतने ही में खिंगिल आकर गुप्त सम्राट् द्वारा स्वीकृत किए गए संधि-प्रस्ताव का समाचार सुनाता है, जिससे शकराज उन्मत्त हो उठता है और ध्रुवस्वामिनी के स्वागत के निमित्त आयोजन में लग जाता है। ध्रुवस्वामिनी की प्राप्ति की संभावना को उद्दीप्त करने के लिए कोमा का अनुराग-विस्तार सहायक रूप में ही रखा गया ज्ञात होता है। इस संभावित सुख के प्रमाद में शकराज अपनी प्रेमिका कोमा के साथ-साथ गुरुवर मिहिरदेव का निरादर कर बैठता है। दोनों ही रुष्ट और अप्रसन्न होकर उसका साथ छोड़कर चले जाते हैं। यहाँ भी नाटकीय भविष्यवाणी के रूप में एक ओर तो लेखक ने कोमा के मुख से ये वचन उपस्थित किए हैं—'अमंगल का अभिशाप, अपनी क्रूर हँसी से इस दुर्ग को कँपा देगा और सुखस्वप्न विलीन हो जायेंगे,' और दूसरी ओर धूम्रकेतु का दृश्य उपस्थित कर भविष्य का आभास दिया है। जिस समय शकराज धूम्रकेतु दर्शन से भयभीत होता है, उसी समय ध्रुवस्वामिनी और चंद्रगुप्त उसके कक्ष में प्रवेश करते हैं। दोनों स्थितियों का एक साथ ही मेल बैठाकर चमत्कार उत्पन्न करने में लेखक सफल हुआ है। इसके उपरांत स्थिति की प्रेरणा से शकराज और चंद्रगुप्त का द्वंद्व होता है, जिसमें प्रथम की मृत्यु हो जाती है। उसी समय बाहर सामंत कुमार शकसेना को ध्वस्त कर जयनाद के साथ भीतर प्रवेश करते हैं।

प्रथम और द्वितीय अंकों में जिन राजनीतिक एवं धार्मिक प्रश्नों का उल्लेख है उनका नाटकीय उत्तर ही तृतीय अंक में है। यदि राजा अयोग्य और कापुरुष हो तो प्रजा उसे पदच्युत कर सकती है। उसके स्थान पर किसी उपयुक्त अधिकारी की स्थापना ही साम्राज्य के लिए मंगलकारिणी हो सकती है। धर्म के क्षेत्र में भी सुधार की व्यवस्था होती है। यदि किसी प्रकार एक धर्मकृत्य किसी समय समुचित प्रतीत हुआ और आगे चलकर उस कृत्य में पाप का कालुष्य लक्षित हुआ तो उस धर्मकृत्य की सत्यता पर संदेह होना न्यायतः प्राप्त है; अतएव उसका संशोधन भी आवश्यक है। ये ही दो विषय तृतीय अंक के आधार हैं। विजय प्राप्त करके भी ध्रुवस्वामिनी और चंद्रगुप्त प्रमत्त नहीं होते। फल-प्राप्ति उस समय तक संभव नहीं होती जब तक धर्मनीति और राजनीति के दोनों क्षेत्रों के व्यवस्थापक कर्त्तव्य को वैध न बताएँ। ध्रुवस्वामिनी और चंद्रगुप्त का संबंध तक स्थिर नहीं हो पाता जब तक धर्माधिकारी और सामंतों की आज्ञा नहीं प्राप्त होती है। इस स्थिति तक पहुँचने में रामगुप्त की वह क्रूर आज्ञा सहायक होती है जिसके कारण मिहिरदेव और कोमा

के साथ अन्य शकों का निरीह वध किया गया था। सभी सामंत इस अनधिकार क्रूर आज्ञा के विरुद्ध हो जाते हैं। धर्माधिकारी की दृष्टि में भी पुनर्विचार आवश्यक हो जाता है। वह रामगुप्त से ध्रुवस्वामिनी के ' मोक्ष ' की व्यवस्था देता है। परिषद भी एक स्वर से रामगुप्त को अधिकारच्युत कर चंद्रगुप्त को सम्राट् पद देती है। इसी स्थल पर नाटककार ने बड़ी कुशलता से रामगुप्त की मृत्यु का दृश्य दिखाया है। अपदस्थ होने पर रामगुप्त का पागल हो उठना अत्यंत प्रकृत ज्ञात होता है। उसका उद्विग्न होकर सहसा चंद्रगुप्त पर पीछे से प्रहार करना वस्तुस्थिति के सर्वथा अनुकूल ही है। इस पर किसी सामंत का चंद्रगुप्त की रक्षा के निमित्त रामगुप्त पर आक्रमण कर बैठना उपयुक्त और प्रकृत है। जिस क्रम से तृतीय अंक की घटनावली चली है, वह नाटक के पर्यवसान में सहायक हुई है और उसी के बल पर अभीप्सित फल की प्राप्ति हो सकी है।

अंक और दृश्य

संपूर्ण नाटक तीन अंकों में विभाजित है और प्रत्येक अंक में केवल एक दृश्य है। वे दृश्य अपने ही में पूर्ण और धारावाहिक हैं। सारा कथानक इन्हीं अंकों के अनुकूल तीन खंडों में विभक्त है। प्रत्येक अंक एवं खंड की घटनाएँ और कार्य-व्यापार एक-स्थानीय ही है। अतः इनका जमाव बहुत ठीक जड़ा है। दृश्य की धारावाहिकता से व्यापारों के क्रमिक गुंफन और क्रमशः प्राप्त उनके सर्वविध अभिनय का बड़ा सुंदर योग हुआ है।

प्रत्येक दृश्य के आरंभ में और उन सब स्थलों पर जहाँ दृश्य के बीच में नवीन पात्रों के प्रवेश के कारण वस्तुस्थिति में परिवर्तन की आवश्यकता पड़ी है, वहाँ सूचनाओं द्वारा इस प्रकार परिचय दिया गया है कि स्थल एवं विषय-संबंधी कोई ज्ञातव्य शेष नहीं रह जाता। रंगमंच की सुविधा और अनुकूलता का जितना विचार 'प्रसाद' ने इस नाटक में रखा है और किसी अन्य में नहीं। अल्प से अल्प दृश्य भी सीधे और अंकन में सरल हैं। यह सरलता देश-काल-पात्र के ज्ञान में किसी प्रकार की न्यूनता नहीं आने देती। थोड़ी सजावट और दो पर्दों से पूरे नाटक का अभिनय हो सकता है। एक पर्दा युद्ध-भूमि अथवा शिविर का आवश्यक है और दूसरा दुर्ग अथवा प्रकोष्ठ का। हाँ—उसकी सजावट में अवश्य ही देश-काल के परिचय निमित्त विशेष कुशलता अपेक्षित होगी।

आरंभ, कार्य-व्यापार की तीव्रता और फल-प्राप्ति

अपने नाटकों के आरंभिक एवं अंतिम दृश्यों के उपस्थित करने में लेखक सदैव विशेष चातुरी से काम लेता है। इसका रूप स्कंदगुप्त और चंद्रगुप्त में तो देखा

ही जा चुका है। इस नाटक में भी आरंभ में जिस प्रकार के प्राकृतिक सौंदर्य की भव्यता के बीच गुप्तकुल की लक्ष्मी महादेवी ध्रुवस्वामिनी का प्रवेश कराया गया है और वस्तु-स्थिति एवं चरित्र की जिस गंभीरता को सम्मुख उपस्थित किया गया है, आकस्मिक आकर्षण के लिए उससे बढ़कर और कोई अन्य दृश्य क्या हो सकता है ! ऐसे भव्य समारंभ को पाकर सारे सामाजिक अवश्य ही तन्मय होकर विषय की ओर पूर्णतया आकृष्ट हो जायेंगे।

इसके उपरांत फिर तो कार्य-व्यापारों का प्रवाह ऐसा तीव्र रूप धारण करता है कि जब तक पुनः पटाक्षेप नहीं होता तब तक सामाजिक के हृदय तथा बुद्धि को अवकाश ही नहीं प्राप्त हो सकता कि वह दृष्टि अथवा विचार को इधर-उधर ले जाय। वस्तु-विकास के साथ-साथ कुतूहल की मात्रा भी बढ़ती चलती है। कार्य-व्यापार की शृंखला तो अटूट रूप में चलती ही है, इसके साथ-साथ मानव-मन की नाना अंतर्दशाओं के संघर्ष और उत्थान-पतन भी देखने को मिलते हैं। तीनों दृश्यों में सक्रियता का वेग आद्यांत प्रखर दिखाई पड़ता है। इस सक्रियता के आधिक्य से जहाँ कुतूहल, आकर्षण तथा वेदना की सजीवता की उत्तरोत्तर वृद्धि हुई है वहीं वह पात्रों के चरित्रांकन एवं कुलशील-परिज्ञान में कुछ बाधक भी हो गई है। इस नाटक में व्यक्तियों के चारित्र्य-उद्घाटन का समय ही नहीं मिल सका है। कार्य-व्यापार की यह तीव्रता क्रमशः बढ़ी है और प्रथम अंक की समाप्ति के साथ अपने पूर्ण उत्कर्ष पर पहुँच गई है। तदनंतर तो रामगुप्त की मृत्यु और ध्रुवस्वामिनी की राज्य-प्राप्ति के साथ ही साथ शांत हो सकी है। इस सक्रियता का वेग द्वितीय अंक में अवश्य कुछ कम हुआ है। कोमा, शकराज और मिहिरदेव के संवाद में कार्य की तीव्रता उतनी नहीं है जितनी वस्तुस्थिति-ज्ञापन और विषय-विचार की। फिर भी इस स्थिति-ज्ञापन के परिणाम-रूप में धूम्रकेतु-दर्शन का उद्वेग उत्पन्न होता है और ठीक उसके पश्चात् शकराज की मृत्यु का अबाध आगमन है।

इस प्रकार प्रत्येक अंक का आरंभ जैसे नवीन पात्रों और महत्त्वपूर्ण नए-नए विषयों के साथ हुआ है, वैसे ही प्रत्येक अंक की समाप्ति भी इस क्रम से दिखाई पड़ती है कि नाटक के खंडांशों की पूर्णता का स्पष्ट बोध हो जाता है। संपूर्ण अंक में प्रश्नों और समस्याओं की जो धारा चलती है, उसका पूरा-पूरा उत्तर अंक के अंत में मिल जाता है। अतएव अंकों में अंतिम अंश बड़े ही प्रभविष्णु हुए हैं। प्रथम अंक के अंत में ध्रुवदेवी और चंद्रगुप्त ऐसे विशिष्ट व्यक्तियों को साम्राज्य की सम्मान-रक्षा में अपने प्राणों की आहुति देने के लिए उद्यत देखते हैं। दूसरे अंक की समाप्ति राष्ट्र-शत्रु की मृत्यु के साथ होती है। तृतीय अंक का अंत तो नाटक के समष्टि-प्रभाव का पोषक है ही। इस प्रकार नाटककार अंकों का आरंभ और अंत दोनों का बड़े कौशल से संतुलन करता गया है।

ध्रुवस्वामिनी के इतिहास-प्रसिद्ध महिला होने के कारण नाटक का ध्रुवस्वामिनी

नामकरण सर्वथा उपयुक्त ही है। इसके अतिरिक्त फल की प्राप्ति का भी यदि विचार किया जाय तो भी प्राधान्य ध्रुवस्वामिनी को ही प्राप्त होगा। फल दो हैं—राक्षस-विवाह से मोक्ष तथा महादेवी पद की सच्ची संप्राप्ति। ये दोनों घटनाएँ अन्योन्याश्रित हैं। इन दोनों की अधिकारिणी ध्रुवस्वामिनी बनती है और इन्हीं को प्राप्त करने में उसे आद्यंत प्रयत्नशील होना पड़ा है। इसके लिए चंद्रगुप्त सहायक रूप में सम्मुख आया है, भले ही इस प्रयत्न में उसका भी व्यक्तिगत लाभ हुआ हो, फल-प्राप्ति का बाधक मुख्यतया रामगुप्त ही है, न कि शकराज। इसीलिए शकराज का प्रसंग बीच से उठता है और उसकी समाप्ति भी बीच ही में हो जाती है। मुख्य विरोधी रामगुप्त अंत तक आया है और उसके पूर्ण पराभव एवं मृत्यु के साथ ही ध्रुवस्वामिनी को द्वितीय फल की प्राप्ति हुई है। वस्तुतः मोक्ष तो रामगुप्त के जीवित रहते ही धर्मविरुद्ध मान लिया जाता है, परंतु राजाधिराज चंद्रगुप्त के साथ वास्तविक महादेवी-रूप में ध्रुवस्वामिनी का जय-जयकार उसके वध हो जाने पर ही होता है।

कार्य की अवस्थाएँ

कार्य की पाँचों अवस्थाओं का विभाजन तीन अंकों में बड़े ही सुंदर ढंग से हुआ है। आरंभ और प्रयत्न की प्रथम अंक में, प्राप्त्याशा की द्वितीय अंक में और नियताप्ति एवं फलागत की तृतीय अंक में स्थापना हुई है। यों तो नाटक के आरंभ में ही मुख-संधि से विरोध का कारण स्पष्ट दिखाई देने लगता है। ध्रुवस्वामिनी कहती है—' मुझ पर राजा का कितना अनुग्रह है, वह भी आज तक मैं न जान सकी। मैंने तो कभी उनका मधुर संभाषण सुना ही नहीं। विलासिनियों के साथ मदिरा में उन्मत्त, उन्हें अपने आनंद से अवकाश कहाँ।' दूसरी ओर प्रायः उसी स्थल पर जो उसके हृदय में चंद्रगुप्त के प्रति अनुरागोदय होता है वह भी फल-प्राप्ति के आरंभ की स्पष्ट सूचना है। परंतु आरंभ नाम की कार्यावस्था वस्तुतः वहाँ से चलती है जहाँ ध्रुवस्वामिनी ने अपना निश्चय प्रकट किया है—' पुरुषों ने स्त्रियों को अपनी पशु-संपत्ति समझकर उन पर अत्याचार करने का अभ्यास बना लिया है, वह मेरे साथ नहीं चल सकता। यदि तुम (रामगुप्त) मेरी रक्षा नहीं कर सकते। अपने कुल की मर्यादा, नारी का गौरव नहीं बचा सकते, तो मुझे बेच भी नहीं सकते। यहाँ से यह स्पष्ट बोध होने लगता है कि यह राष्ट्र और अपने पद-गौरव की रक्षा के लिए पूर्णतया तत्पर तथा कृतनिश्चय हो गई है। यही फल-प्राप्ति का आरंभ है। इसके उपरांत प्रयत्न की अवस्था वहाँ से चलती है जहाँ ध्रुवस्वामिनी आत्महत्या करने के लिए सन्नद्ध होती है, परंतु सहसा चंद्रगुप्त के आगमन से उसका वह व्यापार रुक जाता है और स्थिति में परिवर्तन उत्पन्न होता है। फिर तो चंद्रगुप्त को सहयोग में पाकर ध्रुवस्वामिनी प्रयत्न-पक्ष का विचार करती है। प्रयत्न नाम की कार्यावस्था

वहाँ से आरंभ होती है जहाँ उसने अपना यह मंतव्य प्रकट किया है–' तो कुमार (चंद्रगुप्त), हम लोगों का चलना निश्चित ही है। अब इसमें विलंब की आवश्यकता नहीं।' शकराज का सामना करने का यह निश्चय फल-प्राप्ति के लिए प्रयत्नरूप में है। इसी प्रवाह और प्रसंग में पूर्वोक्त अनुरागोदय भी पुष्ट रूप धारण करता है। इसी प्रयत्न के लिए वह कहती है–' हम दोनों ही चलेंगे। मृत्यु के गह्वर में प्रवेश करने के समय मैं भी तुम्हारी ज्योति बनकर बुझ जाने की कामना रखती हूँ।'

इसके उपरांत द्वितीय अंक भर में केवल प्राप्त्याशा का ही प्रसंग चलता है। प्रयत्न का जो रूप प्रथम अंक में उठता है वह शकराज की मृत्यु तक आता है। चंद्रगुप्त द्वारा शकराज का वध होने पर ही उस फल की प्राप्ति की आशा होती है जिसके लिए ध्रुवस्वामिनी प्रयत्नशील बनी थी। इस वध के कारण उसे जो नैतिक बल मिलता है उसी के सहारे वह अपने प्राप्य की ओर अग्रसर हो सकी है। इस घटना के आधार पर रामगुप्त का व्यक्तित्व गिरता और ध्रुवस्वामिनी का चारित्र्य महत्त्व प्राप्त करता है; साथ ही चंद्रगुप्त के साथ उसके आजीवन संबंध की नैतिकता सिद्ध होती है। शकराज की पराजय के साथ ही ध्रुवस्वामिनी और चंद्रगुप्त अपने अभीप्सित फल की ओर शीघ्रता से बढ़ सके हैं; इसलिए यह वध ही प्राप्त्याशा का रूप है।

तृतीय अंक के आरंभ में ही ध्रुवस्वामिनी शकदुर्ग-स्वामिनी के रूप में दिखाई देती है, परंतु उसका वह रूप फल-प्राप्ति का बोधक नहीं हो सकता क्योंकि अभी मार्ग में दो बाधाएँ अवशेष हैं। यह वर्तमान स्थिति तो उस प्राप्त्याशा की सूचक मात्र है। अभी वैवाहिक मोक्ष और साम्राज्य के सहायक सामंतों की स्वीकृति तो अपेक्षित ही है। मोक्ष को धर्माधिकारी विहित मान लें और सामंतगण रामगुप्त की अयोग्यता स्पष्ट रूप से समझकर परिर्वतन की घोषणा कर दें, तब ध्रुवस्वामिनी के अभीप्सित फल की प्राप्ति का निश्चय हो सकता है। तृतीय अंक के आरंभ में ही जो पुरोहित का सामना हुआ है वह मोक्ष-फल सिद्ध करने के लिए है। कर्मकांड के विरोधस्वरूप ध्रुवस्वामिनी का यह प्रश्न ही इस विवाद को उठाता है–'आपका कर्मकांड और आपके शास्त्र, क्या सत्य हैं, जो सदैव रक्षणीया स्त्री की यह दुर्दशा हो रही है ?' प्रसंग के अंत में आते-आते इस प्रश्न का उत्तर धर्माध्यक्ष देता है–' यह रामगुप्त मृत और प्रव्रजित तो नहीं पर गौरव से नष्ट, आचरण से पतित और कर्मों से राजकिल्विषी क्लीव है। ऐसी अवस्था में रामगुप्त का ध्रुवस्वामिनी पर कोई अधिकार नहीं। X X मैं स्पष्ट कहता हूँ कि धर्मशास्त्र, रामगुप्त से ध्रुवस्वामिनी के मोक्ष की आज्ञा देता है '। इस स्थिति के पूर्व ही शकराज के वध से उत्पन्न हुई फल-प्राप्ति की आशा वहाँ निश्चय का रूप धारण कर लेती है जहाँ चंद्रगुप्त ने अपने मन में यह निश्चय किया था–'ध्रुवदेवी मेरी है ! (ठहरकर) हाँ, वह मेरी है, उसे मैंने आरंभ से ही अपनी संपूर्ण भावना से प्यार किया है।' इसी समय

निरीह शकों के संहार से उद्विग्न सामंत कुमार का यह मत–' मैं सच कहता हूँ कि रामगुप्त जैसे राजपद को कलुषित करनेवाले के लिए मेरे हृदय में तनिक भी श्रद्धा नहीं '–फल-प्राप्ति का निश्चय करा देता है। इस स्थल को नियताप्ति का बोधक समझना चाहिए। यहाँ पहुँचकर ध्रुवदेवी को अभीप्सित फल प्राप्त हो जाएगा, यह निश्चय होता है। इसके उपरांत, प्राप्ति का निश्चय हो जाने पर तो, भावी कार्यक्रम सरल गति से स्वयमेव अग्रसर होता चलता है।

चरित्रांकन

अन्य नाटकों की भाँति 'प्रसाद' के इस नाटक में पात्रों की अधिकता नहीं है। प्रमुख पात्रों में केवल तीन हैं–ध्रुवस्वामिनी, रामगुप्त और चंद्रगुप्त। प्रतियोगी भी तीन हैं–शकराज, कोमा और शिखरस्वामी। **मंदाकिनी** तो केवल ध्रुवदेवी के कंठ से कंठ मिलाकर बोलने वाली उसकी सहचरी मात्र है। उसका अपना कोई स्वतंत्र व्यक्तित्व है–ऐसा नहीं मालूम पड़ता। समय-समय पर प्रसंग पाकर ध्रुवदेवी की बातों में बल दे देती है अथवा उसके हृदयगत भावों के शाब्दिक प्रसार का मार्ग निर्दिष्ट करती चलती है। **मिहिरदेव** एक क्षण के लिए सम्मुख आया है, परंतु उसके स्वरूप का वैलक्षण्य प्रभावशाली है। उसका सौम्य उपालंभ उसके व्यक्तित्व को ऊपर उठा देता है। वह एक ओर काम से अभिभूत शकराज को समझाने की चेष्टा करता है कि ' नीति का विश्व-मानव के साथ व्यापक संबंध है और दो प्यार करनेवाले हृदयों के बीच में स्वर्गीय ज्योति का निवास है ' तो दूसरी ओर लताओं, वृक्षों और चट्टानों की शीतल छाया एवं सहानुभूति पर विश्वास करके झरनों के किनारे, दाख के कुंजों में संतोषपूर्वक विश्राम करना अधिक मंगलकारी समझता है। नील-लोहित रंग के धूम्रकेतु को शकदुर्ग की ओर भयानक संकेत करता देखकर वह भविष्यदर्शी दार्शनिक शकराज को चेतावनी देता हुआ हमारी दृष्टि से ओझल हो जाता है।

शकराज के लिए पूरा अंक ही दिया गया है, परंतु उसके चरित्र का कोई विकास-क्रम नहीं दिखाई पड़ता। वह एकरस कंस के समान दंभ और अभिमान का प्रतिनिधि है। सौभाग्य और दुर्भाग्य को मनुष्य की दुर्बलता का भय और पुरुषार्थ को ही सबका नियामक समझता है। अपने से भी महान् कुछ है इस पर उसे विश्वास नहीं। भौतिक सुख और विलास में परम आनंद मानता है। यही कारण है कि वह कोमा की भाव-उच्चता का कुछ भी विचार नहीं कर पाता। भौतिकता का वह पुजारी जब धूम्रकेतु का अशुभ दर्शन करता है, तब भय से विह्वल हो उठता है। उस पापी का दुर्बल हृदय काँपने लगता है और कोमा तक से रक्षा और सहायता की वह प्रार्थना करता है। उसके चरित्र की यह दुर्बल निःसारिता

अवश्य ही दयनीय है।

प्रसंगानुसार **पुरोहित** का चरित्र भी महत्त्वपूर्ण है, वस्तुस्थिति का पूर्णतया अध्ययन करके तथा स्त्री और पुरुष के परस्पर विश्वासपूर्वक अधिकार-रक्षा और सहयोग में व्याघात उत्पन्न होते देखकर वह पुनः धर्मशास्त्र के अनुकूल व्यवस्था देने पर तत्पर हो जाता है। ' कहीं धर्मशास्त्र हो तो उसका मुँह खुलना चाहिए ' ऐसी ललकार सुनकर वह निर्भीक पुरोहित चुप नहीं रह सकता और राज-भय की रंचमात्र चिंता न करते हुए अपने अधिकार पर अड़ जाता है। शिखरस्वामी और रामगुप्त की अवहेलना करते हुए वह स्पष्ट घोषित करता है कि 'ध्रुवदेवी पर रामगुप्त का कोई अधिकार नहीं, धर्मशास्त्र इस प्रकार की मोक्षव्यवस्था की स्वीकृति देता है।'

कोमा

कोमा आचार्य मिहिरदेव की प्रतिपालिता कन्या है। यौवन के स्पर्श से सद्यःप्रफुल्ल कुसुम-कलिका की भाँति कोमल भावनाओं से ओतप्रोत है। प्रणय का तीव्र आलोक उसकी आँखों में समाया है। वह प्रेम करने की ऋतु का आनंद ले रही है; जिसमें चूकना, और सोच-समझकर चलना दोनों बराबर हैं। वह यौवन की चंचल छाया में बैठी हुई प्रेम के घूँट रस के आस्वादन की कामना कर रही है। शकराज उसके प्रेम का विषय है। प्रेमपूर्ण भावुकता उसके चरित्र की सबसे बड़ी विभूति है, परंतु वह जीवन की यथार्थ स्थितियों का भी महत्त्व समझती है। इसी बल पर संघर्ष में पड़े हुए शकराज को वह समझाने का प्रयत्न करती है। उसकी भावुकता में दार्शनिकता का योग है। मानव-शक्ति से परे भी एक महाशक्ति है, इसे वह मानती है। अभावमयी लघुता में मनुष्य जो अपने को महत्त्वपूर्ण दिखाने का अभिनय करता है यह उसे अच्छा नहीं लगता। वह पाषाणों के भीतर बहनेवाले मधुर स्रोत की शीतल जलधारा की भाँति निर्मल और शांतिमयी रहना चाहती है।

अपनी भावुकता के प्रवाह में कोमा से एक गहरी भूल हो गई है। वह अपनी प्रकृति से सर्वथा भिन्न प्रकृतिवाले शकराज से प्रेम ठान बैठी है। वह भावलोक की मधुर रेखा की भाँति सूक्ष्म और उसका प्रिय भौतिक जगत् के पाषाण की तरह स्थूल। कुछ विलंब हो जाने पर कोमा इस वैषम्य को समझ सकी है। उसकी दार्शनिक बुद्धि यह तो जानती ही है कि 'संसार में बहुत-सी बातें बिना अच्छी हुए भी अच्छी लगती ही हैं।' मानव-मनोविज्ञान के इस विषम सत्य के गांभीर्य से वह पूर्णतया परिचित तो है परंतु अभी तक उसे विश्वास था कि शकराज उससे प्रेम करता है। उसकी 'स्नेह-सूचनाओं की सहज प्रसन्नता और मधुर आलापों' पर उसने आत्मसमर्पण अवश्य कर दिया है, फिर भी प्रेम में सर्वथा मतवाली और अंधी नहीं हुई है। अभी उसमें विवेक-बुद्धि सजग ही है। इसी बल पर वह शकराज के राजनीतिक प्रतिशोध

का स्पष्ट विरोध करती है। अपने ही समान एक कुलीन नारी का ऐसा पाशविक अपमान वह नहीं सहन कर सकती। उसके जीवन में इसी स्थल पर विवेक और मोह का कठोर संघर्ष दिखाई पड़ता है और इसी संघर्ष में पड़ा हुआ उस कोमल रमणी का स्वरूप और भी निखर उठता है। यही स्थल उसके व्यक्तित्व का चरम उत्कर्ष है। मिहिरदेव इस मोह-बंधन को तोड़कर मुक्त होने का आदेश देता है। इस पर वह व्यथित हो उठती है–'(सकरुण) तोड़ डालूँ पिताजी। मैंने जिसे आँसुओं से सींचा, वही दुलार-भरी वल्लरी, मेरे आँख बंद कर चलने में मेरे ही पैरों से उलझ गई है। दे दूँ एक झटका, उसकी हरी-हरी पत्तियाँ कुचल जायँ और वह छिन्न होकर धूल में लोटने लगे। ना, ऐसी कठोर आज्ञा न दो।' परंतु मोह पर विवेक की विजय ही मंगल का सर्वोत्तम विधान है। वह विवेकशीला युवती शकराज के अनुचित कार्य-व्यापार का समर्थन किसी प्रकार नहीं कर सकती है। इस व्यापार में उसे संपूर्ण नारी-जगत् का अपमान दिखाई पड़ता है। अतः वह अपने पिता के साथ चली जाती है। चली तो जाती है परंतु शकराज के वध के उपरांत जिस विश्वास-भरे दैन्य के साथ वह उसका शव माँगने के लिए ध्रुवदेवी के पास आती है, उसी में स्त्रीत्व का शाश्वत रूप प्रकट होता है। इस स्थल पर संपूर्ण दार्शनिकता को पराजित करता हुआ अखंड नारीत्व जागता दिखाई पड़ता है।

रामगुप्त और शिखरस्वामी

रामगुप्त और शिखरस्वामी एक ही धातुखंड के दो टुकड़े हैं। दोनों में सिद्ध-साधक-संबंध है। रामगुप्त अयोग्य शासक एवं दुर्बल चरित्र का व्यक्ति है। उसका यही रूप आद्यंत दिखाई पड़ता है। उसके सम्मुख जो विकट स्थितियाँ खड़ी होती हैं उनके अनुकूल उसमें बुद्धि और शक्ति नहीं है। सबसे बड़ी चिंता उसे यही है कि ' जगत् की अनुपम सुंदरी उससे प्रेम नहीं करती और वह है इस देश का राजाधिराज '। उसकी पत्नी ध्रुवदेवी चंद्रगुप्त से प्रेम करती है। वह जानता है कि ध्रुवदेवी के हृदय में चंद्रगुप्त की आकांक्षा धीरे-धीरे जाग रही है। इस स्थिति के संभालने का जो प्रयास वह करता है उसमें बुद्धि का योग नहीं है। वह आदेश देता है–'धुवदेवी से कह देना चाहिए कि वह मुझे और मुझे ही प्यार करे। केवल महादेवी बन जाना ठीक नहीं।' ऐसे आदेशों एवं बुद्धिहीन व्यवहारों में जैसी मूर्खता दिखाई पड़ती है वस्तुतः वह सच्ची नहीं है, क्योंकि उसके भीतर से एक गूढ़ उद्देश्य ध्वनित होता रहता है। उसके यथार्थ रूप का कुछ ज्ञान इस संवाद से प्रकट हो जाता है–' सहसा मेरे राजदंड ग्रहण कर लेने से पुरोहित, आमात्य और सेनापति लोग छिपा हुआ विद्रोह-भाव रखते हैं। (शिखर से) है न ! केवल एक तुम्हीं मेरे विश्वासपात्र हो। समझा न ! यही गिरिपथ (शक-अवरोध) सब झगड़ों का अंतिम निर्णय करेगा। क्यों आमात्य,

जिसकी भुजाओं में बल न हो उसके मस्तक में तो कुछ होना चाहिए।'

इस विरोध-भाव का मूल कारण वह चंद्रगुप्त को ही मानता है। इसीलिए शकराज के पास ध्रुवदेवी के साथ ही उसे भी भेजकर त्राण पाना चाहता है। उसके भीतर घोर दुरभिसंधि की आँधी चल रही है और उसमें प्रधान सहायक है उसका विश्वास-भाजन शिखरस्वामी। वही उसके मंतव्यों को व्यवहार में सम्मुख रखता है। शिखर बड़ा चतुर और व्यवहारकुशल है। वस्तुस्थिति के अनुसार अपने को यथास्थान ठीक से बैठा लेता है। अपने स्वार्थ को भलीभाँति पहचानकर उसकी रक्षा में सब कुछ करने को तैयार है—यह नाटक के अंत में स्पष्ट हो जाता है। पहले तो सबके विरुद्ध रहने पर भी स्वर्गीय आर्य समुद्रगुप्त की आज्ञा के प्रतिकूल उसी ने रामगुप्त का समर्थन किया था, परंतु अंत में बना-बनाया खेल बिगड़ता देखकर अपने स्वार्थ को सुरक्षित रखने के लिए परिषद की आज्ञा और निर्णय मानना, रामगुप्त के पक्ष में भी, उचित बताने लगता है।

रामगुप्त भीतर और बाहर के सब शत्रुओं को एक ही चाल में परास्त करने की बात सोचता है। अपने इस उद्देश्य की सिद्धि में भले ही वह अपने को कामुक, विलासी, लंपट और प्रमादी प्रमाणित करता चला हो। अपनी सिद्धि के लिए गुप्तकुल की मर्यादा और अपमान का भी विचार करने को तैयार नहीं। युद्ध का भय और और प्राण का मोह तो केवल आवरण मात्र है। मूल अभिप्राय तो वही सिद्धि है। उसके लिए अपने सबसे बड़े दायित्व की भी वह उपेक्षा करता है। विवाह के समय वह जिन प्रतिज्ञाओं से ध्रुवदेवी को पत्नी-रूप में ग्रहण कर चुका है उनकी उसे कुछ परवाह नहीं। विवाह-मंडप में पुरोहितों ने न जाने क्या-क्या पढ़ा दिया। उन सब बातों का बोझ उसके सिर पर नहीं हो सकता। बारंबार ध्रुवदेवी ने अपने गुप्तकुल के वधूत्व और उसकी मर्यादा का स्मरण दिलाया, अपने स्त्रीत्व को लेकर अनुनय-विनय की, परंतु अपने स्वार्थ के कुचक्र में पड़ा वह रंचमात्र भी विचलित नहीं होता। अंत में वह स्पष्ट ही कह देता है—' तुम, मेरी रानी ! नही, नहीं, जाओ, तुमको जाना पड़ेगा, तुम उपहार की वस्तु हो ? आज मैं तुम्हें किसी दूसरे को दे देना चाहता हूँ, इसमें तुम्हें क्यों आपत्ति हो ?' जिस पद और अधिकार की लिप्सा के लिए उसने संपूर्ण गुप्तकाल के गौरव एवं अपने व्यक्तित्व को इतना गर्हित बनाया उसे जब वह जाते देखता है तो किंकर्त्तव्यविमूढ़ हो जाता है; सशंक, भयभीत, व्यथित और निराश हो उठता है। अपनी बुद्धि और अपने शरीर पर उसका स्वयं अधिकार नहीं रह पाता। सब अनिष्टों के शंकित मूल कारण चंद्रगुप्त पर सहसा पीछे से आक्रमण कर बैठता है और परिणामस्वरूप वह स्वयं मारा जाता है।

चंद्रगुप्त

स्वर्गीय सम्राट् समुद्रगुप्त द्वारा निर्वाचित उत्तराधिकारी चंद्रगुप्त गुप्तकाल की गौरव-रक्षा के विचार से ही शासन-भार रामगुप्त के ऊपर छोड़ देता है। प्रकृति से ही वह वीर, उदार, निर्भीक और कर्त्तव्यपरायण है। अपने सम्मान और संपूर्ण गुप्तकाल के गौरव का विचार रखनेवाला वह युवक अपने बाहुबल और भाग्य पर विश्वास रखता है। उस प्रियदर्शी कुमार की स्निग्ध, सरल और सुंदर मूर्ति को देखकर कोई भी प्रेम से पुलकित हो सकता है। उसके हृदय में ध्रुवस्वामिनी के लिए अनन्य अनुराग स्थापित हो चुका है, परंतु वस्तुस्थिति से वह विवश है। विवेक-बल के कारण अपने हृदय पर पूर्ण नियंत्रण रखता है। इस बात को वह कभी भूल नहीं पाता कि वह उसकी वाग्दत्ता पत्नी है और उसे उसने 'आरंभ से ही अपनी संपूर्ण भावना से प्यार किया है।' उसके अंतस्तल से निकलकर वह मूक स्वीकृति बोलती भी है। उसी को आत्महत्या के लिए उद्यत देखकर वह क्षुब्ध हो उठता है। उसी को शकराज के पास उपहाररूप में भेजते देखकर उसका पुरुषत्व उद्दीप्त एवं सक्रिय हो उठता है। स्वयं नारी-वेश में शकराज के पास जाकर उसका वध करता है। इसी नारी-अपमान के प्रतिकार-स्वरूप वह रामगुप्त की सारी दुरभिसंधि को नष्ट करके पुनः कुल के गौरव की स्थापना करता है। यह नारी का अपमान नहीं, इसे तो वह गुप्त-गौरव की मृत्यु मानता है। इसीलिए वह इस राजनीतिक क्रांति के लिए तत्पर हुआ है। इस क्रांति में उसके चरित्र-प्रधान व्यक्तित्व का विशेष स्थान है। उसका चरित्र नायकोचित है और नाटक भर में उसके चरित्र का विकास भी भव्य दिखाया गया है।

ध्रुवस्वामिनी

नाटक में प्रधान पात्र ध्रुवस्वामिनी है। सारे कार्य-व्यापारों के मूल से उसी का संबंध है और प्रधान फल की उपभोक्त्री भी वही है। ऐसी अवस्था में अन्य सभी पात्र उसके व्यक्तित्व को भली-भाँति समझने में सहायता देनेवाले हैं। रामगुप्त का चरित्र उसके पत्नीत्व और नारीत्व के यथार्थ रूप को पूर्णतया जगाने में सहायता करता है। चंद्रगुप्त एवं मंदाकिनी के संपर्क से उसका प्रेमिका-स्वरूप स्पष्ट हो उठता है। शकराज उद्दीपन का काम करता है। इस प्रकार सभी अन्य पात्र उसके चरित्र की विभिन्न वृत्तियों के आलंबन और उद्दीपन की भाँति चारों ओर घूमते दिखाई पड़ते हैं।

ध्रुवस्वामिनी का चरित्र बुद्धिप्रधान है। यों तो चंद्रगुप्त के संबंध से उसके हृदय-पक्ष का दर्शन भी भली-भाँति हो जाता है। गर्व की वह प्रतिमा है और

आत्मसम्मान का भाव भी उसमें प्रबल है। दूरदर्शी एवं व्यवहारकुशल होने के कारण उसके मंतव्यों में गंभीरता और स्थिरता दिखाई पड़ती है। आरंभ में वह खिन्न और कातर अवस्था में बंदिनी की भाँति है। मर्यादा और अधिकार का विचार उसके प्रत्येक कार्य-व्यापार से लक्षित होता है। इसीलिए विरोध का भाव दुःख-प्रकाशन के रूप में होता है। उसके विरोध का कारण प्रधानतः रामगुप्त का व्यक्तिगत व्यवहार है। उसमें न तो वह सौजन्य और सुशीलता पाती है और न किसी प्रकार का ऐसा ममतापूर्ण संबंध देखती है जिसके बल पर उसे अपना कह सके। वह तो अपने को महादेवीत्व के बंधन में बँधी एक राजकीय बंदिनी के रूप में पाती है। इसी अभाव के चीत्कार के बीच प्रसंगानुसार उसको चंद्रगुप्त का स्मरण हो उठता है और उसकी भावनाएँ निरंतर उसकी ओर मधुरतर होती जाती हैं।

इस समय परिस्थितियों की परवशता बताकर एक राजनीतिक चाल के रूप में रामगुप्त उसे उपहार की तरह शकराज के पास भेजने का आदेश देता है, जिससे उसके मन में रामगुप्त के प्रति और अधिक घृणा उत्पन्न हो जाती है। एक तो वह यों ही उसे कापुरुष मानती आई है, उस पर गुप्तकाल के गौरव के विरुद्ध और मर्यादापूर्ण दाम्पत्त्य के विरुद्ध कार्य करते देखकर वह उसे पशु समझने लगती है। फिर भी पत्नीत्व की लज्जा रखने के लिए वह एक बार हृदय पर पत्थर रखकर अपने पति रामगुप्त से याचना करती है–'आज मैं शरण की प्रार्थिनी हूँ। मैं स्वीकार करती हूँ कि आज तक मैं तुम्हारे विलास की सहचरी नहीं हुई, किंतु वह मेरा अहंकार चूर्ण हो गया है। मैं तुम्हारी होकर रहूँगी।' इस विवशता में मर्यादा-निर्वाह की आकांक्षा स्पष्ट लक्षित होती है। परंतु इसके उत्तर में भी–' तुम, मेरी रानी ! नहीं, नहीं। जाओ, तुमको जाना पड़ेगा। तुम उपहार की वस्तु हो ' सुनकर उसमें तात्कालिक परिवर्तन उत्पन्न होता है। अपने को सर्वथा अरक्षित पाकर उसके भीतर से वह शाश्वत नारीत्व गरज उठता है जिसके बल पर नारी-जगत अनंतकाल से अपने प्राण-धर्म की रक्षा करता आ रहा है। इसीलिए वह गुप्तकाल की लक्ष्मी छिन्नमस्ता का रूप धारण करती है। वह निश्चय कर लेती है–' मेरा हृदय ऊष्ण है और उसमें आत्मसम्मान की ज्योति है। उसकी रक्षा मैं ही करूँगी '। इसी निश्चय के अनुसार वह आत्महत्या के लिए सन्नद्ध होती है, उसी समय कुमार चंद्रगुप्त के सहसा आ जाने और विरोध करने से फिर उसमें दूसरे प्रकार का परिवर्तन उत्पन्न होता है। इस परिवर्तन में मोह और कर्त्तव्य की प्रेरणा है। वह फिर निश्चय करती है–' नहीं मैं नहीं मरूँगी, आत्महत्या नहीं करूँगी।' फिर तो चंद्रगुप्त का योग पाकर वह निःशंक साहस से कहती है–' तो कुमार, हम लोगों का चलना निश्चित ही है। अब इसमें विलंब की आवश्यकता नहीं। आज मेरी असहायता मुझे अमृत पिलाकर मेरा निर्लज्ज जीवन बढ़ाने के लिए तत्पर है।' इस जीवन के बढ़ाने में ही उसे अन्याय के प्रतिकार का अवसर मिल सकता है, और यही अवसर उसके जीवन के लिए कल्याण का

मार्ग बन सकता है। इसी अभिप्राय से निर्भीकता और दृढ़ता के साथ वह शकदुर्ग में पहुँचती है और वहाँ भी बड़े धैर्य से सभी विषम स्थितियों का सामना करती है। इस विवशता में जब उसे अपने भविष्य से लड़ने और अपने भाग्य का निर्माण-कार्य अपने हाथों में लेने की आवश्यकता महसूस होती है उस समय उसने जिस तत्पर बुद्धि से काम लिया है वही उसके विचार की दृढ़ता और चरित्र की विशेषता है।

यहाँ तक तो उसने रामगुप्त एवं शकराज से युद्ध किया। अब उसे उस राक्षस-विवाह का विरोध करना है जिसके परिणाम में यह घोर जन-संहार हुआ और गुप्त-साम्राज्य के गौरव को धक्का लगा। कर्मकांड तथा धर्मशास्त्र के प्रतिनिधि पुरोहित के सम्मुख आते ही ध्रुवस्वामिनी उस महत्त्वपूर्ण प्रश्न को उठाती है जो सदैव से विचारशील महिला-जगत की एक अनसुलझी समस्या है—'आपका कर्मकांड और आपके शास्त्र, क्या सत्य हैं, जो सदैव रक्षणीया स्त्री की यह दुर्दशा हो रही है ?' पुरोहित इसका कोई संतोषप्रद उत्तर नहीं दे पाता। वह एक बार फिर धर्मशास्त्र को देखना चाहता है। इन्हीं राजनीतिक और वैयक्तिक संघर्षों में बराबर पड़ने के कारण ध्रुवस्वामिनी की व्यवहारबुद्धि अत्यंत कुशल हो गई है। इसका ठीक परिचय उस समय मिल जाता है, जहाँ शक-संहार से क्षुब्ध सामंतकुमार रामगुप्त के विरुद्ध हो जाते हैं। वहाँ एक ओर वह अपने दैन्य निवेदन से उन्हें उद्दीप्त करती है और दूसरी ओर अनुकूल वातावरण बाँधकर वह चंद्रगुप्त को भी खुलकर विरोध करने के लिए उत्साहित करती है। इस ढंग से वह समस्त परिषद-मंडल को अपने अनुकूल और रामगुप्त के विरुद्ध बनाती है; वनपुरोहित को पहले से ही वह परास्त कर चुकी है इसलिए अंतिम स्थल पर सारी परिस्थिति को अपने अनुकूल देखकर पुरोहित भी ध्रुवदेवी के ही पक्ष में अपना निर्णय देता है।

समस्त नाटक में ध्रुवस्वामिनी के चरित्र का विकास बड़ा सुंदर दिखाया गया है। परिस्थितियों के कारण उसके चरित्र की एक-एक विशेषता क्रम से सम्मुख आती गई है। परिस्थितियों ने उसके चरित्र का निर्माण किया है और उसने जन परिस्थियों पर अधिकार प्राप्त कर उन्हें अपने अनुकूल बनाया है।

संवाद

इस नाटक में संवादों का विशेष औचित्य और सौंदर्य है। अजातशत्रु और स्कंदगुप्त आदि अन्य नाटकों की भाँति इसमें काव्यात्मक शैली के कथोपकथन नहीं हैं। इसमें व्यावहारिकता का प्रयोग अधिक हुआ है। यही कारण है कि निरर्थक विस्तार भी नहीं होने पाया और वस्तु-निवेदन में भी सीधापन है। जहाँ कहीं तर्क-वितर्क के प्रसंग भी आ गए हैं वहाँ व्यवहार-संगत वाद-विवाद ही चला है, उसमें विषय से

विच्युत संवाद का अस्तित्व नहीं ज्ञात होता, जैसा कि अजातशत्रु में शक्तिमती और दीर्घकारायण का अथवा स्कंदगुप्त में बौद्धों एवं ब्राह्मणों का हो गया है। इस नाटक में ध्रुवस्वामिनी और पुरोहित अथवा शकराज और कोमा के संवादों में अनंग-कथन का भय था, परंतु नाटककार ने सफलतापूर्वक उस रूक्षता से पीछा छुड़ाया है। वे ही स्थल विशेष आकर्षक हैं क्योंकि उनमें पूर्ण व्यावहारिकता का विचार रखा गया है। साधारण बातचीत में कोई पक्ष रुककर दूसरे पक्ष के व्याख्यान सुनने और उत्तर देने का अवसर पाने की प्रतीक्षा को सहन नहीं कर सकता। इसलिए बातचीत खंडशः उत्तर-प्रत्युत्तर के रूप में होती चलती है।

संवादों की दूसरी विशेषता है अतिविस्तार। प्रथम एवं द्वितीय अंकों के आरंभ में ध्रुवस्वामिनी एवं कोमा के स्वगत भाषणों को छोड़कर और कोई स्थल अधिक विस्तारयुक्त नहीं है। अंकों के आरंभ में होने के कारण इनका भी आधिक्य उतना खलता नहीं। इसके अतिरिक्त इन अंशों में उद्वेग होने के कारण भी आकर्षण बना रहता है। ऐसे स्थलों को छोड़कर सर्वत्र संवाद सरल और अविस्तृत ही मिलेंगे। इस लघुता का आनंद खंडधारिणी-ध्रुवदेवी, रामगुप्त-शिखरस्वामी, शकराज-कोमा, शकराज-चंद्रगुप्त-ध्रुवदेवी, तथा ध्रुवदेवी-पुरोहित इत्यादि के संवादों में देखा जा सकता है।

तीसरी विशेषता है तीव्र संवेग। संपूर्ण नाटक में संवाद बड़े ही वेगयुक्त और आवेशपूर्ण हैं। इस नाटक के संवादों की यही सबसे बड़ी विशेषता है। ध्रुवदेवी, चंद्रगुप्त और मंदाकिनी उन पात्रों में हैं जिनके संवादों में प्रधानतः संवेग दिखाई पड़ता है। इसका कारण स्पष्ट है, ध्रुवदेवी और चंद्रगुप्त को ही अधिक उद्योग करना पड़ा है और अपने अधिकारों के लिए उच्च स्वर से चिल्लाना पड़ा है। सबसे अधिक अन्याय भी उन्हीं के प्रति हुआ है और सारा दायित्व उनको ही वहन करना पड़ा है। अतएव उनके स्वर में तीखापन और आवेश होना प्रकृत ही है। इनके वेगपूर्ण संवादों के कारण नाटक में आद्यंत रंगमंचीय अनुकूलता उत्पन्न हो गई है। साथ ही कहीं-कहीं संवादों में साभिप्राय वक्रता एवं विदग्धता भी मिलती है, जिससे विशिष्ट रचना-चातुरी प्रकट होती है। बौना, हिजड़ा और कुबड़ा के कथोपकथन में इस प्रकार की सुंदरता स्पष्ट दिखाई पड़ती है।

विशेषताएँ—पद्धति की नवीनता

रचना-पद्धति की नवीनता के विचार से यह रचना पूर्व रचनाओं से सर्वथा भिन्न है। वस्तु-विन्यास, चरित्रांकन, संवाद इत्यादि के विचार से भी इसमें नया रूप प्रकट होता है। वस्तु के तीन अंश केवल तीन अंकों और तीन ही दृश्यों में इस क्रम से रख दिए गए हैं कि तीन भिन्न-भिन्न स्थलों के घटना-व्यापारों को लेकर सुसंगत रूप

से एक पूरी कथा स्थापित हो जाती है। वेश-भूषा, स्थिति-परिचय और रंगमंचीय सजावट आदि के विषय में विस्तृत निर्देश देने की वर्तमान परिपाटी इसी नाटक में प्रवेश पा सकी है। इसके पूर्व के नाटकों में लेखक इनके विषय में प्रायः चुप ही दिखाई देता है। इस विस्तृत निर्देश के कारण अभिनेता और प्रबंधक, विषय के अधिक समीप पहुँच सकते हैं और यथार्थता का निर्वाह भी सरलता से हो सकता है। चरित्रांकन की नवीनता इस प्रकार से देखी जा सकती है कि कहीं भी किसी पात्र की प्रवृत्ति विशेष दिखाने के विचार से घटना-व्यापार बढ़ाने की आवश्यकता नहीं पड़ी। कार्य के धारा-प्रवाह में जिस पात्र की जो-जो मानसिक प्रवृत्तियाँ प्रकट होती गई हैं, वे अपने-आप स्पष्ट हैं। यही कारण है कि आधुनिक ढंग की पाश्चात्त्य प्रणाली का चरित्रांकन इसमें नहीं स्वीकार किया है।

अभिनयात्मकता

अभिनयात्मकता इस नाटक की दूसरी विशेषता है। रंगमंच की अनुकूलता का जितना विचार इसमें दिखाई पड़ता है उतना चंद्रगुप्त और स्कंदगुप्त आदि नाटकों में नहीं है। थोड़े से थोड़े पटों में परिवर्तन से सारा नाटक अभिनीत हो सकता है। अन्य नाटकों में स्थान-स्थान पर निरंतर इतने अधिक परिवर्तन की आवश्यकता पड़ती है कि कहीं तो उनका स्थापन अव्यावहारिक हो उठता है और कहीं असंभव। ऐसी अवस्था में या तो उस दृश्य में इतना उलट-फेर करना पड़ता है कि वांछित रूप विकृत हो जाता है अथवा एक नवीन ही वस्तु की उद्भावना हो उठती है और उसका प्रभाव विरुद्ध हो जाता है। इस नाटक में केवल एक यवनिका और दो पटों से सारा काम चल सकता है, यदि धन और साधन अनुकूल हो तो तीनों अंकों के बीच में प्रसंगानुसार दोहरे पटों[1] का प्रबंध करने से सौंदर्य और आकर्षण बढ़ाया जा सकता है। पाश्चात्त्य शास्त्रीय संकलन-त्रय का प्रकृत निर्वाह इस नाटक में स्वयं ही हो गया है। सभी घटना-व्यापार प्रायः समीप के ही स्थान में घटित होते हैं। इसलिए एक पट पर्वत प्रदेश का और दूसरा दुर्ग-प्रांगण अथवा प्रकोष्ठ का आवश्यक है। सारी कार्यावली इसी प्रसार के भीतर दिखाई जा सकती है। इस रंगमंचीय व्यवस्था के अतिरिक्त संवादों की वेगयुक्त तीव्रता और सक्रियता इस नाटक को अभिनेय बनाने में विशेष रूप से सहायक हुई।

समस्या

इधर कुछ दिनों से पाश्चात्त्य देशों में यथार्थवाद के प्रभाव में समस्या-नाटकों की

1. ट्रांस्फर सीन

रचनाएँ अधिक होने लगी हैं। किसी समस्या को लेकर जो समष्टि-प्रभाव की स्थापना नाटकों में की जाती है वह प्रभावपूर्ण होने पर भी अत्यंत रूक्ष होती है। उसका प्रधान कारण है वस्तु की एकनिष्ठता और समस्या की सर्वाभिभावकता। समस्या के रूप को खड़ा करने में ही लेखक का सारा कौशल समाप्त हो जाता है और इसी कारण नाटकत्व की उपेक्षा होती है। उनका रूप प्रायः संवादों द्वारा प्रतिपादित सिद्धांत-लेख-सा दिखाई पड़ने लगता है। समस्या को जीवन का एक अंग मानकर यदि उसी के उतार-चढ़ाव के साथ इसे लगा दिखाया जाय अर्थात् यदि समस्या को अंग और जीवन को अंगी मानकर किसी नाटक में रखा जाए तो अधिक रुचिकर एवं प्रभविष्णु होगा। 'प्रसाद' ने भी ध्रुवस्वामिनी नाटक में जहाँ रचनापद्धति की नवीनता का उपयोग कर उसे अभिनेय बनाने की पूरी चेष्टा की है वहीं बड़े कौशल से उसमें एक समस्या का समावेश भी किया है।

इस नाटक में प्रधानतः नारी समस्या है। यह विषय सार्वभौम एवं सार्वकालिक है। समाज, कुटुंब और कर्मकांड एवं धर्मशास्त्र में स्त्री का क्या स्थान है; सिद्धांत तथा व्यवहार में कहाँ और क्यों अंतर आता है; इस अंतर के कारण लोकमंगल-विधान में क्या व्याघात पड़ जाता है—इत्यादि अनेक प्रश्न इसी प्रसंग पर खड़े होते हैं। उन्हीं प्रश्नों का उत्तर है—विवाह-पद्धति, पति-पत्नी का संबंध, दोनों का व्यक्तिगत एवं पारस्परिक धर्म। इस नाटक में इन्हीं प्रश्नों को लेकर कथा चलती है। सारे व्यापार इसी नारी-समस्या से संबंध जोड़कर चलते हैं। केवल राजकुल की नीति से प्रभावित होकर, वर और कन्या की प्रकृति, योग्यता एवं रुचि इत्यादि का बिना विचार किए जो ध्रुवस्वामिनी को रामगुप्त से बाँध दिया गया है, वह उचित हुआ या नहीं, यह विचार का विषय है और यदि सब प्रकार से यह प्रमाणित हो कि यह धर्म तथा व्यवहार की दृष्टि में अनुचित हो गया तो फिर क्या व्यवस्था दी जानी चाहिए—यही प्रश्न है—यही समस्या है।

ध्रुवदेवी और रामगुप्त का जो असम और राक्षस विवाह हुआ है उसका परिणाम व्यष्टि और समष्टि दोनों के लिए अमंगलकारी सिद्ध होता है। आरंभ से ही दोनों में विरोध चल पड़ता है। रामगुप्त सब प्रकार से अपने को अयोग्य, दुर्बल और अपवित्र प्रमाणित करता चलता है। यहाँ तक कि अपने पति-पद के अस्तित्व को भी अस्वीकार कर देता है—' मैंने ऐसी कोई प्रतिज्ञा न की होगी। मैं तो उस दिन द्राक्षासव में डुबकी लगा रहा था। पुरोहितों ने न जाने क्या-क्या पढ़ा दिया होगा। उन सब बातों का बोझ मेरे सिर पर कदापि नहीं।' किसी प्रकार की आज्ञा देने के लिए अपने को अनधिकारी प्रमाणित कर देता है। फिर भी अपना पशुत्वपूर्ण हुक्म ध्रुवदेवी पर लगाना चाहता है—' जाओ, तुमको जाना पड़ेगा। तुम उपहार की वस्तु हो। आज मैं तुम्हें किसी दूसरे को दे देना चाहता हूँ। इसमें तुम्हें क्या आपत्ति है ?' ध्रुवस्वामिनी का आर्तस्वर-पूर्ण प्रश्न भी—' मेरे पिता ने उपहार-स्वरूप

कन्या-दान किया था XX मेरा स्त्रीत्व क्या इतने का भी अधिकारी नहीं कि अपने को स्वामी समझनेवाला पुरुष उसके लिए प्राणों का पण लगा सके '—निरर्थक हो जाता है। ऐसी स्थिति में पति-पत्नी संबंध कैसा ? अतएव धर्माधिकारी की ही व्यवस्था फिर चली है—' विवाह की विधि ने देवी ध्रुवस्वामिनी और रामगुप्त को एक भ्रांतिपूर्ण बंधन में बाँध दिया है। धर्म का उद्देश्य इस तरह पददलित नहीं किया जा सकता। माता और पिता के प्रमाण के कारण से धर्म-विवाह केवल परस्पर द्वेष से टूट नहीं सकते, परंतु यह संबंध उन प्रमाणों से भी विहीन है। यह रामगुप्त XX जिसे अपनी स्त्री को दूसरे की अंकगामिनी बनने के लिए भेजने में संकोच नहीं वह क्लीव नहीं, तो क्या और क्या है। मैं स्पष्ट कहता हूँ कि धर्मशास्त्र, रामगुप्त से ध्रुवस्वामिनी के मोक्ष की आज्ञा देता है।'

नाटक में एक दूसरी भी समस्या है। इसका भी विचार आदि काल से ही होता आया है। यदि राजा दुर्बल, अक्षम और अत्याचारी हो तो राज्य के कल्याण के विचार से उसके स्थान पर योग्य व्यक्ति की स्थापना का भार सदैव प्रजा के प्रतिनिधियों पर होना ही चाहिए। रामगुप्त राजनीतिक षड्यंत्र के कारण सच्चे उत्तराधिकारी के स्थान पर शासक बना; परंतु अपने दायित्व का निर्वाह करने में असमर्थ होने से सर्वथा अयोग्य प्रमाणित होता है। साम्राज्य और पूर्व-पुरुषों के गौरव के अनादर का कारण बनता है, निरर्थक शकों का संहार करके अत्याचार और पाप करता है। इसलिए सामंतकुमार उसे पदच्युत कर देते हैं।

वर्तमान समस्या-नाटककारों की भाँति 'प्रसाद' ने केवल समस्या ही खड़ी नहीं की है वरन उनके उत्तर की भी व्यवस्था की है, इसमें तर्क और बुद्धि का योग जहाँ तक संभव है वह भी उपस्थित किया गया है। ऐसा करके उन्होंने अपने को उन दोषों से बचाया है जिनके कारण उक्त नाटककारों की रचनाओं में हृदय के योग का अभाव रहता है। नाटक का प्राण है रसोद्रेक। यह उस समय तक नहीं हो सकता जब तक उत्तर पक्ष का संकेत नहीं मिलता। 'प्रसाद' ने प्रथम समस्या का उत्तर दिया—मोक्ष और दूसरे का—परिवर्तन। इस मोक्ष और परिवर्तन से जिस फल की अन्विति उत्पन्न हुई है, उसी में भारतीयता का सच्चा स्वरूप दिखाई पड़ता है।

रस

इस नाटक में वीररस की प्रधानता है, अवश्य ही सहायक रूप में शृंगार भी दिखाई पड़ता है। स्थायी भाव उत्साह है, जो ध्रुवस्वामिनी के प्रत्येक व्यापार में उपस्थित है। आलंबन रामगुप्त है क्योंकि उसी के कारण ध्रुवदेवी को उत्साह-भरे प्रयत्न करने

पड़ते हैं। शकराज का प्रसंग उद्दीपन-रूप है। उसकी संधि के प्रस्ताव को लेकर रामगुप्त की दुर्बलता अधिक निखर उठती है और उसी से स्थायी भाव उद्दीप्त होता है। रामगुप्त का शक-संहार भी उद्दीपन विभाव के ही अंतर्गत आता है। अनुभव-पक्ष का चित्रण तो नाटक भर में दिखाई पड़ता है। प्रथम अंक में वे सब स्थल इसके उदाहरण हैं, जहाँ बारंबार ध्रुवस्वामिनी ने दर्प, आत्मविश्वास और दृढ़तायुक्त वचन कहे हैं। शकराज-वध की सारी तैयारी और धर्माधिकारी एवं सामंतों के सम्मुख किया गया अपने पक्ष का स्पष्टीकरण और समर्थन अनुभाव ही है। वितर्क, स्मृति, धृति, हर्ष, गर्व, औत्सुक्य, उग्रतादि संचारी भाव हैं, जो स्थल-स्थल पर प्रसंग के अनुसार आते गए हैं। पुरोहित को देखकर ध्रुवस्वामिनी में पुरानी स्मृति जग पड़ती है—' इन पुरोहित जी ने उस दिन कुछ मंत्रों को पढ़ा था, उस दिन के बाद मुझे कभी राजा से सरल संभाषण करने का अवसर ही न मिला। अथवा ' क्या वह मेरी भूल न थी जब मुझे निर्वासित किया गया, तब मैं अपनी आत्ममर्यादा के लिए कितनी तड़प रही थी और राजाधिराज रामगुप्त के चरणों में रक्षा के लिए गिरी।' इत्यादि स्मृति का उदाहरण है। उग्रता का स्वरूप अंतिम अंक के अंत में अच्छा दिखाई पड़ता है। अथवा प्रथम अंक में उस स्थल पर जहाँ ध्रुवदेवी आत्महत्या तक के लिए उद्यत हो जाती है। शकराज के यहाँ जाने के पूर्व की स्थिति धृति का अच्छा रूप है—' तो कुमार ! हम लोगों का चलना निश्चित ही है। अब इसमें विलंब की आवश्यकता नही।' आत्महत्या के समय सहसा चंद्रगुप्त के आगमन से आश्रय पक्ष में आवेग उत्पन्न दिखाई पड़ता है। अपनी सहायता में उसे तत्पर होते देखकर हर्ष का संचार होता है। स्थान-स्थान पर संचारियों का अच्छा चित्रण मिलता है। इस प्रकार विभावानुभावव्यभिचारी के संयोग से वीररस की निष्पत्ति हुई है।

अन्य रूपक

एक घूँट

सामान्य परिचय

वर्गीकरण के विचार से इस रचना को आन्यापदेशिक[1] एकांकी कहना चाहिए। इसमें पद्धति नाटकीय रहने पर भी यह संवादात्मक निबंध-सा ज्ञात होता है। यों तो इसमें नेपथ्य के साथ सुंदर और भव्य पूर्वरंग है, नेपथ्य से संगीत का विधान है, रंगमंच पर भी प्रसंगानुसार गान होता है और सारी कथा कथोपकथन के द्वारा ही कही गई है, परंतु बाह्य रूप के अभिनयात्मक होने पर भी यह नाटक मालूम नहीं पड़ता, क्योंकि आद्यंत एक हीं प्रसंग तथा एक ही विषय इस प्रकार चलता है कि सबका ध्यान एकदेशी बनकर उसी ओर केंद्रित रहता है। इसके अतिरिक्त उस विषय के प्रतिपादन की पद्धति उसी प्रकार व्यक्ति-प्रधान है जैसी किसी अच्छे निबंध में प्राप्त होती है। जितने प्रसंगों एवं स्थितियों को एकसूत्र में ग्रंथित करने की चेष्टा की गई है वे मालूम पड़ते हैं कि जैसे उद्देश्य विशेष से काट-छाँटकर अपने काम के अनुकूल बनाए गए हों, जिससे विषय-प्रतिपादन में सरलता आ सके। संवादों में भी ऐसी सजीवता नहीं दिखाई पड़ती जैसी नाटकों में मिलनी चाहिए। ऐसा ज्ञात होता है कि विषय-शृंखला की कड़ियाँ जोड़ी गई हों अथवा प्रश्नोत्तरी-विधान द्वारा बात कही जा रही हो। यही कारण है कि उनमें सजीवता एवं सरलता नहीं है। कहीं-कहीं तो तर्क-वितर्क अथवा भावुकता के कारण उक्ति-वैचित्र्य अथवा ध्वन्यात्मक आनंद मिलता जाता है वह संकुचित ही-सा रहता है। उसके प्रभाव की कोई विषय-संगत धारा नहीं चलती। वह टुकड़े-टुकड़े होकर अपने में ही परिमित दिखाई पड़ता है। संगीत-रचना का योग भी अपने विषय के लिए उपादान-संग्रह के अभिप्राय से ही हुआ है। इस कारण संपूर्ण रचना में ऐसा जान पड़ता है कि एक छोटी-सी घाटी में एक ही ओर चलते हुए बहुत से लोगों में कशमकश हो रही है।

सारा नाटक एक अंक और एक दृश्य का है। आरंभ से सुंदर पूर्वरंग है और पात्रों का प्रवेश इस क्रम से होता है कि वस्तु और पात्रों का परिचय स्वतः हो

1. एलिगरिकल

जाए। तर्क-वितर्क का सूत्र इसी स्थल से निकलकर निरंतर विस्तार पाता गया है। फल-प्राप्ति की कामना वनलता में उत्पन्न होती है। वह विचार कर रही है—'आकर्षण किसी को बाहुपाश में जकड़ने के लिए प्रेरित कर रहा है। इस संचित स्नेह से यदि किसी रूखे मन को चिकना कर सकती।' इसी जिज्ञासा-भरी अभिलाषा को लेकर वह सम्मुख आती है। इसी अभिलाषा-पूर्ति का आयोजन संपूर्ण रचना में हुआ है और अंत में इसी फल की प्राप्ति वनलता को होती है। जिस समय झाड़ूवाले और उसकी स्त्री का विवाद समाप्त होता है और दोनों एक होकर प्रसन्न मन से जाते हैं उसी समय वनलता को भी अपने प्रश्न का उत्तर मिल जाता है। वह भी गोटी बैठाने का निश्चय कर लेती है। उसी विधान के अनुसार वह भी अपने लिए हँसते हुए स्वर्ग की रचना कर लेने का निश्चय करती है। वहीं नियताप्ति का रूप दिखाई पड़ता है।

समस्त नाटक से व्यंग्य और आक्षेप ध्वनित होते हैं। आजकल समाज में पाश्चात्त्य शैली पर संगठित अनेक ऐसे संघ, सभा, सोसायटी हैं जिनमें मानवता की रंगीन व्याख्याएँ कुछ विचित्र, आकर्षक और मनोहर ढंग से की जाती हैं। कहीं आत्मा के संगीत पर जोर दिया जाता है, कहीं विश्व-बंधुत्व को नया रूप देकर दार्शनिकता का जामा पहनाया जाता है, कहीं जीवन का सार सत्य-शिव-सुंदर में स्थापित किया जा रहा है। भाँति-भाँति से नवीनतम पदावली के गुंफन से जीवन का अभिप्राय समझाया जाता है। इसी प्रकार के आश्रमों और संघों का एक चित्र लेकर 'प्रसाद' ने भी रूपक खड़ा किया है। अभ्यंतर के खोखलेपन का मार्मिक उद्‌घाटन ही इसका उद्देश्य है।

प्रतिपाद्य विषय

तर्क-वितर्क का विषय है—जीवन और जीवन का लक्ष्य। जीवन क्या है और उसे कैसा होना चाहिए इस पर अनेकानेक दार्शनिक विद्वानों ने न जाने कितने विचार प्रकट किए हैं। भिन्न-भिन्न मत और विचार के लोग अपनी पद्धति के अनुसार भिन्न-भिन्न निश्चय पर पहुँचकर भिन्न-भिन्न ढंग से सिद्धांत का प्रतिपादन करते हैं। लेकिन कोई भी बिना जीवन के यथार्थ एवं व्यावहारिक रूप को लिए केवल सिद्धांत की घोषणा से चल नहीं सकता। 'अनेक विचार सिद्धांत-रूप में प्रिय एवं मनोहर होने पर भी व्यावहारिक रूप में नहीं चल पाते।' ऐसी अवस्था में उस सिद्धांत और व्यवहार में सामंजस्य स्थापित करना ही उपदेष्टा का चरम लक्ष्य होना चाहिए। तभी कोई आदर्श संसार के लिए मंगलमय बन सकता है। इस नाटक में लेखक ने कई बातें विचार की उठाई हैं। जीवन क्या है और उसका साध्य पक्ष क्या है ? कल्पना के क्षेत्र में निवास करनेवाले आदर्शवाद में और यथार्थ जीवन के व्यवहारवाद

में कितनी भिन्नता है ? कहाँ दोनों से मेल कराया जा सकता है अथवा नहीं ? जब तक कोई ऐसी भूमिका नहीं प्राप्त होती जिसमें इन तात्विक प्रश्नों का व्यावहारिक रूप दिखाई पड़ सके तब तक कोरा काल्पनिक आदर्श अभावग्रस्त वाग्विलासमात्र है। दूसरी विचार की बात है–स्त्री और पुरुष। एक हृदयपक्ष का प्रतिनिधि है तो दूसरा मस्तिष्क और बुद्धि-पक्ष का। मानव जीवन की संपूर्णता के लिए दोनों पक्षों के सामंजस्य की नितांत आवश्यकता है। बिना दोनों के योग के मंगलमय माधुर्य की भावना ही निरर्थक है। पुरुष-पात्रों और स्त्री-पात्रों के द्वारा इसी सिद्धांत का प्रतिपादन किया गया है। 'स्कंदगुप्त' और 'अजातशत्रु' नाटकों में स्त्री-पुरुष के संबंध की जैसी व्याख्या 'प्रसाद' ने की है उसी का प्रकारांतर से प्रतिपादन इस रचना में भी किया गया है। पुरुष उछाल दिया जाता है और स्त्री आकर्षित करती है। पुरुष अनियंत्रित उड़ान में व्यस्त रहता है; स्त्री उसे व्यवहार भूमि पर लाकर व्यवस्थित स्वरूप प्रदान करती है।

आनंद

'एक घूँट' का सिद्धांत-प्रचारक आनंद कोरा आदर्शवादी दिखाई पड़ता है। सिद्धांत रूप में वह शैवों के आनंदवाद का समर्थक है। वह विश्व की कामना का मूल रहस्य आनंद ही में मानता है। उसके अनुसार काल्पनिक दुखों को ठोस मानकर चलने से काम नहीं चल सकता। निष्ठुर विचारों को हँसकर टाल देना चाहिए। सुख-दुःख को आपस में लड़ाकर निर्लिप्त द्रष्टा की भाँति रहने में ही जीवन की सफलता है। 'दृढ़-निश्चय' तो एक बंधन है–भले ही वह प्रेम का ही क्यों न हो। इस प्रकार स्वतंत्र आत्मा को बंदीगृह में डालने से उसका 'स्वास्थ्य, सौंदर्य और सरलता नष्ट हो जाती है।' इसी आधार पर उसने विवाह के प्रचलित रूप का भी खंडन किया है। संपूर्ण दुखों का वह एक कारण मानता है–' प्रेम की परिधि को संकुचित करना।' इसीलिए निर्मोह प्रेम का वह पुजारी बना है। शराब से एक-एक घूँट पीते-पिलाते नूतन जीवन का संचार करते चल देना–यही उसका संदेश है। शिक्षा उसे मिलती है वनलता से; जिसने उसको बताया है कि शब्दावली की ' मधुर प्रवंचना ' से वह छला जा रहा है। इस पर उसे भी अपने ऊपर भ्रांति का संदेह होता है और तुरंत ही प्रेमलता अपने आत्म-समर्पण द्वारा उसके इस संदेह की यथार्थ व्यवस्था कर देती है। आकाश में निरर्थक प्रयास में उड़ते-उड़ते वह देखता है कि वह स्वयं सच्ची दुनिया में आ गया है। इस प्रकार उसकी जिज्ञासा का उत्तर मिल जाता है।

अन्यपात्र

कुंज और मुकुल तो केवल प्रश्नकर्ता हैं। उनके तर्कों के आधार पर वाद-विवाद को

प्रसंग मिलता है अन्यथा इस रूपक में उनका योग आवश्यक नहीं माना जा सकता। कवि रसाल एक भावुक व्यक्ति है जो चारों ओर से अपनी कविता के लिए सामग्री जुटाने में व्यस्त रहता है। उसकी यह भावुकता चारों ओर तो चक्कर काटती है परंतु स्वयं अपनी पत्नी के हृदय तक नहीं पहुँच पाती। यह भी आत्मप्रवंचना का एक अच्छा उदाहरण है। आनंद की प्रेरणा से वह दुःखवाद का समर्थन करने का निर्णय कर लेता है, जिससे प्रकट होता है कि कविता भी सिद्धांतों के खोखलेपन से कैसे प्रभावित हुआ करती है। वनलता और प्रेमलता हृदय-पक्ष की प्रतिनिधि हैं। इनका काम केवल इतना ही है कि ये कल्पना के शून्य में बवंडर की भाँति मँडराते हुए लोगों को यथार्थ के ठोस भूमि-खंड पर लाकर खड़ा करें। इनका बल तर्क और व्यवहार है। वनलता सच्ची प्रेमिका है और प्रेमलता समझ-बूझकर अपना जोड़ा निश्चित करने में कुशल है। वह अपनी पहचान की पक्की है। चंदुला और झाड़ूबाला जीवन की व्यावहारिकता के मानदंड हैं। साधारण चलती बातों को लेकर सैद्धांतिक प्रलाप करनेवालों को थप्पड़ लगाना और सुझाना कि उनके प्रलाप का क्या हीन परिणाम होता है—उनका काम है।

विशाख

दोष-दर्शन

'सज्जन', 'प्रायश्चित्त', 'करुणालय' और 'राज्यश्री' के उपरांत ही लिखा हुआ यह नाटक भी प्रायः उन्हीं रचनाओं की पद्धति पर है। इसमें भी आरंभावस्था के गुण-दोष दिखाई पड़ते हैं। इसका वस्तु-संविधान सरल है—चमत्कार विहीन। इसका वस्तु-प्रवाह बिना किसी विशेष उतार-चढ़ाव के आदि से अंत तक एक कहानी की भाँति चला चलता है। वस्तु के नाटकीय गुंफन की कुशलता इसमें कहीं भी नहीं दिखाई पड़ती। यहाँ भी 'राज्यश्री' की भाँति संवादों में तुकबंदी का प्रयास किया गया है—' मिट्टी के बर्तन थोड़ी ही आँच में तड़क जाते हैं। नए पशु एक ही प्रहार में भड़क जाते हैं, 'अथवा ' तुम्हें प्रश्न करने का क्या अधिकार है ? क्या आतिथ्य का यही प्रतिकार है ?' इस प्रकार के अन्य अनेक प्रयोग भी उसी प्रकार मिलते हैं जैसे उस काल में लिखे हुए अन्य नाटकों में प्राप्त हैं। हास्य रस की स्थापना में मंत्री और विदूषक को एक कर देना भी सुरुचिकर नहीं प्रतीत होता। कहीं-कहीं तो उसके संवाद अभद्र से हो गए हैं, जो शिष्ट और राज-सभा में शोभनीय नहीं माने जा सकते। संपूर्ण नाटक का यदि विचार किया जाए तो यह समझने में विलंब नहीं लगेगा कि लेखक की यह कृति आरंभ काल की ही रचना है। चरित्रांकन में भी कोई प्रौढ़ कुशलता

नहीं दिखाई पड़ती और न उसमें व्यक्तिगत उच्चावचता ही आ सकी है।

कथा और कथानक

नाटक की कथा का आधार कल्हण की राजतरंगिणी का आरंभिक अंश है[1]। बहुत थोड़े से परिवर्तन के साथ 'प्रसाद' ने उसी इतिवृत्त को स्वीकार कर लिया है। राजतरंगिणी में कथा इस प्रकार लिखी गई है--द्वितीय विभीषण के उपरांत उसका पुत्र नर (देव) उसके संपन्न राज्य का अधिकारी हुआ। पहले तो वह योग्यता से शासन करता रहा परंतु उत्तरोत्तर कामुक और उच्छृंखल होता गया। किन्नरग्राम का बौद्ध श्रमण योगबल से रानी को कुपथ में ले गया। इस पर राजा ने क्रुद्ध होकर सब विहारों को जलवा दिया और सारी विहारभूमि ब्राह्मणों को अर्पित कर दी। वितस्ता नदी के कूल पर उसने एक सुंदर नगरी बसाई जो सब प्रकार से संपन्न थी। उस नगरी के समीप आम्रवन के भीतर एक निर्मल जलाशय था जो सुश्रवा नाग का निवासस्थान था, एक दोपहरी में सूर्यातप से प्रतप्त एक ब्राह्मण भूखा-प्यासा उस सरोवर पर जलपान के लिए ठहरा। वह सत्तू निकालकर खाने का उपक्रम कर ही रहा था कि उसे दो सुंदरियाँ सेम की फली तोड़-तोड़कर खाती दिखाई पड़ीं। मलिन वेश में भी वे परम रूपवती थीं। ब्राह्मण रुक गया और जिज्ञासा से उनके विषय में पूछताछ आरंभ की। उसकी दीन कथा सुनकर वह द्रवित हो उठा और उन्हें अपने भोज्य में योग देने के लिए आमंत्रित किया। उनका नाम इरावती और चंद्रलेखा था। वे सुश्रवा नाग की कन्याएँ थीं, जिनमें प्रथम वाग्दत्ता हो चुकी थी। जब ब्राह्मण ने उनकी दरिद्रता की कथा पूछी तो उन्होंने अपने पिता की रूपरेखा का वर्णन करके बताया कि वे तक्षक-उत्सव के समय यहीं आवेंगे; आप उन्हीं से पूरी बात सुन लीजिएगा। हम भी उन्हीं के साथ दिखाई पड़ेंगी।

कुछ दिन के उपरांत ब्राह्मण ने तक्षक-उत्सव में उन कुमारियों के साथ सुश्रवा को देखा। सुश्रवा को अपनी कन्याओं से ब्राह्मण के विषय में सब बातें मालूम हो गई थीं। अतएव सुश्रवा ने बड़ी अभ्यर्थना से ब्राह्मण का स्वागत किया। ब्राह्मण के पूछने पर उसने अपनी दुर्गति का कारण उस बौद्ध को बताया जो हरे-भरे खेत की रखवाली करता एक ओर बैठा था। वह बौद्ध मंत्र द्वारा उस खेत की रक्षा करता है और मंत्र द्वारा अभिरक्षित उस खेत के अन्न को जब तक वह स्वयं नहीं खाता, नाग लोग भी उससे वंचित रहते हैं। न तो वह स्वयं खाता है और न नाग ही खाने पाते हैं। इस प्रकार नागों की दरिद्रता का वही एक हेतु है। अपनी कथा कह चुकने पर सुश्रवा ने ब्राह्मण से सहायता माँगी। ब्राह्मण ने चातुरी से खेत का

---

1. कल्हण कृत राजतरंगिणी, एम.ए.स्टाइन द्वारा अनूदित (प्रथम अध्याय) श्लोक 197 से 276 तक, पृ. 34 से 51 तक।

नवीन अन्न उस भिक्षु को खिला दिया और नागों को खेत में अन्न प्राप्त करने का प्रवेश मिल गया। उधर सुश्रवा ने अपनी कन्या चंद्रलेखा का पाणिग्रहण उस सहायक ब्राह्मण को करा दिया। चंद्रलेखा अपने आदर्श चरित्र और सुंदर व्यवहार से अपने पति की सेवा करने लगी।

उसके रूप-गुण की प्रशंसा राजा नर ने भी सुनी और आखेट के बहाने एकाकिनी सुंदरी के पास पहुँचा। दूत के द्वारा उसने अपना प्रेम-निवेदन कहलाया परंतु असफल रहा। कई बार उसने ब्राह्मण से भी प्रार्थना की और ब्राह्मण ने भी नहीं सुना। इस पर कामातुर राजा ने सैनिकों को आज्ञा दी कि बलपूर्वक चंद्रलेखा को पकड़ लाएँ। इस विषय की आशंका का आभास पाते ही पति-पत्नी ने भागकर नागपुर में शरण ली। प्रतिकार-रूप में सुश्रवा और उसकी बहन रमण्या ने ऐसा उत्पात मचाया कि सारा नर-पुर उच्छिन्न हो गया और राजा भी उसी क्रांति में मारा गया। सारा किन्नरपुर (नर-पुर) ध्वस्त हो गया, परंतु न जाने किस ईश्वरीय विधान से नर का पुत्र सिद्ध बच गया, जो शांति होने पर उस प्रांत का योग्य शासक सिद्ध हुआ।

वस्तु-कल्पना

इस कथा को लेकर लेखक ने अपना संविधानक गढ़ा है। राजतरंगिणी का कथा-क्रम ही प्रायः लेखक ने स्वीकार किया है; परंतु नाटकीय भव्यता अथवा समष्टि-प्रभाव के विचार से अंत में उसने नर को बचा रखा है। चंद्रलेखा और ब्राह्मण के साथ राजा के संबंध में भी सुसंबद्धता और विकास स्थापित करने के विचार से घटनाओं को आगे-पीछे कर दिया है। बौद्धों के अत्याचार और विहार-नाश के मूल में चंद्रलेखा को रखकर लेखक ने सारी कथा में तर्क-संगत एकसूत्रता स्थापित की है। राजतरंगिणी की कथा में दो घटनाएँ पृथक्-पृथक् ज्ञात होती हैं। उनके मिलाने का यह ढंग अवश्य ही नाटकोचित हुआ है।

चरित्रांकन

'प्रसाद' के अन्य नाटकों में चरित्र-विषयक गांभीर्य सर्वत्र दिखाई पड़ता है। इस नाटक में वह विशेषता अत्यंत न्यून मात्रा में मिलती है। चंद्रलेखा को छोड़कर अन्य सभी पात्रों में उच्छृंखलता भरी है। प्रेम की अनुभूति और प्रेम के संदेश इतने खुले रूप में व्यक्त किए गए हैं कि उस भाव की गंभीरता एवं कोमलता की हत्या-सी हो गई है। राजा और महापिंगल तक बात रहती तो उतनी भद्दी न लगती। विशाख भी उसी रंग में रँगा दिखाई पड़ता है; चंद्रलेखा की स्वीकारोक्तियाँ भी अत्यंत स्पष्ट, अतएव अभव्य हैं।

विशाख

तक्षशिला विश्वविद्यालय से निकला हुआ नया-नया स्नातक विशाख अभी सीधे समाज में पदार्पण कर रहा है। बात-बात में उसे अपने व्यवहार-पक्ष की दुर्बलता का आभास मिलता है। कुमारियों के प्रथम दर्शन के अवसर पर भी वही बात दिखाई पड़ती है और राजसभा में भी। गुरुकुल की शिक्षा को कार्यान्वित करने का अवसर उसे तुरंत मिल जाता है। उपाध्याय ने उसे जो यह उपदेश दिया था कि दुखी की अवश्य सहायता करनी चाहिए उसी आधार पर वह चंद्रलेखा के उद्धार का विचार करता है; परंतु उसके इस निश्चय के मूल में जो वासना की तीव्रता है वह उसके चरित्र को अत्यंत साधारण बना देती है। उसका सारा प्रयत्न चंद्रलेखा के मनोहर आवरण के लिए है; अतएव उसकी यह उदारता काम-वृत्ति से पूर्ण मालूम पड़ती है। इसके अतिरिक्त उसमें प्रेम की एकनिष्ठता है। सच्चे प्रेमी-पति का रूप उसमें अंकित किया गया है। अन्य कोई विशेषता नहीं है। मंत्री से मिलकर बौद्धों को उच्छिन्न करने में उसकी व्यावहारिक बुद्धि का योग अवश्य दिखाई पड़ता है। स्थितियों ने उसे व्यवहार-ज्ञान करा दिया है।

चंद्रलेखा

चंद्रलेखा सर्वप्रथम एक दरिद्र रमणी के रूप में सम्मुख आई है। मलिन वस्त्र से आवृत्त रहने पर भी वह सुर-सुंदरियों को लज्जित कर रही है। उसके उस भुवन-मोहिनी रूप में बड़ा आकर्षण है। साथ ही कष्टसहिष्णुता भी उसमें दिखाई पड़ती है। दरिद्रता से तो युद्ध कर रही है, साथ ही पिता की रक्षा के लिए अपने को दुष्टों के हाथ तक में समर्पित कर देती है। इस घटना में जहाँ एक ओर बूढ़े पिता के प्रति ममत्व दिखाई पड़ता है वहीं दूसरी ओर उसकी निर्भीकता भी सिद्ध होती है। बंदीगृह में भी उसे अपने पिता के प्रति कर्त्तव्य का स्मरण हो आता है। दूसरी वृत्ति जो उसमें प्रमुख दिखाई पड़ती है—वह प्रेम है। प्रथम दर्शन में ही विशाख के सौजन्य पर वह मुग्ध हो गई है। उस दारिद्र्य में भी प्रेम के विकास ने उसके जीवन को मधुर बना दिया है। हृदय में विपत्ति की दारुण ज्वाला जल रही है, ' उसी में प्रणय-सुधाकर ने शीतलता की वर्षा की है और मरुभूमि लहलहा उठी है ', फिर तो जीवन भर वह इसी शीतलता का मान-सम्मान बनाए रखने में लगी रहती है। एक बार जो वह अपने को समर्पित कर देती है तो फिर सच्ची प्रतिव्रता के रूप में अपने धर्म का पालन करती रहती है। उस प्रेम में वह अगाध संतोष का अनुभव करती है। विशाख को पा लेने पर उसे और किसी विशेषता की आवश्यकता नहीं रहती। आतिथ्य सत्कार का भाव भी उसमें सुंदर दिखाई पड़ता है। अपनी झोंपड़ी में आए

हुए राजा का बड़े उत्साह और पवित्रता से उसने स्वागत किया है—'श्रीमान्, यदि मृगया से थके हुए हों तो विश्राम कर लें।' राजा नरदेव के प्रेम-प्रस्ताव को जो उसने ठुकराया है उसमें उसकी निर्भीकता, आत्मदृढ़ता और चरित्रबल स्पष्ट दिखाई पड़ता है। यही उसके चरित्र का सर्वोत्तम प्रमाण है। वही दृढ़ता और एकनिष्ठता उसने चैत्य के समीप भी दिखाई है। राज-रोष होने पर भी वह भयभीत नहीं होती। पति को निरंतर आश्वासन देती हुई उसकी अनुचरी बनी रहती है।

अन्य पात्र

राजा नरदेव तो साधारण मनुष्य है। उसके चरित्र में कोई विशेषता नहीं। वह आरंभ में तो न्यायप्रिय और सुविचारक रूप में दिखाई पड़ता है, लेकिन यथार्थतः है वह उच्छृंखल और उग्र स्वभाव का। उसमें विचार-बुद्धि दुर्बल है। क्रोध के आवेश में विहार-मात्र को भस्म करने की आज्ञा दे देता है। इसके अतिरिक्त कामुकता उसमें विशेष है। उसी के प्रभाव में वह राक्षस बन जाता है और भाँति-भाँति के कुविचार का शिकार हो जाता है। अंत में पहुँचकर उसकी बुद्धि सुधरती है। सुविचार के प्रवेश से वह पुनः सद्भावयुक्त बन जाता है। **महापिंगल** विदूषक है, वह विनोदशील, व्यवहारकुशल और चतुर है। **प्रेमानंद** एक विवेकशील, सत्यनिष्ठ, स्पष्टवक्ता और निर्भीक संन्यासी है। सर्वत्र अपने उपदेशों से वस्तुस्थिति को संभालने और उचित मार्ग के निर्देश में लगा दिखाई पड़ता है।

कामना

सामान्य परिचय

' प्रबोध-चंद्रोदय ' की भाँति आन्यापदेशिक नाटक संस्कृत-साहित्य में अनेक हैं, परंतु हिंदी में कम हैं। अच्छा हुआ हिंदी ने बपौती के रूप में इस भद्देपन को अधिक नहीं अपनाया। वस्तुतः यदि रंगमंच एवं नाट्य-रचना के मूल तत्त्वों का विचार किया जाय तो इस प्रकार की रचनाओं को विशेष महत्त्व नहीं दिया जा सकता। मनोविकारों और नाना वृत्तियों की मूर्तिमयी कल्पना का अनुभव कर लेना तो बुद्धि एवं भाव-संगत हो सकता है परंतु उसका इतना विस्तार कि एक समूचा कथानक—और सो भी संवादबहुल—प्रस्तुत हो जाय, अप्राकृतिक होने से प्रिय और प्रभावपूर्ण नहीं होता। यदि लेखक विशेष कुशल और भावुक हुआ तो कभी-कभी प्रतीक पात्रों में सजीवता की झलक उत्पन्न कर दे सकता है अन्यथा एक कौतुक की दुनिया भले ही खड़ा

कर दे, नाटक नहीं रच सकता।

'प्रसाद' का ' कामना ' इसी पद्धति का नाटक है। यों तो नाट्य-रचना-पद्धति की कोई नवीनता इसमें नहीं दिखाई पड़ती और न यह रंगमंच के ही योग्य बनाया जा सकता, पर कहीं-कहीं इसके पात्र सजीव से मालूम पड़ते हैं—विशेषकर आरंभ और अंत में। इस नाटक का अपना एक उद्देश्य है। साधारणतः नाटककार को देश-काल की प्रवृत्ति तथा परिचय देने का खुलकर अवसर नहीं मिल पाता। मानव-समाज के विकास में विभिन्न मनोवृत्तियों का कितना और कैसा प्रभाव पड़ा है—इसी की कथा लेखक ने इस नाटक में कही है। यह रूपक सार्वजनीन भी माना जा सकता है और वैयक्तिक भी। इसी प्रकार इसे सार्वदेशिक समाज का चित्र भी कह सकते हैं और केवल भारतवर्ष का भी।

प्रतिपाद्य विषय

सृष्टि के आरंभ में जब मानव-समाज अपनी शिशु-दशा में रहता है, उस समय प्रकृति-प्रदत्त थोड़ी-सी सामग्री में ही जीवन-यापन की व्यवस्था करके और सबको एक कुटुंब-सा मानकर तुष्टि का अनुभव करता है। ज्यों-ज्यों उसमें विलासिता का प्रवेश होता चलता है उसे अधिकाधिक सामग्री की आवश्यकता पड़ती है, इस पर ' वसुधैव कुटुंबकम् ' का उदार भाव दबकर स्वार्थ से विजित होने लगता है। समाज में धीरे-धीरे सामग्री के प्रतिनिधि स्वर्ण और आत्म-विस्मृति के प्रतिनिधि मद्य का प्रभाव फैलने लगता है। जो कामना और लालसा, संतोष एवं शांति से मिलकर अभी तक भिन्नत्व में एकत्व का अनुभव किया करती थी वे ही अब विलास से शासित होकर भौतिकता को ही सब कुछ मानने लगती हैं और एकत्व में भिन्नत्व देखती हैं। इसी भौतिक विलासिता के चक्र में सारा समाज पड़ जाता है, इसी की लीला में विनोद उत्पन्न होता है और सामाजिक विकास की परम दुलारी पुत्री राजनीति चारों ओर अपने अक्षुण्ण अधिकार का प्रसार करती है। राजनीति का चरम साध्य स्वर्ण बनता है। उसी को समाज के सभी प्राणी अपनी ओर आकर्षित करते हैं; अतएव संघर्ष उत्पन्न होता है और सारा समाज अपनी ही करनी से त्रास के विक्षोभकारी गर्त में गिरता है। विलासिता के साम्राज्य में और राजनीति के आवर्त-जाल में बेचारे विवेक तथा संतोष की पुकार पर कौन कान धरता है। यह अवस्था असत् एवं नश्वर होने के कारण कुछ दूर चलकर विलीन हो जाती है और विवेक एवं संतोष का योग पाकर समाज में पुनः मंगल का विधान स्थापित हो जाता है। यही इस नाटक का प्रतिपाद्य विषय है।

कथानक

फूलों का एक द्वीप है जिसमें अभी मानव की सामाजिक वृत्ति का सूत्रपात हो रहा है। इस द्वीप में थोड़े-से लोग दिखाई पड़ते हैं जो अपने को तारा की संतान बताते हैं; अपने लघु संसार में एक निराली धज से संतोषपूर्वक खेतीबारी करके जीवन का निर्वाह कर रहे हैं। अभी उनमें महत्त्व और आकांक्षा का अभाव और संघर्ष का लेश भी नहीं है। वहाँ डर और भय का नाम भी लोग नहीं जानते। नियम, राजनीति, बंधन, अभिशाप, मत्सर, विष इत्यादि का प्रवेश अभी तक वहाँ नहीं हुआ है। कामना ही पूजा-पाठ का नेतृत्व करती है और इस द्वीप में ईश्वरीय संदेश मनुष्य के द्वारा नहीं, अपितु प्रकृति के द्वारा प्राप्त हुआ करते हैं।

कामना समुद्रतट पर बैठी अपने विचारों में डूबी है। सामने से नाव पर बैठा एक विदेशी आता है जिसका नाम विलास है। उसके व्यक्तित्व से प्रभावित होकर कामना उसका स्वागत करती है। उत्तरोत्तर वही विलास इस द्वीप के निवासियों से अधिकाधिक घनिष्ठ हो जाता है। भोली कामना को सोना और मदिरा का चमत्कार दिखाकर सर्वप्रथम वह उसी पर अधिकार जमाता है और फिर सुख के नाना प्रलोभनों के द्वारा उस द्वीप में घोर सांसारिकता का प्रवेश कराने का निश्चय करता है। राजनीति का जाल बुनने और सोने से स्वार्थ को सजाने लगता है। सारे द्वीप-निवासियों में ऐहिकता, विलास और नित्य नवीन आवश्यकताओं की वृद्धि होने लगती है। उनकी सारी प्राचीन संस्कृति धीरे-धीरे विलुप्त हो जाती है और नवीन सभ्यता के नाम पर हाहाकार, युद्ध, दरिद्रता, कुविचार का प्रसार होने लगता है। आरंभ में जिस कामना ने विवेक और अपने वाग्दत्त पति संतोष का निरादर किया है और उनसे दूर भाग चुकी है उन्हीं दोनों की प्रेरणा और बारंबार की चेतावनी से उसकी आँख खुलती है। पुनः कामना और संतोष का संयोग होता है। परिणाम-रूप में विलास और लालसा द्वीप से निकाल बाहर होते हैं। मदिरा से सिंचे हुए चमकीले स्वर्ण-वृक्ष की छाया से भागने का उपदेश जहाँ कामना अपने देशवासियों को देने लगती है वहीं से परिवर्तन का निश्चय हो जाता है। अतएव वहीं नियताप्ति का रूप मिलता है और अंत में कामना एवं संतोष के पुनर्मिलन रूप में फलागम होता है।

चरित्रांकन

इस नाटक में एकांगी चरित्र चित्रण हुआ है। पात्रों में उच्चावचता की आवश्यकता इसलिए नहीं है कि वे सभी विभिन्न मनोविकारों के ही तो सजीव रूप हैं। आदि से अंत तक पात्र या तो केवल अच्छे ही हैं अथवा दुष्ट ही। अतएव उतार-चढ़ाव का विवेचन आवश्यक नहीं है। केवल यही देखना है कि भिन्न-भिन्न पात्रों का चारित्र्य

कितना पूर्ण और स्फुट हो सका है। प्रमुख पुरुष पात्रों में विलास, विनोद, संतोष और विवेक हैं। इन्हीं के स्वरूप-परिचय में सारी कथा समाप्त हो गई है। विलास और विनोद के सहायक बनकर ही दंभ, दुर्वृत्त इत्यादि आए हैं। वस्तुतः उनका कोई भिन्न उद्देश्य नहीं है।

विलास

विलास साहसी, आकर्षक और व्यवहारकुशल युवक है। महत्त्वाकांक्षा ही उसके जीवन की प्रेरक शक्ति है। उसकी प्रेरणा से वह इस द्वीप में अपनी कूटबुद्धि एवं स्वर्ण-मदिरा के विषाक्त अस्त्रों को लेकर आया है कि इनके द्वारा इस द्वीप की संपूर्ण सात्विकता का उन्मूलन करके राजसिकता और तामसिकता का प्रचार करे। इन्हीं के योग से वह भेद-भाव की सृष्टि करता है जिससे राजनीति के साथ नाना प्रकार के दुष्ट मनोविकारों की उत्पत्ति होती है। द्वीप-निवासियों का वही मंत्रदाता बनता है और उनकी सारी गतिविधि का नियंत्रण करने लगता है। कामना ऐसी भोली-भाली रमणी को प्रलोभन द्वारा अपने वश में कर लेता है। पशुवृत्ति का आदर्श सम्मुख रखकर साहस, विनोद और खेल के नाम पर वह धीरे-धीरे हत्या एवं क्रूरता का उपदेश देने लगता है। उधर विनोद को सेनापति बनाता है। पश्चात् राष्ट्र-वृद्धि और नवीन भूमि की आवश्यकता के बहाने दूसरे देशों पर आक्रमण का विचार करता है और नवीन नगरों का निर्माण होने लगता है। इस प्रकार नवीनता का प्रसार बढ़ चलता है और स्वार्थ प्रेरित नाना प्रकार की नीचता फैल जाती है। विलास अपने लिए कामना ऐसी रमणी को पाकर भी संतुष्ट नहीं है; क्योंकि वह सरल हृदय की और मधुर तेज की स्त्री है। विलास तो केवल ऐसी स्त्री का अनुगत होना चाहता है जो बिजली के समान वक्र रेखाओं का सर्जन करनेवाली हो और जिसमें दुर्दमनीय ज्वालामुखी धधकता हो। वह फूलों के इस द्वीप में मधुप के समान विहार करना अपना उद्देश्य बनाना चाहता है। उसकी दृष्टि इन्हीं गुणों से युक्त लालसा पर पड़ती है। अंत में उस द्वीप के अनिर्दिष्ट पथ का धूमकेतु बनकर वह अनंत समुद्र के काले परदे में विलीन हो जाता है। उसका मायारूप प्रकट हो जाता है। वह सब प्रकार से तिरस्कृत और तयाज्य समझ लिया जाता है; अतः उसके लिए पलायन छोड़कर और कोई मार्ग नहीं रह जाता।

विनोद

विनोद का अपना कोई व्यक्तित्व नहीं है। कुतूहल का भाव उसमें है और बिना विवाह के उसे अपनी गृहस्थी अधूरी मालूम पड़ती है। कामना जब उसे लीला का वर बनाना

चाहती है तो बड़े उत्साह से वह प्रस्तुत हो जाता है। उसके उपरांत तो फिर कामना और विलास के व्यक्तित्व से प्रभावित होकर स्वर्ण और मदिरा में रंग जाता है। स्वर्णपट्टयुक्त सेनापतित्व पाकर प्रफुल्ल हो उठता है; परंतु अभी उसकी विवेक-बुद्धि सर्वथा लुप्त नहीं हुई है। लीला से वह प्रश्न करता है–' लीला हम लोग कहाँ चले जा रहे हैं कुछ समझ रही हो।' परंतु आगे चलकर वह अपने पद की माया में राजकीय आज्ञा की समालोचना करना भी पाप मानने लगता है और सच्चे आज्ञाकारी सेवक की भाँति राजसत्ता के सम्मुख घुटने टेककर सम्मान प्रकट करता है। अपनी प्रजा के लिए वैभव और सुख का आयोजन करता है। समय आने पर नदी पार स्वर्ण-भूमि पर आक्रमण करने के लिए सबको उत्साहित करता और ले जाता हैं।

संतोष

प्रस्तुत और चिर-परिचित में तुष्टि बनाए रखना, नवीनता की ओर बढ़ने के प्रस्ताव का स्वागत न करना संतोष के चरित्र की विशेषता है। स्वभाव से ही वह सात्विक एवं संयमी है। अपने प्रसन्न और ऐश्वर्य-संपन्न देश की विभूति छोड़कर वह दूर देश की बात भी नहीं सोचना चाहता। वह बिना विवाह के भी संतुष्ट है। लीला के विवाह-संबंधी प्रलोभन देने पर भी वह विचार करने का वचन भर देता है। उसे संदेह है कि संभवतः वह लीला के पथ पर न चल सकेगा। वह प्राचीनता का प्रेमी है और विवेक की सहायता से उसे नित्य प्राप्त है, अतएव नवीनता का अच्छा और सच्चा समालोचक भी है। सभ्य बनकर अपने को नवीनता का पुजारी कहलानेवालों की हीनता का निरंतर विरोध करता है। हत्या और पापों की दौड़ तथा धर्म की धूम से चिढ़ा रहता है। वह केवल मन के आनंद में विश्वास करता है, कामुकता और कल्पना को महत्त्व नहीं देता। सुख उसके लिए मान लेने की वस्तु है, बाह्य अभाव और दरिद्रता के कारण वह कभी दुःख नहीं मानता। साथ ही दूसरों की करुण कहानी सुनकर द्रवित हो उठता है। करुणा की दुखद कथा सुनकर वह कहता है–' मैं तेरा सब काम करूँगा। जिसका कोई नहीं, मैं उसी का होकर देखूँगा कि इसमें क्या सुख है।' यों तो वह सबसे अधिक सुखी है, क्योंकि जीवन की भौतिक विषमताओं की उसे विशेष चिंता नहीं, परंतु कामना के लिए जो माधुर्य उसके हृदय में संचित है, वह कभी-कभी उसे भावुक बना देता है क्योंकि, वह उसके रमणी रूप से प्रभावित हो चुका हैं। इसीलिए चलकर अंत में वह अपनी मधुर कामना को स्वीकार कर लेता है।

विवेक

विवेक का चरित्र पूर्णतया विचारप्रधान है—सबसे पृथक् एवं तटस्थ। जहाँ कहीं सत्-असत्—न्याय-अन्याय के निर्णय की आवश्यकता पड़ती है, वह सजग, कर्त्तव्यशील मनुष्य की भाँति सुंदर के अनुकूल और असुंदर के प्रतिकूल व्यवस्था देने के लिए खड़ा दिखाई पड़ता है। यों तो विलास और कामना के साम्राज्य में उसका सदैव निरादर ही होता है और वह सर्वत्र पागल और कुचक्री ही कहा जाता है, पर उसकी खरी आलोचना और यथार्थ वस्तु-स्थिति-निवेदन के कारण सभी उससे त्रस्त रहते हैं। उपासना के क्षेत्र में विलास को गड़बड़ी मचाते देखकर वह प्रसंगानुसार; चेतावनी देने का काम करता रहता है। उनका पतन देखकर चिंता और व्यथा से कातर हो उठता है। सर्वत्र वह अक्रिय रूप में ही चित्रित हुआ है। केवल तीसरे अंक के सातवें दृश्य में उसकी क्रियाशीलता दिखाई पड़ती है। आठवें दृश्य में भी भूल-निद्रा से जागी हुई कामना को सांत्वना से शीतल करता दिखाई पड़ता है।

कामना

कामना भोली-भाली और सरल स्वभाव की स्त्री है। दूसरों को ठगना वह नहीं जानती। स्वयं अन्य के प्रभाव में आ जाती है। संतोष से उसकी नहीं पट सकती क्योंकि वह केवल आलस्यपूर्ण विश्राम का स्वप्न दिखाता है और वह स्वयं बड़ी चंचल प्रकृति की है। कभी यहाँ और कभी वहाँ; कभी उसे यह चाहिए और कभी वह। स्वभाव से वह अभिमानिनी भी है, क्योंकि वह किसी का उपकार नहीं स्वीकार करना चाहती। उसके हृदय में सदैव कुछ कुरेदता-सा रहता है और निरंतर कुछ-न-कुछ आकांक्षा बनी रहती है। उसमें अपने को पूर्ण बनाने की धुन समाई है। कुछ नवीन देखा कि उस पर मुग्ध हुई। इस प्रकार उसके चित्त में स्थिरता का अभाव दिखाई पड़ता है। सहसा विलास अपने नव वैभव को लिए सामने दिखाई पड़ता है और नवीनता की यह पुजारिन उसे स्वीकार कर लेती है।

सारे द्वीप की उपासना का नेतृत्व आजकल कामना के हाथ में है। दायित्वपूर्ण कार्याधिकार स्वीकार करके भी वह अपने को दूसरे के प्रभाव में छोड़ देती है—यह उसके चरित्र का भोलापन ही है जो उसे अपने महत्त्वपूर्ण पद का विचार नहीं करने देता। साथ ही वह सर्वथा निर्भीक भी है। डर क्या वस्तु है इसे वह जानती भी नहीं। देश पर आपत्ति आना चाहती है परंतु वह तनिक भी विचलित नहीं दिखाई देती। धीरे-धीरे वह स्वर्ण और मदिरा के प्रभाव में आ जाती है। फिर तो उसी के कारण विलास के रंग में ऐसी रंग जाती है कि उसका चारित्र्य तिरोहित हो जाता है। विलास के सुख के नए-नए आविष्कारों ने उसका मन भर दिया है और वह

उन्हीं के पीछे पागल हो उठी है। परिणाम यह होता है कि वह उसके हाथ की कठपुतली बन् जाती है। वह विलास को अपने प्रेमी-रूप में चाहती है और उसके बिना राज्याधिकार भी उसे असार ज्ञात होता है।

कामना प्रभावशालिनी, गर्विता पर सरल हृदय की स्त्री है। उसकी तबीयत में रंगीनी है। द्वीप की वही रानी बनती है, परंतु विलास को अपना परामर्शदाता बनाकर उसी के कुचक्र में पड़ जाती है; पश्चात् विलास के प्रभाव में पड़कर वह द्वीप में परिवर्तन की आँधी चला देती है। परिणाम यह होता है कि संघर्ष, हत्या, दुर्वृत्ति आदि के प्रचंड आतंकपूर्ण स्वरूप दिखाई पड़ने लगते हैं। इसे देखते-देखते उस सहृदय रमणी का चित्त अंत में विचलित हो उठता है और उसे अपना भ्रम समझ में आ जाता है। लालसा की माया वह देखती है और उसके कारण चारों ओर फैले हुए विष की तीव्रता का प्रभाव भी समझ लेती है; अतएव उसमें पुनः प्रत्यावर्तन का भाव उत्पन्न होता है। इस परिवर्तन के एक बार उत्पन्न होते ही फिर उसे चारों ओर कुकर्म और अपराधों की आँधी-सी दिखाई देने लगती है। अब वह निश्चय करती है—' यदि राजकीय शासन का अर्थ हत्या और अत्याचार है, तो मैं व्यर्थ रानी बनना नहीं चाहती XX (मुकुट उतारती हुई) यह लो, इस पाप-चिह्न का बोझ अब मैं नहीं वहन कर सकती।' अंत में अपने पूर्व परिचित संतोष को एक बार पुनः सम्मुख देखकर सहायता की याचना करती हुई वह अपना हाथ आगे बढ़ा देती है।

लीला

लीला का कोई महत्त्वपूर्ण पद नाटक में नहीं है, परंतु समष्टिप्रभाव के विचार से फल-प्राप्ति में उसके व्यक्तित्व का योग है। कामना की सखी होने के नाते और विलास की महत्त्वाकांक्षा का अस्त्र होने के कारण उसका चरित्र अशून्य मालूम पड़ता है; पर उसकी कोई अपनी एकांतिक सत्ता नहीं दिखाई देती। वह चाटुकारिता के बल पर कहीं विलास को प्रसन्न करती दिखाई पड़ती है तो कहीं लालसा को। निश्चय तो किया था संतोष से विवाह करने का, पर कामना से प्रभावित हो विनोद को ही स्वीकार कर लेती है। उसे कोई चाहिए, चाहे यह हो अथवा वह। उसका यदि कोई लक्ष्य है तो वह स्वर्णपट्ट है। उसी का आकर्षण उसमें समाया है। इसके अतिरिक्त वह लालसा के स्वर्णकोष से चिंतित रहती है—बस। वनलक्ष्मी का उपदेश भी उसके लिए निरर्थक ही होता है। अंत में स्थिति-परिवर्तन से वह भी अवश्य ही विनोद के साथ अपना स्वर्णपट्ट उतार फेंकती है, पर इसमें उसका कोई कृतित्व नहीं दिखाई पड़ता, वह तो प्रवाह का प्रभाव है।

लालसा

ऐश्वर्य का प्रसाद पाकर सुख-साधन के नाना रूप सम्मुख देखकर लालसा के मन में उनके उपयोग की इच्छा स्फुरित होती है। यह जीवन उसके लिए अनंत सुख का सदन है, ' रोकर बिता देने के लिए नहीं है। सब सुखी हैं, सब सुख की चेष्टा में हैं, फिर वही क्यों कोने में बैठकर रुदन करे ? कामना इसी द्वीप की एक लड़की होकर यदि रानी है तो वह भी रानी हो सकती है '; परंतु उसके लिए विलास के कृपाकटाक्ष की अपेक्षा है, जिसे अपने व्यावहारिक बुद्धि-बल से प्राप्त कर लेना उसके लिए कठिन नहीं है। इसकी प्राप्ति के साधन उसे प्राप्त हैं–मधुर गान, मान और व्यंग्य। इस विधान से वह विलास को वशीभूत कर लेती है। लीला और कामना उसकी व्यंग्योक्ति और वाक्चातुरी से पराजित हो जाती हैं। सबसे बड़ी चिंता उसे अपने स्वर्ण-भंडार की रहती है; उसी के लिए वह दिन-रात भयभीत बनी रहती है; वही तो उसके संपूर्ण बल का आधार ठहरा। उसी की प्राप्ति की स्पृहा सबमें वह भरती है और इस प्रकार सबके आदर का पात्र बनती है। कोई उसकी स्वतंत्रता में बाधा नहीं दे पाता। यदि विलास नहीं है तो क्या ! विनोद ही उसके पटमंडप में चले। वह भला अकेली कैसे रह सकती है !

परंतु इतने से उसका क्या हो सकता है। वह अतृप्ति की अक्षय निधि जो ठहरी। वह लालसा है–जन्म भर जिसमें पूर्णता नहीं आ सकती। इसी अतृप्ति की दारुण ज्वाला में वह निरंतर जला करती है। मदिरा की विस्मृति में डूबी रहती है, विहार की श्रांति से थकित रहती है। यदि उन्मत्त विलास दूर गया तो शत्रु सैनिक ही सही–भला एकांत में मिली रूप-संपत्ति को वह कैसे छोड़ दे ? उसे अनुकूल न पाकर वह उग्र और प्रतिहिंसक हो उठती है और पिशाचिनी का रूप धारण कर लेती है। सैनिक को पेड़ से बाँधकर तीर से मरवाती है। विलास उसके चरित्र से पूर्णतया परिचित है। फिर भी उसके व्यक्तित्व से ऐसा प्रभावित है कि सबसे तिरस्कृत होने पर उसी का अवलंब लेता है और उसी के साथ द्वीप छोड़ता है।

देश-काल का विवरण

इस नाटक में दो भिन्न-भिन्न स्थितियों और मानव-मनोदशाओं का चित्रण हुआ है। सामाजिक सृष्टि के आरंभ में मनुष्य और उसके संगठन का रूप अपने बाल्यकाल में होने के कारण कुछ निराले ढंग का था। थोड़े-से रहनेवाले थे, थोड़ी-सी उनकी आवश्यकताएँ थीं, जो खेतीबारी और सीधी-सादी कार्य प्रणाली से सरलतापूर्वक पूर्ण हो जाती थीं। जीवन की जटिलताओं का ताना-बाना अभी नहीं बना था, अतएव नाना प्रकार की मनोवृत्तियों का भी उद्‌भव नहीं हुआ था। सभी यथालाभ संतुष्ट

थे। न किसी प्रकार के नियम-नियंत्रण की अपेक्षा रहती थी और न किसी प्रकार की राजनीति और उसके प्रभाव-परिणाम की। सब स्वतंत्र रहते हुए भी एक थे। उस काल में भिन्नत्व में एकत्व था। सभी निर्भय होकर प्रकृति के अखंड राज्य का सुख लेते और उसके अगाध वैभव का आनंद लूटने में ही प्रसन्न और स्वस्थ रहते थे। उसी का निर्देश मानते थे, उसी की उपासना में निरत रहते थे। चारों ओर मंगल ही मंगल दिखाई पड़ता था। उस अबाधित शांतियुग में सांसारिकता का अधिक प्रवेश नहीं हुआ था।

'सबै दिन जात न एक समान'। अतएव उत्तरोत्तर भौतिकता का प्रसार बढ़ा। युग में परिवर्तन आरंभ हुआ; उसके धर्म में, स्वभाव में, रहन-सहन और परिणाम में नवीनता का प्रवेश हुआ। नवीन विचार और उद्देश्यों के साथ-साथ उठ खड़ी हुई नवीन परिस्थिति और संघर्ष के दल-बादल भी छा गए। फलतः मानव-मन की वृत्तियाँ भी बदलीं। इस प्रकार जीवन के संपूर्ण लक्ष्य में नवीनता का राज्य हो चला। यह नवीनता भौतिक सुख-कामना की ताड़ना से और अधिक प्रचारित हुई। यही कारण है कि नवाविष्कृत उपायों द्वारा नाना प्रकार की विलासिता का उपयोग ही संपूर्ण समाज का चरम साध्य बन गया। सबको आप-आप की सूझ, स्वार्थ, अधिकार-शक्ति और राजनीति का द्वंद्व उठा। नियम-नियंत्रण, स्वामित्व-दायित्व, आकर्षण-विकर्षण का बोलबाला हुआ और युद्ध-हत्या, आक्रमण-अपहरण, अशांति-अप्रीति आदि भड़क उठे। लोगों में कुविचार बढ़ने लगे। इस प्रकार नरत्व में पशुत्व घुस पड़ा और सारी दुनिया ही बदल गई। समस्त नाटक में इसी काल-परिवर्तन का तर्क-संगत विवरण है।

जनमेजय का नाग-यज्ञ

इतिहास

कौरव, पांडवों और यादवों के गृह-कलह के कारण जो जन-संहार हुआ उससे आर्यों की शक्ति क्षीण हो गई थी—इसमें संदेह नहीं। पंच-पांडवों के उपरांत कुरु देश पर परीक्षित का शासन स्थापित हुआ सही, परंतु राष्ट्र के शक्ति-क्षय के कारण कहीं-कहीं जंगली जातियों का उत्पात भी आरंभ हो गया। तत्कालीन इतिहास में इस विषय का उल्लेख मिलता है कि गांधार देश में नाग जाति ने बड़ा उपद्रव मचाया और कालांतर में उसने तक्षशिला पर अधिकार जमा लिया[1]। धीरे-धीरे उन लोगों ने संपूर्ण पंजाब प्रांत का लंघन कर हस्तिनापुर पर आक्रमण किया और अशक्त राजा परीक्षित

1. श्री जयचंद्र विद्यालंकार : भारतीय इतिहास की रूपरेखा (1833) भाग 1, पृ. 258।

को मार डाला।

महाभारत (1-3-1) के अनुसार परीक्षित के चार पुत्र थे--जनमेजय, श्रुतसेन, उग्रसेन और भीमसेन। परीक्षित के अनंतर उनका ज्येष्ठ पुत्र जनमेजय राजा हुआ। वह बड़ा ही शक्तिशाली और दृढ़ शासक था। उसकी शासन-व्यवस्था में कुरु राज्य फिर संभल गया। उसकी वीरता और सार्वभौम शासक बनने की महत्त्वकांक्षा का उल्लेख ब्राह्मण ग्रंथों[1] में भी मिलता है। महाभारत में तो सर्प-सत्र तथा उससे संबद्ध तक्षशिला-विजय का उल्लेख स्पष्ट है ही। तक्षशिला-विजय के साथ ही जनमेजय ने संपूर्ण नाग-जाति का उन्मूलन कर डाला और कुछ दिनों के लिए वहीं अपनी राजधानी स्थापित की। इसके अनंतर उसने वैशंपायन सूत से भारत-युद्ध की पूरी कथा भी वहीं सुनी।

जनमेजय ने भूल से एक ब्रह्म-हत्या कर दी थी। महाभारत के शांतिपर्व (अध्याय 150) में इसका उल्लेख है। इस हत्या के प्रायश्चित में उसने एक अश्वमेध यज्ञ किया। शतपथ ब्राह्मण के अनुसार उस यज्ञ के आचार्य इंद्रोत दैवाप शौनक थे; पर ऐतरेय ब्राह्मण के अनुसार आचार्य का नाम तुरकावषेय था। भागवत पुराण (9-22-25, 26) में भी ऐतरेय का ही समर्थन है[2]। इन दोनों ब्राह्मण ग्रंथों के उल्लेखों में विरोध होने से प्रश्न उत्पन्न होता है कि क्या जनमेजय ने दो अवश्मेध यज्ञ किए थे ? इसका उत्तर मत्स्य पुराण (50-63, 64) में मिल जाता है। उसी से यह भी प्रकट होता है कि राजा और ब्राह्मणों में विरोध उत्पन्न हो गया था। इस विरोध का उल्लेख अन्य स्थलों[3] पर भी प्राप्त है। इसी विरोध को लेकर असितांगिरस काश्यप ने बड़ा आंदोलन खड़ा किया था। पूर्वकाल में अर्जुन ने खांडव वन का दाह किया था। उसकी प्रतिक्रिया इस समय आरंभ हुई और विपीड़ित नाग जाति का पुनर्विद्रोह उत्पन्न हुआ। इस राजनीतिक षड्यंत्र और क्रांति का पूर्णतः दमन करने में जनमेजय को बड़ा प्रयत्न करना पड़ा था। आर्यों के प्रति नागों के इस विरोध-भाव को उत्तंक आदि सहन नहीं कर सके और निरंतर राजा को उत्साहित करते रहे कि बलपूर्वक विद्रोह का नाश करना ही श्रेयस्कर है। परिणाम-रूप में सर्प-सत्र अर्थात् तक्षशिला-विजय और नाग जाति का पूर्ण पराभव हुआ। इस पराजय के कारण दोनों पक्षों में मित्रता हो गई और राज्य में शांति स्थापित हुई।

यादवों की एक शाखा कुकुर थी, जिसका उल्लेख तत्कालीन वंशावली में सर्वत्र प्राप्त है।[4]

---

1. ऐतरेय ब्राह्मण 8-11, 21।
2. हेमचंद्र राय चौधरी : पोलिटिकल हिस्ट्री आव् एंशियंट इंडिया (1932) पृ. 11-12।
3. ऐतरेय ब्राह्मण 7-27 और कौटिल्य का अर्थशास्त्र, तृतीय प्रकरण–'कोपाज्जनमेजयो ब्राह्मणेषु विक्रांताः।'
4. पर्जीटर : एंशियंट इंडिया हिस्टारिकल ट्रेडिशन, पृ. 104।

कथानक

'प्रसाद' के अन्य श्रेष्ठ नाटकों की भाँति इस नाटक का वस्तुविन्यास प्रशस्त नहीं है। इसका एक ही कारण ज्ञात होता है। यहाँ तत्कालीन ब्राह्मण-क्षत्रिय-संघर्ष को लेखक ने एक व्यापक समस्या का रूप दिया है। अतएव जितना अधिक ध्यान तद्विषयक चित्रण एवं विषय में दिया गया है उतना नाटक के अन्य अंगों की ओर नहीं। समस्या के आरोप के निमित्त ही वस्तु-विन्यास कुछ उलझ गया है और चरित्र भी विशेष स्फुट नहीं हो पाए। प्रौढ़काल की रचना होने पर भी इस नाटक में वस्तु-संविधान अत्यंत शिथिल एवं अशास्त्रीय है। अशास्त्रीय इसलिए है कि अन्य नाटकों में घटनाक्रम का आरोह जैसे अंत में एक समष्टि-प्रभाव उत्पन्न करके रसोद्रेक में योग देता है वैसा इस रचना में नहीं दिखाई पड़ता। प्रथम अंक में फल, पात्र एवं विरोधपक्ष का जैसा नाटकीय परिचय मिलना चाहिए वैसा इसमें नहीं है। परिणाम यह हुआ कि द्वितीय अंक तक साध्य-साधन का स्पष्ट ज्ञान ही नहीं हो पाता। केवल कुछ नगण्य घटना-व्यापारों की एक ऐसी तालिका मिलती है जिसके कारण क्या आवश्यक है और क्या अनावश्यक, इसी के निर्णय में बुद्धि लगी रहती है। पात्रों की अधिकता एवं अनंग-कथन की प्रचुरता के कारण, संधिस्थलों की बात तो दूर, कार्य की अवस्थाओं का भी ठीक पता नहीं चलता। केवल अल्पमात्र प्रयत्न को छोड़कर प्राप्त्याशा एवं नियताप्ति आदि का उन्मेष नहीं हो पाया है। कार्य की जो मुख्य अवस्थाएँ—फलोदय तथा फलप्राप्ति हैं, उनकी भी व्यवस्था ठीक नहीं दिखाई पड़ती। ऐसी दशा में वस्तु-विन्यास के विषय में इतना ही कहा जा सकता है कि कुछ घटना-व्यापार, आपस में कुछ तर्क-संगत संबंध है, इस क्रम से चलते हैं कि कुछ चमत्कार उत्पन्न जिनका होता जाता है और अंत में चारों ओर फैला हुआ विरोध-भाव व्यास के बुद्धि-बल से शांत हो जाता है। 'अजातशत्रु', 'स्कंदगुप्त', 'चंद्रगुप्त', 'ध्रुवस्वामिनी' इत्यादि में प्रधान नायक का प्रवेश दृश्य में ही हुआ है, परंतु इस नाटक में वह तीसरे दृश्य में दिखाई पड़ता है; उस पर भी किसी सक्रिय रूप में नहीं—केवल जिज्ञासा और वितर्क में निरत। प्रत्येक अंक के आरंभ और अंत प्रायः नीरस व्यापारों से आकीर्ण होने के कारण प्रभावहीन और अनाटकीय है। इस प्रकार नाटक का सारा वस्तुविन्यास शिथिल है।

पात्र

वस्तु-विन्यास के शैथिल्य से पात्रों का अधिक विनियोग करना पड़ा है। इसका प्रभाव चरित्र-चित्रण पर भी पड़ा है। चरित्रांकन में जैसा विकास-क्रम दिखाई पड़ना चाहिए

वैसा इस नाटक में नहीं हो सका है। 'चंद्रगुप्त' और 'स्कंदगुप्त' के पाठकों को इस विषय में यहाँ निराश होना पड़ता है। अनेक प्रासंगिक घटनाओं के साथ पात्रों की इस बहुलता को संभालते चलना और व्यक्ति-वैलक्षण्य का स्पष्ट चित्रण करते चलना असंभव-सा हो गया है, फिर भी 'प्रसाद' की प्रतिभा अपना प्रकृत धर्म छोड़ती नहीं दिखाई पड़ती। प्रत्येक पात्र के चरित्र की मौलिक वृत्ति का आभास मिल ही जाता है।

सरमा

साहस और वीरता पर आस्था रखनेवाली कुकुरवंशीया यादवी सरमा बड़ी निर्भीक और तेजस्विनी है। नागों की वीरता पर मुग्ध होकर उसने आत्म-समर्पण अवश्य कर दिया है, परंतु मनसा द्वारा किए हुए अपने जातीय अपमान को कदापि सहन नहीं कर पाती। उसके वक्षस्थल में केवल अबलाओं का रुदन ही नहीं भरा है, वह अकर्मण्य होकर किसी के सिर का बोझ बनने के लिए तैयार नहीं है। उसमें अपमानपूर्ण राज-सिहांसन भी अपने पैरों से ठुकरा देने की शक्ति है। उसकी निर्भीक उग्रता उस समय दिखाई पड़ती है जब राजसभा में अपने पुत्र की फरियाद करने गई है। सब प्रकार से शक्तिहीन होने पर भी उसका चरित्र दुर्बल नहीं है। गुप्त हत्या के द्वारा प्रतिशोध लेने का प्रस्ताव सुनकर ही वह अपने प्राणप्रिय पुत्र का कठोर शब्दों में विरोध करती है। राजकुल से अपने अपमान का बदला लेने में तो वह दृढ़ अवश्य है, पर लुक-छिपकर नहीं, प्रत्यक्ष रूप से उसमें आत्मविश्वासपूर्ण उदारता भी है। बर्बर तक्षक से उत्तंक की रक्षा करके उसने मनुष्यता का अच्छा प्रमाण दिया है। सम्मान का वचन लेकर ही वह वासुकि के साथ पुनः जाती है पर फिर उसे उसी अपमान का सामना करना पड़ता है। वहाँ से क्रुद्ध होकर वह लौटती तो है, पर नागों की विपत्ति देखकर मनसा से कहती आई है कि नागों का कोई अनिष्ट नहीं करूँगी।

वह सच्ची प्रेमिका भी है। उसने सच्चे हृदय से वासुकि को आत्म-समर्पण किया है और उसे दुःख में पड़ा देखकर वह विचलित हो उठती है। उसी के त्राण के लिए राजकुल में जाकर दासी बनती है। राज-सिंहासन पर बैठकर वपुष्टमा ने जो उसका तिरस्कार किया था, उसके प्रतिकार का वहीं अवसर मिलने पर भी वह आर्यबाला अपमान में सन्नद्ध काश्यप और तक्षक का विरोध करती है और कौशलपूर्वक रानी को व्यासाश्रम में पहुँचा देती है। वहाँ वपुष्टमा को दुखित और विनत देखकर वह अपना सब अपमान भूल जाती है। मंगलमयी बनकर वपुष्टमा को राजा से मिलाती है और राजा से मणिमाला का पाणिग्रहण कराकर आर्यों तथा नागों के विरोध को समाप्त कराती है।

मनसा

नागबाला मनसा अपनी जाति के लुप्त गौरव, विस्तृत राज्य, प्रशस्त संस्कृति और अतुल शौर्य-वीर्य की कथा गा-गाकर संपूर्ण नाग जाति को प्रोत्साहित करने में लगी रहती है। उसने इसी को अपने जीवन का लक्ष्य बना रखा है। जातीय कल्याण के विचार से ही उसने अपने स्त्रीत्व और यौवन का उत्सर्ग करके वृद्ध जरत्कारु ऋषि से विवाह कर लिया है। वह व्यवहार में बड़ी रूक्ष है। इसी से उसकी किसी से पटती नहीं। वह निरंतर नागों को इसलिए उभाड़ा करती है कि वे आर्यों से युद्ध करें और उनके अत्याचारों का यथेष्ट प्रतिफल दें। जहाँ अवसर मिलता है वह इसी विद्वेष को प्रज्वलित करने में निरत दिखाई पड़ती है। जब वह अपने पुत्र को ही इस विद्वेषबुद्धि का विरोध करते पाती है तो वह उसका भी त्याग कर देती है। अश्वमेध के घोड़े को रोकने के लिए आगे बढ़कर उसी ने सब नागों को ललकारा है और अंत में युद्ध करा के ही छोड़ती है। उस युद्ध के विषम फल को देखकर वह बहुत दुखी होती है। नागों का नाश देखकर उसमें परिवर्तन होता है और तब उसी उत्साह से वह इस बात की भी चेष्टा करती है कि दोनों जातियों में गौरवपूर्ण समझौता हो जाए। इस विषय में वह सफल भी होती है। यही जातीय एकनिष्ठता उसके चरित्र की विशेषता है।

अन्य स्त्री पात्र

वपुष्टमा का चरित्र राजमहिषी के अनुरूप ही है। वह गंभीर, दृढ़, चिंतनशील, उदार और पति में अनुरक्त है और अपने कर्त्तव्य का सदैव विचार रखती है। उसकी चित-वृत्ति सदा ही स्थिर दिखाई पड़ती है। **मणिमाला** सरल, भावुक, उदार और निर्मल चरित्र की मणि है। उसके कोमल प्राणों में एक बड़ी करुणामयी मूर्च्छना है। वह सारे संसार को सुंदर भावों में डुबाने की कामना रखती है। नाग जाति की सांस्कृतिक बर्बरता से पृथक्, आर्य-संस्कृति के अनुकूल गुणों का उसमें भव्य प्रसार दिखाई पड़ता है। उसके सभी व्यवहारों में प्रेम का प्रभाव प्राप्त होता है। सेवा, सरलता, कोमलता और प्रीति ही उसके चरित्र के लक्षण हैं। वृद्धस्य तरुणी भार्या **दामिनी** सौदामिनी की ही भाँति चंचला है। विवेक की कमी के कारण उच्छृंखलता उसे इधर-उधर भटकाती रहती है।

जनमेजय

कुरु-साम्राज्य का अधिपति युवक जनमेजय तेजस्वी, वीर, उत्साही, कर्त्तव्यशील, विनोदप्रिय एवं राजशक्ति से गर्वित धीरोदात्त नायक है। वंशगत विरोध का स्मरण

करके उसके हृदय में नाग जाति के प्रति बड़ा विद्वेष भरा है। नाग-संबंध सुनकर ही वह सरमा से भी रूक्ष हो उठता है। प्रकृति से उदार और भावुक है। उत्तंक के द्वारा अपने गुरुकुल का समाचार सुनकर प्रसन्न एवं गद्गद हो उठता है। उसने बड़े ही ममत्व से अपने गुरु और गुरुकुल के वृक्ष महावट का कुशल पूछा है। जरत्कारु की हत्या हो जाने पर वह बड़ा दुखी होता है; इससे उसके हृदय की शुद्धता प्रकट होती है। उसका हृदय धिक्कार की ज्वाला से भस्म होने लगता है। वह मान जाता है कि मनुष्य वस्तुतः प्रकृति का अनुचर और नियति का दास है। उसकी सहृदयता अनेक अवसरों पर दिखाई पड़ती है। मणिमाला के प्रथम दर्शन के अवसर पर उसने अपनी वह विशेषता झलकाई है। कभी-कभी चिंताधिक्य से वह अवश्य निरुत्साह-सा होने लगता है, परंतु इसका प्रभाव अधिक बढ़ने नहीं पाता। ब्राह्मणों के षड्यंत्रों से कुछ देर के लिए वह किंकर्त्तव्यविमूढ़ होता है पर तक्षक द्वारा किए गए अपने पिता के निधन का गुप्त रहस्य और उत्तंक की उत्साहवाणी सुनकर उसकी कार्यशीलता फिर अपने प्रकृत रूप में आ जाती है। वह उत्साह-भरे शब्दों में प्रतिज्ञा करता है कि 'अश्वमेध पीछे होगा, पहले नाग-यज्ञ करूँगा।' उसने अपना कठोर निश्चय वपुष्टमा को भी सुनाया है—'आलस्य, मुझे अकर्मण्य नहीं बना सकता। एक बार कर्म-समुद्र में कूद पडूँगा, फिर चाहे जो कुछ हो, इस बात से उसका अदम्य साहस, अक्षोभ्य दृढ़ता और दुर्वार वीरता प्रकट होती है। संघर्षपूर्ण जीवन-प्रवाह को देखकर कभी-कभी उसके मन में जिज्ञासा उठती है कि कोई बताए मेरे भविष्य में क्या है, परंतु कुतूहल उसे कहीं भी अकर्मण्य नहीं बनाता। वह एकनिष्ठ होकर अपने विरोधियों के दमन में लगा रहता है और राज्य में अशांति नहीं होने देता। कुचक्रों की उग्रता देखकर—रानी के गुप्त होने का समाचार पाकर वह पूर्णतया उन्मत्त और कठोर बन जाता है। कुछ समय के लिए उसका विवेक कुंठित हो उठता है। उसी आवेश में वह सारी ब्राह्मण-मंडली को निर्वासन-दंड की और दूसरी ओर अवशिष्ट नागों को एक-एक करके हवन-कुंड में डालने की आज्ञा देता है। उसके क्रूर निर्देशों को देखकर तक्षक भी दहल उठता है। ऐसे आवेशपूर्ण समय में भी उसे शासन की मर्यादा और न्यायविधान का माहात्म्य भूलता नहीं। न्याय के नाम पर आस्तीक की पुकार का सच्चे शासक की भाँति वह आदर करता है और सुविचारपूर्वक निर्णय देता है—' छोड़ दो तक्षक को।' फिर तो वह आवेश-धारा इस बाँध से एकदम मंद पड़ जाती है। सरमा के अभियोग का अनुकूल फल और व्यास के निर्देश का मंगल-परिणाम अपने रूप में आ ही जाते हैं। इस प्रकार क्रोध में उन्मत्त और उग्र होकर भी जनमेजय सर्वथा विवेकांध नहीं होता; उस समय भी उसमें राजोचित-गरिमा बनी ही रहती है। उसका व्यक्तित्व इसी गरिमा को लेकर भव्य दिखाई पड़ता है।

उत्तंक

उत्तंक के चरित्र का अच्छा परिचय दिया गया है। गुरुकुल में तो वह अत्यंत ही साधु और कर्त्तव्यशील ब्रह्मचारी के रूप में दिखाई पड़ता है परंतु वहाँ भी वह प्रकृति से दृढ़व्रत ज्ञात होता है, क्योंकि गुरुपत्नी की कष्ट-साध्य कुंडल-लालसा की पूर्ति पर वह विचलित नहीं होता। स्थिर भाव से कहता है—' गुरुदेव ! यही होगा। कल मैं जाऊँगा।' राजसभा में जिस निर्भीक और व्यावहारिक ढंग से बात करता है उससे उसकी प्रकृति में कर्म-कठोरता भी है—यह प्रकट हो जाता है। निश्चय ही दृढ़ता के साथ इस कठोरता के मिल जाने से ही उसका चरित्र कौटिल्य की भाँति हो गया है। मार्ग में तक्षक के विरोध कर देने से उसके और उसकी संपूर्ण जाति के लिए वह महाकाल बन जाता है। निरंतर राजा और रानी को उत्साहित एवं सचेष्ट बनाए रखता है और अंत में सब ब्राह्मण-मंडली के विरुद्ध हो जाने पर भी अपने निश्चय को पूर्ण करने के लिए जनमेजय का साथ देता है।

अन्य पुरुष पात्र

काश्यप क्रोधी, उद्धत, कुचक्री एवं भारी अर्थलोलुप है। पैसे के चक्कर में किसी का गला भी काटने को सदैव तत्पर रहता है। कभी इधर, कभी उधर, इसी फेर में लगा फिरता है कि कुछ अपना बना ले। **वासुकि** बर्बर नाग जाति का प्रतिनिधि होने पर भी सहृदय और सत्यप्रिय है। विरोध होने पर भी उसने अपनी पत्नी की जान बचाने में बड़ी दृढ़ता से काम लिया है। अपनी जाति की रक्षा में भी वह परम सहायक है। आर्यों के अभियान के समय नाग-सेना एकत्र कर उनका प्रतिरोध सर्वप्रथम उसी ने किया है। तक्षक का प्रमुख गण भी वही है। **तक्षक** का अंकन प्रतिपक्ष के रूप में बहुत अच्छा हुआ है। अपनी जाति का वह नायक है, अतएव अपनी जाति की शेष शक्ति और मर्यादा बनाए रखने में वह सतत् प्रयत्नशील बना रहता है। उसकी बर्बरता का रूप उस समय देखने को मिलता है जब वह उत्तंक की हत्या में लगा दिखाई पड़ता है। **वेदव्यास** तो विचार, विवेक और ब्रह्मत्व के प्रतीक हैं—सर्वद्रष्टा और विश्वकल्याण के रूप हैं। सबकी बिगड़ी सुधारने की सत्कामना उनके हृदय में सदा बनी रहती है। **आस्तीक** नाग-रमणी के पेट से उत्पन्न अवश्य है, परंतु उसमें आर्य-रक्त है केवल इसीलिए नहीं, अपितु मंगल-भाव से भी प्रेरित होकर वह दोनों विरोधी जातियों में संधि कराना चाहता है। सदुद्देश्य का विचार कर अपनी माता तक का त्याग स्वीकार कर लेता है। उसमें विवेक का अच्छा विस्तार दिखाया गया है।

उपसंहार

कथानक

इतिहास का आधार

‘ कामना ’ और ‘ एक घूँट ’ को छोड़कर ‘ प्रसाद ’ के सभी नाटक इतिहास को आधार मानकर चले हैं। अपनी कृतियों के उद्देश्य का कथन लेखक ने स्वयं किया है—‘ इतिहास का अनुशीलन किसी भी जाति को अपना आदर्श संगठित करने के लिए अत्यंत लाभदायक होता है, XX क्योंकि हमारी गिरी दशा को उठाने के लिए हमारे जलवायु के अनुकूल जो हमारी अतीत सभ्यता है, उससे बढ़कर उपयुक्त और कोई भी आदर्श हमारे अनुकूल होगा कि नहीं, इसमें हमें पूर्ण संदेह है। XX मेरी इच्छा भारतीय इतिहास के अप्रकाशित अंक में से उन प्रकांड घटनाओं का दिग्दर्शन कराने की है जिन्होंने कि हमारी वर्तमान स्थिति को बनाने का बहुत कुछ प्रयत्न किया ’[1] । इसके लिए उसने महाभारत-युद्ध के बाद से लेकर हर्षवर्धन के राज्यकाल तक के भारतीय इतिहास को अपना लक्ष्य बनाया है। क्योंकि यही भारतीय संस्कृति की उन्नति और प्रसार का स्वर्णयुग कहा जाता है। जनमेजय परीक्षित से आरंभ होकर यह स्वर्णयुग हर्षवर्धन तक आया है। बीच में बौद्ध काल, मौर्य और गुप्त काल ऐसे हैं जिनमें आर्य-संस्कृति अपने उच्चतम उत्कर्ष पर पहुँची है। अतएव तत्कालीन उत्कर्षापकर्ष के यथार्थ चित्रण के अभिप्राय से लेखक ने कुछ विशिष्ट प्रतिनिधियों को चुनकर उनके कुलशील और जीवन-वृत्त के द्वारा उस रसोद्‌बोधन की चेष्टा की है जो वर्तमान को जीवित रखने में सहायता कर सके। जनमेजय, अजातशत्रु, चंद्रगुप्त, स्कंदगुप्त, हर्षवर्धन इत्यादि उस काल के सर्वोत्तम प्रतिनिधि हैं। इसलिए लेखक ने इन्हीं व्यक्तियों को अपने रूपकों का नायक बनाया है।

असुनिश्चित और असुलिखित भारतीय इतिहास में यत्र-तत्र बिखरी सामग्रियों को एक सूत्र में पिरोने की तर्क-संगत चेष्टा ‘प्रसाद’ की उन विशेषताओं में है, जो वर्तमान हिंदी के अतिरिक्त अन्य साहित्यों में भी कम दिखाई देती है। इतिहास का गंभीर अध्ययन, प्रसंग-परिकलन की बुद्धि और उपलब्ध इतिवृत्तों की संगत एकात्मकता

1. ‘विशाख’ (प्रथम संस्करण) की भूमिका।

स्थापित करने की अद्‌भुत क्षमता 'प्रसाद' में दिखाई पड़ती है। 'अजातशत्रु', 'चंद्रगुप्त' और 'स्कंदगुप्त' नाटकों में इसके विशेष निदर्शन प्राप्त हैं। इनमें ऐतिहासिक वृत्तों का बड़ा व्यापक विस्तार है, अतएव प्रसिद्ध घटनाओं के साथ-साथ अनेक इतिहास-प्रसिद्ध पात्रों का योग-निर्वाह करना पड़ा है। जहाँ तक संभव हुआ है इतिहास की मूल प्रकृति का अनुसरण किया गया है और सुसंबद्धता स्थापित की गई है परंतु जहाँ कल्पना का प्रयोग नितांत आवश्यक हो गया है वहाँ नाटककार की स्वतंत्रता का भी 'प्रसाद' ने उपयुक्त आश्रय लिया है।

कल्पना का योग

कल्पना का प्रयोग दो प्रकार से दिखाई पड़ता है। पहला तो इतिहास की जो बातें विकीर्ण होकर एक-दूसरे से दूर पड़ गई हैं उन्हें एक सूत्र में बाँधने के लिए और दूसरा नाटकीय पूर्णता के निमित्त कोरे अनैतिहासिक पात्रों की सृष्टि के लिए। अजातशत्रु की मागंधी और श्यामावती, शैलेंद्र और विरुद्धक एक कर दिए गए हैं। 'स्कंदगुप्त' में दूरवर्ती भटार्क का योग अनंतदेवी के साथ स्थापित करके विरोध-मंडली बलिष्ठ बना दी गई है। स्कंदगुप्त के मालव में राजधानी स्थापित करने की बात इतिहास में सिद्ध न होने पर भी जो स्वीकृत की गई है वह वस्तु-स्थिति को देखने से तर्क-विहीन नहीं प्रतीत होती। इसी प्रकार भीमवर्मा के संबंध की स्थापना भी है। भीमवर्मा बंधुवर्मा का भाई था या नहीं, इस विषय में कोई प्रमाण नहीं है, फिर भी वह स्कंदगुप्त के एक प्रांत का शासक अवश्य था। इसी को आधार मानकर 'प्रसाद' ने दोनों को मिला दिया है और जो बहुत असंगत नहीं मालूम पड़ता। खिंगिल इतिहास का हूण-नेता अवश्य है, परंतु वही खिंगिल स्कंदगुप्त से पराजित भी हुआ था, ऐसा इतिहास ने स्वीकार नहीं किया है। शर्वनाग, चक्रपालित और मातृगुप्त की नाटकीय स्थिति का अनुमोदन भी कल्पना पर ही आश्रित है। इसी प्रकार की कल्पना-जन्य संबंध-योजना 'चंद्रगुप्त' में भी दिखाई पड़ती है। तक्षशिला-गुरुकुल में चाणक्य और चंद्रगुप्त के संबंध-स्थापन में कल्पना का योग है—यों तो दोनों व्यक्तियों का संबंध इतिहासानुमोदित है। चंद्रगुप्त ने मालवों और क्षुद्रकों का सेनापति बनकर सिकंदर का विरोध किया था—ऐसा कोई उल्लेख इतिहास में नहीं मिलता, परंतु सिकंदर का मालव-दुर्ग में चोट खा जाना इतिहास-प्रसिद्ध है। दांड्यायन जैसे महात्मा की स्थिति और सिकंदर का उनके यहाँ जाना इतिहास ने स्वीकार किया है; परंतु वहीं चंद्रगुप्त के विषय में भविष्यवाणी करा देना एक सुंदर कल्पना है। इस प्रकार के अनेकानेक उदाहरण और भी हैं। इसी प्रकार की ऐतिहासिक कल्पना नाटकीय चमत्कार उत्पन्न करने के लिए एकत्र की गई है जो सर्वथा अभीष्ट है। कल्पना का दूसरा प्रयोग इसलिए हुआ है कि नाटकीय प्रसंग मिलाए जाएँ अथवा पात्रों के

कुलशील का सुसंबद्ध चित्र उपस्थित किया जाय, ऐसा करने में स्त्री-पात्रों की सृष्टि प्रायः करनी पड़ी है। उनके नामकरण और चरित्र भी कल्पित किए गए हैं—जैसे सुरमा, मालविका, विजया, देवसेना, जयमाला, मंदाकिनी, अलका, दामिनी इत्यादि। जिसका जैसा नाम रखा गया है प्रायः चरित्र भी उसी के अनुसार खड़ा किया गया है। कभी-कभी कुछ नामों के लिए आधार भी मिल गया है—जैसे, देवसेना, वासवी आदि के लिए। इन स्त्री-पात्रों की शुद्ध कल्पना द्वारा सृष्टि हुई है, इसीलिए इनमें लेखक की भावुकता अधिक लक्षित होती है। कल्पना के आधार पर कहीं-कहीं परिस्थितियों की भी रचना कर ली गई है, जिनका उपयोग या तो छूटे हुए अंशों की कड़ी मिलाने के लिए हुआ है या चरित्र की कोई मार्मिकता उद्घाटित करने के निमित्त। चंद्रगुप्त नाटक में चाणक्य का कारावास और उससे मुक्ति, कार्नेलिया के प्रेम के कारण चंद्रगुप्त और फिलिप्स का द्वंद्व, अथवा शर्वनाग के विषयपति बनने के पूर्व का सारा प्रसंग इसी प्रकार की वस्तु है। ऐसी अन्य स्थितियाँ प्रसंगानुसार सभी नाटकों में मिलेंगी। कल्पित पुरुष-पात्रों की अवतारणा भी उसी अभिप्राय से की गई है जिस अभिप्राय से स्त्री-पात्रों की, परंतु थोड़ा-सा अंतर अवश्य है। स्त्री-पात्रों की कल्पना अधिक है; क्योंकि प्रायः कथाएँ राजनीति और इतिहास-संबंधी हैं—जहाँ पुरुष पात्रों का यों ही उपयोग अधिक होता है और स्त्रियों की आवश्यकता कम पड़ती है। इसलिए स्त्रियों की काल्पनिक मूर्तियाँ लेखक को अधिक गढ़नी पड़ी हैं। काल्पनिक स्त्री-पात्रों की भाँति कल्पित पुरुष-पात्रों के नामकरण और चरित्र में भी साम्य रखा गया है—जैसे, शिखरस्वामी, विकटघोष, महापिंगल इत्यादि, 'अजातशत्रु', 'स्कंदगुप्त' और 'चंद्रगुप्त' नाटकों के प्रायः सभी पुरुष-पात्र ऐतिहासिक हैं, अतएव वहाँ कल्पना को अवकाश नहीं मिल पाया।

परिस्थिति-योजना

संविधान-सौष्ठव के लिए परिस्थिति-योजना का यथार्थ एवं प्रकृत रूप आवश्यक होता है। सत्य बात तो यह है कि इसी आधार पर कार्य की अवस्थाओं और अर्थप्रकृतियों का संबंध-निर्वाह होने से सौंदर्य उत्पन्न होता है। किसी मुख्य अथवा प्रासंगिक घटना तक पहुँचने में इनका योग आवश्यक है। प्रत्येक प्रधान या प्रासंगिक घटना का भी स्वतः पृथक् आरंभ होता है, जो क्रम से वृद्धि पाता हुआ परिणाम तक पहुँचता है। परिस्थिति एवं घटना में कार्य-कारण संबंध रहना चाहिए अन्यथा परिणाम अथवा घटना को लेकर सामाजिक के मन में जिज्ञासा उत्पन्न होती है कि ऐसा कैसे हो गया। साथ ही असंबद्ध घटना अथवा घटनांश का कोई प्रभाव भी नहीं रह जाता। उदाहरण के लिए स्कंदगुप्त के द्वारा कापालिक के हाथ देवसेना की रक्षा का घटनांश लिया जा सकता है। देवसेना और विजया आरंभ में तो सखी रहती हैं, फिर विजया

देवसेना की हत्या का कारण बन जाती है, क्यों और किस क्रम से ? इस विरोध का बीज वहाँ पड़ता है जहाँ दोनों सखियों के बीच में आकर बंधुवर्मा सूचना देता है—' हाँ, उनकी (स्कंदगुप्त की) विदाई करनी होगी। संभवतः सिंहासन पर बैठने का—राज्याभिषेक का प्रकरण होगा।' विजया के मन में यहीं से संदेह उत्पन्न होता है। संदेह आवेश में और आवेश विद्वेष तथा विरोध में परिणत होकर उस घटना तक चला जाता है। यह नाटक की कोई मुख्य घटना नहीं है, फिर भी यदि परिस्थितियों का वृद्धि-क्रम बुद्धगम्य न बना होता तो कार्य को देखकर कारण के विषय में जिज्ञासा का भाव बना ही रह जाता। आधिकारिक कथा के नियंत्रण के लिए तो अनेक प्रतिबंध हैं ही, परंतु छोटी-मोटी घटनाओं के लिए भी उसी सिद्धांत का अनुसरण होता है। इन परिस्थितियों की सुसंगत योजना में 'प्रसाद' ने अच्छी प्रतिभा दिखाई है; यही कारण है कि बड़े नाटकों में भी वस्तु-विन्यास सुसंगठित हो सका है। सभी रचनाओं में परिस्थितियों की उद्‌भावना और योजना सुसंगत है। चंद्रगुप्त और फिलिप्स का द्वंद्व इसके उदाहरण के रूप में लिया जा सकता है। फिलिप्स के मारे जाने का बीजभूत कारण वहाँ से अंकुरित होता है, जहाँ चंद्रगुप्त ने कार्नेलिया को अपमानित होने से बचाया है। कई अवसरों पर जब-जब चंद्रगुप्त और फिलिप्स का सामना होता है। तब-तब वह विरोध उग्रतर होता जाता है और अंत में एक मृत्यु की घटना घटित ही हो जाती है। यों तो आधिकारिक कथा ऐसी-ऐसी विभिन्न घटनाओं को अपने साथ लगाती हुई चलकर एक सामूहिक प्रभाव उत्पन्न करती है, परंतु यदि किसी एक घटना का अपना अस्तित्व अलग से देखा जाय तो उसके लिए भी परिस्थितियों के वृद्धिक्रम की योजना आवश्यक प्रतीत होगी।

विस्तार-भार

'प्रसाद' के कथानकों में प्रायः अनावश्यक विस्तार भी मिलता है जो वस्तु-संविधान में शैथिल्य उत्पन्न करता है। यह विस्तार तीन प्रकार का दिखाई पड़ता है। प्रथम सोद्देश्य होता है, जिसे हम लेखक की अभिरुचि और सिद्धांत मान सकते हैं। जहाँ विरोध अथवा संघर्ष व्यापक हो जाता है वहाँ कुछ दूर चलकर सक्रियता के समाप्त होने पर भी यह दिखाने की आवश्यकता हो सकती है कि किन कारणों से और किन-किन परिस्थितियों में उस विरोध-भाव का दमन होता है। सक्रियता के अभाव में ऐसा स्थल नीरस और अवसाद-जनक हो जाता है। इसके उदाहरण 'राज्यश्री' और 'अजातशत्रु' के अंतिम अंक के अधिकांश हैं। प्रधान कथा की धारा के साथ चलने से फिर भी यह विस्तार उतना अधिक अरोचक नहीं लगता जितना निरर्थक उत्पन्न किया हुआ विच्छिन्न विस्तार-भार। ऐसा विस्तार उन स्थलों पर दिखाई पड़ता है जहाँ कथा की प्रकृति धारा रोककर लेखक अन्य प्रसंग उठा देता है और फिर

उसी को लेकर वाद-विवाद का रूप जमाने लगता है। ऐसे स्थल लेखक के श्रेष्ठ नाटकों में भी मिलते हैं, जो अरुंतुद ज्ञात होते हैं। 'अजातशत्रु' में शक्तिमती और दीर्घकारायण का विवाद इसी प्रकार का है। 'स्कंदगुप्त' में भी विहार के समीप चतुष्पद पर ब्राह्मण और श्रमण का वाक्-संघर्ष अप्रासंगिक एवं अतिमात्र मालूम पड़ता है। इस दृश्य के ठीक पहलेवाला दृश्य भी इसी प्रकार निरर्थक है। 'चंद्रगुप्त' में वह दृश्य भी इसी कोटि का है जिसमें कारावास में पड़ा हुआ चाणक्य राक्षस और वररुचि से विवाद करने लगता है अथवा जहाँ शकटार अपनी राम-कहानी एक साँस में कह डालने की चेष्टा करता है। कुछ-न-कुछ इस प्रकार की बातें सभी नाटकों में मिलती हैं। इससे मालूम पड़ता है कि लेखक की यह प्रवृत्ति-सी हो गई है।

इस प्रकार का दूसरा विस्तार है स्वगत-भाषण। समय और प्रसंगानुसार यदि अल्पविस्तारी स्वगत-भाषण हों तो सहन किए जा सकते हैं, परंतु द्विजेंद्रलाल राय के कथोपकथनों की भाँति यदि अनियंत्रित और अति विस्तृत हों तो अपनी अप्रकृत अतिमात्रा के कारण सुनते-सुनते उद्वेग उत्पन्न करते हैं। बिंबसार, स्कंदगुप्त और चाणक्य के स्वगत-भाषण इसके उदाहरण हैं। उनकी आवृत्ति तो और भी खटकती है। तीसरा विस्तार ऐसा भी मिलता है कि साधारण सूच्य बातों के लिए भी पूरे दृश्य के दृश्य खड़े कर दिए गए हैं। यदि निःसंकोच विचार किया जाय तो सभी नाटकों में दो-तीन दृश्य ऐसे मिलेंगे जिन्हें निकाल देने पर न कथा का संबंध बिगड़ेगा और न अन्य प्रकार की ही कोई त्रुटि होगी। उदाहरण के लिए 'स्कंदगुप्त' के दो दृश्यों का उल्लेख हो ही चुका है। इनके अतिरिक्त चतुर्थ अंक का अंतिम दृश्य भी वैसा ही है। 'चंद्रगुप्त' के भी एक ऐसे दृश्य का कथन हो चुका है। उसके अतिरिक्त मालव-क्षुद्रकों का परिषदवाला दृश्य भी शुद्ध सूच्य हो सकता था। अनेक ऐसी बातों के लिए स्वतंत्र दृश्यों की रचना हुई है, जिनकी केवल सूचना ही—किसी प्रकार से क्यों न हो—यथेष्ट थी।

अंक और दृश्य

'प्रसाद' का अंकों और दृश्यों के विभाजन का सिद्धांत एक-सा नहीं दिखाई देता। 'अजातशत्रु' में जैसा अंकों के भीतर दृश्य और तत्सूचक संख्याओं का निवेश किया गया है वैसा 'स्कंदगुप्त' में नहीं। वहाँ नवीन पद्धति से दृश्यों की संख्याओं का विनियोग है। आगे चलकर 'चंद्रगुप्त' में दृश्य शब्द का प्रयोग नहीं है, केवल संख्याओं का उपयोग हुआ है। वस्तुतः बात यह है कि लेखक अंत तक निर्णय नहीं कर पाया है कि 'दृश्य' शब्द का प्रयोग कहाँ तक परंपरानुमोदित एवं समीचीन है; इसीलिए यह परिवर्तन होता गया है। यदि उसने केवल प्राचीन परिपाटी का ही अनुसरण किया होता तो इस बाधा से बच सकता था। जहाँ उसने उद्घातकों अथवा गर्भांक

जैसे सूच्य दृश्यों का, बिना उल्लेख किए प्रयोग किया है वहाँ थोड़ा-सा श्रम स्वीकार करके उसका उल्लेख भी कर सकता था, परंतु ऐसा किया नहीं गया। परिणाम उसका यह हुआ है कि सभी नाटकों में यत्र-तत्र कई ऐसे दृश्य आए हैं जिनकी अभिनय में और पढ़ने में भी कोई आवश्यकता नहीं प्रतीत होती। इसके विपरीत वे निरर्थक एवं भार से लगते हैं। उदाहरण के लिए प्रमुख नाटकों को लेना ही उचित होगा। 'चंद्रगुप्त' के प्रथम अंक का तृतीय और सातवाँ, द्वितीय का पाँचवाँ, सातवाँ और दसवाँ आदि तथा 'स्कंदगुप्त' के प्रथम अंक में पथचारी मातृगुप्त, मुद्गल और कुमारदास (धातुसेन) का प्रसंग, चतुर्थ अंक में धातुसेन और प्रख्यातकीर्ति तथा चतुष्पथ में ब्राह्मण-श्रमण के वाक्-युद्धवाला दृश्य अथवा ऐसे ही और भी अन्य दृश्यों की या तो आवश्यकता ही नहीं थी अथवा इनकी सूचना भर यथेष्ट थी।

अंकों के विभाजन में भी इस अव्यवस्था का कुछ रूप मिलता है। जहाँ कार्य की अव्यवस्थाओं, अर्थप्रकृतियों और संधियों का विचार रखा गया है वहाँ तो कितनी घटनाएँ और प्रसंग एक अंक में आने चाहिए, इसका विचार किया गया है—जैसे, 'चंद्रगुप्त' 'स्कंदगुप्त' और 'ध्रुवस्वामिनी' में; अन्यथा स्पष्ट विभाजन में भी गड़बड़ी है—जैसे, 'अजातशत्रु' और 'जनमेजय का नागयज्ञ' में। यदि यह विभाजनक्रिया किसी निश्चित सिद्धांत पर रही होती तो 'चंद्रगुप्त' पाँच अंक का और 'राज्यश्री' तीन अंक का नाटक होता। अभिनय के व्यावहारिक विचार से अंकों के क्रमानुसार दृश्यों की संख्या में निरंतर कमी होनी चाहिए, परंतु कुछ नाटकों में तो इसका अनुसरण हुआ है और कुछ में नहीं। निर्णय के लिए कुछ नाटकों के क्रम इस प्रकार हैं—'राज्यश्री' में सात-सात-पाँच-चार, 'विशाख' में पाँच-पाँच-पाँच, 'जनमेजय का नागयज्ञ' में सात-आठ-आठ, 'अजातशत्रु' में नौ-दस-नौ, 'स्कंदगुप्त' में सात-छः-छः-सात-छः और 'चंद्रगुप्त' में ग्यारह-ग्यारह-नौ-सोलह, नवीन संस्करण में चौदह। अंतिम चार नाटकों का क्रम विचारणीय है। इसके अतिरिक्त सभी नाटकों में कुछ दृश्य अत्यंत लघु और कुछ अत्यंत विशाल हैं। व्यावहारिकता के विचार से ऐसा भी नहीं होना चाहिए।

वस्तु-विन्यास

भारतीय नाट्यशास्त्र में वस्तु-तत्त्व का बड़ा व्यापक नियमन किया गया है। कार्य की अवस्थाओं, अर्थप्रकृतियों तथा संधियों के द्वारा इस तत्त्व के नियंत्रण की व्यवस्था हुई है। 'प्रसाद' का वस्तु-संविधान सभी नाटकों में अच्छा हुआ है। जिसमें उक्त नियमों का विचार अधिक रखा गया है, वे अवश्य ही अन्य ही रचनाओं की अपेक्षा अधिक सुंदर हैं—जैसे, 'चंद्रगुप्त', 'स्कंदगुप्त' और 'ध्रुवस्वामिनी'। इस विचार से 'जनमेजय का नागयज्ञ' और 'अजातशत्रु' उतने अच्छे नहीं उतरे। जिन नाटकों का वस्तु-विन्यास पद्धति के अनुसार हुआ है उनमें संधियाँ ही नहीं, संध्यंगों तक की स्थापना उचित

स्थान पर दिखाई पड़ती है—जैसे, 'चंद्रगुप्त' के द्वितीय अंक में प्रतिमुख संधि के अंतर्गत आनेवाले कुछ संध्यंगों का रूप देखा जा सकता है। युद्ध-क्षेत्र में संधि के पूर्व सिकंदर और पर्वतेश्वर के कथोपकथन में 'उपन्यास', पाँचवें दृश्य में चंद्रगुप्त और मालविका के संवाद में 'पुष्प', चतुर्थ दृश्य के आरंभ में 'निरोध' (हितरोध), तृतीय दृश्य में कल्याणी जहाँ अपने सैनिकों से बातचीत करती है वहाँ शम और जहाँ वह पर्वतेश्वर से बातें करती है वहा 'प्रगमन', उसी दृश्य के आरंभ में जहाँ चंद्रगुप्त कुछ किंकर्त्तव्यविमूढ़-सा दिखाई पड़ता है वहाँ 'विधूत' (अरति) के रूप देखे जा सकते हैं। कहने का तात्पर्य यह है कि जिन नाटकों में वस्तु-विन्यास शास्त्रीय पद्धति पर हुआ है उनमें तत्संबंधी सभी विशेषताएँ यथास्थान मिल जाती हैं। यही कारण है कि 'प्रसाद' के कथानक में चमत्कारयुक्त आरोहावरोह प्राप्त होता है। संविधानक संबंधी यह सौष्ठव समष्टि-प्रभाव की स्थापना में सर्वदा सहायक बना रहता है।

पात्र

नायक और प्रतिनायक

नाटक के प्रधान पात्र—नायक—में जिन गुणों तथा विशेषताओं का होना आवश्यक है, वे 'प्रसाद' के नायकों में सर्वत्र हैं क्योंकि 'विशाख' को छोड़कर अन्य सभी नाटकों में नायक भारत का सम्राट् ही है। ख्यातवृत्त का प्रधान पुरुष अवश्य ही कुलशील में श्रेष्ठ होगा—ऐसा निश्चित है। स्कंदगुप्त, चंद्रगुप्त मौर्य, गुप्तवंशीय चंद्रगुप्त, जनमेजय इत्यादि सभी विनीत, मधुर, त्यागी, दक्ष, प्रियंवद, शुचि, लोकानुरंजक, वाग्मी अभिजात, स्थिर, युवा, बुद्धिमान, प्रज्ञावान्, स्मृतिवान, उत्साही, कलावान, शास्त्रचक्षु, आत्मसम्मानी, शूर, दृढ़ तेजस्वी और धार्मिक हैं; साथ ही नाटकीय कथा की शृंखला को आदि से अंत तक जोड़ते जाते हैं। ये सभी नायक महासत्व, क्षमावान, अतिगंभीर, दृढ़व्रत और आत्मप्रशंसा-शून्य हैं। इनमें गर्व भी दिखाई पड़ता है पर विनयाच्छादित। ऐसी अवस्था में वे सभी धीरोदात्त नायक माने जाएँगे। उक्त गुणों में से अधिकांश अजातशत्रु में भी हैं। परंतु प्रश्न उठता है राज्यश्री और ध्रुवस्वामिनी के विषय में जहाँ नायक ने नहीं नायिका ने प्रमुख स्थान ग्रहण किया है, उन नायिकाओं में भी प्रायः वे सब गुण विद्यमान हैं जिनके कारण नायक का महत्त्व होता है, इसलिए वे रूपक नायक-प्रधान न होकर नायिका-प्रधान कहे जायेंगे। विपक्ष-दल के नेता प्रायः धीरोद्धत नायक हैं। ये मायावी, छली, प्रचंड, चपल, असहनशील, अहंकारी, शूर और स्वयं अपनी प्रशंसा करनेवाले हैं। इन गुणों में से

अधिकांश भटार्क, राक्षस, आंभीक, रामगुप्त, काश्यप और तक्षक इत्यादि में वर्तमान हैं। 'प्रसाद' के ये विरोधी नेता भी सर्वत्र चारित्र्ययुक्त दिखाई पड़ते हैं।

पताका नायक

प्रधान नायक के ही समान गुण-धर्मवाला व्यक्ति नाटक के प्रासंगिक कथा-भाग का नायक हो सकता है। उसका अपना कोई भिन्न उद्देश्य नहीं होता। आधिकारिक नायक के ही कार्य-व्यापार में योग देता हुआ उसी की लक्ष्य-प्राप्ति में सहायता देता चलता है। 'प्रसाद' के नाटकों में पताका-नायक का बड़ा भव्य स्वरूप अंकित हुआ है। 'चंद्रगुप्त' नाटक में महाराज पर्वतेश्वर अथवा मालव राजकुमार सिंहरण कुलशील में श्रेष्ठ और उदात्त चरित्र के पात्र हैं। चंद्रगुप्त के समान ही उसके जीवन का ध्येय भी भारत के सम्मान की रक्षा है और अंत तक उसी फल की प्राप्ति में योग देते जाते हैं। अधिकारी नायक के समान गुण-धर्म के कारण यह योग बड़ा अच्छा दिखाई पड़ता है। इसी तरह 'स्कंदगुप्त' नाटक में उज्जयिनी-नरेश बंधुवर्मा है। वह स्कंदगुप्त की अभीष्ट-सिद्धि में अपने जीवन भर लगा रहता है और कुलीन, त्यागशील, वीर, धीर और उदात्त वृत्ति का व्यक्ति है। अतएव यह योग भी बड़ा अनुकूल मालूम पड़ता है।

स्त्री-पात्र

स्त्री-पात्रों का व्यक्तित्व और चरित्र सभी रूपकों में बड़ी तत्परता और कौशल से अंकित किया गया है। इसमें नाटककार की विशेष सिद्धि दिखाई पड़ती है। इसका एक कारण स्पष्ट है। इनकी सृष्टि के मूल में एक निश्चित सिद्धांत उपयोग में लाया गया है। 'प्रसाद' के स्त्री-पात्रों में हृदय की प्रधानता और पुरुष-पात्रों में बुद्धि का वैशिष्ट्य दिखाया गया है। अतएव हृदय की संपूर्ण विभूतियों का प्रसार स्त्रियों में अंकित है। हृदय का विशेष धर्म है भाव प्रवणता। इसके साथ त्याग, सेवा, उदारता और विश्वास का अखंड योग होना भी आवश्यक है तथा भावुकता से भरी हुई कोमल विचार-धारा भी होनी चाहिए, जिसके आधार पर आत्मसम्मान जैसी कुछ कठोर वस्तुएँ भी टिक सकें। यही कारण है कि 'प्रसाद' के सभी श्रेष्ठ स्त्री-पात्रों में भावुकता, त्याग और सेवा के साथ-साथ मर्यादापूर्ण आत्मसम्मान का भाव सदैव जागृत दिखाई पड़ता है। इसका भव्य रूप कल्याणी और देवसेना में स्पष्ट है। जहाँ प्रेम के साथ आत्मोत्सर्ग का भाव प्रबल है, वहीं हृदय में अपमान का हलका-सा आघात सहने की रंचमात्र भी शक्ति नहीं है। जो हृदय त्याग में वज्र के सदृश कठोर है वही कुसुम-कोमल भी है। कहीं-कहीं इस कठोर उत्सर्ग के साथ निर्लिप्त और लघुतम आत्म-निवेदन भी हो जाता है, जैसा कल्याणी और देवसेना में हुआ है। कहीं ऐसा

भी हो सकता है कि बिना किसी प्रेम की अभिव्यक्ति किए गौरवपूर्ण ढंग से प्रिय के लिए अपने जीवन की बलि चढ़ा दी जाए, जैसा मालविका ने किया है। प्रेम का ऐसा आदर्श रूप भी इसी विश्व में प्राप्त होता है।

स्त्री-जीवन के वैशिष्ट्यपूर्ण महत्त्व का विवेचन अनेक स्थलों पर हुआ है। इसका हलका-सा प्रयास, 'एक घूँट' में दिखाई पड़ता है, जहाँ आनंद ने स्वीकार किया है—'आज मेरे मस्तिष्क के साथ हृदय का जैसे मेल हो गया है, इस हृदय के मेल कराने का श्रेय वनलता को है।' इससे वही बात पुष्ट होती है कि 'प्रसाद' ने स्त्री को हृदय का प्रतिनिधि माना है। दूसरा स्थल अजातशत्रु नाटक के तीसरे अंक का चौथा दृश्य है। वहाँ दीर्घकारायण के मुख से 'प्रसाद' ने स्त्री-महत्त्व का खुलकर प्रतिपादन किया है—' स्त्रियों के संगठन में उनके शारीरिक और प्राकृतिक विकास में ही एक परिवर्तन है जो स्पष्ट बतलाता है कि वे शासन कर सकती हैं, किंतु अपने हृदय पर। वे अधिकार जमा सकती हैं उन मनुष्यों पर जिन्होंने समस्त विश्व पर अधिकार किया हो '। XX 'मनुष्य कठोर परिश्रम करके जीवन-संग्राम में प्रकृति पर यथाशक्ति अधिकार करके भी एक शासन चाहता है, जो उसके जीवन का परम ध्येय है, उसका शीतल विश्राम है, और स्नेह सेवा करुणा की मूर्ति तथा सांत्वना का अभय वरदहस्त का आश्रय, मानव-समाज की सारी वृत्तियों की कुंजी, विश्व-शासन की एकमात्र अधिकारिणी प्रकृतिस्वरूपा स्त्रियों के सदाचारपूर्ण स्नेह का शासन है।' XX ' कठोरता का उदाहरण है पुरुष, और कोमलता का विश्लेषण है स्त्री-जाति। पुरुष क्रूरता है तो स्त्री करुणा है, जो अंतर्जगत का उच्चतम विकास है जिसके बल पर समस्त सदाचार ठहरे हुए हैं, इसलिए प्रकृति ने उसे इतना सुंदर और मनमोहक आवरण दिया है—रमणी का रूप।' प्रसंग निकालकर इसी प्रकार स्कंदगुप्त नाटक में भी मातृगुप्त और धातुसेन के संवाद द्वारा स्त्री-पुरुष के मौलिक एवं दार्शनिक वैषम्य की व्यावहारिक मीमांसा की गई है। इस अंतर के स्पष्टीकरण की ओर 'प्रसाद' का विशेष आकर्षण दिखाई पड़ता है। अतएव उनकी कृतियों की आलोचना करते समय उस सिद्धांत का विचार आवश्यक है जिसका स्थापन उन्होंने किया है।

स्त्री-महत्त्व के विषय में लेखक के उक्त विचार के अनुसार ही नाटकों में स्त्री-पात्रों का सृजन हुआ है। जहाँ स्त्री अपनी यथार्थ प्रकृति को छोड़कर उच्छृंखलता के कारण नाना प्रकार की दुरभिसंधियों में पड़ती है; अथवा ऊँचे स्तर पर से उतरने की चेष्टा करती है वहाँ उसमें सुधार की आवश्यकता है—जैसे शक्तिमती, छलना, सुरमा, अनंतदेवी और विजया इत्यादि हैं। इन्होंने अनेक प्रकार के कुचक्र रचे, परंतु उपद्रवों की शांति के साथ उनकी उद्दंड वृत्तियों का भी सुधार हो गया है। इनके विरुद्ध ऐसी स्त्रियाँ भी रूपकों में दिखाई पड़ी हैं जो साधारण होते हुए भी पातिव्रत के श्रेष्ठ गुण से युक्त होने के कारण उज्ज्वल हो उठी हैं। उनकी एकनिष्ठता दिव्य रूप की है। उन्हें आदर्श रूप तो नहीं दिया गया परंतु वे अपने प्रकृत स्वरूप में मनोहर बन गई हैं—जैसे, वपुष्टमा,

जयमाला और चंद्रलेखा। इनके अतिरिक्त बाजिरा और मणिमाला जैसी दुलहिनें भी अपनी मर्यादा के कारण यथार्थ रूप धारण किए हैं। इस प्रकार 'प्रसाद' की रंगीन सृष्टि में स्त्रियों का विविध रूप देखने को मिल जाता है।

आदर्श और यथार्थ

आदर्श पात्रों के रूप में चरित्रांकन की परिपाटी से हम परिचित हैं। आदिकाल से हम राम-रावण के रूप देखते चले आ रहे हैं। एक में गुणों का समुच्चय और दूसरे में अवगुणों का ढेर लगाकर एक को अच्छा दिखा देना और दूसरे को बुरा ही बुरा कहना यह पद्धति अति प्राचीन है। चित्रण का यह ढंग सरल भी होता है और सोद्देश्य रचनाओं में यह रूप सरलता से खप भी जाता है, पर इधर पाश्चात्त्य प्रभाव से प्रेरित मनोवृत्ति इसके विरुद्ध हो रही है, क्योंकि उसमें व्यक्तित्व दर्शन की अभिलाषा बढ़ रही है। लोग यथार्थ-चित्रण को अधिक महत्त्व देने लगे हैं और साधारणतः मानव-रूप में देवत्व और असुरत्व का सम्मिश्रण मानने लगे हैं। अतएव गुणावगुण का योग परम आवश्यक समझा जाने लगा है। यह यथार्थ-प्रियता व्यक्ति वैचित्र्यवाद की जननी बनकर पूज्य बनती जा रही है।

मूलतः 'प्रसाद' भारतीय पद्धति के ही प्रतिपादक हैं। बाह्य आवरण में भले ही उन्होंने थोड़ी-सी नवीनता अपना ली हो पर उनका अंतर भारतीय रंग में ही रंगा है। यही कारण है कि आदर्श पद्धति का उन्होंने अनुसरण किया है। बलपूर्वक केवल भारतीय सिद्धांत के प्रतिपालन-निमित्त ही उन्होंने ऐसा नहीं किया किंतु सारा ढाँचा ही उसी प्रकार का रखा है। 'नाटक ख्यातवृत्तं स्यात् पंचसंधि-समन्वितम्' का जब उन्होंने पूरा निर्वाह किया तो फिर अवश्य ही ख्यातवृत्त के अधिकारी नायक और उनके पताका-नायक भी उसी आधार पर उदात्तवृत्ति के हैं। ऐसी अवस्था में उनका आदर्श रूप हो जाना प्रकृत ही है। सभी नाटकों में अधिकारी नायक और उनके सहायक समान रूप से सच्चरित्र, दिव्य और हमारी प्रशंसा के पात्र हैं। स्कंदगुप्त, चंद्रगुप्त मौर्य, बंधुवर्मा, पर्णदत्त, गुप्त-सम्राट् चंद्रगुप्त, सिंहरण इत्यादि सभी आदर्श पात्र हैं। विरोध-पक्ष में भी आदर्श रूप ही चलता तो बात खटकने की संभावना थी। अतएव वहाँ यथार्थ चित्रण की चेष्टा की गई है। इस यथार्थ में भी आदर्श का पुट अवश्य है, क्योंकि उस पक्ष के प्रधान गुण भी अंकित किए गए हैं। भटार्क, राक्षस इत्यादि में दोष-पक्ष प्रबल अवश्य है, परंतु उनमें गुण की भी उपस्थिति स्वीकार की गई है। भटार्क अथवा राक्षस धीर, वीर स्थिरबुद्धि और चुतर भी हैं। इसलिए उन्हें कुछ दूर तक सफलता भी मिली है। यथार्थ का आधिक्य शर्वनाग, जयमाला, पर्वतेश्वर और आंभीक में है; साथ ही उनमें व्यक्तिवैचित्र्य भी लक्षित होता है। वे अपने प्रस्तुत रूप में अधिक प्रकृत ज्ञात होते हैं।

इन्हीं आदर्श श्रेणी में आनेवाले पात्रों के चरित्रांकन को वर्गगत भी कहा जा सकता है। एक प्रकार के गुण-धर्मवालों का एक वर्ग विशेष स्थापित हो जाता है। उसी प्रकार यथार्थ पक्ष की दृष्टि से चित्रित व्यक्तित्व-प्रधान पात्रों की वैयक्तिक चारित्र्यवान पात्र कहा जा सकता है, क्योंकि उनमें स्वभाव एवं प्रकृति का वैशिष्ट्य दिखाया जाता है। 'प्रसाद' ने वर्गगत चरित्रांकन अधिक और वैयक्तिक कम किया है। इसमें उनकी अभिरुचि भी थी और विषय का आग्रह भी था। फिर भी एकांगिता से वे सर्वत्र बचते गए हैं।

पात्रों की प्रकृति

मनुष्य की प्रकृति सहज होती है। उसी के अनुसार विकास होने से उसके वर्धमान रूप के मूल में उस प्रकृति का प्रभाव दिखाई पड़ता है। यही कारण है कि कोई व्यक्ति सरल और कोई गंभीर होता है। सरल व्यक्ति के जीवन की धारा एक क्रम से निर्दिष्ट मार्ग की ओर अग्रसर होती चलती है और उसका बाह्यांतर एक-सा दिखाई पड़ता है। उसकी स्थिर प्रकृति और प्रवृत्ति के रूप में भी विशेष परिवर्तन नहीं होता। उक्त क्रश रूपवाले व्यक्ति इसी प्रकृति के होते हैं। मार्ग चाहे उनका अच्छा हो अथवा बुरा, उनके समझने में विलंब नहीं होता, क्योंकि वे भीतर-बाहर से एक होते हैं। ऊपर से दिखने में कुछ और मालूम पड़े और सूक्ष्म दृष्टि में कुछ और, ऐसा प्रायः नहीं होता। दूसरे प्रकार के व्यक्ति गूढ़ प्रकृति के होते हैं। इनको समझना सरल नहीं होता। इनके स्थूल बाह्य और सूक्ष्म अंतर में, बड़ा भेद दिखाई पड़ता है; स्वभाव ही इनका गुप्त और गंभीर होता है। इनको बारीकी से देखने पर कुछ अन्य प्रकार की विशेषताएँ मिलती हैं। भले ही इनका संकलित रूप आदर्शात्मक अथवा पतनोन्मुख हो पर इनके कार्य-व्यापारों की सूक्ष्म आलोचना करने पर प्रवृत्ति भिन्न ही दिखाई पड़ेगी। ये हँसते हुए भी रोते रह सकते है और रोते हुए भी हँसते। ऐसे ही लोगों में अंतर्द्वंद्व का प्रसार प्रकृत रूप में दिखाया जा सकता है। इन व्यक्तियों के भीतर-ही-भीतर निरंतर दो विरोधी भावों का संघर्ष होता रहता है और बाहर ये प्रकृतिस्थ दिखाई पड़ते हैं। सुख-दुःख में समत्व इनके चरित्र की विशेषता होती है। ये धीर, शांत एवं अतीव सहिष्णु बने रहते हैं। 'प्रसाद' की रचनाओं में इस प्रकृति के पात्र भी प्रायः मिलते हैं। 'अजातशत्रु' के बिंबसार, वासवी और मल्लिका इसी प्रकार के पात्र हैं। स्कंदगुप्त और देवसेना में इसी प्रकृति का बाहुल्य है। देवसेना के चरित्र का उद्‌घाटन बड़ी सुंदरता से हुआ है इसीलिए उसमें इस द्वंद्वात्मक प्रवृत्ति का गांभीर्य दिखाई पड़ता है, दिन-रात की उसकी संगिनी जयमाला उसकी प्रकृति को समझती तो है, पर निश्चय करने में वह भी असमर्थ रहती है। उसकी मुद्रा देखकर कभी-कभी आश्चर्यमय कुतूहल से प्रेरित होकर कहती है–' तू उदास है

कि प्रसन्न, कुछ समझ में नहीं आता। जब तू गाती है, तब तेरे भीतर की रागिनी रोती है, और जब हँसती है तब जैसे विषाद की प्रस्तावना होती है।' उसने स्वयं भी अपनी द्वंद्वात्मक स्थिति का प्रकाशन किया है—' नीरव जीवन और एकांत व्याकुलता, कचोटने का सुख सुंदर होता है। जब हृदय में रुदन का स्वर उठता है, तभी संगीत की वीणा मिला लेती हूँ। उसी में सब छिप जाता है।' यह गूढ़ प्रकृति का कितना भव्य रूप है ! स्कंदगुप्त के अंतःकरण में तीव्र अभियान के साथ आद्यंत विराग का द्वंद्व दिखाया गया है। 'चंद्रगुप्त' नाटक में गूढ़ प्रकृति का रूप चाणक्य में लक्षित है। कात्यायन के इस कथन में वह स्पष्ट हो गया है—' तुम हँसो मत चाणक्य ! तुम्हारा हँसना तुम्हारे क्रोध से भी भयानक है।' द्वंद्वपूर्ण चारित्र्य की ऐसी भव्य उद्भावना केवल पश्चिम की देन नहीं है। ' वज्रादपि कठोराणि मृदूनि कुसुमादपि ' अथवा ' कालाग्नि सदृशः क्रोधे क्षमया पृथिवी समः ' में चारित्र्य का यही वैषम्य ध्वनित है।

विदूषक

विदूषक पात्रों का सर्जन 'प्रसाद' ने कम किया है, क्योंकि परिहास का अवसर गंभीर और संघर्षपूर्ण स्थिति में मिलता कहाँ है। 'प्रसाद' ने दो रूपों में विदूषकत्व की अवतारणा की है। अधिकतर तो नाटक के पात्रों को परिहासी और विनोदी प्रकृति का बनाकर काम निकाल लिया है—जैसे, महापिंगल, विकटघोष, काश्यप इत्यादि। कहीं-कहीं प्राचीन पद्धति के अनुसार स्वतंत्र रूप में भी विदूषकों की सृष्टि की है, जैसे 'अजातशत्रु' में वसंतक एवं 'स्कंदगुप्त' में मुद्‌गल। इन विदूषकों की विशेषता भी प्राचीन पद्धति से ही मिलती-जुलती रखी गई है। राजाओं के अंतरंग मित्र के रूप में रहकर उनकी आलोचना करना, उनकी अभीष्ट-सिद्धि में योग देना, समय-समय पर छूटे हुए नाटक के कथांशों को मिलाते चलना, दूतत्व करना और अपने विनोदपूर्ण व्यंग्यों से लोगों को प्रसन्न करते रहना, इनकी मुख्य विशेषताएँ हैं। इन्हीं उद्देश्यों की पूर्ति में वसंतक और मुद्‌गल भी संलग्न दिखाई पड़ते हैं। जहाँ क्रिया-व्यापार का वेग अधिक हो गया है अथवा परिस्थिति ने अनुग्रह नहीं किया वहाँ विदूषकत्व की केवल गंध भर पहुँच पाई है और उस गंध का भी गला दबा ही रह गया है—जैसे 'ध्रुवस्वामिनी' और 'चंद्रगुप्त' में।

संवाद

प्रयोजन

अन्य प्रकार की रचनाओं में लेखक का व्यक्तित्व प्रत्यक्ष रहने के कारण संवादों के

अतिरिक्त अन्य दूसरे उपाय भी रहते हैं जिनके द्वारा वह पात्रों के कुलशील और वस्तु-स्थिति का परिचय दे सकता है और आवश्यकतानुसार सबकी आलोचना भी करता है, परंतु नाटक में एकमात्र संवाद ही उसका साधन रहता है। ऐसी अवस्था में नाटकों के संवाद विशेषतः अभीष्ट-साधक होने चाहिए। उनकी रचना इस प्रकार की होनी चाहिए कि वे कथानक को अग्रसर करते रहें और चरित्र-चित्रण में पूरा योग देते चलें। 'प्रसाद' के नाट्य-संवादों में वे दोनों प्रयोजन सर्वत्र सिद्ध होते हैं—'ओह, तो मेरा कोई रक्षक नहीं ! (ठहरकर) नहीं, मैं अपनी रक्षा स्वयं करूँगी। मैं उपहार में देने की वस्तु, शीतलमणि नहीं हूँ। मुझमें रक्त की तरल लालिमा है। मेरा हृदय उष्ण है और उसमें आत्मसम्मान की ज्योति है। उसकी रक्षा मैं ही करूँगी।' ध्रुवस्वामिनी के इन वचनों में वस्तुस्थिति का निवेदन भी है और चारित्र्य का प्रकाशन भी। उसमें क्षत्राणी की तेजस्विता, दृढ़ता, आत्मसम्मान और स्वावलंबन है—यह एक से प्रकट हो जाता है। यदि संवाद सुगुंफित और सारगर्भित हों तो थोड़े में ही बहुत-सा वक्तव्य व्यक्त कर दिया जा सकता है—' राजकर मैं न दूँगा। यह बात जिस जिह्वा से निकली, बात के साथ ही वह भी क्यों न निकाल ली गई ? काशी का दंडनायक कौन मूर्ख है ? तुमने उसी समय उसे क्यों न बंदी बनाया ?' अजातशत्रु के इन शब्दों में जहाँ उसका कठोर, उग्र, उद्धतरूप प्रकट हो रहा है वहीं काशी के शासन की दुर्बलता और अव्यवस्था भी ध्वनित हो रही है। इसी प्रकार सर्वत्र संवादों को साभिप्राय बनाने की चेष्टा दिखाई पड़ती है। दूसरा प्रयोजन कथानक को अग्रसर बनाना भी सर्वत्र लक्षित होता है। 'चंद्रगुप्त' और 'स्कंदगुप्त' के प्रथम दृश्य ही इस विशेषता का अच्छा उद्घाटन करते हैं। उन्हीं की भाँति अनेकानेक अन्य स्थल भी देखे जा सकते हैं। इस विचार से 'प्रसाद' के कथोपकथन बड़े ही सजीव हुए हैं।

संक्षेप और विस्तार

रूपक में संवादों के अधिक बड़े हो जाने से व्यावहारिक यथार्थता का ह्रास हो जाता है। यदि 'प्रसाद' के रूपकों के ऐसे स्थलों को विचारपूर्वक देखा जाए तो यह दोष प्रायः मिलेगा। इस दोष के दो कारण दिखाई पड़ते हैं पहला है—जहाँ कहीं विवाद होने लगा है वहाँ अपने समस्त तर्कों को एक साथ प्रयोग करने की प्रवृत्ति पात्र रोक नहीं सके हैं। एक विषय से संबद्ध बातें एक प्रवाह में आई हैं। यह वितर्क-प्रवाह यदि खंड-खंड होकर आया होता तो वेग भी बढ़ जाता और यह दोष भी न रहता। जहाँ ऐसा हुआ है वहाँ धारावाहिकता का चमत्कार अवश्य उत्पन्न हो गया है, परंतु ऐसे स्थल न्यून हैं। एक अच्छा-सा उदाहरण 'ध्रुवस्वामिनी' में वहाँ मिलता है जहाँ पुरोहित और ध्रुवदेवी का विवाह-विषयक विवाद है। इसके अतिरिक्त अधिकांश विवादपूर्ण स्थलों पर वही दोष दिखाई पड़ता है। उक्त नाटक को छोड़कर यह दोष

अन्य सभी नाटकों में उपलब्ध है—जैसे, 'स्कंदगुप्त' के चतुर्थ अंक का वह स्थल जहाँ ब्राह्मण-श्रमणों का संघर्ष हुआ है, 'चंद्रगुप्त' में युद्ध-परिषद 'जनमेजय का नागयज्ञ' का प्रथम दृश्य अथवा 'अजातशत्रु' का शक्तिमती-कारायण-संवाद। जहाँ कहीं विवाद उठा है, वहीं लंबे-लंबे कथोपकथन मिलते हैं। दूसरा कारण है भावुकता। भाव-प्रवण पात्र अपनी बातचीत में कल्पना-प्रधान भावभंगी का प्रयोग करते हैं; अतएव विषय उपस्थित करने की शैली में ही विस्तार हो जाता है। इसके अतिरिक्त आवेशयुक्त भावातिरेक की संपूर्ण पदावली को एक अटूट धारा में कहा जाता है, इसलिए भी विस्तार बढ़ जाता है। ऐसे स्थलों की बहुत अधिकता है—जैसे 'स्कंदगुप्त' के द्वितीय अंक का प्रथम, चतुर्थ अंक के प्रथम तथा अंतिम, पंचम अंक का प्रथम, 'चंद्रगुप्त' के तृतीय अंक का छठा, 'अजातशत्रु' के द्वितीय अंक के प्रथम, तृतीय और आठवें दृश्य हैं। कहीं-कहीं जब वह भावुकता कवित्व को उभाड़ देती है तो भी विस्तार बढ़ जाता है—जैसे, 'स्कंदगुप्त' का वह दृश्य जिसमें मातृगुप्त और मुद्गल कविता के पीछे पड़ गए हैं। कहने का तात्पर्य यह है कि कई कारणों से संवादों में विस्तार आ गया है जो अनुकूल नहीं कहा जा सकता।

अन्य स्थलों के संवाद व्यावहारिक और विषय-संगत हैं, विषय की प्रकृति के अनुसार वेगयुक्त अथवा मंदगामी हैं। वीर रस से संबद्ध संवाद आवेश और उत्कर्ष से भरे हैं और जो प्रेम के प्रसंग में आए हैं उनमें भावुकता और मंद माधुर्य का विस्तार दिखाई पड़ता है। सभी रूपकों में प्रायः प्रधानता वीर रस की है, अतः दृप्त तेजस्विता से भरे संवादों की अधिकता है—जैसे, 'स्कंदगुप्त' में गांधार की घाटी और कुभा के रणक्षेत्र में तथा मालव की राजसभा में; तथा 'चंद्रगुप्त' के द्वितीय अंक के ग्यारहवें दृश्य में। दूसरी ओर मंदगामी मधुर संवादों की भी कमी नहीं है, क्योंकि प्रायः सर्वत्र ही वीर का सहयोगी शृंगार रस है। इसलिए प्रेम और भावुकता से आपूर्ण कथोपकथनों की भी अधिकता दिखाई देती है—जैसे 'स्कंदगुप्त' के तृतीय अंक के उपवनवाले और अंतिम दृश्य हैं अथवा चतुर्थ अंक का दसवाँ दृश्य है। शुद्ध व्यावहारिक कथोपकथन भी सजीव और अपने प्रकृत रूप में मिल जाते हैं। वहाँ क्रिया के प्रवाह में इतिवृत्त का प्रसार भी होता चलता है—जैसे, 'चंद्रगुप्त' के द्वितीय अंक के दसवें और अंतिम तथा 'स्कंदगुप्त' प्रथम अंक के अंतःपुर और पथ के दृश्य हैं।

स्वगत-भाषण

वर्तमान समीक्षकों के विचार से नाटकों के स्वगत-भाषण अयथार्थ अतएव अवांछनीय हैं। 'विशाख' नाटक में 'प्रसाद' ने भी महापिंगल के द्वारा नाटकों के स्वगत पर व्यंग्य करते हुए कहा है—' जैसे नाटकों के पात्र स्वगत जो कहते हैं वह दर्शक-समाज व

रंगमंच सुन लेता है, पर पास का खड़ा पात्र नहीं सुन सकता, उसको भरत बाबा की शपथ है।' इससे यह प्रकट होता है कि नाटककार स्वगत-भाषण को प्राकृतिक और बुद्धि-संगत नहीं मानता, फिर भी स्वयं उसने अपनी रचनाओं में उसका इतना अधिक प्रयोग किया है कि वह दोष की सीमा में पहुँच जाता है। ऐसा कोई नाटक नहीं जहाँ इसका प्रयोग न हो और प्रयोग ही नहीं, आधिक्य न हो। इतना ही नहीं, ये स्वगत-भाषण भी लघु नहीं, बड़े दीर्घकाय हैं। इस स्वगत-रोग से सभी प्रमुख पात्र पीड़ित दिखाई पड़ते हैं। पात्रों के हृदय की आँधी को इस ढंग से प्रकाशित कर देना है तब तो सरल, परंतु एकांत में इतना अधिक बोलना अप्राकृतिक होता है सो भी दो-एक बार नहीं--बारंबार। इसी वेग युक्त विचार अथवा भाव-धारा को यदि टुकड़े-टुकड़े करके संवाद का रूप दिया जाए और वाग्योग के लिए कोई एक पात्र और रख लिया जाए तो यह दोष बचाया जा सकता है। कहीं-कहीं ऐसे स्थल बहुत ही खटकते हैं। प्रायः भिन्न-भिन्न प्रकृति के पात्र कहीं टहलते हुए, कहीं मार्ग में जाते हुए, कहीं एकाकी बैठे हुए, कहीं किसी से बातचीत करते-करते—लगते हैं अपने आप ही बोलने। छोटे-मोटे स्वगत-भाषणों की तो भरमार है। उनके स्थल-निर्देश की आवश्यकता नहीं है। विशेष उल्लेख तो उन स्वगतों का करना है जिनमें पात्र केवल इसी अभिप्राय से जमकर बैठा दिखाई पड़ता है। ऐसे स्थलों की भी कमी नहीं है—जैसे, 'चंद्रगुप्त' (प्रथम संस्करण) पृष्ठ 17, 35, 113, 132, 170, 212। 'स्कंदगुप्त' (प्रथम संस्करण) पृष्ठ 16, 93, 125, 139, 146, 147, 149। 'जनमेजय का नागयज्ञ' (प्रथम संस्करण) पृष्ठ 11, 60, 82। 'अजातशत्रु' (चतुर्थ संस्करण) पृष्ठ 7, 41, 60, 68, 79, 91, 111, 140। 'ध्रुवस्वामिनी' (प्रथम संस्करण) पृष्ठ 2, 38, 72। 'विशाख' (द्वितीय संस्करण) पृष्ठ 36, 68। स्वगत-भाषणों का इतनी प्रचुर मात्रा में प्रयोग अवश्य ही दोष की बात है। कहीं-कहीं एक ही क्रम में दो व्यक्तियों का स्वगत-कथन अथवा एक ही व्यक्ति के द्वारा इसका बारंबार प्रयोग अधिक खटकने लगता है। 'चंद्रगुप्त' में चाणक्य से अनेक बार स्वगत-भाषण कराया गया है।

कार्यगति-प्रेरक और रोधक संवाद

संवादों की प्रकृति भी दो प्रकार की होती है। संवादों में परिस्थिति का उद्घाटन करते हुए कार्य-व्यापार में नियोजित करने की क्षमता होती है। किसी स्थल विशेष के संवाद से ही यह प्रकट हो जाता है कि विषय और परिस्थिति में गति है अथवा नहीं। समीप भविष्य का संभावित रूप भी उसके द्वारा समझ में आने लगता है। वस्तु-स्थिति किस ओर अग्रसर है और कहाँ तक बढ़ सकती है इसका अनुमान संवाद के वर्तमान रूप को ही देखकर लगाया जा सकता है। किसी कार्य में प्रवृत्त करनेवाले संवादों में नई-नई बातों, नए-नए भावों, सक्रियता के रूपों और परिणामों का निरंतर

प्रकाशन होता चलता है। कहा जा चुका है कि इसी उपादेयता के कारण साधारणतः सब प्रकार की रचनाओं में और मुख्यतः नाटकों में संवादों के आधार पर कथा का प्रसार तथा चरित्रांकन होता है। कथा का प्रसार करनेवाले जितने संवाद होंगे उनमें प्रेरकता अवश्य रहेगी। उदाहरण के लिए 'चंद्रगुप्त' नाटक के प्रथम अंक के पहले, पाँचवें और नवें दृश्य लिए जा सकते हैं। इसके अतिरिक्त 'प्रसाद' के अन्य प्रमुख नाटकों में सर्वत्र ही प्रेरक संवादों की अधिकता है। यदि ऐसे संवादों की न्यूनता हो तो अवश्य ही वस्तु-विन्यास सुशृंखलित एवं सुसंविहित न रह सकेगा। जो संवाद ऐकांतिक विचार-धारा से युक्त होंगे अथवा किसी उग्रता को शांत करने के लिए उपदेश अथवा वितर्क के रूप में आवेंगे उनमें क्रिया की ओर प्रवृत्त करने की शक्ति नहीं रह जाएगी; क्योंकि वे तो उसी का विरोध करते रहेंगे। इसके अतिरिक्त वहाँ भी संवादों में कोई प्रेरणा नहीं दिखाई पड़ेगी जहाँ या तो केवल किसी बात की सूचना की जाती होगी अथवा निष्क्रिय भावुकता से प्रेरित विचार-विमर्श होता रहेगा। कहने का तात्पर्य यह है कि निष्क्रिय भावुकता, वितर्क, विवाद, सूचना और उपदेश आदि के कारण क्रिया की गति रुद्ध हो जाती है। सरोवर का जल जैसे बँध जाने से स्थिर और शांत रहता है, उसी प्रकार इन स्थलों का कथाप्रवाह भी वेग-रहित हो जाता है। उस स्थान या अवसर विशेष के ऐकांतिक विषय को लेकर ही पात्रों में उत्तर-प्रत्युत्तर होता रहता है। 'प्रसाद' के नाटकों में ऐसे संवादों के भी रूप मिलते हैं, भले ही वे न्यून हों—जैसे, 'अजातशत्रु' के द्वितीय अंक के तीसरे, पाँचवें और सातवें तथा तृतीय अंक के तृतीय और छठे दृश्य तथा 'स्कंदगुप्त' का ब्राह्मण-श्रमण संघर्षवाला दृश्य अथवा वह दृश्य जिसमें मातृगुप्त मुद्गल को काव्य का रूप समझा रहा है। इनके अतिरिक्त पूर्वकथित वे सभी दृश्य इसके उदाहरण हो सकते हैं जो कथानक की क्षिप्रगति में भार-रूप हैं अथवा निरर्थक विस्तार के कारण अप्रासंगिक हैं।

संवाद में कविता का प्रयोग

यों तो संवादों में कविता का प्रयोग भारतीय नाट्य-परंपरा की वस्तु है, परंतु 'प्रसाद' पर नवीन युग की पारसी पद्धति का प्रभाव दिखाई पड़ता है, क्योंकि 'उत्तररामचरित' या 'अभिज्ञान-शाकुंतल' वाली काव्य-प्रयोग-प्रणाली उन्होंने नहीं ग्रहण की। यहाँ तो केवल कहीं-कहीं विषय-निवेदन में ओज और शक्ति उत्पन्न करने के अभिप्राय से दो-दो, चार-चार पंक्तियों का उपयोग हुआ है। 'प्रसाद' ने अपनी आरंभिक रचनाओं में इसका प्रयोग किया है पर उत्तरोत्तर उनके जैसे-जैसे नवीन संस्करण प्रकाशित होते गए हैं वैसे-वैसे उनके संवादों में कविता पृथक् की गई है। इस प्रकार के संवाद 'राज्यश्री' और 'विशाख' के प्रथम संस्करण में अच्छी तरह देखे जा सकते हैं। यों तो 'स्कंदगुप्त'

में भी हूण-आक्रमण के समय जो त्राहि-त्राहि मचती है वह कविता ही में व्यक्त की गई है। अच्छा हुआ जो संवादों की यह अप्राकृतिक प्रवृत्ति 'प्रसाद' में नहीं बढ़ी।

रस-विवेचन

सक्रियता और रस-निष्पत्ति

सक्रियता और समष्टि-प्रभाव अथवा प्रभावान्विति को ही पाश्चात्त्य आलोचकों ने नाटक का प्राण कहा है। भारतीय रस-निष्पत्ति में इन दोनों का समन्वय है। विभाव, अनुभाव और संचारी के संयोग से ही रस की पूर्ण दशा प्राप्त होती है। इस संयोग और अन्विति में कोई तात्त्विक अंतर नहीं रह जाता। प्रभाव की यह अन्विति उत्पन्न ही नहीं हो सकती यदि क्रिया-व्यापार के वृद्धि-क्रम की तीव्रता उखड़ जाए। सक्रियता का वेग यदि आरंभ होकर निरंतर एकरस बढ़ता ही जाए तो अंत में किसी घटना विशेष का आश्रय लेकर उसका एक सामूहिक प्रभाव ऐसा पड़ता है कि सामाजिक का चित्त निर्लिप्त आनंदातिरेक से विह्वल हो उठता है। इस आनंदानुभूति को कुछ लोग प्रभावान्विति और कुछ लोग रस-दशा की पूर्णता कहते हैं। ऐसी दशा में इस पूर्णता को प्रधान अवयवों--विभावानुभावादि--का यथास्थान चित्रण आवश्यक है। आलंबन एवं उद्दीपन विभावों के जो अनुसारी परिणाम रूप अनुभाव और संचारी हैं यदि इनका यथोचित आयोजन हो जाए तो रसोद्रेक अवश्यंभावी है। इनकी सत्ता क्रिया-व्यापारों के द्वारा ही व्यक्त होती चलती है। अतएव सक्रियता का वृद्धि-क्रम भी साथ ही साथ चलता रहेगा, जिसका परिणाम अंत में प्रभावान्विति के रूप में अवश्य ही उत्पन्न होगा।

रसावयव

आलंबन विभाव के चित्रण में 'प्रसाद' ने बड़ी चातुरी दिखाई है। आश्रय के तेज-प्रताप, शक्ति-बल इत्यादि के अनुरूप विपक्ष-दल यदि नहीं अंकित किया जाएगा तो आश्रय का महत्त्व नहीं स्थापित हो सकता। 'स्कंदगुप्त' में आक्रमणकारी विदेशी शत्रुओं की बर्बरता, अत्याचार और उच्छृंखलता उतनी भयंकर न प्रमाणित होती यदि उसमें भटार्क के मिल जाने से अनंतदेवी के उग्र अंतर्विरोध का योग न होता। उसके कुचक्रों और दुष्प्रयत्नों के कारण धर्म-संघ भी विरोधी बन गए। इस प्रकार आश्रय-पक्ष का दायित्व और कर्मशीलता बढ़ गई और आलंबन-पक्ष बड़ा प्रबल दिखाई पड़ने लगा है। विभाव का दूसरा अंग जो उद्दीपन है वह भी आलंबन के साथ-साथ चलता है।

शत्रु का उत्कर्ष और प्रताप देखकर ही आश्रय में अनुभाव का रूप प्रकट होता है। अनंतदेवी का षड्यंत्र, देवकी और देवसेना की हत्याओं की चेष्टा इत्यादि उद्दीपन-रूप में हैं। कुभा के रणक्षेत्र में की गई भटार्क की प्रवंचना भी इसी के अंतर्गत आएगी। शत्रु की शक्ति और उत्कर्ष से उद्दीपित होकर आश्रय के उत्साह का जो बाह्य रूप प्रकट होता है वही अनुभाव कहलाता है। आलंबन के अनुरूप ही 'प्रसाद' ने अनुभाव और संचारियों की भी योजना की है। जहाँ रस के संपूर्ण अवयवों का पूरा संयोग बैठ गया है वहाँ रस-निष्पत्ति और सक्रियता की पूरी अन्विति स्पष्ट दिखाई पड़ती है। 'स्कदंगुप्त', 'चंद्रगुप्त' और 'ध्रुवस्वामिनी' में जो सक्रियता का अच्छा दर्शन होता है उसका यही कारण है। वेगयुक्त प्रवाह से ये नाटक आद्यंत भरे हुए हैं। 'चंद्रगुप्त' में तीन प्रमुख घटनाएँ और आलंबन के तीन-तीन दल होने से ही नाटक का वस्तु-विस्तार अधिक दुर्भर या अप्रिय नहीं लगता। 'ध्रुवस्वामिनी' में एक ही विरोध-शक्ति है तो उसका वस्तु-विस्तार भी लघु है। इन तीनों नाटकों में रस के विभिन्न अवयवों की योजना अच्छे क्रम से हुई है, इसलिए ये ही तीनों रचनाएँ सर्वोत्कृष्ट हो सकी हैं।

प्रधान एवं सहयोगी रस

प्रायः सभी नाटकों में प्रधानता वीररस की ही मिलती है। अपने अंगोपांग से युक्त यह वीररस समय-समय पर अन्य रसों से भी पुष्ट होता गया है--शृंगार, शांत और हास्य भी यथास्थान आ गए हैं। 'ध्रुवस्वामिनी' में चंद्रगुप्त और ध्रुवस्वामिनी का प्रेमभाव उत्तरोत्तर विकास पाता गया है और वीर रस का सहयोगी बनकर जीवित दिखाई पड़ता है। 'स्कंदगुप्त' की राजनीतिक जीवन-धारा के भीतर प्रेम शृंगार का प्रच्छन्न प्रवाह भी चलता है। 'चंद्रगुप्त' में तो कई प्रेमी दल हैं। वहाँ तो शृंगार के सभी अंग दिखाई पड़ते हैं--विशेषकर अलका और सिंहरण के प्रेम-व्यापार में। गुरुकुल में अलका को देखकर सिंहरण के भीतर रतिभाव का बीज पड़ता है। अपने समान धर्म और उद्देश्य में लगी देखकर, अपनी हितकामना और रक्षा के लिए उसे सतत प्रयास करते पाकर सिंहरण का वह रति-भाव उद्दीप्त होता है। यवन से रक्षा करना, प्रेम-निवेदन करना आदि अनुभाव हैं और संचारी-रूप में हर्ष, औत्सुक्य, अमर्ष, विषाद इत्यादि मिल जाते हैं। प्रथम दृश्य में अलका के हृदय में भावोदय का रूप भी अच्छा दिखाया जाता है। कहीं-कहीं शांतरस का चित्रण भी हुआ है--जैसे, 'अजातशत्रु' के बिंबसार और वासवी में इसका विकास है। 'चंद्रगुप्त' का चाणक्य भी शांतरस का आश्रय है। उसके प्रसंग में इस रस का विस्तार मिल सकता है। लक्ष्य-प्राप्ति के उपरांत उसके हृदय में निर्वेद स्थायी भाव उत्पन्न होता है। परार्थ में ही वह लगा दिखाई पड़ता है। दांड्यायन के आश्रम में जाना उद्दीपन है। वैखानस होने की इच्छा करना, सब संघर्षों में तटस्थ

होने की चेष्टा करना आदि अनुभाव के अंतर्गत हैं और हर्ष, मति, धृति, निर्वेद, विरोध इत्यादि संचारी भी दिखाई पड़ते हैं। इस प्रकार यदि विचार किया जाए तो चाणक्य के पक्ष में शांतरस का अच्छा विकास है। सुवासिनी के प्रसंग में भावशांति भी सुंदर ढंग से दिखाई गई है। बीभत्स का आभास 'स्कंदगुप्त' के कापालिक-प्रकरण में मिल जाता है और भयानक का हूणों के अत्याचार में।

हास-परिहास

' एक शब्द कामिक—हास्य—के बारे में लिखना है। वह यह कि वह मनोरंजिनी वृत्ति का विकास है। जिस जाति में स्वतंत्र जीवन की चेष्टा है वहीं इसके सुगम उपाय और सभ्य परिहास दिखाई देते हैं। परंतु यहाँ तो रोने से फुरसत नहीं, विनोद का समाज में नाम ही नहीं फिर उसका उत्तम रूप कहाँ से दिखाई दे ? अंग्रेजी का अनुकरण हमें नहीं रुचता, हमारी जातीयता ज्यों-ज्यों सुरुचि-संपन्न होगी वैसे-वैसे इसका शुद्ध मनोरंजनकारी विनोदपूर्ण और व्यंग्य का विकास होगा, क्योंकि परिहास का उद्देश्य संशोधन है, साहित्य में नवरसों में वह एक रस है; किंतु इस विषय की उत्तम कल्पनाएँ बहुत कम हैं। आजकल पारसी रंगमंचवाले के स्वतंत्र कथा गढ़कर दो-तीन दृश्य में फिर नाटक में जगह-जगह उसे भर देते हैं जिससे कभी-कभी ऐसा हो जाता है कि अतीव दुखद दृश्य के बाद ही एक फूहड़ हँसी का दृश्य सामने उपस्थित हो जाता है, जिससे जो कुछ रस बना हुआ रहता है वह लुप्त हो एक बीभत्स रसाभाव उत्पन्न कर देता है। इसका परिपाक पूर्ण रूप से होने नहीं पाता और मूल कथा के रस को बार-बार कल्पित करके दर्शकों को देखना पड़ता है। अंत में नाटक देख लेने पर एक उत्सव व तमाशा का दृश्य ही आँख में रह जाता है। शिक्षा का—आदर्श का—ध्यान भी नहीं रह जाता। इसलिए हम ऐसे कामिक के विरुद्ध हैं।'—('विशाख' की भूमिका, प्रथम संस्करण, पृ. 10-11)

नाटक में प्रयुक्त होनेवाले हास्य के विषय में स्वयं लेखक के ये विचार हैं। यही कारण है कि उसके किसी भी नाटक में 'कामिक' ऐसा भद्दा रूप नहीं मिलता। लेखक का विचार सर्वथा उचित ज्ञात होता है। संघर्षपूर्ण जीवन में जहाँ नाना प्रकार की जटिलताएँ और विरोध भरे हों, हास्योद्रेक का अवसर आ ही नहीं सकता और यदि भाग्य से कहीं सुअवसर मिल ही गया तो कुछ क्षणों के लिए ही। इसलिए कहीं-कहीं नाटक के आधिकारिक वृत्ति के प्रवाह के साथ-साथ नाटक के किसी हँसोड़ प्रवृत्ति के पात्र के द्वारा हलकी-सी हास्यवृत्ति का हलका-सा स्फुरण दिखा देना ही अलम समझा गया है। लेखक अपनी विचार-सीमा के बाहर कहीं गया ही नहीं। दृश्य का दृश्य कहीं भी हँसी-मजाक से पूर्ण नहीं दिखाई पड़ता। ऐसा भी नहीं होता कि सामाजिक अथवा पाठकों की गंभीर विचार-धारा उससे प्रभावित हुई हो।

प्राचीन नाटकों के विदूषकों की ही भाँति 'प्रसाद' ने कहीं तो पृथक् पात्र की योजना कर दी है—जैसे, वसंतक, मुद्गल इत्यादि और कहीं नाटक के ही पात्रों को परिहास-प्रिय बनाकर काम निकाल लिया है—जैसे, महापिंगल, काश्यप, मधुकर इत्यादि। इन पात्रों के व्यापार या वचनों से कहीं भी खुलकर हँसी नहीं आती। थोड़ी मुस्कुराहट तक ही हास्य बढ़ पाता है। 'चंद्रगुप्त' और 'ध्रुवस्वामिनी' में तो कार्य-धारा इतनी वेगपूर्ण है कि उतने भी हास-परिहास का अवसर नहीं मिल सका है। इस विनोदाभाव के कारण कोई खटकनेवाली बात नहीं मिलती।

प्रेम-सिद्धांत

अनुरागोदय के भी भिन्न-भिन्न प्रकार 'प्रसाद' ने अंकित किए हैं। ऐसे दो स्त्री और पुरुष-पात्रों को जिन्हें आगे चलकर प्रेमी-युगल बनाना अभिप्रेत होता है, वे प्रथम दर्शन में आकृष्ट दिखा दिए जाते हैं। इस प्रकार के अनुरागोदय का फल मंगलमय और अमंगलमय दोनों दिखाई पड़ता है। विशाख, चंद्रलेखा पर प्रथम दर्शन ही में अनुरक्त हो गया और फिर वह प्रेमाकर्षण अनेक स्थितियों से होता हुआ विवाह में परिणत हो गया है। इसी प्रकार चंद्रगुप्त और कार्नेलिया, अजात और बाजिरा, जनमेजय और मणिमाला, सिंहरण और अलका तथा चंद्रगुप्त और ध्रुवस्वामिनी के प्रेम का आरंभ भी प्रथम दर्शन में ही हुआ है और सभी का फल मंगलमय दिखाया गया है। परंतु स्कंदगुप्त और विजया में मल्लिका और विरुद्धक में यह प्रेमोदय विफल हो गया है। विजया और विरुद्धक के चरित्र इसमें कारण माने जायेंगे। चंचल स्वभाव की नारी विजया और उच्छृंखल प्रकृति का विरुद्धक एकनिष्ठ हो ही नहीं सकते। प्रेम के क्षेत्र में भी वही चारित्र्य-दोष विफलता का कारण बन जाता है। इस विषय में लेखक इसी विचार का दिखाई पड़ता है; यदि चरित्र शुद्ध हो, वासना की प्रबलता न समाई हो और पूर्व संस्कारों की आध्यात्मिक प्रेरणा हो तो प्रथम दर्शन में उत्पन्न प्रेम अवश्य मंगलमय और चिरस्थायी होगा। 'एक घूँट' के आनंद, वनलता और प्रेमलता के विवाद से इसी पद्धति का पोषण होता है। कहीं-कहीं बाल-साहचर्य एवं व्यक्तित्व के साथ गुण-दर्शन से प्रेम का आरंभ भी दिखाया गया है—जैस, स्कंदगुप्त और देवसेना, चंद्रगुप्त और कल्याणी इत्यादि में। इस प्रकार के प्रेम का विकास और फल अवश्य ही श्रेष्ठ होता है। भले ही देवसेना और कल्याणी को ऐहिक सफलता न प्राप्त हो सकी हो परंतु त्याग, संतोष और विश्वास का अमृत पीकर इन्होंने अमर प्रेम-फल की प्राप्ति की है, इसमें वितर्क के लिए कोई स्थान नहीं है। प्रेम की प्रथम पद्धति ही लेखक को मान्य मालूम पड़ती है, पर उसमें भी दो वर्ग हैं। एक में केवल रूप-सौंदर्य कारण है—जैसे, विशाख और चंद्रलेखा और तथा जनमेजय और मणिमाला में और दूसरे में गुणोत्कर्ष भी सम्मिलित है—जैसे,

चंद्रगुप्त-कार्नेलिया, सिंहरण-अलका और चंद्रगुप्त-ध्रुवस्वामिनी में। दूसरे प्रकार में अधिक आधार रहने से वह कुछ अधिक महत्त्वपूर्ण ज्ञात होता है। लेखक की रुचि इस प्रकार के प्रेम-विकास की ओर अधिक दिखाई पड़ती है।

देश-काल

साधारण

'प्रसाद' के नाटक भारतीय इतिहास के उस अध्याय को लेकर चले हैं जो अपनी सर्वतोमुखी संपन्नता के कारण स्वर्णयुग कहलाता है। जनमेजय, परीक्षित से लेकर सम्राट् हर्षवर्धन तक का काल भारतीयों के राजनीतिक, आध्यात्मिक, साहित्यिक और धार्मिक उत्कर्ष की परम सीमा का है। अतएव उन नाटकों में उन विषयों का चित्रण पर्याप्त मात्रा में मिलता है। यह चित्रण दो प्रकार से किया गया है—व्यक्त रूप में और प्रच्छन्न रूप में। व्यक्त रूप वह है जहाँ इन विषयों का स्पष्ट और सीधा उल्लेख है, जैसे किसी नाटक में यदि ऐसी स्थिति दिखाई जाए कि एक ही अथवा भिन्न-भिन्न धर्म के लोग आपस में झगड़ रहे हैं और इस प्रकार का विरोध तत्कालीन वस्तुस्थिति पर प्रभाव डालता दिखाई पड़ रहा है तो कहा जाएगा कि नाटक में इसका स्पष्ट उल्लेख है। यदि दो धर्मों अथवा संप्रदायों के विचार से प्रभावित पात्रों के द्वारा कुछ ऐसे व्यापार होते दिखाए जाएँ जिनसे एक का अथवा दूसरे का समर्थन होता हो तो बात वही होगी पर इस ढंग का कथन अथवा चित्रण प्रच्छन्न कहा जाएगा।

जहाँ उन विविध विषयों की सामूहिक एकात्मकता होती है वह है संस्कृति। राष्ट्र अथवा देश की इसी सामूहिक चेतना को संस्कृति कहते हैं। अतएव संस्कृति-विवेचना का तात्पर्य यही होता है कि किसी देश की राजनीतिक, आध्यात्मिक, सामाजिक, साहित्यिक और धार्मिक स्थितियों और प्रवृत्तियों के पूरे उद्‌घाटन से उसका परिचय मिल जाए। इस सांस्कृतिक परिचय का सर्वोत्तम और व्यावहारिक रूप यह होता है कि तत्कालीन मनुष्यों का परिचय दिया जाए और उनके द्वारा संपादित कुछ कार्य-व्यापारों का ऐसा दिग्दर्शन करा दिया जाए जिससे उनकी मौलिक प्रवृत्तियों का आभास मिल सके। इस विषय का सम्यक और स्पष्ट उल्लेख तो इतिहास में ही संभव है, परंतु काव्य, नाटक और अन्य प्रकार की कला-कृतियों में भी इनका प्रच्छन्न चित्रण अथवा आभास मिलता है। इन काव्यात्मक रचनाओं की शैली के अनुसार कहीं सविस्तार चित्रण संभव होता है और कहीं संक्षिप्त। उसमें भी व्यक्त अथवा प्रच्छन्न निर्देश पर्याप्त होता है। उपन्यास का वस्तु-विस्तार अपरिमित होता है और

उसमें लेखक का व्यक्तित्व सर्वथा प्रकाशित रहता है अतएव वहाँ विविध विषयों का विस्तार संभव है, परंतु नाटक में रचनापद्धति की प्रतिकूलता के कारण वह सर्वथा नियंत्रित रहता है। उदाहरण-रूप में राखालदास बैनर्जी का 'करुणा' उपन्यास और 'प्रसाद' का 'स्कंदगुप्त' अथवा 'ध्रुवा' और 'ध्रुवस्वामिनी' को लिया जा सकता है। दोनों रचनाओं की कथा प्रायः समान है पर उपन्यास में जिन विषयों का भव्य विस्तार मिलता है, नाटक में उन्हीं विषयों का लघु संकेत हुआ है। नाटकों की रचना-पद्धति ऐसी है जिसके अनुसार इतना ही संभव और यथेष्ट है कि इन विविध विषयों का कहीं स्पष्ट और कहीं प्रच्छन्न कथन हो जाए। 'प्रसाद' के नाटकों में विषय कालानुकूल वस्तुस्थिति और अन्य विषयों का यथेष्ट संकेत मिलता है।

कालानुरूप चरित्रांकन

देश-काल का सर्वोत्तम प्रतिनिधित्व मानव-समाज में अभिव्यक्त होता है। और 'प्रसाद' की मानव-मंडली विशिष्ट प्रकार की है। नाटकों के ऐतिहासिक होने के कारण उनके पात्र अधिकांश तो राजवर्ग के हैं और कुछ साधारण श्रेणी के, इसलिए उनका चरित्रांकन प्रायः वर्गगत हुआ है—आदर्श और यथार्थ के विचार से, अमीर और गरीब के विचार से। ये गरीब भी साधारण जनता के सुख-दुःख के बीच रहनेवाले नहीं हैं, उनका संबंध भी किसी-न-किसी प्रकार राजभवन से ही स्थापित हो जाता है। सुरमा जैसी मालिन भी देवगुप्त की रानी बन जाती है। ऐसी अवस्था में यह कहना चाहिए कि 'प्रसाद' का मानव-समाज राजवर्गीय है और इस वर्ग में अच्छे से अच्छे तथा बुरे से बुरे लोग दिखाई पड़ते हैं। यह स्थिति आज की नहीं है, उसका यही सनातन रूप है। आपस का भेद-भाव दुरभिसंधि, नाना प्रकार के कुचक्र जैसे आजकल राजवर्ग में मिलते हैं, वैसे ही प्राचीन काल में भी थे।

जिन विशिष्ट पुरुषों को लेकर इतिहास की रचना हुई है उन्हीं को अपना नायक बनाकर 'प्रसाद' ने भी नाटक लिखे हैं। वे महापुरुष महत्त्वपूर्ण पदों पर प्रतिष्ठित ही न रहते, यदि उनमें चरित्र और कर्म की भव्यता न होती। इसलिए उनका चरित्र उदात्त और व्यक्तित्व महान् दिखाई पड़ता है। इतिहास के महापुरुष या तो ऐसे हैं जिन्होंने अपने समाज के कल्याण के लिए तपस्या की है अथवा अपने साम्राज्य-संगठन में पराक्रम का कार्य किया है। दूसरे प्रकार के लोगों के लिए यह आवश्यक है कि वे नाना प्रकार के राजनीतिक व्यापारों में संलग्न रहें, युद्ध, विद्रोह, क्रांति, षड्यंत्र इत्यादि का सामना करें, अपने चरित्र-बल से इन संघर्षपूर्ण परिस्थितियों का अतिक्रमण करके राष्ट्र और समाज के धर्म, धन, जन और सम्मान की रक्षा करें। इन नाटकों में दूसरे प्रकार के ही महापुरुषों का वृत्त मिलता है। प्रसंगवश प्रथम कोटि के पात्र भी दिखाई पड़ते हैं—जैसे बुद्ध, व्यास, चाणक्य इत्यादि,

पर वे केवल योगवाहिं मात्र हैं।

जनमेजय वीर प्रकृति का था। बर्बर जाति से उसका पैतृक विरोध था। साम्राज्य को उनके आतंक से बचाना आवश्यक हो गया था। इसलिए युद्ध करके जनमेजय ने उन्हें उच्छिन्न कर डाला। राज्य के भीतर ब्राह्मणों का विद्रोह चल रहा था। उसने उसके दबाने में भी निर्भीक तत्परता दिखाई। अंत में श्रेष्ठ शासक की भाँति सबको क्षमा कर राजपद की मर्यादा दृढ़ की। अपने उदात्त चरित्र के आधार पर जनमेजय ने शांति, न्याय और सुव्यवस्था की जड़ जमाई। उस समय की जैसी अवस्था थी उसी के अनुरूप उसमें योग्यता भी दिखाई पड़ी। अजातशत्रु बौद्ध काल का प्रतिनिधि था। उस समय एकच्छत्र राज्य का अभाव था। मांडलिक शासकों में कौटुंबिक संबंध होने पर भी किसी न किसी कारण युद्ध होता ही रहता था। अजातशत्रु स्वभाव और चरित्र से उद्धत और उग्र था, इसलिए तत्कालीन शासक-मंडली में उसने राजनीतिक विप्लव उत्पन्न कर दिया था, परंतु बुद्ध के विशिष्ट व्यक्तित्व के कारण पुनः एक बार शांति उत्पन्न हो गई थी। उस काल के पात्रों में बुद्ध-धर्म का प्रभाव व्याप्त था। बिंबसार, प्रसेनजित, अजातशत्रु, उदयन इत्यादि का आचरण बुद्ध-धर्म से नियंत्रित था। इसी प्रकार चंद्रगुप्त मौर्य में अपनी समकालीन वस्तु-स्थिति से युद्ध करने का पुरुषार्थ था। उसकी व्यवहार-कुशलता तथा अन्य पुरुषोचित गुण उस काल की स्थिति के अनुरूप ही थे। अन्य नाटकों में भी काल की आवश्यकताओं के अनुसार ही प्रधान एवं सहायक पात्रों में गुणों का योग था। कहने का तात्पर्य यह है कि जिस काल के व्यक्तियों का स्वरूप 'प्रसाद' ने अंकित किया है उनमें उस काल की छाप है। इतिहास का वह काल हिंदू संस्कृति का आदर्श काल है। अतएव पात्रों में भी आदर्श गुणों का योग दिखाया गया है। राम के राज्य में भी रावण था, अत्याचार, अन्याय और पाप था, उसी प्रकार उस आदर्श काल में भी दोष थे और यथास्थान 'प्रसाद' ने उसका चित्रण किया है।

राजनीतिक स्थिति

प्रत्येक नाटक में अपने समय की यथार्थ राजनीतिक स्थिति का आभास दिया गया है। जनमेजय के समय में किस प्रकार नाग जाति विद्रोह मचा रही थी और ब्राह्मण-दल कैसा विद्रोह कर रहा था, इसका चित्रण विस्तार से मिलता है। बुद्ध-काल की राजनीतिक स्थिति भिन्न प्रकार की है। एकच्छत्र शासन के अभाव में बहुत-से मांडलिक शासकों की स्थिति-सत्ता दिखाई पड़ती है। इनमें प्रायः कौटुंबिक संबंध है, फिर भी कभी-कभी किसी कारण से आपस में युद्ध हो जाता है। एक विशेषता यह भी मिलती है कि एक व्यक्ति ऐसा है जिसका प्रभाव सर्वत्र समान रूप से व्याप्त है और वह व्यक्ति है गौतम बुद्ध। यों तो बुद्ध के विरोधी भी दिखाई

पड़ते हैं, परंतु उनके सद्धर्म का अखंड प्रभुत्व मिलता है—आचरण में, व्यवहार में और नित्य के जीवन में। राजनीति पर भी धर्म का इतना प्रभाव उस समय की अपनी विशेषता है। मौर्य काल में आकर विदेशियों के आक्रमण होने लगते हैं। सिकंदर का धावा होता है, फिर उसके सेनापति सिल्यूकस का अभियान दिखाई पड़ता है। इतने थोड़े-थोड़े समय में जो विदेशियों की चढ़ाई होती रहती है उसका कारण है भारतीयों की अपनी फूट। सिकंदर की चढ़ाई के समय में ही यह प्रत्यक्ष हो जाता है कि सीमाप्रांत के गण-राज्यों में कितनी फूट थी। एक दूसरे की सहायता के लिए कोई तत्पर नहीं था। आपस में ही एक दूसरे का विरोध कर रहे थे। पर्वतेश्वर का विरोध गांधार-नरेश भी कर रहा था और मगध का शासक नंद भी। अन्य गणतंत्र भी पृथक्-पृथक् युद्ध करते थे, परंतु मिलकर संभव-समुत्थान के लिए कोई अग्रसर नहीं था। दूसरी ओर मगध-शासन की व्यवस्था भी तट-द्रुम की भाँति मृत्यु-मुख में प्रवेश के लिए खड़ी थी। गुप्तवंशीय चंद्रगुप्त (द्वितीय) विक्रमादित्य के काल में भी शकों का विरोध मिलता है। स्कंदगुप्त के राज्यकाल में आकर स्थिति और भी भयावह होती जा रही थी। पुष्यमित्रों का आक्रमण एक ओर और पुरगुप्त के कारण कौटुंबिक विद्रोह दूसरी ओर खड़ा था। पुष्यमित्रों को पराजित करते ही हूणों का पुनः आक्रमण हुआ। इस प्रकार एक के उपरांत दूसरा और दूसरे के बाद तीसरा आक्रमण होता ही चलता था। निरंतर आक्रमणों के कारण सारी व्यवस्था उखड़ने लगी और गुप्त-साम्राज्य दुर्बल होने लगा था। गुप्तों के उपरांत विदेशियों का प्राधान्य बढ़ गया, परंतु हर्षवर्धन के समय में आकर फिर एक बार साम्राज्य-स्थापन की चेष्टा की गई। मालव शासक ने कन्नौज के ग्रहवर्मा को मार डाला। इस पर हर्षवर्धन ने उसका प्रतिकार किया और मालवा पर विजय प्राप्त कर ली। वह दक्षिण की ओर भी बढ़ा, परंतु पुलकेशिन के विरोध के कारण उसे रुक जाना पड़ा। इस प्रकार यदि संपूर्ण नाटकों में वर्णित राजनीतिक स्थिति को एक क्रम में रख दें तो स्पष्ट ज्ञात हो जाएगा कि किस प्रकार आर्य जाति अपने राजनीतिक अभ्युत्थान के लिए निरंतर उद्योगशील बनी रही है।

धार्मिक स्थिति

भारतयुद्ध के उपरांत भी यज्ञादि वैदिक क्रियाओं का सम्मान पूर्ववत् बना रहा, परंतु जनमेजय और उसके पुरोहितों में कुछ अनबन होने के कारण ब्राह्मण-वर्ग असंतुष्ट हो गया। जनमेजय के ऐंद्रमहाभिषेक और अश्वमेध-यज्ञ में भिन्न-भिन्न पुरोहित काम करते दिखाई पड़ते हैं। स्पष्ट मालूम होता है कि कुछ प्रतिष्ठित ब्राह्मण राजा के पक्ष में और कुछ विपक्ष में थे। विपक्षियों के नेता काश्यप ने तक्षक (नाग) से मिलकर राजकुल के विरुद्ध विद्रोह उत्पन्न किया। जनमेजय के समय में क्षत्रिय-ब्राह्मण और

ब्राह्मण-ब्राह्मण का संघर्ष चला। अजातशत्रु के शासन-काल में बौद्ध धर्म का प्राधान्य था। यों तो उस समय भी बुद्ध के शत्रु देवदत्त ऐसे लोग थे पर राजकुल से लेकर एक साधारण झोंपड़ी तक बौद्ध धर्म की महिमा फैली थी। उस समय सभी लोग बुद्ध के व्यक्तित्व से प्रभावित थे। मौर्य काल में आकर बौद्ध धर्म का एकच्छत्रत्व मिट गया। पुनः वैदिकों का दल उठ खड़ा हुआ। वैदिक मत के प्रसार में तक्षशिला के गुरुकुल का विशेष हाथ रहा। मगध के शासन में कभी बौद्धों की प्रधानता और कभी वैदिकों का अनुशासन दिखाई पड़ा, जैसे कि एक स्नातक कहता है—' वह सिद्धांतविहीन नृशंस (नंद) कभी बौद्धों का पक्षपाती कभी वैदिकों का अनुयायी बनकर दोनों में भेद-नीति चलाकर बल-संचय करता रहता है। मूर्ख जनता धर्म की ओट में नचाई जा रही है। ' चाणक्य भी राक्षस को इसी आधार पर फटकारता है। बौद्ध-वैदिक-संघर्ष से पृथक् साधु महात्माओं में तपश्चर्या प्रचलित थी और लोग उन पर विश्वास करके उसका सम्मान करते थे। गुप्तवंशीय सम्राट् चंद्रगुप्त के समय में विवाह-संबंध का समाज में पूर्ण सम्मान था। धर्म के क्षेत्र में पुरोहित एवं धर्माचार्य की व्यवस्था मान्य रहती थी। गुप्त सम्राटों में शैव मत के प्रति अधिक श्रद्धा देखकर बौद्ध धर्मानुयायी कुछ क्षुब्ध होने लगे थे। यही कारण है कि स्कंदगुप्त विक्रमादित्य के शासन-काल में पुराने बौद्ध-वैदिक संघर्ष का पुनः प्रवेश हो गया था और ब्राह्मण-श्रमणों में फिर खींचतान दिखाई पड़ने लगी थी। साथ ही बौद्धों में तांत्रिकों का प्राधान्य हो गया था। आगे चलकर हर्षवर्धन के राज्यकाल में एक बार फिर बौद्धों की प्रबलता हुई, इसका कारण राजकीय प्रभाव था। इस प्रकार ब्राह्मण-काल से लेकर बौद्ध-काल तक धर्म के क्षेत्र में भी संघर्ष ही चलता रहा।

सामाजिक स्थिति

प्राचीन काल के समाज-संगठन में स्त्रियों का महत्त्वपूर्ण स्थान था। पुरुषों की समता में उनका समान सम्मान होता था। राजसभाओं में राजाओं के साथ रानियाँ भी आदरपूर्वक बैठती थीं। जीवन की नाना स्थितियों में उनका योग रहता था। आमोद-प्रमोद में तो वे साथ रहती ही थीं, युद्ध जैसे संकट-काल में भी उनकी सहायता प्राप्त होती थी। आवश्यकतानुसार वे पुरुष-वेश धारण कर लेती थीं, कल्याणी, मणिमाला और ध्रुवस्वामिनी ने भी ऐसा किया था। ऐसी स्त्रियों में अपूर्व पौरुष भरा रहता था। जहाँ एक ओर पुरुष युद्ध करने में संलग्न रहते थे, वहाँ आहतों की सेवा-शुश्रूषा का दायित्व प्रायः स्त्रियों के ऊपर छोड़ दिया जाता था। इस प्रकार की स्थिति भारतयुद्धोत्तर-काल से लेकर हर्षवर्धन-काल तक एक समान थी। स्त्रियों का अर्धांगिनी-पद व्यवहार में भी चरितार्थ था। राजनीतिक व्यवहार में भी उनके विचार मान्य होते थे। उस काल में उनकी स्वतंत्रता किसी प्रकार बाधित नहीं थी।

वपुष्टमा, छलना, कल्याणी, अलका, ध्रुवस्वामिनी, अनंतदेवी, जयमाला और राज्यश्री आदि महिलाएँ, उस काल का आदर्श सम्मुख रखने के लिए, आज भी यथेष्ट हैं।

आर्य-संस्कृति के प्रधान निर्माता थे। जनमेजय-काल में इनका बड़ा सम्मान था क्योंकि उस समय भी यज्ञादि वैदिक कृत्यों की प्रधानता थी। इन कृत्यों के आचार्य और मंत्रदाता ये ब्राह्मण ही थे। राजवर्ग और प्रजाजन के कल्याणार्थ ही वैदिक कर्मकांड चलता था और उसका नियामक था ब्राह्मण-वर्ग। इसीलिए ये ब्राह्मण शिर-स्थानीय माने जाते थे। यों कभी-कभी उद्धत और क्रोधी प्रकृति के भी ब्राह्मण निकल आते थे जिनमें दुरभिसंधि और कुचक्र-चालन के दोष भी दिखाई पड़ जाते थे परंतु अधिकतर ब्राह्मण सात्विक वृत्ति के ही होते थे, जो अरण्यों में एकांतवास करते, तपश्चर्या, अग्निहोत्र इत्यादि कर्मों में निरत रहकर दया, उदारता, शील, आर्जव और सत्य का अनुसरण करते थे। आगे चलकर न तो ब्राह्मणों की यह वृत्ति ही रह गई और न उनका वह सम्मान ही रह सका। मौर्य काल में अन्य प्रतिद्वंद्वी धर्मों के कारण इनका महत्त्व और भी गिर गया। यही अवस्था हर्ष के समय तक चली आई।

शिक्षा-दीक्षा और अध्ययन-अध्यापन का अच्छा प्रबंध था। इस प्रबंध में राजवर्ग की उदारता बड़ा काम करती थी। छात्रवृत्तियाँ देकर विद्यार्थियों को राजा भेजता था और विद्याध्ययन करके लौटे हुए स्नातकों को आदरपूर्वक स्वीकार करता था। स्थानीय संस्थाओं के अतिरिक्त केंद्रीय विश्वविद्यालय—गुरुकुल—होते थे, जहाँ दूर-दूर से आए विद्यार्थी कम से कम पाँच वर्षों तक रहकर अध्ययन करते थे। राजाओं का आदर और सहायता प्राप्त होने पर भी इन गुरुकुलों में राजा का शासन नहीं चलता था। ये विद्याकेंद्र अपने कुलपति के ही नियंत्रण में परिचालित होते थे। इनमें भिन्न-भिन्न विषयों की शिक्षा का प्रबंध रहता था। विद्यार्थी अपनी आवश्यकता एवं रुचि के अनुसार विषय स्वीकार कर लेता था। छोटे-बड़े, धनिक-निर्धन इत्यादि सामाजिक वैषम्य का यहाँ प्रवेश नहीं था। कुछ विद्यार्थी जो निश्चित द्रव्य लेकर आते, अध्ययन समाप्त कर चले जाते थे और यदि कोई दक्षिणा न दे पाता तो गुरुकुल की सेवा करके अपना ऋण चुका देता था। विद्यार्थियों में जो मेधावी और योग्य दिखाई पड़ता था उसे अध्यापन-कार्य भी सौंपा जाता था।

राजवर्ग के आमोद-प्रमोद का रूप बँधा हुआ था। नर्तकियों और गायिकाओं का प्रचार जनमेजय के समय में भी था, साथ ही साधारण लोगों में मद्य का प्रयोग भी दिखाई पड़ता था। नृत्य और मदिरा का प्रयोग सभी राजसभाओं में चलता था। नंद कुमारगुप्त, उदयन, और देवगुप्त के यहाँ भी इसका प्रचार था। कुमारगुप्त के यहाँ पारसिक नर्तकियों का भी प्रवेश था। नंद, कुमारगुप्त और रामगुप्त आदि तो भारी मद्यप थे ही। राजाओं में आखेट का भी प्रचलन था। जनमेजय से लेकर ग्रहवर्मा तक इसका उल्लेख प्राप्त है। कहीं-कहीं वन्य पशुओं के पालन का शौक

था—अजातशत्रु और नंद के यहाँ चीते पले थे और राजवाटिका की शोभा बढ़ाते थे।

साहित्य का उल्लेख

अध्ययन-अध्यापन की सुव्यवस्था के कारण उस समय साहित्य की भी श्रीवृद्धि हुई थी। अजातशत्रु नाटक का जीवक वैद्य धन्वंतरि और महर्षि अग्निवेश का उपासक था। चाणक्य अर्थशास्त्र का प्रणेता था, वररुचि वार्तिककार था और पाणिनि के व्याकरण का पूरा जानकार था। कार्नेलिया सुकरात के ग्रंथों के अतिरिक्त राक्षस से उशना तथा कुणिंक की राजनीति का भी अध्ययन करती थी। कात्यायन उसे रामायण भी पढ़ाया करता था। धातुसेन ने व्यंग्य के साथ चाणक्य और उसके ग्रंथ अर्थशास्त्र का उल्लेख किया था। इस प्रकार के अनेक अवसरों पर किए गए उल्लेखों से ज्ञात होता है कि साहित्य की उस समय प्रचुर चर्चा थी। स्कंदगुप्त के काल में कुमार कवि धातुसेन मातृगुप्त प्रभृति कवियों के उल्लेख प्राप्त ही हैं।

अन्य विषय

गान

भारत के प्राचीन नाटकों में गान-वाद्य के प्रसंग अवश्य आए हैं, परंतु आधुनिक नाटकों की भाँति उनमें अधिक गानों का प्रयोग नहीं किया गया है। वर्तमान नाटककारों की यह प्रवृत्ति पारसी नाटकों का अनुकरण है। यदि इनका स्थल-विशेष पर उचित व्यवहार किया जाये तो उतना भद्दा न लगे। अथवा यदि ऐसा कोई पात्र अंकित किया जाए जिसमें संगीत की सहज प्रवृत्ति और अभिरुचि हो—जैसे 'स्कंदगुप्त' की देवसेना—तो भी कहीं-कहीं पर गाना अनुचित न मालूम पड़े। कभी-कभी राजसभाओं में इसकी आवश्यकता हो सकती है, जहाँ शोभार्थ नर्तकियाँ या गायिकाएँ रहती हैं। ऐसे भी पात्र नाट्य-प्रसंग में आ सकते हैं, जिनकी जीविका संगीत है—जैसे मागंधी और सुवासिनी। इनकी गान-प्रियता स्वाभाविक है। इनके अतिरिक्त गान का प्रयोग अस्वाभाविक ज्ञात होता है। पारसी ढंग पर लिखे गए नाटकों का उस समय बोलबाला दिखाई पड़ता है, जब 'प्रसाद' नाटककार के रूप में उपस्थित होते हैं। सब प्रकार की भारतीय परिपाटी का अनुकरण करने पर भी 'प्रसाद' इस नवीनता को स्वीकार कर ही लेते हैं; क्योंकि भावुक कवि-हृदय मचलता है और इसको स्वीकार करने में एक प्रकार की संतुष्टि का अनुभव करता है। रूपक-रचना के बीच में जहाँ कहीं

अवसर मिला है वहाँ अपनी भावुकता से प्रेरित कविताओं के प्रवेश का यह सरल द्वार उनके लिए खुल पड़ा और 'प्रसाद' अतिरेक से न बच सके।

'राज्यश्री' और 'विशाख' तक तो यह कुछ परिमित दिखाई पड़ता है, परंतु आगे चलकर इसका प्रसार बहुत बढ़ गया है। फिर तो दशा यह दिखाई पड़ती है कि नाटक के सभी स्त्री-पात्र गान-प्रिय हो उठते हैं—जैसे 'चंद्रगुप्त' में कार्नेलिया, कल्याणी, मालविका और सुवासिनी सभी गाती हैं और इतना अधिक गाती हैं कि संगीत भी अप्रिय हो जाता है। चतुर्थ अंक के चतुर्थ दृश्य में मालविका तीन बार गाती है। इन तीनों गानों में चालीस मिनट से कम नहीं लगेंगे। रंगमंच के विचार को छोड़कर भी यह स्थिति बुद्धि-ग्राह्य नहीं—कला-कौशल के विचार की तो बात ही दूर है। इसके अतिरिक्त एक पात्र चाहे वह कितना भी गान-प्रिय क्यों न हो, यदि मात्रा से बहुत अधिक गाता है तो अप्रिय हो जाता है। 'स्कंदगुप्त' नाटक की देवसेना और 'अजातशत्रु' की मागंधी सात-सात बार गाती हैं और वह भी दो-दो, चार-चार कड़ियाँ नहीं, बड़े लंबे-लंबे गाने। 'प्रसाद' के गाने प्रायः बड़े हैं। इसका कारण है उनकी काव्य-प्रियता। व्यवहार-दृष्टि से विचार किया जाए तो ये गाने रंगमंच पर बड़े अनुपयुक्त मालूम पड़ेंगे। कहीं-कहीं एक और भद्दापन पैदा हो गया है, नेपथ्य से लंबे गाने गवाए गए हैं, जो नितांत अव्यावहारिक हैं। अवश्य ही ये गाने भावपूर्ण एवं काव्यात्मक हैं और समझदारों को बहुत मधुर मालूम पड़ सकते हैं, परंतु वस्तु की उपादेयता के प्रतिकूल हैं। इन प्रतिकूल गानों की झड़ी में कहीं-कहीं आवश्यक गाने भी दिखाई पड़ते हैं। उचित स्थल पर, उचित मात्रा में, उचित व्यक्ति के द्वारा भी कुछ गाने गाए गए हैं—जैसे, देवसेना, सुरमा और कल्याणी के कुछ गाने या जैसे—'स्कंदगुप्त' (प्रथम संस्करण) पृष्ठ 45, 54, 99; 'राज्यश्री' (द्वितीय संस्करण) पृष्ठ 9 और 36 के गाने। स्थल और विषय की संगति के आधार पर 'प्रसाद' के गाने अवश्य ही साभिप्राय दिखाई पड़ते हैं और अधिक गाने ऐसे हैं जिनके विषय नाटक की कथा के मेल में हैं।

अभिनेयता

'प्रसाद' के अधिकांश नाटक रंगमंच के विचार से दोषपूर्ण और अव्यावहारिक हैं—इस कथन के दो पक्ष हैं। कुछ बातें ऐसी हैं जो इस आक्षेप के अनुकूल हैं और बहुत-सी प्रतिकूल हैं। इस प्रतिकूलानुकूलत्व का विचार पीछे के लिए छोड़ा जाता है। सर्वप्रथम लेखक का व्यक्तिगत विचार कह देना आवश्यक है। प्रसंगानुसार इस प्रबंध के लेखक से उसने कई बार कहा है [1]—' मेरी रचनाएँ तुलसीदत्त शैदा या आगा हश्र की व्यावसायिक रचनाओं के साथ नहीं नापी-तौली जानी चाहिए। मैंने उन कंपनियों के

1. यह स्मृति के आधार पर संचित अभिप्राय मात्र है।

लिए नाटक नहीं लिखे हैं जो चार चलते अभिनेताओं को एकत्र कर, कुछ पैसा जुटाकर, चार पर्दे मंगनी माँग लेती हैं और दुअन्नी-अठन्नी के टिकट पर इक्केवाले, खोमचेवाले और दुकानदारों को बटोरकर जगह-जगह प्रहसन करती फिरती हैं। 'उत्तररामचरित', 'शकुंतला' और 'मुद्राराक्षस' नाटक कभी न ऐसे अभिनेताओं के द्वारा अभिनीत हो सकते हैं और न जनसाधारण में रसोद्रेक के कारण बन सकते हैं। उनकी काव्य-प्रधान शैली कुछ विशेषता चाहती है। यदि परिष्कृत-बुद्धि के अभिनेता हों, सुरुचि-संपन्न सामाजिक हों और पर्याप्त द्रव्य काम में लाया जाए तो ये नाटक अभीष्ट प्रभाव उत्पन्न कर सकते हैं।'

उक्त आक्षेप के अनुकूल पाँच बातें दिखाई पड़ती हैं। पहली बात तो यह है कि नाटक बहुत बड़े हैं। इनके लिए पाँच-छः घंटे भी यथेष्ट नहीं हैं। दूसरी बात विस्तृत कथोपकथनों की है। इतने बड़े-बड़े स्वगत-भाषण और संवाद, प्रयोग के विचार से ठीक नहीं जँचते, क्योंकि बल और स्फूर्ति की समानता का इतना निर्वाह अभिनेताओं में नहीं हो सकता। तीसरी बात गानों के संबंध में है। इतने अधिक और इतने लंबे गाने बहुत समय लेते हैं और विरक्ति-उत्पादक बन जाते हैं। चौथी बात काव्य-तत्त्व की प्रचुरता है, जिसके कारण भावों का संवेदन कम हो जाता है और सामाजिक रसास्वादन में असमर्थ रह जाते हैं। पाँचवीं बात रंगमंच की पद्धति से संबद्ध है। 'प्रसाद' के रूपकों में दृश्यों का विभाजन दोषपूर्ण है। रंगमंच का विस्तार परिमित होता है उसी में सब प्रकार के दृश्यों की व्यवस्था करनी होती है। यदि दृश्य-विभाजन का यह क्रम हो कि दो दृश्य आगे-पीछे ऐसे रख दिए जाएँ जिनमें स्थान और सज्जा अधिक अपेक्षित हो तो रंगमंच का प्रबंध बिगड़ जाएगा। यदि शैल-कानन-स्थानीय गुरुकुल और राजसभा के दृश्य आगे-पीछे रख दिए जाएँ तो पहले दृश्य को संकुचित करना पड़ेगा अथवा दूसरे को। अभीष्ट विस्तार के साथ दोनों दृश्य नहीं दिखाए जा सकते। समय की कमी और रंगमंच की परिमिति इसका विरोध करती हैं। 'प्रसाद' ने अपने नाटकों में इसका कम विचार रखा है। उदाहरण-रूप में दो-एक स्थल देखे जा सकते हैं। 'जनमेजय का नागयज्ञ' के द्वितीय अंक के प्रथम दोनों दृश्य आगे-पीछे यथाक्रम दिखाए जा सकते हैं, क्योंकि तपोवन की सजावट हटा दी जा सकती है जब तक आगेवाला पथ का दृश्य चलता रहता है। इसी प्रकार 'अजातशत्रु' के द्वितीय अंक के प्रथम दोनों दृश्य यथाक्रम चल सकते हैं, क्योंकि तीन फुट का विस्तार लेकर जब तक द्वितीय दृश्य में पथ का विषय चलता रहता है, तब तक प्रथम दृश्य की राजसभा की सजावट हटा दी जा सकती है। परंतु 'चंद्रगुप्त' के प्रथम दोनों दृश्य यथाक्रम उपस्थित करने में बड़ी कठिनाई होगी। पहला दृश्य है तक्षशिला का गुरुकुल, जिसमें प्राकृतिक वैभव के बीच अधिष्ठित संसार-प्रसिद्ध विद्याकेंद्र के स्वरूप का यथेष्ट बोध कराना आवश्यक है। द्वितीय दृश्य है मगध-सम्राट् का विलास-कानन, जिसमें विलासी युवक और

युवतियों के दल विहार कर रहे हैं। इतने वर्णन से ही स्थिति स्पष्ट हो जाती है कि दोनों दृश्यों का क्या विस्तार है और दोनों के लिए कितना स्थान अपेक्षित होगा। इसी प्रकार के दृश्य-क्रम अनेक स्थलों पर दिखाई पड़ते हैं। 'प्रसाद' को रंगमंच-व्यवस्था का व्यावहारिक ज्ञान नहीं था, अन्यथा ऐसा क्रम न रखा जाता।

उक्त आक्षेप के विरुद्ध भी अनेक ऐसे तर्क हैं जिनके आधार पर ये नाटक रंगमंच के अनुकूल प्रतीत होते हैं। ऊपर गिनाए हुए सब दोषों का परिहार कर लिया जा सकता है जैसा कि काशी की कई नाटक-मंडलियों ने लेखक के जीवन-काल में ही किया था। वस्तु-विस्तार कम हो सकता है, संवाद भी लघु कर लिए जा सकते हैं, गान की दो-एक कड़ियाँ ही गाई जा सकती हैं, काव्यात्मक स्थल या तो हटाए जा सकते हैं या भाषा की अभिव्यंजना व्यावहारिक कर दी जा सकती है और दृश्य-विभाजन का क्रम अपनी आवश्यकता के अनुकूल कर लिया जा सकता है। इतना परिवर्तन इसलिए अपेक्षित होगा कि रंगमंच पर उन नाटकों को ले आना है जो वस्तुतः उत्तम नाट्य-काव्य हैं और मूलतः व्यावहारिक अभिनय के लिए ही नहीं लिखे गए हैं। इसके अतिरिक्त परिष्कृत बुद्धि और साहित्यिक अभिरुचि के अभिनेता और सामाजिक भी अपेक्षित होंगे अन्यथा अंतर्द्वंद्व-प्रधान पात्रों का स्वरूप-गांभीर्य अथवा परिष्कृत भाषामय संवादों का अर्थ ही समझ में न आएगा। इस प्रकार नाटक की आत्मा को सुरक्षित रखते हुए भी उसके बाह्य स्थूल शरीर में अवसर और क्षमता के अनुकूल परिवर्तन करके भी रस का पूर्ण आस्वादन किया जा सकता है।

इन आक्षेपों के विरुद्ध 'प्रसाद' के नाटकों में रंगमंच के अनुकूल अनेक गुण भी हैं। प्रमुख विशेषता है क्रिया-व्यापार का वेग जो सभी प्रधान नाटकों में व्याप्त दिखाई पड़ता है। 'चंद्रगुप्त', स्कंदगुप्त' और 'ध्रुवस्वामिनी' में यह विशेषता अधिक सुंदर रूप में आ सकी है। इनमें भी प्रथम दो में तो कुछ बाधक बातें भी मिलती हैं, परंतु तृतीय तो सर्वथा निर्दोष है। इस नाटक की रचना-प्रणाली रंगमंच के अनुकूल रखी गई है, अतएव उस दृष्टि से यह कृति सर्वगुण-संपन्न है। 'प्रसाद' ने अपने सभी नाटकों में प्रथम और अंतिम दृश्यों को बड़ा ही रोचक और आकर्षक बनाया है। यह अभिनय के विचार से एक आवश्यक बात है। इसके साथ ही समय-समय पर भव्य व्यापारों के साथ मनोहर पूर्व-पीठिका का जो योग कराया है, उससे दृश्यों में चमत्कार उत्पन्न हो जाता है और आकर्षण उखड़ने नहीं पाता। कहीं-कहीं तो आकर्षण-पूर्ण दृश्यों की मालिका दिखाई पड़ती है—जैसे, 'स्कंदगुप्त' के प्रायः संपूर्ण प्रथम अंक में और 'चंद्रगुप्त' के प्रथम अंक के दो-दो, एक-एक दृश्यों के अंतर में आकर्षणपूर्ण दृश्यों का निरतंर योग मिलता चलता है। इसके अतिरिक्त शृंगार और वीररसपूर्ण संवाद सभी नाटकों में मिलते हैं। वीररस का सहायक शृंगार रस को बनाकर 'प्रसाद' ने यों ही प्ररोचना-विवर्धन की सामग्री एकत्र कर रखी है। वस्तु के सुसंविहित विकास-क्रम के कारण विषय और व्यक्ति के प्रभाव का जो उत्कर्ष होता चलता है वह अंत में जाकर

ऐसा अन्वित हो जाता है कि सारा नाटक एक अखंड-पूर्ण मालूम होने लगता है। यह रसस्थिति अथवा प्रभावान्विति नाटक के प्राण-रूप में दिखाई पड़ती है। उसी प्रकार अभिनय में भी इसकी प्रधानता ही सब कुछ है। यह विशेषता 'प्रसाद' के नाटकों में प्राप्त है अतः इन नाटकों की अभिनेयता में कोई संदेह नहीं किया जा सकता। 'ध्रुवस्वामिनी' जैसे पूर्ण अभिनय रूपक के रचने की क्षमता जिसमें विद्यमान थी उसके यथार्थ नाटककार होने में किसी प्रकार का संशय करना निरर्थक है।

भाषा-शैली

अभिनेयता के समान ही 'प्रसाद' की नाटकीय भाषा-शैली भी विवादास्पद विषय है। इसमें पक्ष-विपक्ष के अपने-अपने भिन्न तर्क हैं। जैसी व्यक्तिगत सफाई नाटककार ने अभिनेयता के विषय में दी है वैसी ही भाषा के विषय में भी उसके अपने विचार हैं। यदि कोई उसके सामने यह तर्क रखता है कि–' भिन्न-भिन्न देश के पात्रों का पंडितों की तरह संस्कृत बोलना बड़ा अयथार्थ और अव्यावहारिक मालूम पड़ता है–अतएव जो जिस देश अथवा वर्ग का है उससे उसी के अनुरूप भाषा का प्रयोग करना अधिक प्रकृत होगा। संस्कृत के प्राचीन नाटकों में प्राकृत का व्यवहार इसी पक्ष में व्यवस्था देता है '–तो 'प्रसाद' अपने पक्ष के प्रतिपादन में यही कहा करते थे–'भिन्न-भिन्न देश और वर्गवालों से उनके देश और वर्ग के अनुसार भाषा का प्रयोग कराने से नाटक को भाषाओं का अजायबघर बनाना पड़ता है जो कहीं अधिक अप्राकृतिक हो जाता है और सामाजिकों के लिए भी इतनी भाषाओं से परिचय रखना असंभव है। इसके अतिरिक्त इस विषय की अधिक आवश्यकता भी नहीं दिखाई पड़ती। न जाने कितने विदेशियों को हम अपनी ही तरह हिंदी बोलते-समझते पाते हैं। जहाँ अपनी भावुकता और कल्पना के बल पर हम इतने बड़े अभिनय को नकल और अभिनय न समझकर सच्ची घटना मानते हैं और उसी के साथ हँसते-रोते, सुख-दुख प्रकट करते हैं, वहाँ ऐसी बात यथार्थ है अथवा अयथार्थ इसके विचार का अवसर ही कहाँ रह जाता है। जब हम सिल्यूकस और कार्नेलिया को अपने सम्मुख खड़ा देखते हैं तब वे यथार्थ मालूम पड़ते हैं और जब वे परिष्कृत भाषा का प्रयोग करने लगते हैं तब अयथार्थ हो जाते हैं, यह भी कोई तर्क है ! अतएव भाषा-विविधता के लिए आग्रह न करना ही हितकर है। स्वरूप भिन्नत्व केवल वेश-भूषा से ही व्यक्त कर देना चाहिए[1]।

लेखक की सफाई के अतिरिक्त भी जनमेजय और चाणक्य की सम-सामयिक कथाओं में उसी प्रकार की भाषा-शैली उपयुक्त और प्रकृत मालूम पड़ती है जैसी

---

1. इस विषय में भी मैंने प्रयत्न तो यही किया है कि 'प्रसाद' का व्यक्तिगत मंतव्य प्रकट करूँ। जहाँ तक मुझे स्मरण है 'प्रसाद' का सदैव यही तर्क रहा है।

इन नाटकों में प्राप्त है। हिंदुस्तानी की फुसलाहट और आजकल के राजनीतिक कुचक्रों में पड़कर भाषा का जो रूप विकृत हो रहा है उसका प्रयोग यदि इन नाटकों में हो तो संस्कृति और भारतीय आत्मा की हत्या निश्चित है। अतएव 'प्रसाद' की भाषाशैली अपने स्थल पर सर्वथा उपयुक्त है, क्योंकि काल-साम्य का निर्वाह होना ही चाहिए। विचार केवल विदेशी पात्रों का करना है। फिर भी जिस वर्ग की बालिका उशना और कुणिंक की राजनीति तथा रामायण का अध्ययन करती है, वह संस्कृत भाषा अवश्य समझ सकता है। इसका अभिप्राय यह नहीं है कि 'प्रसाद' की भाषा-शैली अपने रूप में सर्वथा उपयुक्त है। जहाँ तक तत्सम शब्दों के बाहुल्य की बात है अथवा तत्कालीन प्रयुक्त पदावली का संबंध है वहाँ तक तो ठीक ही है। मतभेद केवल भाव-प्रधान और अलंकार-बहुल लंबे वाक्यों का है। इनके कारण संवाद की गति तो बाधित होती ही है शीघ्र अर्थबोध में भी व्याघात पड़ता है, जो कभी अनुकूल नहीं कहा जा सकता। दो-चार उदाहरण यथेष्ट होंगे–' मुझे अपने मुखचंद्र को निर्निमेष देखने दो कि मैं एक अतींद्रिय जगत की नक्षत्रमालिनी निशा को प्रकाशित करनेवाले शरद-चंद्र की कल्पना करता हुआ भावना की सीमा को लाँघ जाऊँ और तुम्हारा सुरभि-निःश्वास मेरी कल्पना का आलिंगन करने लगे ', 'अमृत के सरोवर में स्वर्ण-कमल खिल रहा था, भ्रमर वंशी बजा रहा था, सौरभ और पराग की चहल-पहल थी। सवेरे सूर्य की किरणें उसे चूमने को लौटती थीं, संध्या को शीतल चाँदनी उसे अपनी चादर से ढक देती थी। उस मधुरिमा का, उस सौंदर्य का, उस अतींद्रिय जगत की साकार कल्पना की ओर हमने हाथ बढ़ाया था, वहीं स्वप्न टूट गया।' इस प्रकार अनेकानेक कथनों से 'प्रसाद' के सभी नाटक भरे हैं। भाषा के इस रूप का प्रयोग नाटकों में तो नहीं होना चाहिए। गानों की तरह इस विषय में भी लेखक का कवि-हृदय मचलता रहता है। विदेशी पात्रों के मुख से इस पद्धति के संवाद नहीं कराए गए–यही अच्छा हुआ है, अन्यथा आक्षेप की मात्रा और अधिक हो जाती। सिकंदर के मुख से जो वाणी निकलती है उसमें उक्त पदावली का रूप नहीं रहता–'धन्य हैं आप, मैं तलवार खींचे हुए भारत में आया, हृदय देकर जाता हूँ। विस्मय विमुग्ध हूँ। आर्य ! जिनसे खड्ग-परीक्षा हुई थी, युद्ध में जिनसे तलवारें मिली थीं, उनसे हाथ मिलाकर, मैत्री के हाथ मिलाकर जाना चाहता हूँ।'

नाटकीय संवाद की भाषा-शैली कैसी होनी चाहिए, इसका एक उदाहरण यह है–'भाई ! अब भी तुम्हारा भ्रम नहीं गया। राज्य किसी का नहीं है। सुशासन का है। जन्मभूमि के भक्तों में आज जागरण है। देखते नहीं, प्राच्य में सूर्योदय हुआ है। स्वयं सम्राट् चंद्रगुप्त तक इस महान आर्य-साम्राज्य के सेवक हैं। स्वतंत्रता के यज्ञ में सैनिक और सेनापति का भेद नहीं। जिसकी खड्ग-प्रभा में विजय का आलोक चमकेगा, वही वरेण्य है; उसी की पूजा होगी। भाई ! तक्षशिला मेरी नहीं

और तुम्हारी भी नहीं, इसके लिए मर मिटो। फिर उसके कणों में तुम्हारा ही नाम अंकित होगा। मेरे पिता स्वर्ग में इंद्र से प्रतिस्पर्धा करेंगे। वहाँ की अप्सराएँ विजय-माल लेकर खड़ी होंगी। सूर्यमंडल मार्ग बनेगा और उज्ज्वल आलोक से मंडित होकर गांधार का राजकुल अमर हो जाएगा।' इस गद्यांश में प्रायः वे सभी विशेषताएँ उपस्थित हैं जो नाटक में आवश्यक हैं। भाषा भाव की अनुरूपिणी होती है। अतएव रसानुकूलत्व भाषा का उत्तम धर्म है। जिस रस का प्रसंग हो उसी के अनुरूप जब पदावली होगी तभी प्रभाव उत्तम पड़ेगा। उत्साह और आवेश में जैसा वेग होना चाहिए वैसा ही इस गद्य खंड में है। आवेश में कहने से वाक्य-योजना में जो हल्का-सा उलट-फेर होना नितांत व्यावहारिक है वह भी यहाँ दिखाई पड़ता है। प्रभाव उत्पन्न करने के अभिप्राय से समानार्थी प्रसंग या बात प्रायः दुहराई जाती है; इसका स्वरूप भी इसमें मिल जाता है। इस प्रकार सभी आवश्यक नाटकीय गुण इस अवतरण में दिखाई पड़ जाते हैं। मुहावरेदानी ढूँढ़नेवालों को अवश्य ही यह भाषा भी प्रसन्न नहीं कर सकती। 'प्रसाद' की तत्सम-बहुल और भाव-प्रधान भाषा-शैली में नवीन युग की यह भाषा-विषयक देन कहीं नहीं मिलती। सारांश यह है कि 'प्रसाद' के नाटकों की भाषा प्रसंग और रस के अनुकूल होकर कहीं सरस, कहीं ओज-प्रधान, कहीं व्यावहारिक बनती चली है। मुहावरों के अभाव में भी उसमें शिथिलता कहीं नहीं मिलती। वाक्य के जिस अंश पर बल पड़ना चाहिए वह तो है ही, साथ ही शैली के अन्य गुण-धर्म भी यथास्थान नियोजित दिखाई पड़ते हैं।

भारतीय एवं पाश्चात्य पद्धतियों का समन्वय

नाटककार 'प्रसाद' की सृष्टि ऐसे समय में हुई थी जिस समय बंगला भाषा में नाट्य-रचना का पर्याप्त प्रचलन हो चुका था और पारसी कंपनियों की नींव पड़ चुकी थी। इन नाटक-कंपनियों के बहुत से खेल खेले जा रहे थे। यों तो हिंदी में भी भारतेंदु हरिश्चंद्र के समय से ही नाटक लिखे जा रहे हैं और उनका अपना एक ढंग चल रहा है, परंतु देखने में तब तक उनका कोई स्थिर रूप सामने नहीं आया था। भारतेंदु की रचना के अतिरिक्त भी जो हिंदी में नाटक उस समय तक लिखे जा सके थे, उनमें भी कोई अपनापन नहीं दिखाई पड़ता था। ऐसी अवस्था में 'प्रसाद' को अपनी एक नवीन पद्धति का चलाना बहुत अनुकूल नहीं मालूम हुआ, साथ ही सर्वथा नवीन प्रणाली का अनुकरण भी उनकी प्रतिभा को प्रिय नहीं था। अतः नूतन परिपाटी में नूतन विषय को उपस्थित करना ही उन्होंने अपना लक्ष्य बनाया। इस नूतन परिपाटी में वे भारतीय आत्मा को सुरक्षित रखने का संकल्प कर लेते हैं। इस आत्मा-सूक्ष्म, चेतन, प्राण की, जो बाह्य स्थूल शरीर-रूपरचना की पद्धति है उसमें नवीन-प्राचीन का सामंजस्य करना तथा कहीं बंगलावालों की तरह लंबे-लंबे कथोपकथन

और स्वगत-भाषण भी दिखाई पड़ते हैं। दृश्यों और अंकों के विभाजन की जो परिपाटी भारतेंदु-काल में मिलती है उसी को 'प्रसाद' ने अपना लिया है, परंतु इसके औचित्य के विषय में अपना मत अंत तक वे स्थिर नहीं कर सके हैं। कहीं त्याग, कहीं स्वीकार दिखाई पड़ता है। नवीनता के रूप में वध भी उन्होंने कई स्थानों पर दिखाया है। नंद, शकराज, रामगुप्त आदि रंगमंच पर ही मारे जाते हैं। ये बातें भारतीय पद्धति के अनुकूल नहीं हुई हैं। इनमें पाश्चात्य प्रणाली का ही प्रभाव है, भले ही वह प्रभाव अन्य साहित्य-मार्गों से होकर 'प्रसाद' के पास पहुँचा हो। कुछ अंश में बाह्य स्थूल शरीर से संबद्ध इन उपादानों को स्वीकार करके 'प्रसाद' ने जहाँ समय की प्रगति के प्रति उदारता एवं समन्वय-बुद्धि दिखाई है वहीं अपने देश के प्राण की सुरक्षा में भी वे सफलतापूर्वक तत्पर दिखाई पड़ते हैं।

पाश्चात्य पंडितों ने संघर्ष, सक्रियता और समष्टि-प्रभाव को ही नाटक का सब कुछ माना है। इस बात का निर्वाह 'प्रसाद' ने बड़ी कुशलता से किया है। कहा जा चुका है कि 'स्कंदगुप्त', 'चंद्रगुप्त' एवं 'ध्रुवस्वामिनी' रूपकों में उक्त तीनों बातों का समावेश वर्तमान है। आद्यंत संघर्षमयी स्थितियों की शृंखला, सक्रियता का वेग और समष्टि-प्रभाव-स्थापन की प्रवृत्ति मिलती है। आलोचना की पाश्चात्य पद्धति के अनुसार भी इन नाटकों में पूर्णता है। साथ ही पात्रों के द्वंद्वमूलक चरित्र-वैचित्र्य के उद्‌घाटन की जो प्रवृत्ति विदेशी नाटककारों में दिखाई पड़ती है उसका चित्रण भी 'प्रसाद' ने यथास्थान अपने नाटकों में किया है। बिंबसार, वासवी, स्कंदगुप्त, देवसेना, चाणक्य इत्यादि पात्रों में इसी प्रवृत्ति का प्रसार दिखाई पड़ता है। द्वंद्वमयी चरित्रांकन-पद्धति 'प्रसाद' की अपनी एक विशेषता है। इस आधार पर उन्होंने अनूठे पात्रों की सृष्टि करके भी उन्हें मानव-जगत से पृथक् नहीं होने दिया है। इसके अतिरिक्त देश-काल के वर्णन में भी उनकी अभिरुचि सर्वत्र तत्पर दिखाई पड़ती है।

समन्वय बुद्धि रखने पर भी अपने नाटकों में 'प्रसाद' ने भारतीयता का पूरा योग रखा है। भारतीय नाट्य-सिद्धांत के पंडितों ने प्राधान्य केवल वस्तु, नायक और रस को ही दिया है और यथार्थतः इन तीनों अंगों के भीतर सब कुछ समाविष्ट है। 'प्रसाद' ने यथाविधि इन्हीं तीनों अंगों का विनियोग किया है और इनके द्वारा भारतीय आत्मा का—संस्कृति का—पूर्ण दर्शन कराया है। भारतीय पद्धति में वस्तु-विन्यास की ओर विशेष ध्यान दिया गया है, क्योंकि जितनी सूक्ष्मता से उसका नियंत्रण यहाँ किया गया है उतनी से अन्य देशों में नहीं। केवल कार्य की पाँच अवस्थाओं तक ही दृष्टि नहीं रही है अपितु वस्तु के विकास-क्रम के साथ उन अवस्थाओं के बुद्धि-संगत संबंध-निर्वाह के विचार से अर्थप्रकृतियों एवं संधियों का भी निवेश किया गया है। 'प्रसाद' के प्रायः सभी प्रमुख नाटकों में वस्तु-विन्यास के भीतर इस सिद्धांत की पूर्ण रक्षा दिखाई पड़ती है। कहीं-कहीं तो इनकी ऐसी

अच्छी संगति बैठ गई है जैसी प्रायः प्राचीन नाटकों में प्राप्त होती है। 'नाटकं ख्यातवृत्तं स्यात पंचसंधिसमन्वितम्' के विचार से 'प्रसाद' के नाटक परिभाषानुकूल हैं। साथ ही नायक के जितने भी धर्म हमारे शास्त्रकारों ने कहे हैं वे सभी इन नाटकों में दिखाई पड़ते हैं। 'प्रसाद' के नायक धर्म और गुण के आधार पर प्रायः धीरोदात्त हैं, साथ ही उनमें व्यक्ति वैचित्र्य भी भरा है। ये नायक शुद्ध भारतीय जान पड़ते हैं क्योंकि भारतीय संस्कृति, व्यक्तित्व और चारित्र्य से ये युक्त हैं। प्रतिनायक धीरोद्धत नायकों के गुणों के अनुरूप दिखाई पड़ते हैं। थोड़े में यह कहा जा सकता है कि नायक की रचना में भी 'प्रसाद' ने शुद्ध भारतीय पद्धति का ही अनुसरण किया है। इसके अतिरिक्त रस के संपूर्ण अवयवों के संयोग से रस-निष्पत्ति को 'प्रसाद' ने अपना लक्ष्य बनाया है। रस के प्रकरण में कहा जा चुका है कि 'प्रसाद' में विषय के अनुकूल शृंगार से पोषित वीर रस का प्राधान्य है और तत्संबंधी सभी अंगों की सम्यक् स्थापना हुई है, इस प्रकार हम देखते हैं कि आधुनिक और पाश्चात्य शैली के साथ भारतीय पद्धति के मूल रूप का ऐसा सुखद सम्मिश्रण 'प्रसाद' ने किया है कि उनके नाटकों का गौरव और महत्त्व अखंड हो गया है।

आधुनिकता

इतिहास घटनाओं का क्रमानुगत विवरण होता है, परंतु साहित्य में इन घटनाओं की व्याख्या होती है। लेखक अपनी योग्यता और अभिरुचि के अनुसार ही उसकी व्याख्या करता है। 'प्रसाद' ने प्राचीन इतिहास की प्रकांड घटनाओं के आधार पर ही अपने नाटक रचे हैं और उन घटनाओं की मौलिक प्रकृति की व्याख्या अपनी प्रतिभा के अनुसार की है। इस व्याख्या में कहीं-कहीं लेखक के देश-काल का प्रभाव स्पष्ट लक्षित होता है। लेखक अपनी सम-सामयिक वस्तुस्थिति से अवश्य प्रभावित है। 'चंद्रगुप्त' में जिस प्रकार राष्ट्रीय जागरण का चित्रण उसने किया है और उसका जैसा विस्तार संगठित हुआ है उसके मूल में आधुनिक राष्ट्रीय आंदोलन का रूप झलकता है। आर्यपताका लेकर जो अलका देशप्रेम का अलख जगाती फिरती है उसमें आधुनिकता का सच्चा रूप दिखाई पड़ता है। चाणक्य, सिंहरण और चंद्रगुप्त के बीच जिस राष्ट्रीय भावना की चर्चा होती है उसका भी यही रूप है। स्कंदगुप्त जिस संपूर्ण आर्यावर्त की रक्षा का भार लेकर चलता है वह अवश्य ही गुप्त-साम्राज्य से महत्तर वस्तु है। पुरुषों की भाँति स्त्रियाँ भी जो इतना अधिक देशव्रत का संकल्प लिए दिखाई पड़ती हैं और पुरुषों की चिरसंगिनी बनकर उनके उद्योग में योग दे रही हैं उसके मूल में भी वर्तमान युग की प्रवृत्ति है। बौद्ध-वैदिक धर्मों की ओट में जो नंद की मूर्ख प्रजा नचाई जा रही है वह हिंदू-मुस्लिम भेद-भाव का अच्छा

चित्रण है। 'ध्रुवस्वामिनी' में जो पुनर्विवाह और नारी-समस्या खड़ी हुई है उससे भी आधुनिकता ही ध्वनित हो रही है।

नाटकों में दार्शनिक विचारधारा

'प्रसाद' के प्रायः सभी नाटकों में नियति और प्रकृति का बारंबार उल्लेख हुआ है। अनेक पात्र नियति के चक्र में पड़े दिखाई देते हैं। अतएव उसका अभिप्राय पारिभाषिक-सा हो गया है। शैवागमों में माया की अनेक उपाधियाँ कही गई हैं जिनका पारिभाषिक नाम कंचुक–शक्ति को परिच्छिन्न बनानेवाला आवरण–है। उनमें से एक नियति–नियमन हेतु–कहलाता है। इसके कारण जीव नियमित कार्यों के करने में प्रवृत्त होता है। 'प्रसाद' की नियति भी इसी मत से मिलती-जुलती वस्तु है–' नचती है नियति नटी-सी, कंदुक-क्रीड़ा सी करती '। जैसे दक्ष नटी कुछ कंदुकों को लेकर क्रीड़ा करती है, कभी उछालकर ऊपर फेंकती है और कभी नीचे ले आती है, उसी प्रकार अखंड विश्व के जीव भी नियति के हाथ से नियंत्रित क्रीड़ा-कंदुक मात्र हैं। 'कामायनी' में भी यही ध्वनि निकलती है–' कर्मचक्र-सा घूम रहा है यह गोलक, बन नियति-प्रेरणा।' नियति को अपने सिद्धांत के अनुसार 'प्रसाद' ने अखिल ब्रह्मांड की नियंत्रणकारिक शक्ति कहा है। इसी अर्थ का प्रतिपादन उनके नाटकों में भी होता है। ' जनमेजय–सचमुच मनुष्य प्रकृति का अनुचर और नियति का दास है।' ' व्यास–दंभ और अहंकार से पूर्ण मनुष्य अदृष्ट शक्ति के क्रीड़ा-कंदुक हैं। अंध नियति कर्तृत्व-मद से मत्त मनुष्यों की कर्म-शक्ति को अनुचरी बनाकर अपना कार्य कराती है। XX देखा नियति का चक्र ? यह ब्रह्म-चक्र आप ही अपना कार्य करता रहता है।' ' बिंबसार–प्रकृति उसे (मनुष्य को) अंधकार की गुफा में ले जाकर उसका शांतिमय, रहस्यपूर्ण भाग्य का चिट्ठा समझाने का प्रयत्न करती है। किंतु वह कब मानता है। '····' नरदेव–प्रकृति के दास मनुष्य को आत्मसंयम, आत्म-शासन की पहली आवश्यकता है।'····'राज्यश्री–पर जीवन ! आह ! जितनी साँसें चलती हैं वे तो चलकर ही रुकेंगी !' इस प्रकार नियति की प्रेरणाशक्ति अबाध और निश्चित स्वीकार की गई है। सारा चराचर जगत उसी के निरूपित मार्ग से चलेगा। उसके लिए कोई दूसरा अवलंब है ही नहीं। फिर भी मनुष्य क्या निश्चेष्ट होकर बैठ रहे–यह विचार कर कि जो निश्चित है वह तो होकर ही रहेगा ? उत्तर है–' नहीं ' इस ' नहीं ' के उपरांत वह क्या करे इसी के दृष्टांत 'प्रसाद' के सब नाटक हैं। बुद्धदेव ने ही थोड़े में निर्णय कर दिया है–'शुद्ध बुद्धि की प्रेरणा से सत्कर्म करते रहना चाहिए।' प्रेमानंद ने इस सत्कर्म के प्रयोजन भी बताए हैं–'सत्कर्म हृदय को विमल बनाता है और हृदय में उच्च प्रवृत्तियाँ स्थान पाने लगती हैं, इसलिए सत्कर्म कर्मयोग को आदर्श बनाना, आत्मा की उन्नति का मार्ग स्वच्छ और प्रशस्त करना

है।' नियति और शुद्ध बुद्धि से प्रेरित कर्मयोग का समन्वय जीवक ने बड़ा अच्छा किया है–'अदृष्ट तो मेरा सहारा है। नियति की डोर पकड़कर मैं निर्भय कर्मकूप में कूद सकता हूँ। क्योंकि मुझे विश्वास है कि जो होना है वह तो होवेगा, फिर कायर क्यों बनूँ–कर्म से विरक्त क्यों रहूँ।' 'प्रसाद' के सभी उदात्त नायक जीवन के आदर्श को ही लक्ष्य मानकर चले हैं यह स्पष्ट है।

इस कर्मयोग में भी द्वंद्वों से छुट्टी नहीं मिलती। सुख-दुःख, पाप-पुण्य, धर्म-अधर्म आदि के संघर्ष के अंतराल से ही कर्म-जगत चलता है। अतएव इन द्वंद्वों से भयभीत न होकर शुद्ध बुद्धि-ज्ञान के आधार पर उनमें सामंजस्य स्थापित करना ही अपना लक्ष्य बना लेना चाहिए। क्योंकि सुख को लेकर ही प्रकृति दुःख को तौलती है और इन्हीं द्वंद्वों के संतुलन का उपदेश निरंतर जीव-जगत् को देती रहती है। ये द्वंद्व वस्तुतः अभिन्न हैं। इसी अभिन्नत्व में भिन्नत्व देखनेवाला प्राणी दुखी रहता है और भिन्नत्व में अभिन्नत्व देखनेवाला भूमा का अधिकारी बनता है–' मानव-जीवन-वेदी पर परिणय हो विरह-मिलन का; दुःख सुख दोनों नाचेंगे, है खेल आँख का मन का।' अथवा ' लिपटे सोते थे मन में सुख-दुख दोनों ही ऐसे; चंद्रिका-अँधेरी मिलती मालती-कुंज में जैसे।' अथवा ' नित्य समरसता का अधिकार, उमड़ता कारण-जलधि समान; ' व्यथा से नीली लहरों बीच बिखरते सुख मणिगण द्युतिमान।' इन पंक्तियों में जिस सामंजस्य-भाव का कथन हुआ है उसी समरसता-सामंजस्य का निर्वाह 'प्रसाद' के संपूर्ण नाटकों में दिखाई पड़ता है। देवसेना ने तो स्पष्ट ही इस द्वंद्व का उल्लेख किया है–' पवित्रता की माप है मलिनता, सुख का आलोचक दुःख है। पुण्य की कसौटी पाप है।' इसके अतिरिक्त स्कंदगुप्त, देवसेना, चाणक्य इत्यादि पात्रों के जीवन में इसी सामंजस्य का आभोग दिखाई पड़ता है। अगाध शक्ति के साथ भी स्कंदगुप्त और चंद्रगुप्त में अभाव का चीत्कार भी उठता है। सब कुछ होकर भी वे किसी न किसी अभाव के कारण दीन ही बने रहते हैं। इसी प्रकार ब्रह्म-चक्र के प्रवर्तन में संपूर्ण संतुलित होते रहते हैं। कहीं अत्यंत सुख है तो फिर वहीं अत्यंत दुःख भी आ पहुँचता है। सुख-दुःख की पूर्णता नहीं होने पाती।

ब्रह्म-चक्र अथवा नियति के नियंत्रण का विषय संपूर्ण जीव-जगत और प्रकृति-क्षेत्र है। उसमें भी नियंत्रण का प्रधान विषय है द्वंद्व-विप्लुत मानव-समाज। नियति, द्वंद्व और मानव में अधिकारी, अधिकार और अधिकृत का संबंध है। मानव-समाज प्रधानतः दो वर्गों में विभाजित है–स्त्री और पुरुष। इन दोनों में प्रथम प्रेरणा है और द्वितीय चित्त, अतएव उनमें प्रकृति-पुरुष संबंध है। प्रकृति की प्रेरणा से ही चेतन पुरुष सक्रिय होता है। इस सक्रिय चेतन का लक्ष्य होता है स्वर्ग और भूमा। वह नियति से प्रेरित होकर द्वंद्वों में समत्व देखता हुआ अपने लक्ष्य मार्ग पर बढ़ता चलता है। यह लक्ष्य–यह स्वर्ग–यह असाधारण महत्त्व इसी मानव-लोक में मिलता है। धातुसेन कहता है–' प्रकृति क्रियाशील है। समय

मनुष्य और स्त्री का गेंद लेकर दोनों हाथ से खेलता है। पुलिंग और स्त्रीलिंग की समष्टि अभिव्यक्ति की कुंजी है।' देवसेना कहती है—' जहाँ हमारी सुंदर कल्पना आदर्श का नीड़ बनाकर विश्राम करती है, वहीं स्वर्ग है। वही विहार का, वही प्रेम करने का स्थल, स्वर्ग है और वह इसी लोक में मिलता है।' जो मिलता है वह स्त्री और पुरुष के रूप में—' संसार में ही नक्षत्र-से उज्ज्वल किंतु कोमल स्वर्गीय संगीत की प्रतिमा तथा स्थायी कीर्ति-सौरभवाले प्राणी देखे जाते हैं।' ' ये प्राणी द्वंद्व के गोचर हैं, इसीलिए—' मुँह में से आधी रोटी छीनकर भागनेवाले विकट जीव यहीं तो हैं। श्मशान के कुत्तों से भी बढ़कर, मनुष्यों की पतित दशा है।' मानव-जगत का यह द्वंद्व उत्तम और अधम के बीच चलता है। एक ओर राज्यश्री की उत्तमता है और दूसरी ओर विकटघोष की अधमता, एक ओर स्कंदगुप्त का महत्त्व है और दूसरी ओर प्रपंचबुद्धि की नीचता, एक ओर अलका की देशभक्ति है तो दूसरी ओर आंभीक का देशद्रोह। इसी प्रकार कहीं कीर्ति-सौरभवाले प्राणी हैं तो कहीं श्मशान के कुत्तों से बढ़कर मनुष्य।

इन द्वंद्व के विषय--पुरुष और स्त्री—के संबंध का मूल सूत्र प्रेम है। यही कारण है कि 'प्रसाद' के नाटक प्रेम के विविध स्वरूप एवं स्थिति के चित्रों से भरे हैं। प्रेम, पात्र के नैतिक बल के अनुसार कहीं सुंदर परिणाम वहन करता दिखाया गया है, कहीं असुंदर। जैसे स्वर्ग-नरक और देव-दानव का संयोग-स्थल संसार है उसी प्रकार सुंदर एवं असुंदर प्रेम की विलास-भूमि मानव-हृदय है। यह हृदय कहीं विजया और देवसेना का होकर अपने को क्रीड़ा क्षेत्र बनाता, कहीं अलका, वासवी, वपुष्टमा और चंद्रलेखा में रूप धारण करता और कहीं सुरमा, अनंतदेवी और छलना में अभिव्यक्त होता है। प्रेम के क्षेत्र में भी विपर्यय दिखाई पड़ता है। परंतु प्रकृत संबंध का मूल सूत्र अवश्य ही दिव्य और मंगलमय है। यदि उसमें किसी प्रकार की विकृति आई भी तो प्रकृति सुधार का प्रयत्न करती है, प्रयत्न सफल होता है और विकृति के स्थान पर प्रकृति की विजय हो जाती है। इस विकृति द्वारा जनित दुर्बलता तभी उत्पन्न होती है जब स्त्री और पुरुष अपने-अपने माहात्म्य को भूलकर सीमोल्लंघन कर जाते हैं। जैसे पुरुष की अपनी राज्यसीमा है वैसे ही स्त्री का भी अपना संसार है। जब एक दूसरे के क्षेत्र में प्रवेश करने लगता है तो नाना प्रकार की अवस्थाएँ उत्पन्न होकर प्रकृति सौंदर्य को विकृत बनाने लगती हैं। यदि उनमें प्रकृत संबंध बना रहे तो समाज में सुख, शांति और मंगल की विभूति बिखर जाती है।

'प्रसाद' की नाट्य-कृतियों का काल-क्रम

1. **सज्जन**–'इंदु' कला 2, किरण 8, 9, 10, 11, सन् 1910-11
2. **कल्याणी-परिणय**–' नागरी-प्रचारिणी पत्रिका ', भाग 17, संख्या 2, सन् 1912
3. **करुणालय**–'इंदु', कला 4, खंड 1, किरण 2, सन् 1912
4. **प्रायश्चित्त**–'इंदु', कला 5, खंड 1, किरण 1, जनवरी, सन् 1914
5. **राज्यश्री**–'इंदु', कला 6, खंड 1, किरण 1, जनवरी, सन् 1915
6. **विशाख**–सन् 1921; प्रकाशक–हिंदी ग्रंथ भंडार, काशी।
7. **अजातशत्रु**–सन् 1922; प्रकाशक–हिंदी ग्रंथ भंडार, काशी।
8. **कामना**–यह रचना सन् 1923-24 में लिखी गई, परंतु पुस्तक-रूप में प्रकाशित होने का समय सन् 1927 दिया है। 'प्रसाद' की केवल एक यही रचना ऐसी है जो तीन-चार वर्षों तक अप्रकाशित रही।
9. **जनमेजय का नागयज्ञ**–सन् 1926; प्रकाशक–साहित्य रत्नमाला कार्यालय, काशी।
10. **स्कंदगुप्त**–सन् 1928; प्रकाशक–भारती भंडार, काशी।
11. **एक घूँट**–वस्तुतः यह पुस्तक सन् 1930 में छपी है। पुस्तक में प्रकाशन-काल सन् 1929 दिया है, जो संभवतः इसका लेखनकाल है। प्रकाशक–पुस्तक मंदिर, काशी।
12. **चंद्रगुप्त**–सन् 1931; प्रकाशक–भारती भंडार, काशी।
13. **ध्रुवस्वामिनी**–सन् 1933